에니어그램으로 보는
부모-자녀 의사소통의 비밀

김태흥 · 김인숙 · 김의천 공저

학지사

머리말

『걱정만 하는 부모 말하지 않는 아이』가 출간된 후 뜨거운 사랑을 받았다. 그 후 많은 강의와 상담을 진행하였다. 세상은 많이 변화되었고 또 변할 것이기에 자녀 출산을 꺼리는 사회가 된 것 같다. 초고령화 사회, 저출산 사회의 예고가 현실이 되었다. 그렇기 때문에 역설적으로 자녀는 더욱 부모에게 이 세상 무엇과도 바꿀 수 없는 소중한 존재이다. 지금은 4차 혁명의 시대이고 교육의 패러다임이 급격히 바뀌어야 할 시기이기도 하다. 많은 부모가 그렇지만 자신이 자라던 환경과 부모가 된 지금의 환경을 혼동한다. 사람이 이를 인지하고 변화하기는 참으로 어렵다. 그것이 자신에게 소중한 것일수록 더하다. 〈금쪽같은 내 새끼〉란 TV 프로그램을 보고 있자면 기막히고 코가 막힌다. 모두가 사랑하지만 사랑하는 방식에 따라서 주고받는 방법이 잘못되었다는 것을 느낀다. 커뮤니케이션이든 생활방식이든 훈육방법이든 마찬가지이다. 사랑으로 주었으나 벌로 받는 경우가 허다하고 그렇게 호소하고 안타깝게 바라보아도 외면받기 일쑤이다. 어느 부모와 자식이 이런 결과를 예상이나 했을까? 시간이 지나 병리현상이 눈에 보이기 시작하면 걱정이 시작된다. 그런 후에도 한동안 이유를 알지 못해 안타까워하고 눈물을 흘리고 또 다른 갈등 만들기를 무한 반복한다. 나중에는 주의부족이나 내 행동방식이 문제가 되었다는 것을 알고 눈물을 흘린다. 하지만 그동안의 트라우마는 평생을 살아가면서 짊어져야 하는 업보가 된다.

우리 한국 사회는 갈등이 너무나도 많다. 전 세계의 찬사를 받는 한국 문화가 한때는 가난과 부족함의 상징이었을 때도 있었다. 문화에 관한 일(연예인, 작가, 예술가 등)을 한다고 하면 '먹고 살 수 있겠니?'라는 힐문을 받았다. 하지만 지금은 전 세계에서 눈이 부실 정도의 성과를 거두고 있다. 피아노, 연극, 드라마, 영화, 음식, 건축, 의상, 전통 등 분야를 가리지 않는다. 하지만 그것은 눈으로 나타난 결과일 뿐 내부적으로 들어가면 수없는 갈등과 마주 서 있다. 한국 사회는 압축 성장을 이루었다. 선진국들이 500년도 넘게 걸려 이룩한 민주화나 경제 성장, 문화 성장 등을 한국은 100년도 안 된 역사 가운데 이룩하였다. 그것은 아름다운 성장의 모습이고 기적이라고 말할 수 있다. 하지만 모든 것을 건너뛴 듯한 성장에 부작용이 없을 수 없다. 모든 순서와 절차를 생략하고 또는 무시하고 진행했기에 그 속에 어떤 부작용이 있는지 잘 알지 못한다. 다만, 부풀 대로 부풀어 올라서 잔뜩 성이 나 있으면 그때서야 '왜 저래?'라고 꾸중하고 야단친다. 정치권이나 학계, 예술계 등을 망라하고 한 가지 이슈가 생기면 뉴스의 전면을 도배하다시피한다.

현재 한국 사회는 수많은 갈등으로 점철되어 있다. 2022년 대선에서 나타난 세대 간, 성별 간 갈등이 그것을 말해 준다. MZ세대라고 일컬어지는 젊은층의 대화는 기성세대가 잘 알아들을 수도 없다. 이런 사회적인 변화는 자녀교육에 지대한 영향을 미친다. 무엇보다 부모가 사회적 변화를 따라가느라 힘든 상황에서 자녀에게 영향을 미친다. 부모가 되는 즉시 자녀를 이해하지 못할 가능성이 높다. 예를 들면, 현재의 일자리 대부분이 앞으로는 AI에 의해 대체될 것이다. 변호사, 의사, 약사, 기자 등 사람만의 영역이라고 여겨 왔던

전문직의 입지 역시 많이 축소될 것이다. 현재 결혼 중개를 하시는 분들의 이야기를 들어 보면 선호하는 직업은 바로 전문직이다. 하지만 우리 자녀들의 시대에는 AI와 자동화 기술에 의해서 직업적 요청이 축소될 것이다. 현재 초등학생이 10년 뒤 할 일의 65% 정도는 사라지고 없을 것이라는 전망이다. 그렇다면 부모나 자녀나 모두 그 앞을 바라보고 준비해야 한다. 하지만 이런 것을 다 인지하면서도 현실은 현재의 상황을 바라보고 이루어진다. 학교교육 자체가 사회의 변화에 대처하지 못하고 있다. 모두가 가는 그 모두의 길을 간다. 소수의 창조적인 무리가 미래를 이끌게 될 것이다.

미래를 바라본다는 것은 미래의 주인공인 자녀를 보호하고 가르치는 부모에게는 중요한 시사점이 있다. 그러나 그전에 건너야 할 큰 강이 있다. 그것은 차이에 의한 갈등의 문제를 극복하는 것이다. 부모와 자식의 관계는 어렵다. 너무 사랑하고 집착하는 나머지 사랑이란 이름으로 무참한 일들도 하게 된다. 묘수를 따져 보고, 많은 비용을 지불해 봐도 효과적인 방법이 없다. 그저 무심히 바라보는 것이다. 사랑이란 이름으로 무엇을 하는 것이 아니라 사랑하니까 무심해져야 하는 것이다. 어느 드라마의 대사처럼 아들이 아니라 조카라고 생각하면 조금은 마음의 평정을 찾을 수 있다. 조카라면 무심히 바라볼 수 있고 지나친 강요와 억압을 하지 않을 테니 말이다.

이런 무심한 교육의 내용으로 코칭보다 더 좋은 것은 없다고 말하고 싶다. 하지만 코칭이라고 만병통치약은 아니다. 똑같은 코칭이라고 해서 모두 같은 효과가 나타나는 것은 아니다. 모든 인간은 성격이 다 다르므로 그것을 존중하고 인정해 주어야 한다. 가족인데 피를 섞었고 천륜이고 나 자신보다 더 사랑하는데 무엇이 문제냐고 말하면 안 된다. 즉, 성격에 맞는 코칭을 해야 한다.

이 책에서는 성격을 이해하는 도구로 에니어그램이라는 고대의 지혜를 활용하고 있다. 너는 이렇기 때문에 이렇게 해야 한다는 것이 아니다. 보통 진단을 통해서 성격을 단정하는 경향이 있다. 하지만 진단이 다가 아니다. 필자는 카페 에니어라는 상담 카페를 창업하였다. 코로나로 많은 어려움이 있지만 창업 후 4년 동안 2,600여 명이 진단을 했다. 처음에는 상담 전에 진단 결과를 공개했다. 그랬더니 내담자들은 미리 공개된 진단 결과를 곧이곧대로 이해하는 경향이 크다는 것을 알 수 있었다. 선입견을 가지고 상담을 시작하게 되었고, 상담에 미치는 영향 역시 좋지 않았다. 이치가 그렇기에 필자는 진단 결과를 오직 상담을 통해서만 공개하였고, 진단만 본인이 하는 것까지로 제한하였다. 교육이나 상담으로 이어지지 않는 진단 결과는 위험하다. 자신의 성격이 대충 이렇다고 짐작하는 것만큼 위험한 것은 없다. 인간은 국화빵처럼 찍혀져서 탄생하는 존재가 아니기 때문이다. 그 내면은 인류 역사 이래 모든 과학자나 심리학자의 연구대상이었으나 10%도 밝혀진 바가 없다.

그렇다면 진단은 왜 하는 것일까? 만약 진단을 하지 않는다면 시간이 많이 소요될 것이다. 내담자나 교육생이 시간을 절약하고 자신을 탐구해 나갈 수 있는 길을 만들기 위해 진단은 꼭 필요하다. 그 결과로부터 자기를 찾는 여행은 시작된다. 너는 이런 성격이기 때문에 이렇게 행동하고 이런 미래를 만들어 가야 한다는 놀이식의 성격 진단은 많은 오류를 가져올 수 있다. '왜?'가 가장 중요하다. '너의 성격은 이것이다.'가 아니라 '왜? 나는 이런 상황에서 이렇게 행동할까?'를 안다면 더욱 유의미한 상담의 효과를 만들 수 있을 것이다.

아무리 가족이라도 또 너무 사랑한다고 해도 강요, 지시, 참견 등은 도움이 되지 않는다. 이것을 통칭 '잔소리'라고 한다. 이런 '잔소리'는 아무 효과가 없으니 차라리 너무 다르기에 무심한 것이 낫다. 하지만 이것은 무관심이 아니다. 더욱 잘 관찰하기 위해서 힘을 빼라는 뜻이다. 그리고 성격을 알아 그것에 맞는 코칭으로 자녀교육에 임하자는 것이다. 부모의 마음과 기대만으로 올바른 자녀교육이 되지 않는다. 인간은 복잡하다. 똑같은 피드백을 주어도 돌아오는 결과는 다 다르다. 왜냐하면 처음부터 달랐기 때문이다. 설사 같았다고 해도 그 당시의 환경이나 마음가짐, 내적 상태에 따라서 받아들이는 것이 다르다.

이 책에서는 성격의 내용은 그대로 가져가고 코칭 부분을 보강하였다. 이 코칭 질문을 부모나 자녀에게 적용할 수 있다면 관계는 향상될 것이다. 먼저, 성격에 대한 이해를 깊이 하고 그것에 맞는 코칭을 사용하라. 가능하면 코칭 질문 몇 개쯤은 암기하면 더욱 좋다. 그리고 하고 싶은 이야기에 지혜롭게 대입하여 사용하라.

차례

3장 자녀의 유형 • 181

4장 부모 유형 대 자녀 유형 • 219

5장 자녀의 유형별 효과적인 공부법 • 377

1장
시작하며

★

부모와 자녀이지만 왜 이렇게 갈등이 많나요?
타고난 성격을 이해하는 에니어그램의 지혜
에니어그램 9가지 유형의 간략한 소개
에니어그램의 힘의 중심, 화살, 날개

부모와 자녀이지만 왜 이렇게 갈등이 많나요?

활달한 성격의 A 엄마는 자녀교육을 놓고 갈팡질팡을 거듭하고 있다. 이렇게도 해 보고 저렇게도 해 보지만 별다른 효과를 보지 못하고 있기 때문이다. 오히려 무엇인가를 해 보려고 하다가 실패만을 거듭하는 자신이 한심하기조차 하다. 무엇이든지 에너지가 넘쳐서 이것저것 해 보도록 유도를 하여도 달가워하지 않는다. 오히려 좀 가만히 있어 주었으면 좋겠다고 한다. 아쉽지도 급하지도 않고 기다려 달라고만 한다. A 엄마는 충분히 기다리려고 참고 참았다가 한마디 하면 더 기다려 달라고 한다. 아무리 기다려도 행동은 나오지 않고 다그치면 부작용이 나고 아까운 세월은 다 지나가고 답답해서 미칠 지경이다.

C 군은 아버지와의 갈등이 점점 깊어져 가고 있다. 아버지의 방식을 따라가려면 숨이 막힐 지경이다. 작은 것에서부터 큰 것까지 사사건건 참견이 심하다. 조금 모른 척해 주었으면 좋으련만 귀신같이 알아내고 따지는데 이건 뭐 지옥이 따로 없다. 얼마 전에는 참다 못해서 대들었는데 노발대발하셔서 그냥 잘못한 것도 없이 잘못했다고 하고 말았다. 작은 것부터 따지시는 데는 영 당해 낼 재간이 없기 때문이다. 얼마나 철저히 따지시는지 일일이 답변하다가는 옛날 일까지 다 말씀하셔서 그냥 포기하는 것이 더 낫다. 참고 견디려니 답답해서 미칠 지경이다. 며칠 전에도 새로운 학원을 결정하는 데 심하게 반대하셔서 포기한 적이 있었다. 과거에도 학원을 옮겨서 성적이 오르지 않

왔던 경험이 있기 때문이었다. 아버님의 말씀은 '학원이 무슨 문제냐?' 하는 것이었고, 자신은 당연히 '학원이 중요하다'였기 때문이다. '학원이 중요한 것이 아니라 공부하는 학생의 마음가짐이 중요하다'와 '마음가짐도 중요하지만 학원의 분위기나 가르치는 교사의 유능함도 크다'는 자신의 주장이 부딪쳤던 것이다. 이런 게임은 언제나 부모님의 일방적인 승리로 끝나고는 하였다. 자녀의 하소연은 과거의 실패 사례와 부모님의 큰소리에 언제나 묻혀 버리고 말았다.

A 부모나 C 자녀가 잘못된 것일까? 아니면 상대하는 부모나 자녀가 잘못된 것일까? 얼핏 생각하면 둘 중의 하나는 잘못되었다고 생각하기 쉽다. 만약 자녀의 동기가 순수하고 부모의 기대에 열심히 부응하려고 한 것이 사실이라면 문제는 심각하다. 자녀가 잘되기를 원하는 것은 부모 인생의 최대 과제이다. 이 과제를 최선을 다해서 풀지 않는 부모는 상상하기 어렵기 때문이다. 결국 부모와 자녀가 모두 최선을 다했다고 생각할 수 있다. 그렇다면 왜 이런 갈등이 존재하는 것일까? 여기에 풀어야 할 숙제가 존재한다. 비단 부모와 자녀의 문제뿐만 아니라, 부부의 문제도 마찬가지이다. 서로 사랑하면서 한평생을 살기로 굳게 약속한 부부 사이에 왜 갈등과 싸움이 존재하는 것인가?

개와 고양이 아니면 소와 사자

개와 고양이 사이는 어떨까? 좋은 사이일까? 나쁜 사이일까? 많은 동물 가운데 개와 고양이는 특별히 서로 아옹다옹하는 사이로 알려져 있다. 행동적인 차이가 있기 때문이다. 보통 개의 경우 기분이 좋을 때 신체반응은 꼬리를 들고 흔드는 데서 나타난다. 하지만 고양이는 개의 그런 행동에 대해서 공격을 받는다고 인식한다. 서로 기분이 좋고 행복한 상황임에도 고양이의 경우

개에게 공격받을 것을 예상하고 대비를 하게 된다. 험악한 분위기가 연출되는 것이다. 반대로 개의 경우 이 기분 좋은 상황을 험악하게 만드는 고양이가 얄밉기만 하다. 내가 기분 좋을 때 너는 왜 항상 기분 나쁜 표정을 짓고 있냐는 것이다. 서로 행복한데 만나기만 하면 기분이 나쁘다. 이것 참 문제가 보통 심각한 것이 아니다.

이런 행동 신호 말고도 개와 고양이의 차이는 더 많이 있다. 예를 들면, 개는 보통 외향형의 성격이라고 비유된다. 반려인인 사람을 지켜야 한다는 의무감과 책임감이 강하기 때문에 긴장감을 늦출 수가 없어서 항상 외향적으로 짖어 댄다. 반면, 고양이는 이런 의무감이 별로 없기 때문에 조용하고 차분하다. 따라서 내향적인 성격에 비유되는 것이다. 이것 말고도 두 동물 간의 차이점은 셀 수 없이 많다. 특별히 이 두 동물이 비교의 대상이 되는 것은 사람과 가깝고 많은 사람이 이 동물들을 반려 대상으로 삼기 때문이다. 이 동물들을 비교함으로써 별다른 갈등이 없음에도 태생적인 차이로 인하여 갈등이 존재한다는 것을 알 수 있다.

이런 이야기도 있다. 소와 사자가 살고 있었다. 둘은 죽도록 사랑한다. 결국 둘은 결혼을 하고 행복한 인생을 살아가기로 약속하였다. 둘은 최선을 다하기로 약속한다. 소는 날마다 최선을 다해서 아침 이슬이 맺혀 있는 맛있는 웰빙 풀 스프를 날마다 사자에게 대접했다. 사자는 싫었지만 참았다. 역겨운 냄새가 콧구멍을 자극했다. 하지만 참았다. 사랑하는 소가 정성껏 마련해 준 음식이니 말이다. 그러면서 사자도 최선을 다해서 아침 일찍 사냥을 나갔다. 노리고 있던 노루를 사냥하여 맛있는 노루 뒷다리 살코기를 소에게 대접했다. 소도 괴로웠지만 참았다. 도저히 먹을 수 없는 음식이었다. 하지만 참아보려고 노력했다. 그러나 이런 날은 오래 가지 못했다. 이유는 모두가 짐작하는 그대로이다. 이 경우에도 둘은 최선을 다했지만 결과는 신통치 못한 정도가 아니라 함께할 수 없는 상황이 되었다. 최선을 다하고 열심을 다하고 뜻을 다했지만 '다르다'는 사실로 인해서 함께할 수 없고 이해할 수 없고 갈등을 일으킬 수밖에 없었다.

다르다와 틀리다

그렇다면 방법은 없는 것일까? 개와 고양이의 경우 소통은 불가능한 것일까?

개와 고양이가 서로 다투기만 하는 것처럼 보이지만 실제로 개와 고양이를 함께 기를 때면 싸우는 것보다 형제처럼 잘 지내는 관계가 훨씬 많다고 한다. 왜냐하면 개와 고양이는 소통법을 알기 때문이다. 이스라엘 과학자가 개와 고양이가 이처럼 엇갈리는 행동 신호를 어떻게 극복하는지 연구했더니, 놀랍게도 대부분 자기 종에게는 정반대의 의미가 있는 상대의 몸짓언어를 잘 이해한다는 사실을 알아냈다. 예를 들어, 고양이는 코를 맞대고 인사를 하는 습성이 있는데, 개는 서로 엉덩이 냄새를 맡기는 해도 코를 맞대는 일은 거의 없다. 하지만 대부분의 개는 이런 인사법을 배운다. 개와 고양이가 이처럼 차이를 넘어 소통을 할 수 있는 데는 오랜 가축화 과정 속에서 주인의 행동 언어를 습득하는 능력을 키웠기 때문으로 보인다. 물론 개와 고양이 사이의 효과적인 소통을 위해서는 몇 가지 요령이 필요하다. 먼저, 어릴 때 만날수록 좋다. 고양이는 여섯 달 이전, 개는 한 돌 이전이면 훨씬 쉽게 상대를 받아들인다. 개와 고양이를 처음부터 함께 키운다면 가장 좋겠지만 그렇지 않다면 개와 고양이 어느 쪽을 먼저 집에 들일지도 신경 써야 한다. 언뜻 고양이는 외톨이에 자기 영역을 중시해 남을 받아들이길 꺼리고 반대로 개는 사회성 동물이어서 훨씬 관용적일 것 같다. 그러나 실상 이런 순서에 민감한 것은 개이고 고양이는 대범한 편이다. 이런 보편적인 상식을 뛰어넘는 내용을 서로가 이해하고 인지하면 갈등은 대폭 줄어들게 된다.

서로 보내는 의사소통의 사인이 서로 다르구나 하는 것만 알아도 관계가 좋아질 수 있는 것이다. 우리는 보통 자신과 다를 경우 '틀리다'라고 생각하기 쉽다. 상대가 틀리다면 소통이고 뭐고 없이 갈등은 증폭된다. 하지만 '틀린 것'이 아니고 '다른 것'이라면 말은 달라진다. 이해할 수 있는 폭이 넓어지는 것이다. 소통의 장이 마련된 것이라고도 할 수 있다. 다르기에 한 번 더 상대의 입장에서 생각해 볼 수 있는 아량이 생긴다. 내 자녀와 내 부모는 나와 틀린 것이 아니라 다른 것이다. 자신의 주관적인 생각을 밀어붙이기보다 자녀나 부모에게 나와 다른 점이 있다는 사실을 한 번 더 깊이 생각한다면 그만큼 갈등은 줄어들고 소통은 늘어날 수 있다.

취존해 주세요

어느 날 필자의 아들이 말했다. "취존해 주세요." 처음 듣는 취존이라는 말이 이상해서 물었다. 취존해 달라니 그것이 무슨 뜻이냐고 했더니 취향존중의 줄임말이라고 한다. 빙그레 웃음이 나오는 것을 참고 "그래, 너의 어떤 취향을 존중해 줄까?"라고 물었더니 "기다려 주세요." 한다. 그래서 내가 언제 너를 기다리지 않고 다 했냐고 물었더니 "항상이요."라고 말한다. 이거 보통 심각한 일이 아니다. "그래, 앞으로는 내가 무엇을 결정하거나 말하기 전에 너의 취향을 존중해 주는 언행을 하도록 노력하마." 하고 쑥스러운 대화는 끝이 났다. 하지만 여운은 길었다. 상대방을 존중하고 배려하는 태도는 기본 중의 기본이라고 생각했는데, 다 큰 자녀에게조차 다른 것은 틀린 것이라는 시각을 갖고 있었음을 깨닫게 되는 대화였다. 사람들이 흔히 하는 실수가 다르기 때문에 틀렸다고 생각하는 것이다. 하지만 다른 것은 다른 것일 뿐, 틀린 것이 아니다. 오히려 다른 것을 인정하지 않는 행동이야말로 틀린 것이다. 본격적으로 이 책에서 다루려고 하는 자녀교육이나 코칭에는 바로 이 '다르다'라는 것을 전제로 그 차이를 좁혀 보고 취존해 주자는 의미가 담겨 있다. 또한 이 책에서 성격이해의 도구로 사용하려는 에니어그램에도 서로 다른 부분에 대한 명확하고 지혜로운 정보가 담겨 있다. 에니어그램은 성격의 이해를 9가지 집착으로 풀어내는 성격이해의 도구이다. 가장 단순하게 계산해도 나와 다른 유형이 여덟 개나 있고 세분하면 더 많은 차이가 존재한다. 사랑하는 가족 간에 바로 이런 차이가 존재하는데 자신의 틀만 고집하면 갈등에 직면할 수밖에 없다.

행복한 무지갯빛 소통과 행복을 향하여

인생은 길고 예술은 짧다고 했는가? 사랑은 짧고 갈등은 길다고 했는가? 처음에는 좋았지만 나중까지 좋기는 참 어려운 것이 인생인가 보다. 부부가 그렇고 자녀가 그렇다. 하지만 서로의 차이를 이해하고 받아들여 소통하기 시작한다면 어떨까? 사랑다운 사랑을 할 수 있지 않을까?

사실 모두가 똑같다면 인생이 얼마나 재미 없을까? 생김새와 모양, 하는 행동, 생각하는 것 등이 모두 똑같다면 어떨까? 나와 똑같은 복제품이 돌아다니니 신기할 수도 있겠지만 그것은 잠시이다. 곧 질리거나 새로울 것이 없어져서 아무런 자극이 일어나지 않을 것이다. 그러므로 다른 것은 우리가 살아가는 인간관계에 너무나 중요한 요소가 된다. 다르기 때문에 새로운 긴장관계와 성장발전이 일어나고 서로에게 끌리고, 다름으로 신기해하면서 사랑의 자극이 일어나게 된다.

문제는 다름을 이해하는 것이다. 이 책에서는 서로의 다름을 이해하는 성격의 틀을 소개한다. 바로 에니어그램이다. 에니어그램은 자기를 찾아서 떠나는 여행이라는 부제를 가지고 있다. 명확한 자기이해와 인식을 하는 데 있어서 매우 효과적이다. 자신을 인식했다면 그 자체가 바로 타인을 인식한다는 것이 된다. 자기를 알고 타인을 아는 성격의 심리학이 바로 에니어그램이다. 서로 다른 9가지의 성격이 조화를 이루는 방법을 안다면 그것이 바로 무지갯빛 사랑의 결정체이다. 빨강, 주황, 노랑, 초록, 파랑, 남색, 보라 등 일곱 가지 색깔의 무지개가 뜨면 얼마나 아름다운가? 그냥 빨강끼리나 노랑끼리라면 그냥 그렇지만 일곱 가지 색깔이 질서를 이루고 모양을 만들면 보기에도 황홀하지 않은가 말이다. 우리의 인간관계도 서로의 다름 속에서 질서와 균형을 이룬다면 무지갯빛과 같은 찬란한 영광을 보게 될 것이다. 이것이 틀림이 아닌 다름의 철학이요, 조화와 균형 소통이 얻을 수 있는 신기한 행복이다. 하지만 많은 경우에 자신을 주장하고 다름을 용납하지 않으면서 비극은 일어난다. 소통의 싹은 잘리고 갈등의 잡초는 무성하게 일어난다. 서로 미워하고 증오하면서 자신의 선택이 잘못되었다고 후회한다. 그렇지만 엎지른 물은 다시 담을 수 없다. 방법은 하나, 자신을 찾고 상대방을 이해하는 것이다.

신세계를 열어 보자. 이제 이 책에서는 자신이 어떤 성격의 사람인지를 찾아보고 자녀는 어떤 성격의 소유자인지 알아보고자 한다. 그리고 그것을 바탕으로 차이를 인정하고 다른 성향의 모습 속에서 부드러운 면과 거친 면을 동시에 찾아볼 것이다. 그렇게 하여 소통하는 방법과 자녀를 어떻게 지도해야 하는지에 대한 창조적 아이디어, 그리고 학습에 필요한 장단점을 알아 가게 될 것이다. 또한 부모 자신이 스스로 할 수 있는 코칭 방법과 자녀에게 효과적인 코칭 방법도 다룬다. 성격의 차이만큼 서로 다른 학습방법도 찾게 된다. 더 나아가서 부모와 자녀의 다른 성향 81가지의 예시를 다루었다. 부모의 유형과 자녀의 유형 조합에서 큰 효과를 볼 수 있을 것이라고 확신한다.

타고난 성격을 이해하는 에니어그램의 지혜

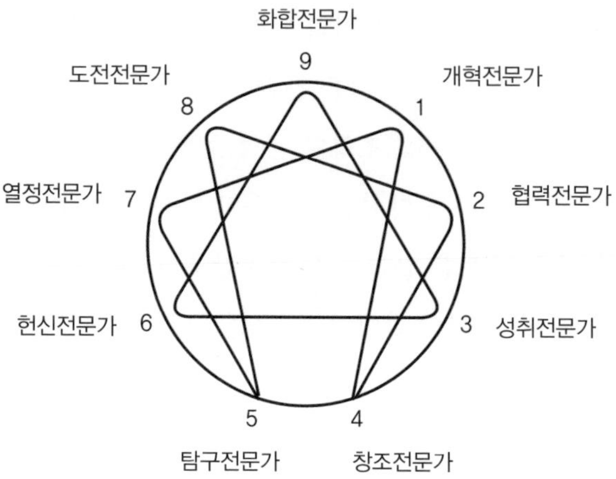

에니어그램은 모든 사람의 성격은 아홉 가지 유형 중 어느 것으로 나뉘어 있다는 기본적 사고방식에 입각해서 각자의 감정이나 행동의 원천으로 되는 본질을 찾아내는 인간학(人間學)이다.

이 학문은 인간은 누구나 9가지 성격 중 어느 것에 속해 있으며, 남녀가 반씩 나뉘어 있는 것과 같이 세계 속의 어디에서나 각 성격 유형을 가진 사람은 아홉 가지로 되어 있다는 전제를 바탕으로 한다. 에니어그램이 말하는 성격의 포괄적인 이해와 각각의 유형의 통합 및 분열의 방향을 깨닫게 된다면, 현재의 자신을 이해하는 데 도움이 되고, 더 나아가 우리의 성격을 초월하여 우리 자신을 변화시킬 수 있는 기회를 제공받을 수 있다. 이러한 변화를 통한 성격의 개선과 커뮤니케이션 기술을 익혀 평생(생애) 인격 개발, 배우자와 기타 이해관계 간의 구조를 개선함은 물론 직업상담, 가족상담, 교육상담과 경영 및 인사 분야 등에서 개인의 성장에 유용한 도구로 사용할 수 있다.

이러한 에니어그램의 정확한 기원은 알려져 있지 않다. 그 기원에 대해서는 논란이 많고(일부는 고대에서 비롯되었다고도 하고, 다른 사람들은 중세나 심지어는 현대에 발견된 것이라고 주장하기도 한다) 에니어그램의 기원이 그 당시로부터 변형 없이 정확하게 전해 내려온 것인지에 대해서도 알려진 바가 없다. 하지만 한 가지 분명한 것은 에니어그램에서 사용되는, 인간의 본질과 성격을 분석하는 법칙과 묘사가 인종, 문화, 연령, 성별에 관계없이 어떤 형태로든 인식되어 왔다는 것이다. 인간의 본성과 기능에 대해 이 시스템이 나타내는 모습은 특정한 보편성을 가지고 있는 것으로 보인다. BC 2500년경 중동의 신비주의 전통인 수피즘(Sufism) 수도자들에 의해서 엄격하게 구전된 것으로 알려져 있다(Riso, 1992; 이화숙 역, 1993). 기원에 대한 연구들 중 Keyes(1992)의 연구에 의하면, 에니어그램은 수피즘 수도자들에 의해 구전으로 비밀스럽게 전승되어 왔다고 한다. 그 이유는 에니어그램이 글로 쓰일 경우 그 지혜를 잃어 한 스승의 기록이 다른 스승의 기록과 직접적으로 모순을 일으킬 수 있어서 몇 명의 사람들이 자기 유형이 아닌 다른 유형으로 지목될 가능성이 있기 때문이었다(이정순 역, 1990). 또한 수피의 스승들은 에니어그램을 개인이 자신에 대해 알 수 있도록 오직 그 사람의 성격 유형에 관해서만 가르쳤다고 한다. 에니어그램을 널리 알리는 데 크게 공헌한 사람은 수피를 공부했던 러시아의 신비주의 학자 Gurdjieff이며, 그가 1915~1916년 사이의 어느 날 제자에게 에니어그램을 가르치면서 알려지게 되었다. 서방에 알려지게 된 것은 그의 제자 P. D. Ouspensky가 Gurdjieff의 가르침에 대한 기록인 『In Search of the Miraculous』를 1949년에 발행하면서부터였고(Blake, 1996), 1960년대 이르러 미국에 퍼지게 되었다(Baron & Wagele, 1995).

Gurdjieff 이론에 따르는 에니어그램의 연구는 미국의 스탠퍼드 대학교를 중심으로 연구되었고, 1970년대에 그 이론의 전체적인 모습이 복원되었다. 또한 Gurdjieff의 제자 중의 한 사람인 J. G. Bennet은 Gurdjieff 사상의 본질을 새롭고 더욱 과학적인 형태로 명료화하고 전달하는 데 노력하였다(Blake, 1996). 현대의 지도자인 Palmer는 캘리포니아 버클리에 있는 'The Center for the Investigation and Training of Intuition'에서 워크숍의 형태인 구전의 방식으로 에니어그램의 지혜를 가르치고 있다.

에니어그램을 서방에 알리는 데 공헌한 다른 지도자로 Oscar Ichazo와 Claudio Naranjo가 있다. Ichazo는 에니어그램을 칠레에 이어 1970년에 미국에 소개하였고, 몇 년 안에 미 북부지역에 퍼지게 하는 데 공헌하였으며(Riso, 1992), 그는 에니어그램을 에니아곤즈(Enneagons)로 불렀다. Ichazo의 연구 그룹은 현재 칠레의 Arcia 연구소를 중심으로 활발히 진행되고 있으며 이 연구소에서는 Ichazo가 수피의 에니어그램을 전승하여 미국에 알렸다는 것과 Ichazo 자신이 아프카니스탄의 파미르 지도자로부터 배웠다는 주장을 하기도 한다.

또 다른 공헌자인 Naranjo는 캘리포니아 버클리에서 에니어그램을 가르쳤고, 1980년에 DSM-III와 같은 진단영역의 형태로 에니어그램을 병리학적으로 연결하는 데 선구적인 역할을 하였다. 에니어그램에 대해서 연구하고 있는 학자 중 Blake(1996)는 오늘날 세계로 퍼져 나간 에니어그램 내용은 여전히 Gurdjieff의 전수와 연결되어 있는데, 에니어그램을 하고 있는 수천의 사람이 Gurdjieff의 상징에 대한 원래의 사상을 제대로 모르고 있으며, 에니어그램에 대한 많은 저서조차도 Gurdjieff 가르침의 어떠한 지식도 얻지 못할 것이라고 충고한다.

현재 에니어그램은 국내뿐 아니라 미국과 유럽, 일본 등에서 활발히 연구가 진행되고 있으며, 새로운 성격 유형 이론으로서 주목받고 있다. 에니어그램과 공통점이 많은 MBTI(Myers-Briggs Type Indicator)와도 종종 비교되어, 그에 관한 연구도 많이 이루어졌다(Wagner & Walker, 1983). 특히 1991년에 스탠퍼드 대학교에서 국제 워크숍이 개최된 이래 에니어그램의 신빙성에 대한 검증을 계속 밝히고 이 이론을 보급하고 있으며, 2000년에는 에니어그램 세계 대회가 개최되어 계속적으로 확산되어 가고 있다. 학문적인 것만이 아니라 현재 GE, AT & T, 모토로라, 제록스 등 대기업에서 인사 관리와 조직운용의 원리로 도입하여 적용하고 있다. 국내에서는 연세대학교에서 에니어그램의 전문가들과 연구자들이 참석한 제1회 에니어그램 워크숍이 개최되었고, 에니어그램을 확산시키기 위해 많은 연구자의 노력이 이어지고 있다. 에니어그램은 점차 그 사용이 점점 늘어나면서 다양한 형태로 진화되어 가고 있다. 저자는 특히 실행력과 학습법, 그리고 부부, 부모-자녀 등의 관계에 주목하여 이 책의 출판을 기획하게 되었다.

에니어그램이 전 세계적인 호응을 받고 있는 이유는 진정한 내면의 이해를 통하여 자신을 성장시키고 잠재력을 개발할 수 있기 때문이다. 자기의 적성을 파악하면 자기개발의 방향을 설정하고 학습의 성과를 높일 수 있게 되며, 인간관계의 갈등으로 인한 어려움도 해결할 수 있게 된다.

에니어그램은 원형의 배경에 아홉 개의 꼭짓점을 가지는 도형이다. 이 아홉 개의 꼭짓점에 아홉 가지의 성격 유형이 표시된다[그리스어로 에니어(Ennea)는 숫자 아홉을 뜻하고 그래마(gramma)는 꼭짓점을 의미한다].

이 도식은 색깔을 나타내는 수레바퀴에 비교된 바 있다. 프리즘에 백색 빛을 투과하면, 원색의 스펙트럼으로 나타난다. 이러한 비유에 비추어 볼 때, 모든 사람은 그 스펙트럼의 모든 빛깔을 지니고 있다. 다만, 그중에서 하나의 빛깔이 특별히 강해서 각 개인의 특성을 나타내는 것이다. 이 비유를 신학적인 관점에서 보았을 때, 개개인은 신성함을 지니고 있으며 이것이 아홉 개의 인간적인 특징으로 나타난다고 한다. 그리고 철학적인 관점에서는 존재라는 것이 아홉 가지의 본질적인 특성으로 나타난다고 한다. 또한 심리학적인 관점으로는 인간의 본성이 아홉 가지의 자연적이고 근본적인 유형으로 나타난다고 한다.

이 원형 모델의 성격 패러다임이나 패턴은 어떤 비유를 선택하느냐에 따라 신성함의 아홉 가지 형태, 존재의 아홉 가지 가치, 아홉 개의 현상론적 세계관 또는 관점을 대표한다. 마지막의 관점으로 보면, 이 원형의 근본적인 도식 또는 지도는 가정이나 주요 신념을 정리해 주는 근간이 된다. 그리고 이 신념은 우리의 인식, 생각, 가치, 감정, 그리고 행동에 영향을 미치기도 하고, 심지어는 결정하기도 한다. 이러한 패러다임은 사람들이 자기 자신이나 다른 사람들에 대해 가지는 생각 또는 감정의 중심에 위치해 있다. 또한 사람들이 타인과 가지거나 시도하는 상호 교류도 결정한다. 이로써 나타나는 특정한 유형은 곧 이 세상을 살아가는 각각 다른 방식이다. 경험, 인식, 이해, 평가, 또는 자기 자신, 타인, 그리고 현실에 반응하는 방식이 모두 다른 것이다.

전통적인 지혜를 연구하는 학자들은 원을 통일성, 완벽 그리고 충만함의 상징으로 사용한다. 그러므로 광범위한 인간의 표현 방식을 묘사하는 데 원이 사용되었다는 것은 놀랄 일이 아니다. 재미있게도, 현대의 심리학에서는 복잡한 통계적 요인 분석을 이용하여 원형 모델이 인간의 특징을 그림으로 표현하는 데 가장 적합하다는 것을 밝혀냈다.

이 책은 독자가 에니어그램에 대한 어떠한 지식도 없으리라는 것을 염두에 두고 집필했다. 오랫동안 전해 내려오는 지혜(에니어그램을 포함한)와 일부의 인간 발달이나 성격에 대한 현대 심리학 이론에서는 우리의 본질, 진정한 자신과 성격, 사회적인 자신, 거짓된 자신 사이에는 기본적으로 차이가 존재한다고 본다. 우리는 자연스럽고 진정한 자신의 내면(우리가 선천적으로 가지고 태어난 자신의 모습)을 생각할 수 있다. 그리고 사회적인 자신(진정한 자신을 둘러싸고 있는 보호막이자 상처받기 쉬운 자신을 안전하게 보호하는 기능을 가지고 우리를 둘러싼 사회적 환경과 교류하는 역할을 하는)이 있다.

우리의 본질 또는 각 유형의 심장부에는 우리가 생존하고 성공할 수 있게 해 주는 특정한 강점이나 능력이 존재한다. 우리는 이러한 능력과 강점을 이상적이고 높은 가치로 평가하며 이러한 면모에 끌리게 된다. 하지만 실제로 이러한 모든 가치는 우리의 중심에 잠재적으로 내재하고 있으며, 이러한 가치를 실제화하고 인식할 능력 역시 모두가 가지고 있다. 하지만 성질에 따라서 우리의 내면에는 이러한 가치들의 서열이 존재하고, 그중 일부만을 선호하고 표현하게 된다. 결국 한두 가지 정도의 성격이 다른 성격보다 더 강력하고 중심적이 되는 것이다. 이 선택된 성격들이 개개인 인성의 핵심이 되어 개인에게 동기를 부여하기도 하고 경향을 나타내기도 한다. 이 가치들이 바로 핵심 가치 경향이고 우리의 에너지, 인지 능력, 감정적 반응, 행동을 조직하고 이끌게 된다. 그리고 우리가 누구인지, 우리가 어떤 사람이 되고 싶어 하는지의 근간이 된다.

세 가지 힘의 중심

삶을 살아가는 데 있어서 에너지를 얻는 원천을 '힘의 중심'이라고 한다. 에니어그램에서는 힘의 중심을 세 가지로 구분하고, 머리, 가슴, 장 등 신체 기관과 연관 지어 설명한다. 즉, 주요한 문제를 해결하는 데 있어서 사고에 의존하면 머리형, 감정에 의존하면 가슴형, 본능에 의지하면 장형으로 구분하는 것이다. 힘의 중심으로 구분된 유형은 다시 9가지 유형으로 세분화되어, 에니어그램을 완성시킨다.

장형(8, 9, 1유형)

에니어그램 9가지 유형 가운데 8번과 9번 그리고 1번이 장형에 속한다. 이들은 장, 즉 배에서 나오는 에너지를 통해 세상을 보고 해석하는 사람들이다. 배는 본능과 관계가 있다. 그래서 이들은 논리적으로 생각하고 계획을 세우기보다는 먼저 몸으로 부딪치는 행동파이다. 몸의 반응이나 본능적인 느낌에 따라 즉각적으로 행동하는 것이다. 세상을 대하는 이들의 방식은 사람들에게 대항하는 것이며, 이들은 다른 사람에게 힘을 행사할 수 있을 때 존중받는다고 느낀다. 사람들은 이들에게서 종종 압도당하는 느낌을 느낀다. 의사결정을 할 때에도 사람 중심이라기보다 일 중심적이며, 주변 사람의 감정보다는 자신의 원칙에 따른다. 사람들과 대화를 할 때에도 공격적이거나 고압적인 말투로 기선을 제압한다.

머리형(5, 6, 7유형)

5번과 6번, 7번 유형이 속하는 머리형은 머리에서 힘이 나오는 사람들이다. 머리의 주된 기능은 사고이다. 머리 중심의 사람들은 비교하고 분석하는 사고의 기능을 사용해서 세상을 바라보고 해석한다. 이들은 정보를 수집하고 분류하고 계획을 세우는 것을 좋아한다. 생각할 시간과 공간이 필요하기 때문에 사람들과 떨어져 있으려고 한다. 사람들이 자신의 공간을 허용하고 지나치게 가까이 다가오지 않을 때 존중받는다고 느낀다. 무엇이든 머리로 이해되어야 행동하기 때문에 의사결정을 할 때도 논리적인 근거를 바탕으로 한다. 그래서 결정의 근거가 될 수 있는 정보에 관심이 많다. 대화를 할 때에도 논리적인 근거나 자료를 인용하기를 좋아하고 객관적이고 냉정하게 말하는 편이다.

가슴형(2, 3, 4유형)

가슴 중심의 사람들은 심장의 에너지를 통해 사물을 받아들이고 인식한다. 이들은 사람들에게 따뜻한 인상을 주며 미소를 잘 짓는다. 자신의 이미지에 관심이 많아서 다른 사람에게 어떻게 받아들여질지에 신경을 쓰고 주변의 평가나 의견에 영향을 받는다. 또 사람들에게 가까이 다가가려 하며, 관계를 통해 자신의 존재를 확인하려 한다. 친밀감을 느낄 때 자신이 존중받는다고 느낀다. 결정을 내릴 때에도 인간관계를 중요하게 여긴다. 그래서 자신의 결정이 주변 사람들에게 어떠한 영향을 미칠지, 다른 사람들이 어떻게 생각할지를 많이 고려하는 편이다. 이들은 대화를 할 때에도 좋은 사람으로 보이기 위해 상냥하고 친절하게 말하는 경향이 있다.

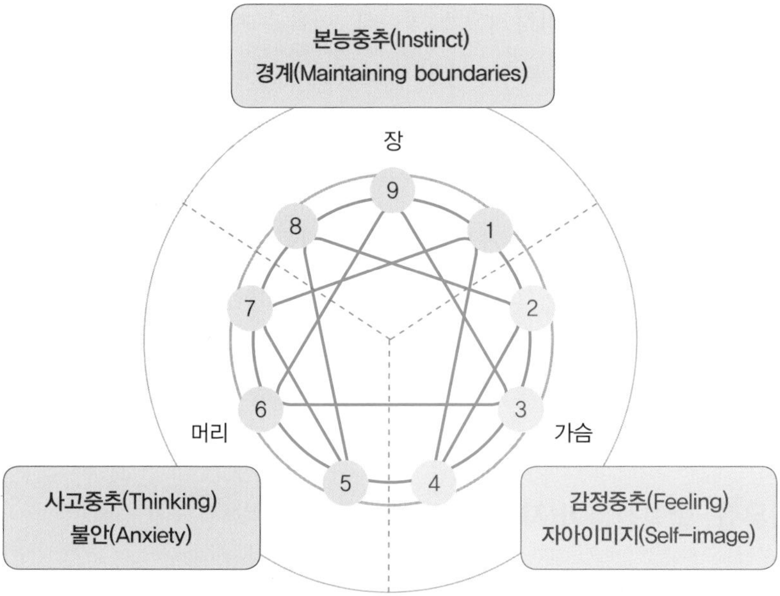

에니어그램 9가지 유형의 간략한 소개

1유형–개혁전문가(올곧은 완벽주의자)

올바름을 추구하는 1번 유형은 원칙적이고 도덕적이며 모든 일에 있어서 철저하다. 이들은 옳은 원칙이 오직 하나라고 여기며 그 원칙에 따라 모든 일을 공정하게 처리하려고 노력한다. 이들은 자신이나 타인, 주변 상황이 자신이 가진 올바름의 기준에 도달하지 못한다고 느낄 때 분노하고 그것을 바로잡고 싶어 한다. 이들은 완벽하려고 늘 긴장하며 살고, 주변 사람들에게 끊임없이 설교와 가르침을 한다. 이들이 삶에서 중요하게 여기는 것은 스스로가 자신의 높은 이상에 맞는 올바른 사람이 되는 것이다.

2유형–협력전문가(자상한 사랑주의자)

자상한 사랑주의자인 2번 유형의 사람들은 다른 사람에게 도움이 될 때 자신이 가치 있는 사람이 된다고 여긴다. 다른 사람들의 감정에 잘 공감하고 다른 사람들에게 무엇이 필요한지 금방 알아차리며 기꺼이 도우려 한다. 이들은 마음이 따뜻하고 정이 많으며 사람들과 교류하는 것을 좋아한다. 또한 사람들이 자신의 도움에 감사를 표현할 때 힘이 나는 것을 느끼며, 반대로 그렇지 않을 때에는 아주 서운해한다. 이들에게 삶에서 가장 중요한 것은 인간관계 속에서 사랑을 주고받는 것이다.

3유형-성취전문가(최선의 성공주의자)

3번 유형에게 중요한 가치는 성공한 사람이 되어서 타인으로부터 인정받는 것이다. 이들은 성공을 위해 야망을 가지고 열정적으로 일하며 자신감과 추진력을 갖고 있다. 이들은 목표를 이루기 위해 다른 사람들을 어떻게 격려해야 할지도 잘 알고 있다. 이들은 말솜씨가 뛰어나고 상황에 맞게 자신을 연출하여 어떤 상황에서도 잘 적응한다. 효율성을 추구하는 이들은 비효율적이고 무능한 사람과 함께 일하는 것을 잘 견디지 못하며 자신의 실패를 인정하기 어려워한다. 이들에게 중요한 것은 외적인 성취를 이루는 것이다.

4유형–창조전문가(고유한 독창주의자)

이 유형의 사람들에게 중요한 가치는 타인과 다른, 특별한 사람이 되는 것이다. 이들은 섬세하고 감수성이 풍부하며 슬픔이나 기쁨, 고독의 감정을 남다른 깊이로 경험한다. 또한 상상력이 풍부해서 예술적인 재능을 가진 사람들이 많다. 이들은 진정으로 자신을 이해한다고 느끼는 사람들과는 깊이 교류하지만 그렇지 않은 사람들에게는 마음을 닫는다. 자신의 독특함을 무시하는 거친 사람들이나 일정한 틀 또는 규율, 통제를 견디기 어려워한다. 진실을 추구하며 인생의 진정한 의미와 아름다움을 발견하기를 원한다.

5유형–탐구전문가(현명한 관찰가)

이 유형의 사람들은 삶에 대한 완전한 앎을 갖고자 하는 사람들이다. 이들은 관찰력과 이해력이 뛰어나며 문제의 핵심을 파악하는 능력이 있다. 또 내면에 머물면서 자신의 관심사를 깊이 탐구하기를 좋아하는 이들은 타인이 예고 없이 자신의 공간에 들어올 때 거부감을 느낀다. 대개 말수가 적고 관심사에 대한 지적인 토론을 즐기지만, 사적인 대화에는 그리 흥미를 갖지 않는다. 이들은 다양한 분야에 지식과 정보를 수집하기를 원하며

'현명한 사람' 혹은 '지혜로운 사람'으로 평가받기를 원한다.

6유형–헌신전문가(안전한 충성가)

6번 유형의 사람들은 안전함과 확실함을 추구한다. 이들은 법과 규범을 중시하고 외부 권위를 잘 따르며 협동심이 강해서 조직 안에서 자신을 드러내지 않고 일하는 사람들이다. 근면하고 책임감이 강하며 가족과 동료, 조직에 충실하다. 또 한번 관계를 맺은 사람들과는 오랫동안 그 관계를 지속하는 경향이 있다. 항상 최악의 경우를 생각하고 확실하게 대비하려는 이들은 도전과 갑작스러운 변화를 잘 받아들이지 못한다. 이들에게는 삶을 안정되게 유지하는 것이 매우 중요하다.

7유형–열정전문가(밝은 낙천주의자)

7번 유형의 사람들은 삶의 재미를 쫓아서 늘 바쁘게 사는 사람들이다. 이들은 무슨 일이든 쉽게 배우는 다재다능한 사람들이다. 그러나 쉽게 싫증을 내는 경향이 있다. 에너지가 넘치고 긍정적이며 상상력이 풍부하다. 반짝이는 아이디어를 가지고 있고 미래를 설계하는 것을 좋아한다. 이들은 풍부한 유머와 쾌활한 성격으로 주변 사람들을 즐겁게 한다. 단기적으로 집중할 수 있는 프로젝트 단위의 일을 선호하는 반면, 평범하고 변화가 없는 일, 반복해야 하는 일은 어려워한다. 이들은 스릴과 모험이 가득한 신나는 삶을 살기를 원한다.

8유형-도전전문가(강한 도전자)

8번 유형의 사람들은 힘 있는 사람이 되고자 한다. 이들은 자기주장이 강하고 다른 사람들을 지배하려는 욕구가 강하다. 또 쉽게 분노를 폭발하고 직설적이며 단호하다. 자신감과 결단력이 있어서 강한 리더십을 발휘하는데, 어떠한 어려움도 이겨 낼 수 있는 용기와 힘을 가지고 있다. 또한 본능적인 직관에 따라 결정을 내리는 경향이 있으며 위험을 감수하고 한계를 시험하기 좋아한다. 이들은 자신이 다른 사람들에게 통제당하는 상황을 어려워한다. 강하고 존중받는 사람이 되기를 원한다.

9유형-화합전문가(평화로운 화합주의자)

이 유형의 사람들에게 중요한 가치는 조화와 균형이다. 이들은 다른 사람들의 말을 잘 들어주고 이해심과 포용력이 있어서 사람들이 편안하게 여긴다. 이들은 모든 관점에서 긍정적인 면을 보기 때문에 사람들 사이에서 중재를 잘하고 화합하도록 한다. 그러나 은근히 고집이 세어 동의하지 않을 때에는 드러내고 거절을 하지 않으면서도 결국은 자신이 원하는 대로 한다. 그러나 이러한 면 때문에 결정하는데 어려움이 있으므로 우유부단한 사람으로 비치기도 한다. 이들은 모든 사람과 갈등 없이 조화롭고 평화롭게 살기를 원한다.

에니어그램의 9가지 유형

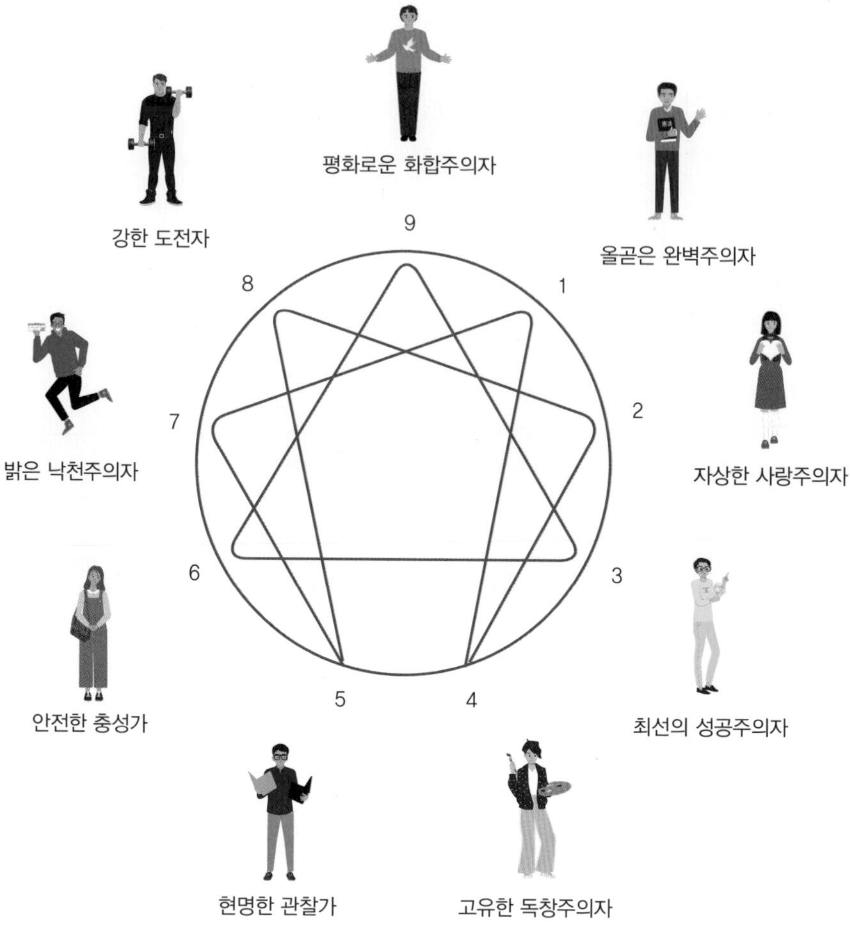

에니어그램의 힘의 중심, 화살, 날개

힘의 중심 이미지 이해용

〈장형〉

1유형
분노의 에너지를 내부로 억압한다(내향형).

8유형
분노의 에너지를 외부로 분출한다(외향형).

9유형
분노의 에너지를 내부와 외부로 모두 통과시킨다(내, 외향형).

〈가슴형〉

2유형
수치심의 에너지를 외부로 분출한다(외향형).

3유형
수치심의 에너지를 내부와 외부로 모두 통과시킨다(내, 외향형).

4유형
수치심의 에너지를 내부로 억압한다(내향형).

〈머리형〉

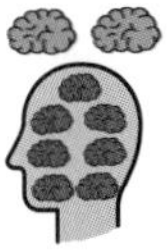

5유형
두려움의 에너지를 내부로 억압한다(내향형).

6유형
두려움의 에너지를 내부와 외부로 모두 통과시킨다(내, 외향형).

7유형
두려움의 에너지를 외부로 분출한다(외향형).

힘의 중심 이미지

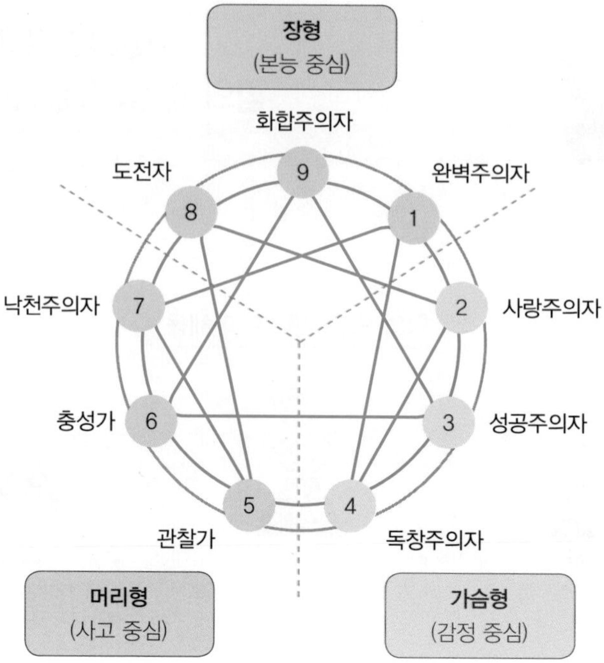
장형
(본능 중심)
화합주의자
9
도전자
8
완벽주의자
1
낙천주의자
7
2
사랑주의자
충성가
6
3
성공주의자
5
4
관찰가
독창주의자
머리형
(사고 중심)
가슴형
(감정 중심)

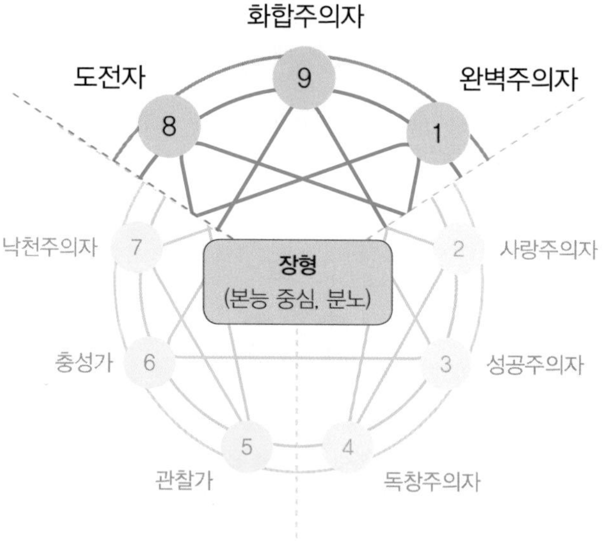
화합주의자
도전자
9
완벽주의자
8
1
낙천주의자
7
2
사랑주의자
장형
(본능 중심, 분노)
충성가
6
3
성공주의자
5
4
관찰가
독창주의자

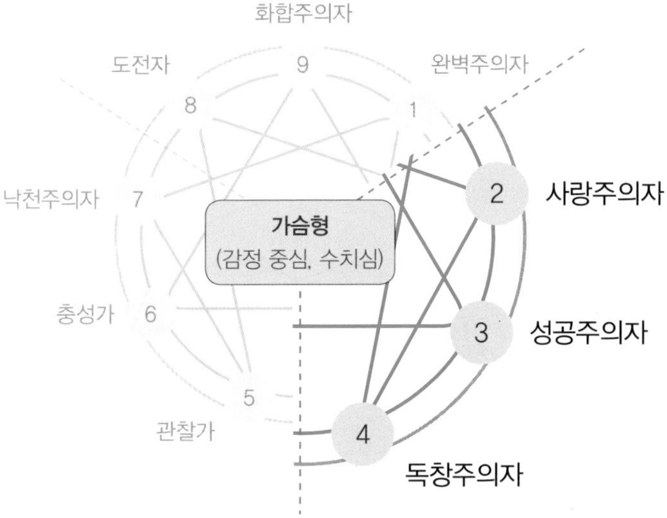
화합주의자
도전자
9
완벽주의자
8
1
낙천주의자
7
2
사랑주의자
가슴형
(감정 중심, 수치심)
충성가
6
3
성공주의자
5
관찰가
4
독창주의자

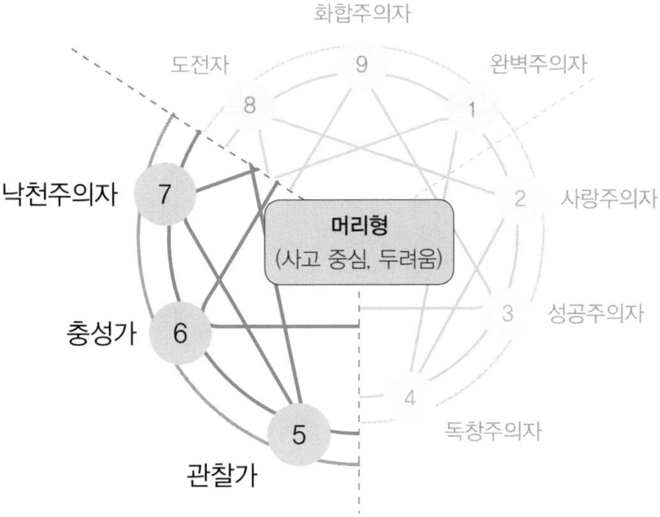
화합주의자
도전자
9
완벽주의자
8
1
낙천주의자
7
2
사랑주의자
머리형
(사고 중심, 두려움)
충성가
6
3
성공주의자
4
독창주의자
5
관찰가

날개 이미지

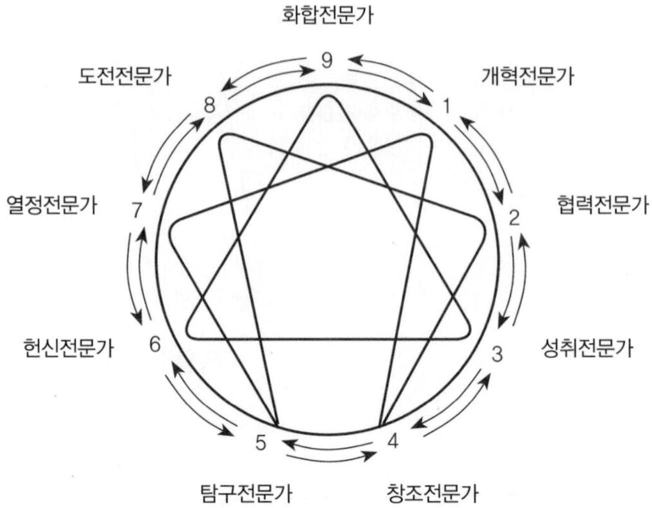

에니어그램에서는 날개의 이론을 설명하고 있다. 서로 이웃하고 있는 번호를 날개라고 한다. 즉, 1유형의 날개는 9유형과 2유형, 3유형의 날개는 2유형과 4유형, 7유형의 날개는 8유형과 6유형이 된다. 날개는 본인의 인생을 살아가는 데 도움을 주는 에너지이다. 따라서 날개 유형의 장점을 잘 배워 사용하면 자신의 유형을 더욱 성장시킬 수 있다. 보통 날개는 두 가지 유형인데, 특정한 한 개의 유형을 사용할 수 있다. 그리고 세월이 흘러가면서 날개를 바꾸기도 한다. 이 책에서는 인간관계의 이해와 성숙을 도모할 때 참고자료로 이해하면 큰 도움이 될 것이다.

화살, 날개 이미지

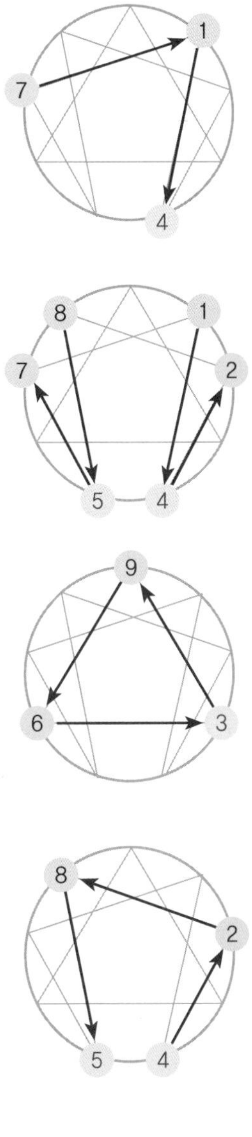

에니어그램에서는 화살표 방향을 미성숙 지점, 화살표 반대 방향을 성숙 지점으로 이해한다. 기계적인 의미로 100% 그렇다는 의미는 아니다. 인간의 성숙과 미성숙을 표현하는 의미로 자신의 부족한 에너지를 채우는 객관적인 사실을 의미한다. 즉, 1유형은 완벽주의로서 모든 것의 부족을 회피하는 심리가 있다. 그러다 보니 그것을 채워야 하며, 보통은 비판하고, 꼼꼼, 깐깐한 모습으로 나타난다. 이런 성격적 성향은 본인에게는 스트레스를 불러일으키고, 타인에게는 불편함을 느끼게 한다. 이런 1유형이 가장 긍정적이고 미래에 초점이 가 있는 7유형의 장점과 단점 중에서 장점을 배우고 사용한다면 어떤 일이 일어날까? 비판적인 면이 누그러져서 현재의 약간 부족함보다 미래의 긍정적인 모습을 보게 될 것이다. 당연히 자신의 스트레스는 낮아지고 주변의 사람들에게도 편안한 모습을 보이게 될 것이다. 이런 이치를 설명한 것이 바로 에니어그램의 화살이론이다.

2장
부모의 유형

★

- 부모가 자신의 유형을 알아야 하는 이유
- 부모의 유형을 이렇게 나누는 이유와 배경
- 부모용 진단지: 당신의 에니어그램 유형은?
- 1유형 맞는 말만 하지만 따라 하기 힘든 부모
- 2유형 좋으면서도 떨어져 있고 싶은 부모
- 3유형 1등을 바라는 부담스러운 부모
- 4유형 매력 있고 고상하지만 이해하기 어려운 부모
- 5유형 간섭하지 않고 지켜보는 부모
- 6유형 통금시간 엄격하고, 안 되는 것이 많은 부모
- 7유형 활발하고 재미있지만 불규칙한 부모
- 8유형 자신감이 넘치지만 무서운 부모
- 9유형 너그럽고 온화하지만 통제가 없는 부모

부모가 자신의 유형을 알아야 하는 이유

자녀를 양육하면서 느끼는 모든 부모의 마음은 '내 마음대로 잘 안 된다.'이다. 당연한 이야기 같지만 내 맘대로 될 수가 없는 것 아닐까? 그 가장 큰 이유는 부모와 자녀의 성격이 다르기 때문이다. 거기에다가 세대 차이, 교육 환경 차이, 경제적 · 사회적 차이 등 이질적인 요소는 한도 끝도 없다. 그럼에도 부모가 자녀를 낳았다는 한 가지 이유만으로 자기 마음대로 안 되는 것을 이상하다고 생각하는 것이다. 전제가 잘못되었기 때문에 그다음은 말할 것도 없다. 모든 부모는 이 사실을 잘 알고 있다. 잘 알고 있으면서도 생활에서 적용하기는 쉽지 않다. 내 자식이니까?

하지만 이런 차이를 극복할 수 있는 길이 없는 것도 아니다. 바로 그 차이를 알고 극복하면 해답의 길이 멀지만은 않다. 에니어그램에서는 9가지 성격 유형론을 말하고 있다. 고대의 지혜와 현대의 심리학이 결합된 이 성격의 심리학은 적어도 나와 다른 성격이 8가지는 존재한다고 설명하고 있다. 즉, 혈연관계임에도 자녀와 부모 사이에는 성격적 불편함이 도사리고 있음을 알 수 있다. '눈에 넣어도 아프지 않은 자식'이기에 온갖 고생과 헌신을 함에도 불구하고 이해가 힘든 것은 그 불편한 진실인 성격적 차이를 인정하기 힘들어서가 아닐까?

자녀의 성격적 특징과 부모의 성격의 특징을 알아서 적절한 이해와 조정이 이루어진다면 부모와 자녀의 관계는 훨씬 더 좋은 상태를 유지할 수 있을 것이다. 이것은 부모와 자녀만의 문제가 아니라, 부부도 마찬가지이다. 또 인간 상호 간의 교류가 일어나는 모든 현장에서도 마찬가지의 문제와 해결책이 존재하는 이유가 된다.

자녀에게 부모의 역할이란 어떤 것일까? 부모가 자녀를 양육함에 있어 안전한 환경적인 보호와 정서적인 사랑을 주고 서로 교류한다고 할 수 있다. 그로 인해 자녀가 안심하고 성장할 수 있는 바탕이 제공되는 것은 물론이다. 그러나 부모의 양육태도는 경험을 바탕으로 하기 때문에 자신의 주관적인 성격이나 경험에 의해 좌우되는 것이 사실이다. 아마도 자녀교육을 두고 최선을 하지 않는 부모는 없을 것이다. 그렇지만 그 방법은 결코 쉽지가 않다. 때문에 배워야만 할 수 있다.

사실 따지자면 사랑한다는 단 하나만의 이유로 결혼을 한다. 결혼해서 같이 살면 모든 것이 달라지는데 그 영향은 어떤 것이 있는지 전혀 생각하지 않고 말이다. 결혼 전에 이에 대한 그 어떤 교육도 받지 않는다. 받는다고 해도 바쁜 결혼준비를 하면서 심각하게 생각하지 않고 지나갈 것이다. 평생 함께 살아가야 한다는 것을 생각한다면 그렇게 쉽게 여기면 안 되는 문제인데 말이다. 그래서 결혼은 모를 때 해야 된다고 했는가?

하지만 더 심각한 사항은 그다음에 있다. 부모가 될 준비를 하나도 하지 않았음에도 자녀를 출산한다. 자녀가 생기면 부부에게 어떤 문제가 생기는가? 그것은 둘째 문제이다. 이제는 아빠와 엄마가 된다. 아빠와 엄마는 무엇인가부터 시작해서 정서적 · 신체적인 변화는 어떻게 일어나고 어떻게 대처해야 하는지 배우지도 배울 생각도 하지 않은 채 그냥 부모라는 타이틀을 따고 만다. 이런 결혼과 출산이라는 과정을 거치면서 준비되지 않은 부모가 되어 버리는 것이다. 체계적 교육 시스템이 거의 없다시피 한 우리나라의 현실을 생각하면 어쩔 수 없다고 자위하지만, 조금 알게 될 때는 할아버지, 할머니가 된다. 그러나 그때는 며느리와 사위의 주장을 이겨 내기 힘들다. 의견을 조금이라도 피력했다가는 시어머니와 며느리, 장모와 사위의 갈등으로 번질 수 있는 예민한 문제이기 때문이다.

이제 길을 찾아야 한다. 그동안 미루어 두었던 본질적인 문제를 꺼내어야 한다. 자녀에게 올바른 부모 역할을 하려면 자신의 정체를 알아야 한다. 급한 성격의 다혈질인지, 다른 사람의 말은 잘 안 듣고 고집이 센 부모인지, 말이 없고 조용하면서 거의 참견을 하지 않고 방관하는 부모인지를 알아야 한다. 자신의 모습이 어떤지를 알아야 자녀에게 어떻게 할지를 찾을 수 있지 않겠는가?

이제 우리는 에니어그램에 따라 자신의 유형과 자녀의 유형이 어떻게 비슷하고 어떻게 다른지를 찾아볼 것이다. 에니어그램에는 '자기를 찾아 떠나는 여행'이라는 부제가 붙는다. 에니어그램은 자신을 찾을 뿐만 아니라, 타인을 이해하고 서로의 차이를 알아 소통을 가능케 하는 훌륭한 도구가 될 것이다. 우선, 다음에 소개되는 진단지를 통해, 자신이 어떤 유형인지 확인해 보자. 자녀의 경우, 3장 '자녀의 유형'에 수록된 자녀용 진단지를 활용하면 된다. 자녀가 어릴 경우 부모가 책의 내용을 숙지하고 경향을 파악해 보는 것도 좋은 방법이다. 부모는 자녀를 잘 안다고 착각할 개연성이 매우 크다. 하지만 늘 등잔 밑이 어두운 법이다. 자녀는 부모를, 부모는 자녀를 가장 잘 몰라볼 수도 있다는 아이러니를 생각하라. 지나치게 사랑해서 객관성을 잃는 경우는 허다하다. 부모를 상담하다 보면 '내 자식이 이 세상에서 가장 착하다'고 믿는 부모들이 많다. 그렇지만 실제로는 말썽 피우고 못된 짓만 골라 가면서 하는 자녀도 더러 있다. 다른 사람들은 다 아는데 부모만 모르는 경우도 있다. 때문에 환경적 관찰도 중요하다. 무엇보다 성격적으로 어떤 특징이 있는지, 장점과 단점은 무엇인지, 자녀들의 신체 변화와 지적 능력 그리고 사춘기라는 격동 시기에 어떻게 지도해야 좋을지, 학습은 어떤 방법이 좋을지, 효과적인 코칭은 어떻게 해야 하는지 등을 이해해야 한다.

부모의 유형을 이렇게 나누는 이유와 배경

에니어그램은 성격 유형을 9가지로 분류하는데, 각 유형마다 특징이 있고, 특히 자녀가 바라보는 저마다의 특징은 다르다 할 수 있다. 또한 자녀의 유형에 따라서 부모의 유형을 느끼는 점도 많은 차이가 있을 수 있다. 이 책에서는 부모의 유형을 에니어그램으로 분류하려고 한다. 9가지 스타일의 부모가 있다. 본인은 어떤 부모인지를 살펴보라. 책에 나와 있는 글을 읽다 보면 자신이 어떤 부모인지 알 수 있을 것이다. 또한 뒤에 나오는 〈부모용 진단지〉를 활용해도 좋다.

앞으로 이 책을 따라서 자신의 유형과 자녀의 유형이 어떻게 비슷하고 어떻게 다른지를 찾아보게 된다. 간단하게는 이 책에서 소개하는 진단방법이 있으니 활용해 보기를 권한다. 자녀가 어릴 경우 책의 내용을 숙지하고 경향을 파악해 보는 것도 자녀를 이해하는 첩경이 될 것이다. 부모는 자녀를 잘 안다고 착각할 개연성이 매우 크다. 그러나 등잔 밑이 어둡다고 자녀는 부모를, 부모는 자녀를 가장 잘 몰라볼 수도 있다는 아이러니를 생각하라.

부모용 진단지:
당신의 에니어그램 유형은?

이 테스트는 심리 상태를 진단하거나 개인의 능력을 평가하는 심리검사가 아니다. 자신의 에니어그램 성격 유형을 스스로 파악하는 데 도움을 주기 위한 질문들로 구성되어 있는 설문지이다. 그럼에도 진단지라고 하는 것은, 이 질문들이 성격을 보다 객관적으로 파악하게 하여 스스로 성격을 진단하게 만들기 때문이다. 성격 유형에는 좋고 나쁨이 없다. 의식적으로 판단하여 정답을 찾겠다는 마음은 버리고, 편안한 마음으로 답해 보자. 다음의 질문에 당신이 습관처럼 편안하고 자연스럽게 자주 선택하는 경향을 체크하면 된다. 방법은 간단하다. 다음의 각 문항에 표현된 말들이 자신에 대해 얼마나 잘 표현하고 있는지를 1~5의 수로 표현하면 된다. 즉, 강한 긍정에는 5, 약한 긍정에는 4, 중립에는 3, 약한 부정에는 2, 강한 부정에는 1을 적는 것이다.

부모용 진단지

정말 그렇다	그런 편이다	그저 그렇다	그렇지 않다	전혀 아니다
5	4	3	2	1

1. 나는 어떤 일에서든 빈틈이 있는 것을 쉽게 발견한다. (   )
2. 나는 일을 할 때 혼자 하는 것보다 여럿이 같이하는 것을 좋아한다. (   )
3. 나는 나 자신의 발전과 성공을 위해 많은 시간을 할애한다. (   )
4. 나는 많은 사람 가운데 한 사람이 아니라 유일하게 독특한 사람이다. (   )
5. 나는 어떤 일을 하든 생각을 많이 하고 집중하고 몰입한다. (   )
6. 나는 돌다리도 두드려 보고 건너는 안전 지향적인 사람이다. (   )
7. 나는 즐겁고 재미있는 인생을 살고 싶다. (   )
8. 나는 리더이고 싶고, 실제로 어디에 가든 리더일 때가 많다. (   )
9. 나는 나 자신에 대해 '이만하면 됐다'고 생각하며 만족한다. (   )
10. 나는 내가 맡은 일을 다 완수하기 전에는 다른 일을 하기 힘이 든다. (   )
11. 나는 남을 도와줄 때 더욱 활기차다. (   )
12. 나는 성공하기 위해서는 희생을 감수해야 한다고 생각한다. (   )
13. 나는 다른 사람이 별로 하지 않는 고상한 일이나 취미를 좋아한다. (   )
14. 나는 다른 사람들과 어울리는 것보다 혼자 조용히 있는 것을 좋아한다. (   )
15. 나는 일처리 속도가 빠르지 않기 때문에 남들이 답답해하는 것 같다. (   )
16. 나는 새로운 일을 시작하는 것이 두렵지 않고 재미있다. (   )
17. 나는 강한 인생을 살고 싶고, 그럴 만한 자신감도 충분히 있다. (   )
18. 나는 원만하고 어떤 일에서든 타협을 잘하고 양보할 때도 많다. (   )
19. 나는 성실하고 많이 참는 편이다. (   )

20. 나는 남을 칭찬하거나 격려하는 일에 능숙하다. (　　)

21. 나는 목표를 정해 놓고 살아가며, 내 목표의 끝은 성공이다. (　　)

22. 나는 예술가적인 기질이 다분하며 평범한 것이 싫다. (　　)

23. 나는 느낌이나 감정보다 이성적인 사고의 힘을 믿는다. (　　)

24. 나는 지나치게 심사숙고하여 일처리가 늦는 편이다. (　　)

25. 나는 딱딱하고 고정된 일보다 변화 있고 활력 있는 일이 좋다. (　　)

26. 나는 남에게 강한 영향력이 있는 사람이다. (　　)

27. 나는 부정적인 말을 싫어하며, 남이 나에게 부정적인 말을 하는 것도 싫다. 그러나 그것을 밖으로 드러내지는 않는다. (　　)

28. 나는 원칙에 어긋나는 일은 하지 않으려고 한다. (　　)

29. 나는 내 주장을 내세우기보다 다른 사람의 의견에 더 잘 공감한다. (　　)

30. 나는 인간관계를 중시하지만, 성공에 방해가 된다면 정리해야 한다고 생각한다. (　　)

31. 나는 매우 민감하며 분위기에 약하다. (　　)

32. 나는 정보라든가 시간, 돈 등을 아끼는 편이다. (　　)

33. 나는 어떤 조직에서든 잘 견디는 편이다. (　　)

34. 나는 어린이처럼 명랑하고 즐겁고 재미있다. (　　)

35. 나는 매사에 주도적이고, 공격적이며 돌파력이 있다. (　　)

36. 나는 평화롭게 살고 싶고, 주변 사람들과 조화롭게 지내고 싶다. (　　)

37. 나는 남의 말이 옳으면 수긍하지만, 옳지 않으면 받아들일 수 없다. (　　)

38. 나는 남이 나를 찾고 간절히 필요로 할 때 존재감을 느낀다. (　　)

39. 나는 결코 실패하지 않을 것이며, 성공을 위해 효율적인 방법을 찾는다. (　　)

40. 나는 감정 기복이 심한 편이다. (　　)

41. 나는 문제가 생기면 주변에 알리기보다는 혼자 생각하고 해결하는 편이다. (　　)

42. 나는 어떤 일을 할 때 종종 의심이 생기며 그것 때문에 고민에 빠진다. (　　)

43. 나는 계획 세우기를 좋아하고, 미래에 대한 열정이 많다. (　　)

44. 나는 남을 설득하여 내 편으로 만들 자신이 있다. ( )

45. 나는 편안하게 그냥 있을 때가 가장 좋다. ( )

46. 나는 일을 시작하면 원리원칙대로 끝내야 한다. ( )

47. 나는 타인과의 친밀함을 유지하기 위해 나 자신을 희생할 때가 있다. ( )

48. 나는 빠른 시간 안에 목표한 것을 이룰 자신이 있다. ( )

49. 나는 다소 비현실적인 꿈을 가지고 있고, 그것을 실현시키고 싶다. ( )

50. 나는 모든 상황을 다 판단하고 난 후에 행동하는 것이 좋다고 생각한다. ( )

51. 나는 최악의 상황을 예측하고 그것에 대비해야 마음이 편하다. ( )

52. 나는 한 가지 일보다 여러 일을 동시에 진행할 때 더 큰 활력이 생긴다. ( )

53. 나는 내가 필요하다고 생각하면 싸우는 상황이 되어도 두렵지 않다. ( )

54. 나는 하는 일을 바꾸는 것이 쉽지 않다. 웬만하면 하던 일을 그냥 하기를 원한다. ( )

55. 나는 화를 내지 않으려고 노력하지만 '욱'하는 일이 많다. ( )

56. 나는 남이 내가 한 행동에 대해 고마워하지 않으면 깊이 절망한다. ( )

57. 나는 내가 이룬 결과물이 연봉이나 지위 등으로 나타나길 원한다. ( )

58. 나는 남들이 인생의 진정한 의미나 가치를 잘 모르고 살아가는 것 같다고 느낀다. ( )

59. 나는 내 안에 생겨나는 감정을 표현하기가 어렵다. ( )

60. 나는 나를 정말로 믿어 주고 내가 진실로 믿을 수 있는 사람을 만나면 그를 위해 기꺼이 목숨도 바칠 수 있다. ( )

61. 나는 슬럼프에서 쉽게 빠져나오며, 슬럼프에 빠진 사람을 도와 빠져나오게 해 준다. ( )

62. 나는 단순하고 우직해서 쉽게 타협하지 않는다. ( )

63. 나는 남들과 싸우는 일은 가능한 한 만들고 싶지 않기 때문에 그들이 하자는 대로 하는 편이다. ( )

64. 나는 어떤 일을 할 때 사소한 것이 어긋나도 신경이 많이 쓰인다. ( )

65. 나는 나를 위해서보다 남을 위해 더 많은 시간을 쓴다. ( )

66. 나는 비교능력이 뛰어나며 성공하는 편에 설 수 있다. (　　)

67. 나는 내 자신이 연극 무대의 주인공이라고 생각하고 살 때가 많다. (　　)

68. 나는 모르는 사람들과 어울리는 것이 쉽지 않으며, 그 자리를 모면하고 싶어 한다. (　　)

69. 나는 나를 설득하거나 이용하려는 사람을 즉각 알아낼 수 있다. (　　)

70. 나는 재치와 유머가 삶을 살아가는 데 있어 중요한 요소라고 믿으며, 그렇게 살아간다. (　　)

71. 나는 남들이 나를 조롱하거나 비난하면 쉽게 자극을 받아 흥분하며, 그들을 가만두지 않는다. (　　)

72. 나는 어떤 경쟁이든 피하고 싶고, 그냥 시간이 흐르면 해결되도록 내버려 둔다. (　　)

73. 나는 작은 것에 연연해하다가 큰 것을 보지 못하는 실수도 한다. (　　)

74. 나는 다른 사람들에게 꼭 필요한 사람인지에 대해 신경을 많이 쓴다. (　　)

75. 나는 일을 능률적으로 하는 것을 좋아하며, 빠른 속도로 완수할 수 있다. (　　)

76. 나는 아무리 좋아도 평범하고 남들과 똑같은 것에는 가치를 두지 않는다. (　　)

77. 나는 차분하고 조용히 있을 때가 가장 활력이 넘친다. (　　)

78. 나는 한결같은 생활태도를 갖는 사람에게 마음이 끌린다. (　　)

79. 나는 의무감 때문에 억지로 하는 일에는 성과를 올리기 어렵다. (　　)

80. 나는 감각적으로 위기를 느끼며, 위기를 극복하는 최선의 방법은 공격이라고 믿는다. (　　)

81. 나는 사람들이 왜 그렇게 아등바등하며 사는지 안쓰럽게 느껴진다. (　　)

진단 결과 확인

*다음에 제시된 번호의 합을 각각 구해, 합이 가장 높은 것이 자신의 성격 유형이다.

1, 10, 19, 28, 37, 46, 55, 64, 73번의 합	(　　　)	1유형
2, 11, 20, 29, 38, 47, 56, 65, 74번의 합	(　　　)	2유형
3, 12, 21, 30, 39, 48, 57, 66, 75번의 합	(　　　)	3유형
4, 13, 22, 31, 40, 49, 58, 67, 76번의 합	(　　　)	4유형
5, 14, 23, 32, 41, 50, 59, 68, 77번의 합	(　　　)	5유형
6, 15, 24, 33, 42, 51, 60, 69, 78번의 합	(　　　)	6유형
7, 16, 25, 34, 43, 52, 61, 70, 79번의 합	(　　　)	7유형
8, 17, 26, 35, 44, 53, 62, 71, 80번의 합	(　　　)	8유형
9, 18, 27, 36, 45, 54, 63, 72, 81번의 합	(　　　)	9유형

부모의 유형

화합전문가: 너그럽고 온화하지만 통제가 없는 부모

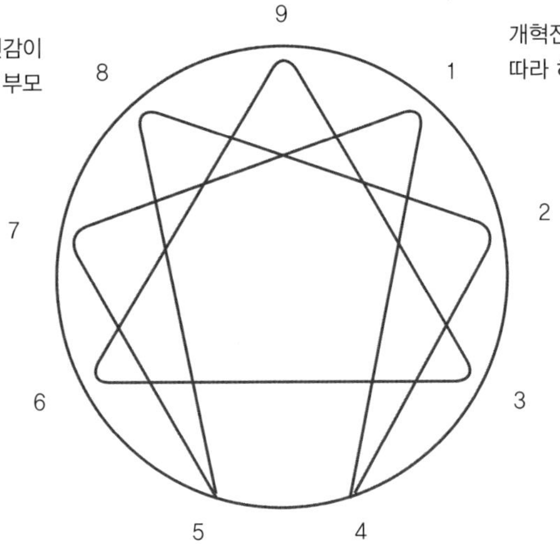

개혁전문가: 맞는 말만 하지만 따라 하기 힘든 부모

협력전문가: 좋으면서도 떨어져 있고 싶은 부모

성취전문가: 1등을 바라는 부담스러운 부모

창조전문가: 매력 있고 고상하지만 이해하기 어려운 부모

탐구전문가: 간섭하지 않고 지켜보는 부모

헌신전문가: 통금시간 엄격하고, 안 되는 것이 많은 부모

열정전문가: 활발하고 재미있지만 불규칙한 부모

도전전문가: 자신감이 넘치지만 무서운 부모

- 건강한 방향: 1 → 7 → 5 → 8 → 2 → 4 → 1 / 9 → 3 → 6 → 9
- 부족한 방향: 1 → 4 → 2 → 8 → 5 → 7 → 1 / 9 → 6 → 3 → 9

1유형
맞는 말만 하지만
따라 하기 힘든 부모

1유형 해석

올바름을 추구하는 1유형은 원칙적이고 도덕적이며 모든 일에 있어서 철저하다. 이들은 옳은 원칙이 오직 하나라고 여기며 그 원칙에 따라 모든 일을 공정하게 처리하려고 노력한다. 이들은 자신이나 타인, 주변 상황이 자신에 올바름의 기준에 도달하지 못한다고 느낄 때 분노를 느끼고 그것을 바로잡고자 한다. 이들은 완벽해지고자 긴장을 많이 하며 주변 사람들에게 끊임없이 설교와 가르침을 편다. 이들이 삶에서 중요하게 여기는 것은 스스로가 자신의 높은 이상에 맞는 올바른 사람이 되는 것이다. 자녀가 바라볼 때는 올바른 말씀만 하시는 완벽한 부모를 따라 하기가 너무 힘들다.

① 성실 근면하며 책임감이 강하다. 교육적인 면에서는 언제나 원칙을 강조하고 실천하려고 애쓴다. 내면에 긴장감이 늘 있으며 틀리면 안 된다는 걱정이 있다. 자녀에게 책임과 올바름을 강조하는 과정에서 감정을 다치게 할 수 있음을 주의해야 한다.

② 자녀에게 세심하고 자세하게 배려하며 최선을 다하여 헌신한다. 자신

의 감정을 쉽게 드러내지는 않으나 앞뒤 계산을 함으로써 미리 준비하여 빠짐없이 실천한다. 이 과정에서 자녀는 억압받는 느낌을 가질 수 있다. 때로는 천천히 실천할 필요가 있다.

③ 자녀들을 대하거나 생활을 할 때 어떤 일이든지 항상 진지하게 하도록 요구한다. 장난삼아 '대강', '대충' 하는 일을 참아 내기가 쉽지 않다. 자녀들은 아직 완성되지 않은 자라나는 세대임을 기억하라. 참을성 있게 지켜보는 것이 도움이 된다.

④ 원칙은 하나이고 다른 것은 없다고 믿는다. 이런 단 하나의 원칙을 강조하는 태도는 그렇지 않은 것을 비판하는 것으로 이어진다. 꼭 정답이 하나가 아닐 수도 있음을 기억하라. 유연성을 기르고 부모가 원하는 정답이 아닌 자녀의 정답을 찾는 것을 격려하라.

⑤ 진지한 1유형 부모들은 웃음을 잃어버리고 지나치게 신중해질 때가 많다. 틀림없는 신용을 중요시하기 때문에 생기는 현상이다. 인생의 즐거움과 행복함을 자녀에게 가르치면 모두에게 큰 도움이 된다.

긍정적인 특징 단어	부정적인 특징 단어
진지하다, 책임감 있다, 헌신적이다, 양심적이다, 목표가 높다, 정확하다, 시간을 잘 지킨다, 정직하다, 근면하다, 도덕적이다, 기준이 높다, 뛰어나기 위해 힘쓴다, 이상주의적이다, 믿을 수 있다, 빈틈이 없다, 근면하다, 공정하다, 끈기 있다, 모든 잠재성을 개발한다, 윤리적이다, 명석함을 추구한다, 열정적이다	지나치게 비판적이다, 요구가 많다, 화낸다, 완고하다, 날카롭다, 집착한다, 조급하다, 남을 휘두른다, 지나치게 노력한다, 완벽주의적이다, 기대치가 높다, 비현실적이다, 집요하다, 간섭한다, 엄격하다, 설교적이다, '해야 할 일'이 많다, 지나치게 심각하다

그림 사례 ❶: 등교시간은 칼같이

1번 유형의 완벽주의 부모는 모든 것이 틀림없고 완벽해야 한다는 집착을 가지고 있다. 특히 약속에서 그렇다. 이들에게는 등교하는 시간이 정해져 있고 그 시간을 지키지 못하는 것은 '틀린 일'이다. 자신만이 아니라, 자녀와 주변 모든 사람에게 은근히 완벽하기를 기대하고 강조한다. 자녀는 부모의 이런 강조를 압박으로 느낀다. 여러 변수를 고려하지 않고 무조건 시간을 엄격하게 통제한다고 느끼기 때문이다.

이 유형의 사람들에게는 시간뿐만 아니라 주변이 어지럽게 흐트러져 있는 것도 고민거리이다. '이것은 이래야 하고, 저것은 저렇게 처리해야 하며, 사람은 이렇게 살아가야 한다' 등의 방법론적인 것이 명확하다. 스스로의 원칙이 생겨서 그 길로 가는 것이 가장 맞다고 생각하면서 자녀들에게도 그런 원칙을 갖기를 바라고 주장하고 가르친다.

[1번 유형 그림 ❶]

그림 ❶은 등교시간에 맞추어 집에서 나서는 아이를 보면서 안심하는 부모의 모습이다. 평소에 등교시간을 지키지 못할까 봐 걱정하는 마음이 녹아 있다. 자녀의 인사를 받으면서도 눈은 시계에 가 있고, 집안은 깔끔하게 정리되어 있다. 이런 완벽에 대한 태도 때문에 맞는 말만 하지만, 자녀 입장에서 부모의 말대로 따르기에는 힘이 든다. 하지만 틀린 것을 말하는 것이 아니고 자녀 잘되라고 하는 소리라는 당위성까지 더해져서 부모는 더욱 자녀들을 압박한다. 부모 역시 뜻대로 되지 않아 상당한 스트레스를 받는다. 스트레스를 많이 받을 때는 방법을 바꿀 것을 심각하게 고려하지만 쉽지만은 않다. 개근상을 받는 것도 중요하지만 무조건 개근상을 받아야 한다는 압박에서 벗어나는 것이 먼저가 아닐까?

그림 사례 ❷: 먼저 하고 나중에 즐기자

1번 유형 부모의 일처리 패턴은 '먼저 하고 나중에 즐기자'는 말로 표현할 수 있다. 자녀교육에 있어서도 마찬가지이다. 숙제를 먼저하고 노는 것은 나중이라는 식이다. 중요한 것을 먼저 하고 그 외의 것은 나중에 하는 것은 시간관리에서 중요한 주제이다. 하지만 자녀교육이 시간 관리의 원칙만으로 되는 것은 아니다. 자녀가 중구난방으로 공부하거나 생활하는 것은 이 유형의 부모에게 보통 큰 스트레스가 아니다. 이 때문에 안정감을 잃거나 생활의 질을 형편없이 떨어지기도 한다.

그림 ❷에서 자녀는 하교 후 집에 와서 컴퓨터 게임을 즐기고 있다. 책가방은 방바닥에 아무렇게나 던져져 있고 내용물까지 다 나와 있다. 아이는 숙제도 안 하고 엄마가 들어오는 것도 모른 채 정신없이 게임에만 열중하고 있다. 이럴 때 1유형 부모는 엄청난 스트레스를 받는다. 다른 것은 제쳐 두고서라

[1번 유형 그림 ❷]

도 정리정돈과 숙제부터 했으면 좋겠다고 생각한다. 교육적인 면에서 필요하고 중요한 것들이 많지만 1유형 부모들의 생각에는 모두 다음의 일이다.

자녀교육이라는 멀고 먼 여행을 떠났다는 사실을 인식하고, 스트레스를 부르는 눈앞의 것에 연연하지 말고 멀리 바라보는 느긋한 마음부터 회복하는 것이 필요하다. 충분한 시간적 여유를 가지고 기다리는 마음은 감정을 즉각적으로 표출하기보다 서서히 다스리는 여유를 갖게 한다. 결국 자녀에게 상처를 입히지 않고 부모 스스로의 마음도 다치지 않으면서 문제를 해결하게 한다. 분노를 다스리면서 자녀가 성장하기를 기다려야 한다. 이것이야말로 1유형의 부모들이 가야 할 자녀교육의 참된 길이다.

그림 사례 ❸: 도대체 뭐 하는 사람이야?

1번 부모가 추구하는 철두철미함은 완벽에 대한 집착에서 비롯된다. 이들은 내 자녀는 이래야 하고 내 배우자는 이래야 한다는 원칙을 가지고 있다. 그 기준에 어긋나면 매우 불편해진다. 이런 원칙은 배우자든 자녀든 조직이든 가리지 않고, 모든 인간관계에서 장애 요인으로 등장하기 쉽다. 상하 위계가 분명한 조직이라도 불만이 없는 것은 아니다. 겉으로는 괜찮겠지만 속으로도 문제가 없는 것은 아니다. 불만이 쌓이면 드러나는 것은 시간문제이다.

그림 ❸에는 외출을 했다가 집으로 돌아온 모습이 그려져 있다. 아이는 엎드려서 그림을 그리고 있는데 도구들이 여기저기 흩어져 있다. 남편은 그런 아이는 아랑곳하지 않고, 소파에 누워 간식을 먹으면서 텔레비전만 보고 있다. 1번 유형의 부모에게 이런 상황은 참기 힘들다. 그림 속에서는 한숨을 내

[1번 유형 그림 ❸]

쉬며 남편을 원망하고 있다. 1번 유형의 사람들은 이런 상황에서 스트레스를 받고, 부정적인 언급을 함으로써 상대와 긴장관계를 만든다. 꼭 모든 것이 준비가 잘 된 상태를 꿈꾸지만, 그것이 이루어지기는 어렵다. 집착을 떨치고, 그림 그리는 자녀를 신기해하면서 무엇을 그리는지 알아보고, 격려와 칭찬을 해 준다면 어떨까? 행복한 가정의 단란한 모습을 만들 수 있을 것이다.

그림 사례 ❹: 높은 기대수준

1번 유형의 부모는 이상적인 기대를 가지고 산다. 자녀 역시 자신이 꿈꾸는 완벽한 모습으로 자라 주기를 원한다. 한마디로 기대수준이 높은 것이다. 자녀 입장에서는 아무리 노력해도 부모의 기대를 충족시키기 어렵다. 때로는 절망감마저 느낀다. 하지만 부모는 조금 더 노력하지 않는 자녀에게 더 성

[1번 유형 그림 ❹]

실하게 노력할 것을 요구한다. 안타깝게 여기는 마음으로 호소하기도 한다. 이럴 때 비교대상이 동원되기도 한다. 객관적으로 따져 못날 것이 없는 자녀가 원하는 만큼 도달하지 못했을 때, 부모는 더욱 가혹해질 수 있다.

그림 ❹에서는 부모가 자녀에게 부족한 부분을 보고 있다. 물론 비교대상은 같은 또래의 아이이다. 무엇을 따져 보아도 모자랄 수 없는 아이인데 부족한 부분이 보일 경우, 부모는 그것 때문에 마음이 아프면서도 '욱'하는 분노가 올라온다. 최선을 다하는 것처럼 보이다가도 자녀가 기대치에 못 미친다고 판단될 경우 얼굴이 어두워진다. 하지만 부모의 판단이 다 옳은 것은 아니다. 아직은 드러나지 않았지만, 잠재된 가능성은 얼마든지 있을 수 있다. 그리고 채워져 있는 부분은 보이지 않고 부족한 부분만 도드라져 보이는 것은 완벽에 대한 부모의 집착 때문이다. 따라서 부족한 부분을 보며 탄식하지 말고 채워진 부분을 찾는 노력을 해야 한다. 그리고 그 부분에 집중해 아이를 인정해 준다면 어떨까? 보다 더 좋은 관계를 만들어 나갈 수 있을 것이다.

그림 사례 ❺: 원칙이 허물어지면

1번 유형의 부모들은 스트레스 상황이 깊어지면 스스로 지키던 완벽이라는 감옥에 지쳐 쓰러지게 된다. 자신이 그동안 지켜 온 책임에서 해방되기를 바라는데, 이렇게 되면 4번 유형의 부정적인 모습이 노출된다. 지금까지 지켜 온 원칙을 스스로 허물어 버리는 것이다. 자녀에게 가르쳤던 것과는 다른 모습을 보이고, 더 이상 일관성의 끈을 이어 가지 못한다. 특히 자녀에게 감정을 전달하는 것이 어려워진다.

이렇게 해야 더 나아지고 행복해질 수 있다는 전달을 하지 못하고, 외딴 골방으로 들어가서 주변을 방치하기도 한다. 아무도 자신을 이해해 주지 않는다고 느끼면서 위축되고 우울해진다.

그림 ❺는 스트레스가 누적된 1번 유형의 부모가 소파에 누워서 평소에 하던 일을 포기하고 체념에 빠진 모습을 그리고 있다. 자녀들은 주변을 어지럽히고 놀고 있으며 남편의 말에도 대꾸를 하지 않는다. 평소에 남편과 자녀들을 챙기면서 부지런하던 모습과는 전혀 딴판이다. 열심히 살아왔다고 인정받는 것도 아니고 그렇지 않은 사람들이 오히려 더 행복하게 살고 있다고 느끼게 된다. 열심히 노력한 것에 대한 보상은커녕 아무도 알아주지 않는다고 생각하니 허무하고 우울해진다. 이때 모든 것을 포기하고 싶은 유혹에 빠지게 된다.

먼저, 자신이 매우 큰 스트레스의 소용돌이에 갇혀 있다는 자각이 필요하다. 스스로 깨어나야 한다. 자신만의 원칙이 무너질 때는 상담자의 도움을 받거나 휴식이 필요하다. 자녀들에게 부모로서 최소한의 역할을 하면서 정리

[1번 유형 그림 ❺]

를 해 보는 것이 중요하다.

그림 사례 ❻: 활발하고 재미있는 7번 유형으로

1번의 부모들이 건강해지면, 집착에서 벗어나 주변을 챙기지 않으면서도 영향을 받지 않고 독립적이 된다. 활발하고 재미있는 7번 유형의 건강한 모습이 되어 인생의 즐겁고 긍정적인 면을 받아들이게 되는 것이다. 현실을 있는 그대로 받아들이고 그 영향을 받지 않게 된다. 자녀 역시 있는 그대로 모습을 받아들일 수 있는 내면의 공간이 넓어진다. 완벽에 대한 집착으로부터도 자유로움을 느끼게 된다. 부모 혼자만의 원칙에서 벗어나 자녀의 왕성한 호기심이라는 관점을 받아들이게 된다. 이런 상황이 되면 일말의 불안감이 엄습할 수도 있다. 자신이 지켜 온 것들을 내려놓으면서 발생하는 부정적인 두려

[1번 유형 그림 ❻]

움과 싸우게 된다. 하지만 이것이 스스로 집착해 온 완벽으로 되돌아가려는 목소리라는 것을 깨달으면, 기쁨, 즐거움, 행복 같은 가치와 연결하는 것이 힘들지 않아진다. 자녀와의 관계도 허용이 늘고, 갈등에서 오는 분노의 감정과도 분리가 된다.

그림 ❻은 학교에서 하는 예술제에서 자녀가 주인공으로 분장하여 공연을 하는 장면이다. 자녀는 슈퍼맨이 되었고 마음껏 상상의 나래를 펼치면서 흥미진진하게 역할을 하고 있다. 우주의 중심이 되어 지구를 구하는 용사가 되어 있다. 이 장면을 바라보는 부모는 그 자체도 무척 행복하다. 더 나아가 자녀가 맡은 역할처럼 자유롭고 행복한 인생을 살아가기를 바라고 있다. 조용하고 책임감이 강하고 무엇이든 성실하게 살아가는 것이 제일이라고 생각한다. 하지만 실제로는 답답하고 우울한 일이 적지 않았기에, 자유롭고 자기가 하고 싶은 일을 방해받지 않고 살아가는 것도 중요한 일임을 깨닫는다. 자녀는 부모의 부속물이 아니기에, 자녀의 취향을 존중하고 자율성을 보다 더 허용하는 것이 필요하다.

2유형
좋으면서도 떨어져 있고 싶은 부모

2유형 해석

다른 사람에게 도움이 될 때 자신이 가치 있는 사람이 된다고 여기는 이들은 사람들의 감정에 잘 공감하고 다른 사람들이 무엇이 필요한지 금방 알아차리며 기꺼이 사람들을 도우려 한다. 마음이 따뜻하고 정이 많으며 사람들과 교류하는 것을 좋아한다. 사람들이 자신의 도움에 감사를 표현할 때 힘이 나는 것을 느끼며 반대로 그렇지 않을 때 아주 서운해한다. 삶에서 가장 중요한 것은 인간관계 속에서 사랑을 주고받는 것이다.
서로 교류가 일어나지 않는 유형의 자녀의 경우, 부담스러워 조용히 혼자 있고 싶을 때가 있다.

① 자녀들을 좋아하고 다정하게 대해 주며 부모 역할을 즐기는 부모이다. 자녀의 관심을 북돋아 준다. 관심이 많고 무엇을 도와주어야 할지를 잘 파악한다. 자녀 스스로 잘할 수 있도록 지켜보는 것이 직접 도와주는 것보다 훨씬 효과적이다.

② 밝고 따뜻하고 다정하다. 자녀의 친구에게도 다정하며 친절하다. 또한 주변 모든 사람과 명랑하게 지내기를 기대한다. 하지만 모든 사람이 다

우호적인 것만은 아니다. 적절하게 규모를 정하고 선을 그어 대하는 것이 효과적이다.

③ 자녀를 바라보는 시선이 애잔하다. 지구의 끝까지 따라가서 무엇이든지 부모가 할 수 있는 것은 다 해 주려는 마음이 참 많다. 100점짜리 엄마가 되고 싶다. 하지만 때로는 100점보다 90점이 더 좋을 수도 있다. 부족한 부분이 있을지라도 자녀에게는 100점짜리 부모이다. 완벽한 부모의 역할이 오히려 자녀에게 의존성을 키울 수도 있다. 자녀 스스로 참여할 수 있는 여지가 남아 있는 공간도 필요하다.

④ 자녀가 부족한 것은 내가 도와주지 않아서 그렇다는 내면의 소리가 들린다. 그래서 자녀가 잘못하면 너무 많이 미안해한다. 하지만 그것은 자기 집착일 뿐이다. 이 집착을 내려놓을 때 오히려 부모와 자녀가 모두 건강할 수 있음을 믿으라.

⑤ 자녀를 칭찬하고 격려하면서 정서적 교류가 연결되기를 바란다. 많은 사랑의 감정을 전달했음에도 아무런 반응이 없으면 기운이 빠지고 실망하게 된다. 자녀의 입장에서는 쏟아지는 감정의 홍수에 부담이 될 수 있음을 기억하자.

긍정적인 특징 단어	부정적인 특징 단어
도와준다, 이타적이다, 베푼다, 신경을 쓴다, 갈채를 보낸다, 보살핀다, 사랑한다, 돌본다, 상냥하다, 동정심 있다, 지지한다, 흔쾌히 받아들인다, 희생한다, 타인 중심적이다, 인정이 많다, 경청한다, 칭찬한다, 대접한다, 관계 중심적이다, 지원한다	침해한다, 방해한다, 소유하고 싶어 한다, 조종한다, 요구한다, 불평한다, 죄책감을 유발한다, 대면하지 않는다, 받기를 거부한다, 과보호한다, 괴롭힌다, 남의 기준에 따른다, 필요로 한다, 숨막히게 한다, 어린아이 취급을 한다, 도움받을 가치가 없다, 질투한다, 지나치게 상냥하다

그림 사례 ❶: 보살핌과 자율성의 보장

2유형의 부모는 따뜻하고 사랑이 많다. 그렇지만 이런 성격의 이면에는 집착이 도사리고 있다. 사랑과 미움은 반대말이 아닌 것처럼 집착과 사랑도 종이 한 장 차이이다. 2유형 부모는 '도와주는 것'에 집착한다. 그런데 부모로서 당연하고 고마워야 할 도움도 정도가 심해지면 부모 자신도 자녀도 힘들어진다.

아이는 부모의 보살핌을 받으며 자라난다. 하지만 점점 성장하면서 스스로의 독립성을 키워 나가야 한다. 이 과정에서 부모의 역할은 보살핌과 자율성 보장이라는 두 가지 과제에 직면한다. 이 긴장관계를 풀지 못하면 2유형의 부모는 집착의 늪에 빠지게 된다. 가장 큰 문제는 자녀가 스스로 할 일을 하지 못하고, 자유와 책임을 분간하지 못하는 균형을 잃은 아이가 될 수 있다는 것이다.

[2유형 그림 ❶]

그림 ❶은 아이의 등교시간 풍경을 그린 것이다. 부모는 빠진 것이 없는지 확인하면서 아이의 가방을 대신 싸고 있다. 반면, 자녀는 아직 옷도 갈아입지 않고 양말도 신지 않은 상태에서 만화책만 보고 있다. 시간 맞춰 학교에 갈 수나 있을지 걱정되는 모습이지만, 두 사람의 분위기로 보아 어제오늘 일이 아닌 것 같다. 이렇게 성장한다면 자녀의 미래는 '마마보이'나 '슈퍼 공주'가 될 가능성이 높다. 내 아이에게는 어떤 것을 주어도 아깝지 않다. 그렇지만 그렇게 귀중한 아이이기 때문에 필요할 때 필요한 만큼만 주어야 한다.

장기적으로 보면 부모 자신에게도 힘든 일이다. 2유형의 부모가 도움을 주고 베푸는 성향이 강하다고는 하지만, 반응이 없으면 상당히 힘들어한다. 이렇게 세세하게 챙겨 주었음에도 불구하고 그 사랑을 인정받지 못했을 때 심한 스트레스에 시달리게 되는 것이다. 자신의 모습을 먼저 살피고, 아이와 주변 사람들을 돌볼 때 자신도 함께 잘 돌보는 지혜가 필요하다.

그림 사례 ❷: 사랑받고 싶은 욕구

2유형의 부모들은 타인에 대한 관심과 배려가 많고 도와주는 것을 좋아한다. 하지만 이것은 사랑받고 싶은 욕구의 표현이기도 하고, 감정적인 수치심을 당하지 않기 위해 먼저 베풀고 사랑을 주는 심리의 발로이기도 하다. 이들에게 도움과 베풂을 통한 사랑의 교류는 무엇보다 우선시되고 중요한 요소라 할 수 있다. 문제는 정도에 있다. 집착이 심해지면 자신의 필요를 잃어버리고 상대방에게 집착하고 매달리는 형국이 된다. 사랑과 도와주는 배려를 빼면 인생은 가치가 없다고 느낀다. 자녀에게도 마찬가지이다.

그림 ❷는 자녀의 학교를 방문해 학교생활을 관찰하는 모습이다. 다른 아이들은 여럿이 함께 어울려 재미있게 놀고 있다. 하지만 자신의 자녀는 혼자

[2유형 그림 ❷]

책상에 앉아 골똘하게 생각에 잠겨 있다. 부모는 아이가 친구들과 어울리고 함께 있는 것을 선호한다. 혼자 떨어져 있다는 것이 마음에 걸린다. 혹시 사랑받지 못하는 것은 아닐까 염려가 생긴다. 사랑받지 못한다는 느낌을 받으면 힘들어지고 스트레스가 몰려오게 된다.

모든 사람과 사랑의 관계를 맺는다면 얼마나 행복한 일일까? 하지만 그런 일은 일어나지 않는다. 자신의 역할에 따라서 필요한 만큼 조절하면서 균형감 있게 사는 것이 중요하다. 무엇보다 중요한 사실은, 사랑받는 관계를 위해 꼭 무엇을 주어야 하는 것은 아니라는 것이다. 자녀교육에 있어서도 마찬가지이다. 스스로 부여한 역할에 집착하면 본연의 부모 역할을 잃어버릴 수 있다. 부모는 부모로 존재함으로써 자녀를 올바른 길로 인도할 수 있다. 아이가 공부를 잘해서 사랑하는 것이 아니라 그냥 당연히 사랑하는 것처럼, 부모도 자녀에게 많은 것을 줌으로써 부모가 되는 것이 아니다. 스스로 아름다운 모습으로 존재하는 것 자체도 자녀에 대한 사랑이 된다.

그림 사례 ❸: 감정의 폭발과 훈육

모든 부모와 마찬가지로 2유형의 부모 역시 자녀를 대할 때 무조건 사랑만 베푸는 것은 아니다. 부모는 신이 아니라 사람이다. 더욱이 이 유형의 부모는 감성이 풍부하기 때문에, 순간적인 감정의 홍수 상태에 이르면 폭발하기도 한다. 꼭 특별한 이유가 있어서가 아니라, 아이가 말을 듣지 않거나 부탁을 거절당했을 때 화를 내게 된다. 일반적으로 이럴 경우에는 자녀가 부모의 눈치를 보게 마련이다. 어떻게 하면 부모의 마음을 풀어 줄 수 있을지 고민하며 눈치를 살핀다. 그러나 2유형의 부모는 오히려 그 반대의 경우가 될 때가 있다. 야단을 맞고 풀이 죽어 있는 자녀를 보면 측은한 생각이 든다. 한걸음 더 나아

[2유형 그림 ❸]

가 아이의 마음을 어떻게 풀어 줄지를 고민한다. 금방 화를 내었다가 금방 풀어 주는 것이 습관으로 고착화되면, 자녀에게 교육효과는 거의 없게 된다.

그림 ❸은 이런 2유형 부모의 성향을 표현하고 있다. 아이를 혼내고 나서 풀이 죽어 있는 아이를 바라보는 부모의 표정이 애잔하다. 조금 전까지만 해도 친구들과 어울리지 못하는 아이에게 화가 나 있었고 손가락질까지 하면서 혼을 냈지만, 의기소침해진 아이의 모습을 보니 금방 자책감이 몰려온다. 너무 과하게 야단친 것은 아닌지 걱정된다. 얼굴도 많이 상기되어 있다. 마주잡은 두 손에서는 어쩔 줄 몰라 하는 마음이 엿보인다. 혹시라도 아이가 상처를 받았으면 어떻게 하나를 염려하고 있다. 그리고 여린 마음에 상처를 준 자신을 자책하며 마음을 풀어 주려는 궁리를 한다.

이런 상황이 반복되었다면 자녀는 이미 눈치를 채고 있을 것이다. 부모가 먼저 화를 풀어 주고 먼저 찾아와 줄 것이기 때문에 잘못을 빌거나 반성을 할 필요가 없다고 믿게 된다. 자녀를 훈육할 때는 심사숙고하고 일단 벌을 내렸으면 충분히 반성하도록 지도하는 것이 중요하다. 귀한 자녀이기에 사랑의 감정만으로는 안 되고 사실과 객관성을 가지고 올바른 길을 가도록 해야 한다. 이것이 도움에 대한 집착에서 깨어나는 길이다.

그림 사례 ❹: 넘치면 부족함과 다를 바 없다

어린 시절 부모로부터 적절한 사랑을 받지 못하고 성장하는 것은 상처가 될 수 있다. 인간은 사회적 동물이기에 사람들과의 관계에서 행복을 추구한다. 부모와의 관계는 태어나서 처음 경험하는 관계라는 점에서 또 보살핌이 절대적으로 필요한 시기라는 점에서 미치는 영향이 클 수밖에 없다. 이런 점들을 생각할 때 2유형의 부모 밑에서 성장한 자녀는 큰 혜택을 받는다고 해도 과언이 아닐 것이다. 그러나 모든 것은 과유불급(過猶不及)이다. 필요 이상으로 너무 많은 사랑을 받은 것도 결핍에 못지않은 부작용이 따를 수 있다.

2유형의 부모가 가진 집착은 사랑을 쏟아붓는 것이다. 그러나 신이 아니기에 한계를 드러내게 마련이다. 사랑을 쏟아붓고 그 대가가 뒤따르지 않으면 크게 실망한다. 부모의 실망을 눈치챈 자녀는 기대에 부응하기 위해서 위장된 행동을 하기도 한다. 싫은데도 거절하지 못하고 받게 되는 것이다. 이런 상황이 반복되면 어떤 일이 벌어질까?

그림 ❹는 2유형의 부모와 자녀 사이에서 흔히 일어나는 상황을 보여 준다. 감정을 다스리지 못하고 화를 낸 다음 시간이 지나 화가 가라앉으면, 부모는 자녀를 사랑했기 때문에 그럴 수밖에 없었다고 스스로를 위로한다. 그러면서 아이가 상처를 받지 않기를 바란다. 하지만 아이는 혼란스럽다. 감정 상태에 따라 부모의 반응이 너무 다르기 때문이다. 고무줄처럼 왔다 갔다 하는 기준도 문제이다. 똑같은 문제를 두고 어떤 때는 그냥 넘기고, 어떤 때는

[2유형 그림 ❹]

야단을 치는 것 때문에 아이는 매우 혼란스럽다. 게다가 이렇게 사랑해 주는 부모의 기대를 저버리는 것이 아이의 입장에서는 매우 어렵다. 이런 상황이 반복되면 아이는 싫어도 부모의 요구를 들어주며 평화가 이루어지기를 바라게 된다.

"부모님이 모든 것을 다 해 주었기 때문에 나는 아무것도 할 수 없었어요!", "내가 무엇인가를 하려고 해도 그냥 두지 않았어요!", "부모님을 실망시켜 드릴 수는 없었어요." 2유형의 부모에게서 자란 아이들이 훗날 이런 고백을 하는 경우가 많다. 사랑은 일방적인 흐름이 아니다. 서로가 존중하고 이해하면서 아름답게 조화를 이루어야 한다. 마음이 요동치는 것은 진실이 아니고 집착일 수 있음을 기억하라. 하나를 줄 때 생각하고, 둘을 줄 때 기다리고, 셋을 줄 때는 심사숙고해야 한다.

그림 사례 ❺: 개입은 줄이고 기대수준은 낮추고

아낌없이 주는 나무인 2유형의 부모가 힘에 겨워 지치면, 자신감 넘치지만 무서운 8유형의 단점을 드러내게 된다. 평소에는 따뜻하고 이타적이고 친절한 모습을 보인다. 하지만 스트레스를 경험하면서 강압적이고 무뚝뚝한 모습을 보이게 되는 것이다. 자신도 모르는 내면 저 아래에 있는 거칠고 투박한 모습을 드러낸다. 이때는 그동안 자신이 베풀어 온 모든 희생과 헌신이 얼마였는지를 생각한다. 그리고 자신의 희생과 헌신에 대한 보상을 요구하게 된다. 2번 부모들은 자신의 노력에 대한 대가가 없어지기를 원치 않는다. 어떤 형식이든지 자녀가 보답해 오기를 기다린다. 스트레스 상황이 되면 자신과 자녀의 생존에 대한 염려와 불안이 엄습해 온다. 그 때문에 더 많은 간섭을 하고 보다 깊이 개입하게 된다. 이런 모습 때문에 아이에게는 좋고 따뜻한 부모이지만 때때로 떨어져 있고 싶은 존재가 된다.

그림 ❺는 스트레스 상황에 노출된 부모의 모습을 보여 주고 있다. 단단히 화가 나서 무서운 얼굴로 아이를 질책하고 있다. 평소와는 너무 다른 부모의 행동에 아이는 당황하고 있다. 장황하게 설명하고 변명을 하지만 화난 부모는 이미 자비를 잃어버렸다. 자신이 좋아하는 가수의 브로마이드를 막 찢으려 하고 있다. 부모가 화난 이유는 성적 때문이다. 자녀의 책상 위에는 신통치 않은 점수를 받은 시험지가 있다. 부모는 이번 시험이 중요하다고 누누이 말하고 아낌없이 지원하였지만, 아이는 노력하지 않은 것처럼 보인다. 자녀의 행복을 위해 공부할 환경을 만들어 주고 왕처럼 필요한 것을 다 해 주었지만 기대에 못 미치는 결과 앞에 부모는 큰 충격을 받았다. 아이의 입장에서는 브로마이드를 걸어 놓은 것이 어제오늘의 일이 아닌데, 지금 와서 화를 내는 것이 이해가 안 된다. 게다가 자신이 가수를 좋아하는 것과 성적이 무슨 상관이란 말인가? 당연히 억울하다.

[2유형 그림 ❺]

2유형의 부모는 자신이 할 일과 자녀가 할 일을 구별하는 것이 필요하다. 스프링을 눌렀다가 놓으면 튀어 나가는 강도는 더욱 강해진다. 부모의 마음이 급격하게 흔들리는 모습은 교육의 입장에서도 바람직하지 않다. 그러므로 개입하는 양을 줄이고 기대수준도 적절하게 조절하는 것이 필요하다.

그림 사례 ❻: 4유형의 장점을 활용하라

2유형의 부모들이 성숙하고 긍정적이 되면 감성적이면서도 매력적인 4유형의 아름다운 장점을 활용하게 된다. 도움을 주고 베푸느라고 자신의 감정을 억누르는 2유형의 부모는 자신에게 어떤 것이 필요한지 자각하게 된다. 보통 2유형의 부모는 감성의 흐름이 풍성하다. 때문에 다른 사람의 감성에 공감하는 능력이 뛰어나다. 2유형의 부모가 건강해지면, 평소 다른 사람에게 집중되어 있는 공감의 힘이 자신에게로 향한다. 그러면 자기 내면의 상태를 알고 객관적으로 대처하게 된다. 자녀가 부모의 기대에 어긋나서 화가 날 때에도 내면을 성찰하고, 화를 폭발하기보다 다른 사람을 위로해 주는 것처럼 자신을 위로하는 것이다.

2유형의 부모에게 가장 필요한 것이 바로 이것이다. 자녀가 자신의 기대를 충족시켜 주지 못해 화가 난다면, 일단 심호흡을 하라. 그리고 나타난 현상만 보지 말고 자신을 되돌아보라. 내가 자녀에게 기대한 것이 무엇인가? 이것이 정말 화를 낼 만한 것인가? 평소에 너무 많이 개입한 것은 아닌가? 얻은 것과 잃은 것은 무엇인가?

그림 ❻은 다시 학교에서 자녀를 관찰하고 있는 2유형 부모의 모습이다. 자녀는 홀로 노래를 부르고 있다. 다른 친구들은 운동을 하기 위해서 트랙에 선을 긋고 팀을 짜서 작전을 의논하거나, 선생님의 이야기를 경청하고 있다.

[2유형 그림 ❻]

자녀는 그 어디에도 속하지 않고 혼자 자신의 일에 빠져 노래만 부르고 있다. 이런 동떨어진 활동을 하고 있지만, 부모는 걱정하지 않는다. 함께 어울려 따뜻한 관계를 만들어 가기를 희망했던 부모였다. 그렇지만 이제는 혼자라도 잘 지낼 수 있고 무엇이든 스스로의 힘으로 해 나가는 아이가 자랑스럽기조차 하다. 얼굴에는 따뜻한 미소와 안도하는 표정이 엿보인다.

건강하고 성숙한 2유형의 부모는 자녀의 고유한 모습을 사랑하게 된다. 다른 사람을 향해 있던 많은 에너지가 자신을 향해 빛을 비추기 시작한다. 좋으면서도 떨어져 있고 싶은 부모에서 좋으니까 항상 함께 있고 싶은 부모로 다가서라. 자녀의 독립성을 훼손시키지 않는 범위에서 사랑을 주라. 무조건적인 도움과 베풂을 멈추고 자녀 스스로 살아갈 수 있도록 시간을 주라.

3유형
1등을 바라는
부담스러운 부모

3유형 해석

3유형에게 중요한 가치는 성공한 사람이 되어서 타인으로부터 인정받는 것이다. 이들은 성공을 위해 야망을 가지고 열정적으로 일하며 자신감과 추진력이 있다. 이들은 목표를 이루기 위해서 다른 사람들을 어떻게 격려해야 할지도 잘 알고 있다. 이들은 말솜씨가 뛰어나고 상황에 맞게 자신을 연출하여 어떤 상황에서도 잘 적응한다. 효율성을 추구하는 이들은 비효율적이고 무능한 사람과 함께 일하는 것을 잘 견디지 못하며 자신의 실패를 인정하기 어려워한다. 이들에게 중요한 것은 외적인 성취를 이루는 것이다. 자녀의 경우 부모의 기대가 커서 부담스럽다. 늘 1등을 하기가 쉽지 않기 때문이다.

① 아주 적극적이고 활발하며 추진력이 강하다. 자녀교육에 있어서도 자녀가 이런 것에 부합하기를 바란다. 평소에 실력 있는 엘리트 자녀로 양육하고 싶어 한다. 그렇지만 자녀의 개성과 현실을 잘 파악하고 존중하는 것이 먼저임을 기억하자.

② 목표지향적이고 계획성이 뛰어나다. 자녀가 자신이 세운 목표에 도달

할 수 있도록 독려하고 자극을 준다. 그래야 엘리트가 될 수 있다고 믿는다. 아울러 평범한 재능도 살펴보고 부모가 세운 목표가 아닌 자녀가 스스로 목표를 세우도록 돌보는 것을 잊지 말자.

③ 효율성을 추구한다. 계획을 세웠으면 가능한 빠른 시간 안에 그 목표를 이루기 위한 방법을 잘 알고 있다. 이 쉬운 방법을 가르쳐 주었으니 이제는 자녀가 스스로 하도록 한다. 부모는 자녀에게 적절한 동기를 불러일으켜야 한다.

④ 열정적으로 일을 하는 부모는 시간이 늘 부족하다. 특히 프로젝트를 끝내는 시기나 일을 마감할 시간이 되면 자녀를 돌보는 시간을 낼 수 없어 방치할 때가 있다. 사회적 성공과 함께 자녀교육의 적절한 시간분배가 절실히 필요하다.

⑤ 다른 사람에게 어떻게 보이는가? 이것이 중요한 관심사이다. 별 볼 일 없는 사람으로 보이는 것은 참을 수 없다. 성공한 사람으로 보이기 위해 자녀에게 위장한다는 느낌을 줄 수 있다. 진정성이 자녀에게 느껴지도록 마음을 열고 정직한 자세를 유지한다.

긍정적인 특징 단어	부정적인 특징 단어
효율적이다, 성공적이다, 일을 완수한다, 동기부여자, 열정적이다, 실용적이다, 현실적이다, 목표지향적이다, 원기왕성하다, 관리자, 인기 있다, 활동적이다, 활력 있다, 다양한 면이 있다, 유능하다, 자신 있다, 마케팅 담당자, 근면하다, 팀 조직자, 경쟁적이다	기계적이다, 앞서 나간다, 계산적이다, 성급하다, 편의주의적이다, 일중독자, 카멜레온 같다, 교활하다, 평판을 중시한다, 이미지에 치중한다, 뽐낸다, 체면치레, 재력을 과시한다, 성공 지향적이다, 약삭빠르다, 정치적이다, 거짓을 말한다, 지나치게 성과 중심적이다, 역할을 연기한다, 감정을 무시한다

그림 사례 ❶: 겉으로 드러나는 모습

3유형의 부모는 성공해야 한다는 집착을 가지고 살아간다. 그것은 자녀교육에서도 나타난다. 이들에게 아이의 성공이란 모든 분야에서 뛰어난 성적을 올리는 것, 바로 1등이 목표이다. 그것을 위해 모든 것이 계획되고 삶의 에너지가 집중되어야 한다. 이때 이들이 가진 동기부여 능력이 빛을 발한다. 뚜렷한 목표만큼 명확한 동기부여가 어디에 있겠는가?

하지만 따져 보면 그것은 자신과 아이를 위한 것이라기보다는 성공을 위한 수단에 불과하다. 성공이 단순한 목표가 아니라 목적이 되는 것이다. 성공에 대한 집착은 다른 사람에게 보이는 이미지를 중요하게 여기게 만든다. 눈에 보이는 결과가 자신의 가치라고 생각하기 때문에 주어지는 결과인 성공에 집착하는 것이다. 성공에 집착하고 다른 사람들에게 보이는 이미지를 중요하게 여기는 동안 자신의 본모습은 미궁 속에 빠지고 만다. 하지만 가족에게까지 잘 포장된 모습만 보이며 살 수는 없다. 아이도 마찬가지이다. 한집에서 살면서 모든 것을 공유하기 때문에 평소 본인도 인식하지 못하는 모습을 보이게 된다. 겉으로 나타나는 결과가 다는 아니다. 자녀와 진실된 가치를 공유하고, 오로지 성공만을 향한 집착에서 벗어나 인생의 다양한 관점을 나누면 어떨까?

그림 ❶은 화려한 의상을 입고 자녀의 선생님을 만나고 있는 3유형 부모의 모습이다. 세련된 액세서리들로 치장을 하고 머리는 의상과 매치를 이루어 사람들의 눈길을 끈다. 탁자 위에는 고급 핸드백이 놓여 있다. 좀처럼 수수한 복장을 하지 않는다. 한눈에 쏙 들어오게 이미지를 잘 가꾼다. 다른 사람에게 성공한 사람이라는 인상을 심고 싶어 하는 심리적 표현이다. 자녀는 담임교사의 말대로 학교생활을 잘하고 있다. 아이에 대한 교사의 칭찬에 부모는 무

[3유형 그림 ❶]

척 기분이 좋다. 부모는 별로 한 일이 없다고 한다. 있어도 없다고 하는 것이 겸양의 모습이기는 하다. 하지만 이런 교사의 칭찬 뒤에는 부모의 열성적인 뒷받침이 있었다.

다른 부모들은 그렇게 말하는 3유형의 부모를 바라보면서 마땅치 않은 표정을 하고 있다. 다소 무리가 있더라도 성공만 한다면 저 정도의 수군거림은 참고 넘길 수 있다고 생각한다. 하지만 무엇이든 지나치면 독이 된다. 겉으로 드러나는 모습보다 내면의 모습에 더욱 신경을 쓰고, 지금 당장보다는 멀리 보는 자녀교육의 지혜가 필요하지 않을까?

그림 사례 ❷: 경쟁과 성공에 대한 집착

겉으로 드러나는 이미지를 중요하게 생각하다 보면, 허영과 자기 기만에 빠지기 쉽다. 겉모습을 자신의 본모습이라고 생각한다. 그래서 좋은 결과를 얻는다는 보장이 있다면, 또는 사람들에게 좋은 이미지를 줄 수만 있다면 최선을 다해 성공시켜야 한다고 믿는다. 이 과정에서 일시적인 거짓말이나 허영을 부리고 기만하는 일은 나중에 성공하고 나면 아무 문제가 되지 않는다고 믿는다. 이것이 성공이라는 집착에 얽매인 3유형의 사람들이 보이는 부정적인 모습이다. 이렇게 성취한 성공이라면 오히려 인생을 나락으로 떨어뜨릴 수 있다.

자녀교육에 있어서도 마찬가지이다. 부모는 자녀를 자신과 동일시하려는 경향이 있다. 자녀의 성공이 자신의 성공이라고 굳게 믿게 되는 것이다. 이런 믿음은 당연히 갈등을 불러온다.

3유형의 부모는 내면의 목소리에 귀를 기울이고 그 소리에 따라 정직하고 진실된 길을 쫓아가야 한다. 부모 스스로가 워낙 효율적이고 목표지향적이기 때문에, 직접 개입하는 교육보다 스스로 목표를 성취하는 모습을 진솔하게

[3유형 그림 ❷]

보여 주는 것이 중요하다. 이것만으로도 자녀들의 훌륭한 모델이 될 수 있다.

그림 ❷에는 학교 운동회에서 달리기 시합 중인 자녀를 보는 3유형 부모의 모습이 담겨 있다. 자녀는 헐떡이면서 최선을 다해서 뛰는 것 같지만 이미 두 명의 친구가 앞서 있다. 안타까운 마음으로 가슴을 졸이고 있는 3유형의 부모는 탄식을 쏟아 낸다. 왜 저렇게밖에 못하느냐는 말에는 부모로서 모든 것을 다 해 주었는데 1등을 하지 못하니 속상하다는 뜻이 담겨 있다. 또 달리기에서 조금 뒤진 것뿐인데 삶 자체가 뒤처진다고 표현한다. 게다가 이 문제를 해결하기 위해 달리기 레슨을 시키겠다는 마음을 갖는다. 정말로 레슨을 시킬지는 모르겠지만 강렬한 마음이 드는 것은 어쩔 수 없나 보다. 이런 부모의 태도를 아이가 안다면 아이의 마음은 어떨까? 아마도 부담감 때문에 스트레스에 노출될 것이다.

3유형 부모에게는 경쟁에서 밀려나는 것이 스트레스이다. 밀려나는 순간 실패자가 되고 실패자가 되면 인생은 끝이라고 믿는다. 과연 그럴까? 그것은 성공에 대한 집착이 만들어 낸 과다한 망상에 지나지 않는다. 1등이 아니더라도 불안해할 필요가 없다. 앞서 있는 두 친구를 칭찬해 주면서도 자신이 1등이 되는 길은 얼마든지 있다는 너그러운 마음을 갖는 것은 어떨까?

그림 사례 ❸: 두 마리의 토끼

3유형 부모는 일에 대한 욕심이 많고 승진에 대한 관심도 많다. 어떤 일이든 최고로 잘하고 싶다는 욕구 또한 강하다. 웬만한 방해는 흔들림 없이 견뎌내고 성취를 이룬다. 하지만 자녀교육은 다른 일과 다르다. 뜻대로 되지도 않을뿐더러, 그렇게 된다고 하더라도 자신이 직접 하는 것이 아니기에 결과를 예측할 수 없다. 일과 자녀교육 모두 성공하고 싶지만, 여건이 늘 따라 주는 것도 아니다. 이것 역시 견디기 힘든 스트레스 요인이다. 늘 일에 대해 생각하고 자녀교육에 열심인데, 그것을 모두 해결할 시간과 여건이 충분하지 않다면 급격한 스트레스가 오는 것은 당연한 일이다.

결과 지향적인 3유형의 사람들은 과제와 일을 열심히 수행한다. 너무 열심히 해서 일을 짊어지고 사는 사람처럼 보인다. 언제나 휴식이 필요하다. 일에도 열중하고 자녀에게도 많은 에너지를 쏟다 보니, 정신적으로나 체력적으로나 피곤하다. 때때로 뒤를 돌아보면서 무엇 때문에 이렇게 바쁘고 스트레스를 받는지 반문해 보고, 최종 결과가 부모와 자녀의 행복과 어떤 관계가 있는지를 성찰해 보는 것이 필요하다.

그림 ❸은 처리해야 할 일을 가득 안고 있는 부모가 자녀에게 시간을 내어야 하는 상황에서 도와줄 사람을 찾고 있는 모습이다. 자신이 직접 해야 하지만 일도 중요하다. 어쩔 수 없어 부모님께 도움을 요청하지만 부모님께서도 도와주실 형편이 되지 못한다. 여기저기에 전화를 걸어서 해결을 시도해 보

[3유형 그림 ❸]

지만 신통한 반응이 없다. 일과 자녀교육 사이의 갈등은 모든 부모에게 힘든 과제이다. 그중에서도 3유형의 부모가 체감하는 스트레스 강도는 누구보다 강하다. 평소 두 마리의 토끼를 잡는 명수로 살아왔기에, 이 문제를 해결하지 못하면 스트레스가 배가되는 것이다. 이제는 어떻게 해야 하나? 둘 중의 하나는 내려놓고 더 중요한 일에 집중하면 된다. 자녀교육이 급하고 중요한 문제라면 일을 내려놓고, 자녀 문제가 오늘 꼭 해결하지 않아도 되는 것이라면 일을 계속하면서 자녀 스스로 해결할 기회를 주는 것이다. 더 중요한 것과 덜 중요한 것의 우선순위를 정할 필요가 있다. 충분히 심사숙고하여 부모가 할 일과 자녀가 할 일을 고려하여 우선순위를 결정하면 그 스트레스의 강도는 많이 줄어들 것이다.

그림 사례 ❹: 진정한 성공

일에 대한 열정이 매우 높은 3유형의 부모는 조직에서도 성취도가 높고, 팀이나 부서 차원의 경쟁에서도 승부욕이 강하다. 어떤 때는 배우자끼리 또는 가족 간에 경쟁하기도 한다. 이런 경쟁심에 노출되면 지독한 일중독자가 되어, 자녀와의 소통을 일단 뒤로 미루고 일을 최우선으로 여기게 된다. 자녀를 키우거나 돌봐 주는 사람이 따로 있을 때는 이런 경향이 증폭된다. 도와주는 사람에게 자녀교육을 미루고 자신은 일에 빠져서 지내는 것이다. 일에 먼저 집중하고 자녀에게는 나중에 보상하면 된다고 생각한다. 일단 일에 집중하고 경쟁을 시작하면 무서운 속도로 집중하기 때문에 다른 것은 보이지 않게 된다. 자녀를 양육하는 3유형 부모는 이런 경우, 매우 조심하여야 한다.

그림 ❹는 일에 열중하던 부모가 퇴근 후에도 일거리를 집으로 가져온 경우를 보여 준다. 내일 중요한 발표를 해야 하는 부모는 늦은 시간 집에 와서 아이와 눈도 맞추지 않은 채 업무를 보려고 한다. 하루 종일 부모를 기다리면서 지낸 아이는 부모에게 매달리면서 함께 시간을 보내고 싶어 한다. 하지만 부모는 지금 그럴 틈도 여유도 없다. 오직 내일 있을 발표를 성공적으로 해내기 위해 작업을 해야 한다는 생각뿐이다. 옷도 갈아입지 않고 가방도 아무렇게나 던져 놓고 일에 매달린다.

어린 자녀의 경우 부모의 출근에서 일차적인 심리적 타격을 받는다. 그런데 퇴근 후 돌아온 부모에게 다정한 관심을 받지 못하면 이차적인 심리적 타격을 받는다. 그림 ❹는 바로 그런 상황을 보여 주고 있다. 자녀가 받은 타격은 다양한 모습으로 나타날 수 있다. 퇴근 후에는 자녀를 다정하게 안아 주고 눈을 맞추고 행복한 시간을 보낼 필요가 있다. 함께 보내는 시간이 짧더라도 아이의 정서적 욕구를 채워 주는 것이 중요하다. 오로지 아이에게만 집중하는 시간을 보낸 후에 일을 한다면 아이도 받아들이기 쉽다.

그림과 같은 상황은 다양한 형태로 끊임없이 3유형 부모에게 나타난다. 이

[3유형 그림 ❹]

런 위험을 잘 극복하기 위해서는 균형감각을 잃지 않도록 끊임없이 노력해야 한다. 일을 열심히 하면서도 주변을 잘 살피고, 어쩔 수 없다고 자녀교육을 포기해서는 안 된다. 일을 덜어 내고 아이들을 배려하는 것이 진정한 성공으로 가는 길임을 기억하라.

그림 사례 ❺: 무기력과 무관심

성공에 대한 집착을 적절하게 조절하지 못하면, 3유형의 부모는 9유형의 단점을 노출시키게 된다. 9유형은 너그럽고 온화하지만 통제가 없는 부모이다. 3유형의 부모는 집중을 잘하고 성공해야 한다는 뚜렷한 목표를 가지고 있다. 하지만 스트레스 상태에 빠지면 이런 열망이 사라지고 하던 일을 다 놓고 멈추거나 오히려 후퇴하게 된다. 자녀교육에서도 3유형 부모는 열성적이다. 때로는 하기 싫은 일도 척척 해낸다. 하지만 잠깐 동안은 할 수 있지만 오래 지속할 수는 없다. 그렇게 스트레스가 쌓이면 모든 것을 놓아 버리고 자녀를 방치하게 된다. 이럴 때에는 처음으로 돌아가 다시 시작하는 것도 좋은 방법이다. 자녀와 충분히 대화하고 주변에 경험 많은 사람들의 말을 경청하는 것도 권할 만하다.

그림 ❺는 스트레스에 노출된 3유형 부모의 모습을 보여 준다. 아이는 평소처럼 부모의 도움을 요청하고 있다. 간혹 부모에게 반항하거나 내버려 두라고 한 적은 있지만, 그렇다고 모든 것을 포기하기를 바란 것은 아니다. 시험 준비에 지금이 중요한 순간인데 모든 것을 내팽개치고 누워 있는 부모가 원망스럽기도 하고 걱정되기도 한다.

부모는 지금까지 한 노력이 아무 의미가 없었다고 생각하며, 이제부터 아이가 하는 일에는 간섭하지 않겠다고 작정한 듯하다. 아이와 거리를 두고 무

[3유형 그림 ❺]

관심해지기로 선택한 것이다. 아이로부터 영향을 받지 않으면서 스트레스 상황을 견뎌 내기를 원한다. 평소와는 달리 특별히 효율적일 것도 없는 잠을 자거나 텔레비전을 시청하면서 시간을 보낸다. 잡다한 소일거리로 일상을 채우며 사람들과도 원만하게 지내는 방법을 선택하게 된다.

3유형 부모는 대개 자녀의 일을 해결하고 모든 사람에게 반응하는 데 있어서 빠르다. 하지만 스트레스를 많이 받으면 이상할 정도로 느긋해지고 자기만족적이 되며 반응이 느려진다. 특히 자녀와의 관계에서 심한 좌절을 겪으면 크게 낙담하면서 스스로 환멸을 느낀다. 그래서 냉담하고 무감각해진다. 스트레스가 길어지면 상황을 개선시키기 위해서 열심히 노력하기보다는 현실을 회피한다. 이런 상황에 처하면 가장 먼저 스스로의 상태를 객관적으로 인식해야 한다. 스트레스가 쌓여 무기력에 빠져 있다는 것을 깨달아야, 거기서 빠져나올 수 있고 활력을 되찾을 수 있다. 아이와 승패 게임을 하지 말고, 사랑의 관계로 돌아가 처음부터 다시 시작하는 것이 좋다.

그림 사례 ❻: 6유형의 장점을 활용하라

3유형의 부모가 건강해지면 6유형의 장점을 본받고 활용하게 된다. 6유형의 장점은 다른 사람과 협력하고 충실하게 도움이 되는 것이다. 목표를 위해서나 인정받기 위해서가 아니라 진정한 마음에서 우러나는 행동을 하게 된다. 아이를 인정하고 배려하는 마음 없이는 아무리 열심히 양육을 한다고 해도 참된 관계가 형성되지 않는다. 곧 한계에 부딪치고 만다.

3유형의 부모에게는 참된 마음에서 우러나온 헌신으로 자녀를 대하는 것이 필요하다. 1등을 하는 자녀나 부모의 기대를 충족시키는 자녀가 아니라 그저 사랑스러운 자녀와 다정한 부모로서 관계를 나누는 것이 중요하다. 목표로 관계하는 것이 아닌 마음으로 관계하는 부모와 자녀가 되어야 한다는 말이다. 이렇게 되면 3유형의 부모는 진정한 부모의 정체성과 가치를 경험할 수 있다. 1등을 한 자녀, 우승을 한 자녀, 앞서가는 자녀가 아닌 그냥 '내 자녀'가 목표가 된다면 그것이 성공이다. 경쟁에서 이긴다는 이미지를 유지하는 것이 아니라, 그것에서 벗어나 더 큰 틀을 만들고 순수한 열망을 갖는다면 그것이야말로 3번 부모에게 성공이라는 타이틀을 가져다줄 것이다.

그림 ❻에서 부모는 화살을 쏘는 자녀를 응원하고 있다. 화살을 성적이라고 해도 좋고 목표라고 해도 좋겠다. 그런데 그 화살이 그만 빗나가고 말았다. 화살이 원하는 대로 날아가지 않자 자녀는 한숨을 내쉬고 있다. 본인의 기대도 그렇지만 헌신하고 도와준 부모의 기대에 미치지 못하는 것에 대한 실망도 크다. 경쟁자들의 환호에 더욱 위축되어 다음 화살을 쏠 엄두도 내지 못하고 있다.

지켜보는 부모는 애가 탈 지경이지만 편안한 얼굴이다. 실패를 받아들이고 결과에 승복하고 있다. 그리고 정정당당하게 경쟁한 자녀를 자랑스럽게

[3유형 그림 ❻]

생각한다. 더 나아가서 이번의 실패가 자녀에게는 더욱 성숙할 수 있는 계기가 될 것이라는 믿음을 보내고 있다. 실패는 성공의 어머니라는 격언을 기억하는 3유형의 부모는 훌륭하다. 실패 앞에 초연해지고 실패에서 배우고 성숙의 계기로 삼아 전진하면 어디서도 빛나는 자신과 자녀로 성장시킬 수 있다. 자녀와의 관계에서도 타인과의 관계에서도 신뢰와 상호존중을 토대로 처음부터 풀어 가면 못할 것이 없는 유형이 3유형의 부모이다.

4유형
매력 있고 고상하지만 이해하기 어려운 부모

4유형 해석

4유형의 중요한 가치는 타인과 다른, 특별한 사람이 되는 것이다. 이들은 섬세하고 감수성이 풍부하며 슬픔이나 기쁨, 고독의 감정을 남다르게 깊이 경험한다. 또한 상상력이 풍부해서 예술적인 재능을 가진 사람들이 많다. 진정으로 자신을 이해한다고 느끼는 사람들과는 깊이 교류하지만 그렇지 않은 사람들에게 마음을 닫는다. 자신의 독특함을 무시하는 거친 사람들이나 일정한 틀이나 규율, 통제를 견디기 어려워한다. 진실을 추구하며 인생의 진정한 의미와 아름다움을 발견하기 원한다. 자녀의 경우 이런 성향의 부모를 자랑스러워하지만 이해하기 어려울 수 있다.

① 특별한 것을 추구하는 부모이기에 감성적으로 예민하고 풍부하다. 아름다움과 고상함을 잘 느끼고 따뜻한 마음의 소유자이다. 자녀는 특별한 부모를 만나서 정서적 유대감이 떨어질 가능성이 있다. 자녀 그대로를 인정해 주자.

② 세상을 이해하는 자신만의 감각이 탁월하다. 이런 기능이 주변에 평범

한 사람들을 깨우고 새로운 시선과 감각을 갖는 데 큰 도움을 준다. 하지만 지나치면 따라올 수 없는 자녀는 정서적 압박감을 느껴 거리감이 생길 수 있다.

③ 자녀에게 허용하는 것이 많으며 따뜻하며 다정한 부모이다. 독립적인 인생을 살려고 하는 자녀에게는 자유의 표상이 될 수도 있다. 하지만 자녀의 관심사에 무감각해지거나 자기 세계에만 집중하게 된다면 외롭게 방치하는 실수를 하게 된다.

④ 자신의 감정에 충실하고 느낌이 오면 거기에 깊이 몰두하려고 한다. 이렇게 되면 자기만의 독립된 영역에서 머무르려고 한다. 적절하면 바람직하지만 과도하면 자녀와의 괴리가 깊어지고 필요할 때 도움을 주지 못할 수 있다.

⑤ 개성이 강하기 때문에 독자적인 자녀교육을 시도할 수 있다. 시대를 앞서 나가기도 하고 창조적인 교육의 선구자가 되기도 한다. 때로는 주변과 조화를 이루고 충분히 가족과 대화를 한 후 결정하는 것이 좋다.

긍정적인 특징 단어	부정적인 특징 단어
감수성이 강하다, 독특하다, 열정적이다, 감각적으로 뛰어나다, 열중한다, 상냥하다, 취향이 훌륭하다, 특색 있다, 감성적이다, 고급스럽다, 감수성이 강하다, 멋지다, 창조적이다, 세련되다, 직관력이 있다, 향수에 젖는다, 심미적이다, 교양 있다, 표현이 풍부하다, 몰입한다	유별나다, 기복이 심하다, 냉담하다, 극적이다, 과장한다, 소유욕이 강하다, 불평한다, 철저하다, 신경질적이다, 고집이 세다, 속물근성을 지닌다, 괴벽스럽다, 슬퍼하고 한탄한다, 억제한다, 지나치게 주의를 요구한다, 변덕이 심하다, 거만하다, 선택된 사람, 지나치게 감정적이다, 오해를 산다

그림 사례 ❶: 내겐 내 길이 있어

4유형의 사람들이 갖는 집착 형태는 '특별함'이다. 특별함은 고유함으로 드러나고 다른 사람들의 눈에는 이상하게 비칠 수도 있다. 이 때문에 4유형의 부모는 어린 시절 우월감과 열등감을 동시에 느끼면서 성장했을 가능성이 높다. 세월이 지나서 어른이 되었지만, 자녀양육 방식에서도 이런 집착이 작용한다. 대부분의 부모는 자신의 방법으로 자녀를 돌보려고 한다. 그러다 보면 성장과정에 따라 달라지는 자녀의 상황을 배려하지 못할 때가 많다.

자녀교육에 있어 가장 중요한 것은 말할 것도 없이 자녀이다. 아이의 성장과정에 따라 어떻게 대응하며 양육해야 할지를 결정해야 한다. 4유형의 부모는 이 부분에서 특히 더 자기 개성이 강한 모습을 갖는다. 독특함이란 내적인 자기사랑이 극대화되었을 때 가장 잘 느낄 수 있다. 그러므로 모든 힘이 자신에게 쏠리게 만든다. 자녀교육에서도 자녀 중심이 아니라, 부모 중심이 될 가능성이 농후하다. 다른 부모도 마찬가지이지만 4유형 부모가 특히 더 그럴 수 있다. 이런 경향이 더 강해지면 자녀보다 자신을 더 돌보는 것으로 발전할 수 있다.

그림 ❶은 공부하는 아이와 화장대에 앉아 있는 부모의 모습을 담고 있다. 그런데 자세히 보면, 아이는 공부에 집중하지 않고 노트에 그림을 그리면서 상상의 세계에 빠져 있다. 부모의 남다름으로 인해서 관심을 받지 못하는 아이는 부모에게 다가갈 방법을 고민하게 된다. 긍정적인 면도 부정적인 면도 있다. 4유형 부모는 당연히 자녀의 문제와 자신의 문제를 분리하여 판단한다. 특별함에 대한 지나친 관심이 모든 행동의 원천이 된다. 자녀교육에도 그 영향을 미친다. 사실 이 집착의 근원에는 자신이 '너무 평범하다'는 위기의식이 깔려 있다. 다른 사람과 비교해서 특별히 나은 것이 없다고 여기면, 내면

[4유형 그림 ❶]

에서부터 가슴형의 정서인 수치심이 올라온다.

이 수치심은 '다른 사람들이 자신을 알아주지 않을 것이며 그렇게 되면 사람들의 관심 밖으로 밀려날 것이다' 혹은 '사랑받지 못하게 될 것이다'라는 불안감에서 비롯된다. 이런 불안감은 자신이 먼저 건강해져야 아이를 챙길 수 있다고 판단하고 자신부터 챙기는 것으로 나타날 수 있다. 건강뿐 아니라 모든 면에서도 마찬가지이다. 그림에서 표현하는 것도 바로 이것이다. 아이는 이런 부모의 내면을 알 리가 없다. 다만, 관심과 사랑이 적절하게 필요할 뿐이다. 자녀가 독립된 인생을 살아가는 데 필요한 준비를 하도록 평범함에도 길을 열어 주는 것이 좋다. 그리고 부모의 따뜻한 관심과 사랑은 필수이다.

그림 사례 ❷: 개성과 이해

대부분의 부모는 자녀를 교육할 때 처음에는 지시와 명령을 한다. 어린 자녀의 건강과 안전, 발전을 위해 부모의 이런 태도는 당연한 것이다. 그러나 어느 시기가 되면 자녀들은 스스로 결정하려 하는데, 이 시점에 마찰이 일어난다. 4유형의 부모도 이런 시행착오를 거친다. 하지만 시간이 지나고 자녀와의 마찰이 계속되면 뒤로 물러선다. 왜냐하면 제각각 다른 인생이 있다고 믿기 때문이다. 특별함을 추구한다는 것은 특별한 생각과 행동 속에 집을 짓고 들어가는 것과 같다.

타인과의 교류를 중단하고 자신만의 세계를 만든다. 때로는 그 속에 자신을 고정시켜 변화를 막고 심지어 성장을 못하도록 묶어 놓는다. 자녀교육에서 이것은 방치하는 것으로 나타나곤 한다. 하지만 특별함은 고립을 의미하지 않는다. 스스로 지은 집에서 나와 일상의 즐거움을 찾고 행복을 느끼면 어떨까? 평범한 사람들과 어울리는 것이 더 나은 사람이요, 성숙된 모습이 될 수 있다. 자녀가 느끼는 부모의 모습은 다양하게 나타나지만, 4유형 부모의 자녀는 스스로의 취향과 개성을 이해받은 것에 대해 즐겁게 생각한다. 부모와 자녀 각각의 개성을 이해하는 가운데 느끼는 일치감과 가족애가 4유형의 부모 밑에서 이루어지는 아름다운 가정의 모습이다.

그림 ❷는 자녀와 함께 쇼핑하는 모습을 담고 있다. 실제로 4유형의 사람들은 쇼핑이나 수다로 스트레스를 해소하는 경우가 많다. 힘의 중심이 가슴형인 4유형에게는 쇼핑, 미용, 다른 사람과의 대화 등이 중요한 삶의 수단이며 기쁨이다. 아이와의 관계가 안 좋을 때에도 아이에게 필요한 물품을 사 와서 기뻐하는 모습을 보거나 사 온 옷이 예쁘게 잘 어울리는 것을 보면 자연스럽게 관계가 풀리기도 한다. 부모가 선택한 것을 아이가 좋아하면 자신의 선택

[4유형 그림 ❷]

이 옳았다는 것이 되기에 그런 감정이 일어나는 것이다. 그러나 그림에는 변수가 등장한다. 장난감 가게 앞에서 아이의 칭얼거림이 시작되었고, 관철시키려는 아이와 구매할 생각이 없는 부모와의 갈등이 발생했다. 처음에는 설득도 하고 이해도 시키고 다른 대안도 제시했지만 아이의 고집은 꺾이지 않는다. 지친 부모는 스트레스를 노출시키면서 스스로의 마음을 내려놓는다.

일반적으로 4유형 부모는 자녀와의 대립에서 피해자가 될 수 있다. 왜냐하면 자녀는 대립할 상대가 아니기 때문이다. 그래서 스스로 포기하고 내려놓는 대신에 우울을 선택하거나 우울한 감정을 이기기 위한 쇼핑 등의 대체수단을 찾기도 한다. 이럴 경우에는 4유형의 부모가 가진 특별함에 대한 집착을 자신의 감성을 새롭게 만드는 계기로 사용하는 것이 좋다. 남다른 감성으로 자녀의 감정에 깊이 있게 위로해 주는 공감능력을 발휘할 수도 있다.

4 유형

그림 사례 ❸: 무엇을 하면 돋보일까

4유형 부모는 아이로 인해 하고 싶은 일을 하지 못할 때 스트레스를 받는다. 배우자가 도움을 줄 수도 없다. 이들이 느끼는 스트레스를 잘 이해하기도 힘들지만 혹시 이해한다고 해도 해결해 줄 수 없는 노릇이기 때문이다. 이럴 때 느끼는 감정이 '묶여 있다'는 것이다. 누구보다 편안하고 자유로운 사고를 가진 4유형의 부모가 옴짝달싹하지 못하게 묶였다는 감정의 소용돌이에 빠지면 스트레스가 치솟는다. 독특함을 추구하는 경향을 지닌 4유형 부모가 똑같은 일을 똑같은 시간에 똑같은 패턴으로 무한 반복하는 일상에 장시간 노출된다면 어떤 결과를 가져올지 쉽게 짐작된다.

자녀양육은 티도 안 나고 성과도 바로 알 수 없다. 이것을 실감하면, '난 왜 이렇게 살아야 하나? 나는 뭔가? 우울하다!'는 감정을 느끼기 쉽다. 특히 어린 나이에 부모가 되었다면 더욱 심해진다. 주변의 도움이 절실히 필요하지만, 본인 역시 이런 감정에서 빠져나오기 위해 노력해야 한다. 무엇보다 자신의 감정을 잘 탐색하고 무엇 때문에 내가 힘들어하는지에 대한 진지한 고민이 필요하다. 자기 감정을 제대로 알게 되면 다른 사람들과의 감정적 소통도 가능해진다. 도움을 받으려면 내 고민을 말하고 이렇게 해 달라고 말할 수 있어야 한다. 평소보다 조금 더 구체적으로 자신의 감정을 말하고 자신의 계획을 말하면 된다. 진지하게 상대의 이야기를 경청하는 힘을 기르면 더욱 좋다. 경청은 자신의 감정을 우아하게 변화시키는 보약과도 같다.

그림 ❸은 자녀에게 어떤 특기를 갖게 할지 고민하는 부모의 모습이다. 무엇을 가르쳐야 할지 생각이 복잡하다. '어학 공부는 어디에서 얼마나 시켜야 하나? 피아노를 배우게 하는 게 좋을까? 아니면 작곡을 가르치는 것도 좋지. 그것도 아니면 운동도 괜찮아. 얼마 전에 읽은 세계적인 당구 선수에 대한 기

[4유형 그림 ❸]

사는 상당히 멋있었어. 골프 선수들도 매력적이지. 운동선수인데도 패션 감각이 뛰어나잖아.'

4유형의 부모들은 보통 성적 위주의 자녀교육에는 끌리지 않는다. 개성과 취향이 드러나는 특별한 것에 관심이 더 많다. 성적보다 더 돋보이는 것, 흥미로운 것, 특별한 것을 찾아 지원해 주는 것을 교육이라고 생각하는 경향이 있다. 그러면 자연히 부모인 자신도 특별한 모습으로 부각될 수 있다. 그래서 자녀가 어릴 때부터 무엇인가 남다른 면이 있는지를 유심히 살피고, 재능이 있다고 판단되면 매우 신속하게 실행에 옮긴다. 전문화되고 세분화되어 있는 세상이기에 자신의 아이만이 할 수 있는 것으로 안내하고 싶어 한다. 아이를 어린이집이나 유치원에 보낼 때부터 차별화되고 특별한 곳을 선택한다. 그리고 다양한 경험을 통해서 그런 특이한 재능을 발견할 수 있다고 믿는다.

그림 사례 ❹: 누가 원하는 것인가

4유형의 부모는 자녀가 다른 아이와는 다른 특별한 아이로 성장하기를 원한다. 아이가 어릴 때부터 어떤 분야에 소질을 보이면 자녀를 위해 그 분야를 지지하고 협력하며 아낌없는 지원을 한다. 비록 세계적인 명성을 얻을 만큼 뛰어난 재능은 아니라 해도 자녀를 지지하고, 관계도 원만하다. 또 4유형의 부모는 감정적으로 부드러우며 섬세하다. 이런 섬세함은 아이에게 긍정적인 효과를 미친다. 무엇보다 자신의 감정에 솔직하고, 아이가 자신의 감정과 호흡할 수 있도록 도와주며 따뜻하고 부드럽고 풍부한 내면 세계를 가질 수 있게 한다.

특별함을 원하는 부모는 자녀에게 감정적인 공감을 불러일으킨다. 하지만 너무 자주, 너무 자극적이게 되면 자녀와의 관계는 긴장에 빠진다. 요구가 많아지고 간섭이 심해지면서 사이가 벌어진다. 이럴 때 부모는 자신이 한 일을 후회하면서 비탄에 잠길 수 있다. 깊은 상처를 받고 감정의 기복이 심해져서 자녀를 불안하게 만든다. 아니면 모든 의욕을 잃어버리고 방치를 선택하기도 한다. 이런 상황에서 자녀는 이러지도 저러지도 못하고, 부모의 요구에 따르라는 뜻으로 받아들인다. 마치 겉으로 드러나지 않은 주도권 다툼과 같은 일이 벌어지고, 이런 상황이 지속되면 스트레스가 가중되어 승자는 없고 패자만 있는 게임이 되고 만다.

그림 ❹는 공연에 참석하기 위해 준비를 끝낸 부모가 자녀를 기다리는 모습이다. 공연에 어울리는 옷을 차려입고 화장까지 끝낸 상태이다. 하지만 아이는 아직 준비가 덜 되었다. 바지를 입고 있는 아이가 넥타이를 맨 것으로 봐서는 부모는 아이의 옷도 공연에 맞게 준비시킨 모양이다. 공연시간은 다가오는데 아이의 준비는 더디기만 하다. 부모는 체념한 채 지켜만 보고 있다.

[4유형 그림 ❹]

아이에게 다양한 문화 경험을 시켜 주기 위해 많은 노력을 한다. 하지만 아이의 행동에서 읽을 수 있는 것은 부모가 원하는 것만큼 좋아하지 않는다는 것이다. 그럼에도 부모는 꾸준히 준비했고 함께 체험하도록 지도했다. 때로는 강압적인 방법을 사용하기도 했고 대신해 주기도 했지만, 오래 반복되니 아이도 부모도 지쳤다. '이게 다 무슨 소용일까?' 하는 상념이 몰려온다.

활기를 잃은 부모와 아이의 얼굴에서 무엇인가 크게 잘못되었다는 느낌을 지울 수 없다. 아이는 부모가 원하는 다양한 체험을 진정으로 좋아하고 있는지, 부모의 권유에 못 이겨서 어쩔 수 없이 따라 하는 것은 아닌지, 또 얼마나 설득했는지 등을 고려하여 계속할 것인지 중단할 것인지 파악해야 한다. 특히 주의할 점은 부모가 원하는 것을 강요하지는 않았는지 여부이다. 상대적 약자인 아이는 부모의 기대를 저버리거나 거절하지 못해서 소극적으로 대처할 수 있다. 아이가 어릴수록 규칙이나 약속은 강자인 부모에 의해 만들어지는 경향이 강하다. 아이는 지키지 못할 약속도 해야 한다고 느끼면 한다. 그러고 나서 지키지 못해서 야단맞는 경우가 반복된다면, 그 약속은 수정되어야 한다.

그림 사례 ❺: 극과 극을 오가는 감정기복

4유형의 부모가 스트레스를 많이 받으면, 좋으면서도 떨어져 있고 싶은 2유형 부모의 단점이 나타난다. 독특함을 추구하려는 4유형의 부모는 원래 자녀에게 좋은 자극이 되고 자녀가 올바르게 성장하도록 사려 깊게 돌봐 준다. 그러나 스트레스에 노출될 경우에는, 오히려 자녀에게 많은 관심을 요구하게 된다. 또한 감정의 기복이 심해지면서 쉽게 상처받기도 한다. 그러면 자녀는 어떻게 부모의 감정에 맞추어야 할지 갈피를 잡지 못하면서 불안해하게 된다. 4유형의 부모가 스트레스를 받는 경우는, 자존심에 상처를 입거나 무시나 경멸을 당할 때, 자신의 가치관에 어긋나는 일을 할 때, 시기심이 생길 때 등이다. 이런 경우에 대부분은 말투가 거칠어지고 퉁명스러워진다. 또 어떻게 대응해야 할지 갈피를 잡지 못하면서 여러 감정을 한꺼번에 토로하게 된다.

평소 스트레스를 받으면 그 상황을 쉽게 정리하지 못하고 가슴속 깊이 담아 두다 보니, 한꺼번에 쏟아져 나오는 것이다. 반면, 당황을 감추기 위해 약간은 과장된 친절로 문제를 해결하려 들기도 한다. 아이에게도 자신의 관심을 표현하고 자녀와의 관계나 함께하는 일이 얼마나 큰 의미를 가지는지를 자꾸 확인시키려 든다. 이것이 위험을 알리는 신호이다. 스트레스를 받고 있다는 것을 알려 주기 때문이다.

그림 ❺를 보면 부모는 자기 아이를 애써 모른 척하고 있다. 다른 아이의 그림에 관심을 보이며 지도하고 있는 중이다. 자신의 자녀에게 무관심한 것과는 대조적으로 아주 친절하게 설명해 준다. 거듭된 자녀의 요청에도 기다

[4유형 그림 ❺]

리라고만 할 뿐, 관심을 표현하지 않는다. 평소의 부모와는 다른 모습에 당황한 아이는 삐쳐 있다. '정말 우리 엄마가 맞나?'며 투정을 부리는 중이다. 4유형의 부모가 흔히 겪는 아픔은 자녀와 거리를 둔다는 것에 대한 해석의 차이에서 비롯된다. 이들에게 거리를 둔다는 것은 관심의 다른 표현이다. 싫은 것이 아니라 사랑의 다른 표현인데, 아이가 그것을 알아주기를 바라는 것이다. 그것을 알아주지 않을 때에는 반대편에 있는 것에 평소의 애정을 쏟는다. 그림은 바로 그것을 표현하고 있다.

4유형 부모의 이런 행동은 아이에게 보내는 신호이기도 하다. 이렇게 하는데도 자신에게로 돌아오지 않을 것이냐는 신호인 것이다. 그런데 이것은 오해와 갈등을 불러일으킬 소지가 다분하다. 아이는 부모의 사랑이 떠났다고 판단할 수도 있고, 다른 방향으로 해석할 수도 있다. 더 나아가서 부모와 상관없이 스스로의 길을 가겠다고 결심할 수도 있다. 이것은 누구도 원하지 않은 결과이므로 부모와 자녀의 관계가 어려움을 겪을 것이라는 예고편이 상영된 것이나 마찬가지이다. 여기에서 위기를 느낀 부모는 이번에는 반대로 저자세의 애정공세를 펼치기도 한다. 하지만 결과는 마찬가지가 된다. 반대에서 반대로 가는 부모의 감정적 행로에 아이는 길을 잃고 방황하게 된다. 부모는 언제나 자녀에게는 롤모델이면서 동시에 넘어서야 하는 산이다. 감정에 흔들리지 말고 뿌리 깊은 나무처럼 깊은 신뢰를 보이며 인내하는 부모가 되는 것이 중요하다.

그림 사례 ❻: 언제나 한결같은 부모

4유형의 부모가 건강하고 성숙해지면 1유형의 장점을 갖게 된다. 건강한 4유형의 부모는 감정적 변화를 현실적인 행동으로 열매 맺는다. 자신이 가진 깊은 감정의 선을 넘어서 현실적인 원칙을 세우고, 내면의 감정을 현실적 행동기준에 의해 표현하게 된다. 이것은 상당히 의미 있는 발전으로, 이를 통해 4유형 부모는 한층 성숙해진다. 감정의 기복이 줄어들고 현실적인 이슈에 공감하며 행동하게 된다.

자녀의 입장에서 보면 언제 변할지 모르는 부모가 언제나 한결같은 부모로 바뀌는 것이다. 훨씬 안정감이 있고 예측이 가능해져서 단계별로 부모와의 관계를 진전시킬 수 있게 된다. 4유형의 부모는 성장함에 따라 감정과 현실의 차이가 크다는 것을 깨닫는다. 그래서 분별력이 생기고 판단력이 정확해지면서 자녀와의 갈등이 줄고 공감이 늘게 된다. 이 유형의 장점인 감정적 섬세함과 자녀의 현실적인 인식 차이는 부모의 생각보다 크다. 이 크기를 인정하고 깨닫는 것이 화합과 통합의 방향이 된다. 1유형이 가진 장점인 현실인식과 그것을 인정하는 일이 가능해지고, 세상에 대해 절망하기보다 인정을 바탕으로 한 자기 행동을 판단하게 된다. 세상이 왜 이런지 모르겠다며 절망하기보다 세상이 이러하니 '나는 어떻게 하는 게 좋을까'를 생각하게 된다는 말이다. 자녀와의 관계도 이렇게 정립된다. 부모는 자신의 무능력함에 절망하지 않아도 된다. 무능력함에 좌절하는 대신 땅을 딛고 현실을 사는 법을 알게 되고 자녀교육에 적용시키는 지혜의 힘을 얻는다.

그림 ❻에서는 자녀가 다양한 진로를 두고 진지하게 고민하고 있다. 앞에는 촘촘히 짜인 시간표와 시계가 보인다. 하지만 자녀를 지켜보는 부모의 얼굴은 평화스럽기만 하다. 걱정이나 염려도 없고, '빨리 결정해야 할 텐데.'와 같은 조급함도 찾아볼 수 없다. 그저 너그러운 미소를 지으며 지켜보고 있다. 부모는 아이가 자기만의 고유한 길을 찾아서 가기를 바라고 있지만, 간섭하거나 지시하지 않는다. 아이 스스로 찾아가기를 바랄 뿐이다. 아마도 아이가 원하는 인생을 걸어가는 데 보조적인 역할을 잘할 수 있을까를 생각하는 듯하다. 그리고 응원하고 격려하는 역할에 충실하려고 한다.

[4유형 그림 ❻]

성숙한 4유형의 부모는 상상력이나 일시적인 감정이 아니라 진정한 삶과 행동 위에서 자신의 정체성과 자존감을 찾는다. 이것이 이루어질 때에야 비로소 4유형 부모의 내면에 잠자고 있는 보석들이 빛을 발하기 시작한다. 힘, 의지력, 결단력, 명확성 등 감정에 갇혀 있던 외면의 힘이 폭발하는 것이다. 이제 이런 힘들이 자녀와의 관계에 매 순간 뿌리를 내리면, 삶의 모든 면이 창조성을 실현하는 재료가 된다는 사실을 알게 된다. 더 이상 끝없이 자기 내면으로 향하는 혼란스러운 감정에 빠지지 않으면서, 항상 현재에 머물며 깊게 잠긴 마음을 연다.

5유형
간섭하지 않고 지켜보는 부모

5유형 해석

삶에 대해 완전한 앎을 갖고자 하는 사람들이다. 이들은 관찰력과 이해력이 뛰어나며 문제의 핵심을 파악하는 능력이 있다. 내면에 머물면서 자신의 관심사를 깊이 탐구하기를 좋아하고 타인이 예고 없이 자신의 공간에 들어올 때 거부감을 느낀다. 대개 말수가 적고 관심사에 대한 지적인 토론을 즐기지만 사적인 대화에는 그리 흥미를 갖지 않는다. 이들은 다양한 분야에 지식과 정보를 수집하기를 원하며 '현명한 사람', 혹은 '지혜로운 사람'으로 평가받기를 원한다. 함께 있어 주기는 하지만 상호교류에 적극적이지 않아서 자녀 입장에서는 스킨십을 그리워한다.

① 지식을 중요하게 여기고 탐구하며 연구한다. 아는 것이 힘이 되므로 세상의 모든 원리를 지식을 채우는 것으로 해결하려 한다. 자녀들도 이런 방식으로 연구하고 집중함으로써 자신의 인생을 만들어 가기를 원하기에 자녀가 이해하지 못하면 갈등의 소지가 된다.

② 혼자 있는 것을 좋아하는 편이다. 독립된 공간에서 사생활이 노출되지 않기를 바란다. 자녀 역시 사생활을 보호해 주고 참견하지 않는다.

감성적으로 따뜻한 자녀들은 부모로부터 차가움을 경험할 수 있다. 따뜻한 정서와 감정의 교류가 필요하다.

③ 지식과 관찰을 위해 일정 부분 사람들과 거리 두기를 한다. 감정적으로 밀착되기보다 서로의 공간을 유지하며 천천히 다가간다. 자녀가 성장하면서 대화와 토론을 통해 지적 교류가 활발해지면 좋다. 자녀의 관심사를 가지고 대화를 많이 하라.

④ 독립적이고 자기의 일은 자신이 알아서 한다. 누군가 도와주는 것도 불편하게 여길 수 있다. 말수가 적으며 생각이 많다. 하지만 자녀에게 말을 하지 않으면 부모의 뜻을 알기 어려울 수 있다. 때문에 대화할 시간을 정하여 실행하는 것이 좋다.

⑤ 누군가 자신의 영역으로 침범해 들어오는 것을 용납하기 쉽지 않다. 자녀를 사랑하지만 어떻게 사랑해야 할지를 모를 수 있다. 근본적으로 시간을 다른 사람에게 사용하는 것이 어렵다. 따라서 미리 계획하여 자녀들과 사랑하고 어울리는 계획을 하면 좋다.

긍정적인 특징 단어	부정적인 특징 단어
사려 깊다, 학구적이다, 생각이 깊다, 이해력 있다, 분별 있다, 주의 깊다, 재치 있다, 핵심을 찌른다, 사리분별이 있다, 논리적이다, 신중하다, 명석하다, 이해력이 뛰어나다, 겸허하다, 이성적이다, 지각력이 있다, 차분하다, 견문이 넓다, 분석가/종합하는 사람	독단적이다, 인색하다, 지나치게 객관적이다, 무정하다, 무관심하다, 책임 회피적이다, 냉정하다, 성급하다, 행동을 미룬다, 오만하다, 은둔한다, 추상적이다, 지적이다, 속셈을 드러내지 않는다, 탐욕스럽다, 숨기려 든다, 모아 둔다, 남의 경험으로 대신한다, 지체한다, 감정을 두려워한다

그림 사례 ❶: 외톨이와 독립성

5유형 부모는 끊임없이 지식을 채우려는 집착을 갖는다. 그래야만 어리석게 보이지 않고 지혜롭게 보일 수 있다. 이 유형의 사람들은 근본적으로 머리에 에너지가 집중되어 있으며 '모르는 것에 대한 두려움'이 있다. 이 세상을 살면서 많은 어려운 일을 이겨 나가려면 몰라서는 안 된다. 따라서 많은 정보와 지식을 습득하여 필요할 때마다 꺼내 사용하게 해야 한다.

또 5유형 부모는 다른 사람들과도 거리를 두는 편이다. 누군가가 가까이 다가오면 뒤로 물러선다. 그것은 자기를 방어하는 수단도 되지만, 근본적으로는 알아서 대처하고 싶은 욕구의 표현이다. 너무 가까이 있어서는 관찰이 되지 않기 때문에 거리를 두는 것이다. 이런 성향은 독립성으로 발전한다. 사람들과 몰려다니는 것을 피하고 혼자서 조용히 지내는 편이 관찰하기에 더욱 좋은 조건이 되고 방해를 받지 않기 때문이다. 누군가와 함께 나누고 협력하거나 상의하면서 문제를 해결해 나가는 방식에 대해서는 대단히 서툴다. '알아야 한다'는 신념은 스스로 외톨이가 되어도 괜찮다는 생각과 생활방식으로 이어진다. 아는 것과 실천하는 것은 매우 다른 영역이다. 그럼에도 한쪽 면인 아는 것에만 의존한다면 균형을 잃어버리고 실천은 하지 못하는 감옥에 갇히고 말 것이다.

그림 ❶을 살펴보자. 부모는 자녀의 모습을 바라보면서 깊은 고민을 하고 있다. 한쪽에는 여러 아이가 모여서 활발하게 이야기꽃을 피우고 있다. 선생님이 내준 과제를 어떻게 하면 좋을지를 두고 의견을 나누고 있다. 하지만 자신의 자녀는 한쪽에서 거울을 바라보고 있다. 자녀 역시 같은 고민을 하고 있다. 선생님이 내준 과제를 어떻게 수행할지를 고민하는 것이다. 혼자 떨어져서 생각에 잠겨 있는 자녀와 활발한 토론을 통해 친구들과 의견을 교환하는

[5유형 그림 ❶]

다른 아이들 모습을 보면서 부모는 갈등한다. 한쪽은 활발한 토론을 통해 사회성이 길러지고 다른 한쪽은 깊이 있는 사고를 통해 문제를 해결할 수 있다. 어떻게 하는 것이 좋은 것일까?

이런 상황이 되면 대부분의 5유형 부모는 사회성이 부족한 자신을 되돌아본다. 자녀도 그렇게 사회성이 없으면 어떻게 하나 하는 염려가 있다. 인생의 흐름 속에서 사회성이 얼마나 중요한지 이미 알고 있지만, 독립성을 훼손시킬 마음 역시 없다. 인간관계를 중심으로 한 사회성은 중요하다. 5유형의 부모에게 주변 사람들과 환경과의 조화는 무엇보다도 필요하다. 독립성은 혼자 있는다고 생기는 것이 아니다. 고립이 되거나 위장된 개인주의가 되기 쉽다.

다른 사람들과 어울리면서 자신이 가진 지식을 나눔으로써 진정한 독립성도 보장받을 수 있다. 자녀에게도 친구들과 더 어울리도록 유도하고 자신의 지식을 나누도록 격려하면 어떨까? 나눌수록 커진다는 말을 믿어 보라. 한 개의 촛불을 켜서 다른 초에 불을 전달한다고, 불을 나누어 준 촛불이 손해를 보는가? 오히려 다른 초까지 영롱한 불빛을 내지 않는가? 자신의 가치인 독립성은 주변과 소통할 때 더욱 빛이 난다.

그림 사례 ❷: 장고 끝에 악수

5유형의 부모는 집중력이 있다. 또한 어떤 상황에서도 흔들리지 않는 차분함을 가지고 있다. 전문가 수준의 지식을 원하기 때문에 자녀교육에 있어서도 상당한 지식을 가지고 있다. 과거와 현재를 아우르는 지식으로 미래를 전망하며 자녀를 지도한다. 예컨대, 인성교육과 직업적성 교육에 대한 관심이 높아지는 상황까지 고려해 아직 어린 자녀를 지도해야 한다고 생각한다.

겉으로 볼 때는 조용하고 차분하며 말이 없지만, 내면의 모습은 큰 괴물과 싸우는 듯한 에너지를 사용하고 있는 것이다. 하지만 이것 역시 집착의 산물이다. 자칫 내면의 전투에 몰두하다가 실천의 끈을 놓쳐 버리면 정작 해야 할 때 기회를 사용하지 못하게 된다. 바둑 격언 중에 '장고 끝에 악수를 둔다'라는 말이 있다. 너무 집중하여 생각만 하다가 결국은 바둑을 망치는 수를 둔다는 뜻이다.

그림 ❷는 자녀의 시험지를 보는 장면이다. 아이는 시험을 망쳐 울고 있다. 부모는 야단을 치지도 않고 따뜻하게 격려하지도 않는다. 어깨에 손을 올려 위로의 뜻은 전하지만 말은 아낀다. 그리고 자녀의 시험지를 자세히 살펴보고는 지난번 틀린 문제를 또 틀렸다는 것을 발견해 냈다. 역시 자녀의 문제는 집중력에 있다고 판단한다. 자녀를 바라보는 부모의 눈빛은 위로도 아니고 야단을 치는 것도 아니다. 자신이 찾아낸 문제점을 아이가 스스로 찾아내기를 바라는 모습이다. 보통의 경우 5유형의 부모는 화를 내며 야단치는 일이 거의 없다. 하지만 차분히 설명하는데도 계속 같은 실수가 반복되면

[5유형 그림 ❷]

화가 난다. 원리를 알면 틀리는 것을 반복할 수 없는데 자녀가 그렇지 않으면 상당한 스트레스를 받게 된다. 이런 상황이 계속된다면 부모와 자녀 모두가 지치고 스트레스가 가중될 것이 뻔하다.

그렇다면 해결책은 무엇일까? 당연히 자녀와 대화하는 것이 될 것이다. 그런데 대화하다가 부작용이 나면 어떻게 하나? 그렇기 때문에 대화하기 전에 준비가 필요하다. 이 유형 부모의 성향에 맞게 상황에 맞는 전문적인 책이나 전문가의 강의, 상담 등을 통한 사전 지식을 가지고 대화하는 것이다. 아이에게 필요한 것이 집중력인지, 공감인지, 심리적 또는 신체적인 접근인지 등을 파악하고 대화한다면 더욱 효과적일 것이다. 걱정과 근심은 생각만 한다고 해결되는 것이 아니다.

그림 사례 ❸: 감정의 표현

5유형 부모가 현명하고 성숙한 인생을 살기 위해서는 자신의 물음에 스스로 답하는 것이 필요하다. 이들은 자칫 잘못하면 현실 세계에서 떨어져 나가 가상의 세계 속으로 빠져들기 쉽다. 지식과 논리로 구축된 세상에 갇혀 현실 세계에 대한 감각이 떨어지기 쉽다는 말이다. 따라서 스스로 답하는 지혜를 키워야 한다. 또 이렇게 얻은 지혜를 다른 사람들과 나누는 것도 중요하다.

다른 사람과의 관계에서는 다른 사람들을 판단하지 않는 것이 중요하다. 또한 내면에 감추어 두었던 자신의 감정을 표현해야 한다. 5유형 사람들에게는 감정표출이 험난한 문제를 해결하는 것과 같다. 자녀교육이라는 인생 최대의 과제 앞에서 신중해질 수밖에 없으니 더욱 감정을 절제한다. 본래 5유형에게 감정은 방해요소이다. 감정 때문에 이성이 흐려질 수도 있고 감정의 흐름을 따라가다 보면 정보를 놓치기가 십상이다. 그러나 감정이 방해만 되는 것은 아니다. 오히려 감정을 쏟아낼 기회조차 주지 않는 것이 문제가 된다.

그림 ❸에는 노래하는 자녀를 관찰하는 5유형 부모의 모습이 그려져 있다. 자녀는 진지하게 노래를 부르고 있다. 기타도 있고 악보도 있고 자세도 잡았다. 그렇지만 실력은 영 신통치 않다. 부모 입장에서 관찰 끝에 노래는 안 된다고 생각한다. 하지만 더 관찰한다. 그래서 결론을 낸다. 노래는 안 되고 그림에 훨씬 더 소질이 있다는 것이다. 하지만 그 어떤 개입도 하지 않는다. 고집불통 자녀와 지켜보기만 하는 부모는 시간만 보내고 있다. 이런 상황이 불러오는 스트레스는 5유형의 부모를 가상의 세계로 안내한다. 아이 스스로 알아서 그림을 그리는 쪽으로 방향을 바꾸어 주기를 호소한다. 물론 가상의 세계 속에서이다.

가만히 있는데도 저절로 바뀌는 것은 별로 없다. 5유형 부모는 이럴 때 객

[5유형 그림 ❸]

관적인 입장에서 판단하려고 한다. 상황을 인정하고 어떤 결정을 내려야 할지를 발견한다. 예컨대, 안 된다고 판단한 교육에 대한 경제적 지출과 그로 인해 놓치는 시간을 따져 본다. 그러는 사이 자녀와의 갈등의 파고는 높아진다. 그러므로 판단했다면 움직여야 한다. 몸과 마음을 움직여 표현해야 한다. 안다는 것과 실천한다는 것, 이 두 가지가 함께 조화를 이룰 때 완성도는 높아진다. 생각의 굴 속에서 나와 찬란한 해와 달이 있는 광야로 모습을 드러내라. 두려움은 실체가 없고 감정적 표현을 할 때 생각은 실현된다.

그림 사례 ❹: 면밀히 살폈다면 이제 움직이라

5유형은 지적 욕구에 집착하고 자신이 지혜롭게 보이길 바란다. 다른 사람들에게 어리석게 행동하거나 부끄러운 말을 했을 때 스스로에게 심한 실망감을 느낀다. 그와 비슷한 상황에는 나가기를 꺼리고, 반대로 더욱더 지적인 욕구에 매달리면서 스스로를 고립시킨다. 특히 자신의 것에 대한 애착, 달리 말하면 사적인 탐욕 속으로 빨려들어간다. 그 대표적인 것이 시간이다. 다른 사람을 위해 시간을 내어 주는 것이 힘들어진다. 시간 이외에도 물질이나 자신이 가진 정보, 활동을 요구하는 일에도 거절하는 일이 잦아진다. 이렇게 되면 많이 안다는 것 자체가 오만과 독선으로 흐를 수 있다. 다른 사람들을 배려하는 일이 힘들어지면서 그런 경향은 더욱더 두드러진다.

고립과 집착은 공허함으로 이어진다. 이런 종류의 공허함은 5유형 부모가 지금까지 해 온 방식으로는 채우기 힘들다. 그저 지켜보면서 찾아낸 정보만으로는 채울 수 없다. 다른 사람들과 함께하고 나눌 때 진정으로 채워진다. 자녀교육에 있어 개입을 최소화하면서 한편으로는 부모의 입장만 고수하면, 아이는 부모와 거리를 두게 된다. 무엇이든지 안 되는 것이 많고, 야단치거나 화를 내는 것은 아닌데 따뜻하게 느껴지지 않는다. 그러면 아이는 부모에게 무언가를 상의하거나 대화하기를 꺼리게 된다.

그림 ❹를 보자. 자녀의 모든 부분을 예의주시하는 부모의 머릿속은 아이에 대한 생각으로 가득 차 있다. 아이는 컴퓨터를 다루는 솜씨가 능숙하다. 영어 공부도 꽤 열심히 하고 말하기 실력도 상당하다. 태권도 도장에 보냈더니 관장이 선수로 키우고 싶을 만큼 재능이 있다고 말한다. 부모는 과연 이런 평가가 객관적 타당성이 있는지를 조사한다. 컴퓨터를 또래 아이들보다 얼마나 더 잘 다루는지, 영어 점수가 어느 정도이고 계속할 만큼 흥미를 가지고

[5유형 그림 ❹]

있는지, 태권도를 할 체형은 갖추었고 지구력은 뒷받침되는지 등을 면밀히 살펴본다. 신중히 그리고 충분히 살펴보았으니, 이제 어떻게 하는 것이 아이에게 좋을지 생각하고 있다.

성숙한 5유형의 부모는 대부분 실행력이 있다. 개인적 관찰과 객관적 평가가 합쳐지면 실행하는 것은 어렵지 않다. 그리고 정확하다. 옳다고 믿는 신념에 따라 꾸준히 오랜 기간의 노력을 거쳐 완성한다. 오늘날처럼 과학이 발달하고 정보가 풍부하며 사회문화적으로 변화가 심한 사회에서는 더욱 그렇다. 5유형의 부모에게서 성장한 자녀는 많은 정보를 제공해 주고 격렬한 토론을 함께한 부모와의 추억을 아름답게 기억하게 된다.

그림 사례 ❺: 갈팡질팡하는 부모

5유형이 스트레스를 많이 받으면 7유형의 단점이 드러나게 된다. 7유형은 활발하고 재미있는 성향의 사람들로 좋은 점이 많지만, 스트레스에 싸인 5유형의 부모는 7유형의 단점으로 향한다. 보통 5유형은 범위를 작게 잡고 한곳으로 깊이 내려가는 경향이 있다. 특히 스트레스를 받으면 그런 경향이 더 두드러지는데, 그것으로도 해결이 되지 않으면 상황은 사뭇 달라진다. 오히려 역으로 과도한 활동을 하면서 평소와는 반대되는 모습을 보인다. 불안하고 초조한 내면을 숨기기 위해 점점 더 많은 말과 행동을 하는 것이다. 이것이 점점 더 심해지면 7유형이 가지는 단점인 탐닉에 빠질 수 있다. 과도한 쾌락이나 중독 등에 노출된다. 아끼고 아꼈던 시간과 물질 등을 과다하게 소비하고 스스로의 고립에서 탈출을 시도한다. 스트레스에서 객관성을 유지하지 못하고 반발하는 과정이 위태로운 것은 다른 유형들과 하나도 다를 바가 없다.

그림 ❺는 이 같은 상황을 잘 보여 준다. 평소 관찰하고 지켜보며 개입에 신중하던 부모가 자녀의 일상에 참견을 시작했다. 심지어 자신이 한 말을 뒤집고 있다. 아이는 몹시 당황한 것 같다. 갑자기 무슨 말이냐고 펄쩍 뛴다. 부모가 하라는 대로 지금까지 해 왔는데, 왜 갑자기 말을 바꾸냐는 불평이다. 실제로 5유형의 사람들은 타협이 가장 안 되는 유형 중 하나이다. 의견이 충돌하면 한쪽이 양보하든가 제3의 방법을 통해 협상해야 한다. 하지만 5유형은 제3의 방법을 찾거나 자신의 방법을 철회하려면, 다시 관찰과 정보탐색 등을 해야 하기 때문에 많은 시간이 걸린다.

그러면 상대는 그것을 기다리지 못하고 포기하게 된다. 타협이 안 된다고 손사래를 치면서 말이다. 그림에서 아이는 일정을 갑자기 왜 바꾸냐고 불평을 하고, 남편은 말을 바꾸는 아내를 못마땅하게 생각하고 있다. 만약 5유형

[5유형 그림 ❺]

의 부모가 이런 현상을 보인다면, 차분하게 마음을 가라앉히고 성찰을 해야 한다. 한동안 모든 일을 중지하고 조용한 시간을 보내는 것도 필요하다. 그런데 이것은 쉽지 않을 것이다. 평소에 익숙하게 해 온 일이지만, 스트레스 상황에 놓인 상태에서는 쉽지 않다. 그러므로 의지할 만한 사람이나 신뢰 가는 사람과 깊이 있는 상담을 하는 것이 도움이 된다.

그림 사례 ❻: 몸의 에너지를 사용하라

5유형이 건강하고 성숙해지면 자신감 넘치는 8유형의 장점으로 이동한다. 머리를 주로 사용하던 5유형이 몸의 느낌을 알아차리는 것은 중요하다. 자신이 가진 힘과 능력에 대한 깨달음이나 온몸이 충만하다는 느낌은 머리가 아니라 몸에서 나타나는 본능적인 에너지이다. 머리로 세상의 두려움을 극복하려던 5유형이 본능적이고 신체 능력이 뛰어난 8유형으로 깨어나는 것이다. 이렇게 되면 머리에 집중되어 있던 에너지는 그대로 유지되면서 몸의 에너지가 발현된다. 가장 두드러진 변화는 자신감이다. 자신감을 갖는다는 것은 많은 변화와 건강한 성장의 바탕이 된다.

하지만 모든 것이 편안한 것만은 아니다. 처음에는 몸의 에너지를 사용하면서도 불안이 작용한다. '이렇게 몸을 사용하다가 머리의 에너지를 잃어버리면 어떻게 하나?' 불안하고, 마음의 안식처를 잃는다는 생각이 든다. 그렇지만 몸은 감정을 기억해 주고 그 감정은 머리로 이해되지 않던 많은 정보를 머리로 전달한다. 이쯤 되면 비로소 머리에만 의존하던 것에서 벗어나 서서히 몸으로, 가슴으로 다가설 용기를 가지게 된다. 사실 이런 현상은 5유형의 사람들에게 없었는데 갑자기 생겨나는 것은 아니다. 원래 있었지만 억제되어 있던 몸의 에너지가 해방되어 표출되는 것뿐이다. 이것이 시작되면 전인적인 발달을 통해 균형감 있는 에너지를 사용할 수 있게 된다.

[5유형 그림 ❻]

그림 ❻은 5유형의 부모가 학교를 방문하여 자녀를 관찰하는 모습이다. 아이는 학급 친구들을 진두지휘하고 있다. 떠드는 아이들의 이름을 칠판에 적어서 학급 분위기를 정숙하게 만들고 있다. 선생님이 하지 말라는 행동을 하는 남자아이에게는 몽둥이를 들고 야단을 치고, 남자아이는 하던 행동을 멈추었다. 평소 집에서 볼 때와는 다른 모습이다. 차분하고 조용하며 내성적인 성격을 가진 아이가 확 달라진 모습으로 학교생활을 하고 있다. 달라진 모습에 걱정도 되지만 학급에서 리더로 행동하는 딸이 대견스럽다. 자신도 저런 모습이기를 바랐던 적도 있었다. 하지만 실제로 해 본 경험은 없기 때문에 부모의 성격을 닮은 딸이 의외의 모습을 보여 반갑다.

늘 관찰만 하고 생각에 집중했던 5유형의 부모가 자신의 본능적인 에너지를 찾으면 세상에 더 많이 참여하게 된다. 특별히 다른 사람과의 관계를 어려워하지 않고 부딪치는 것을 피하지 않게 된다. 리더로서의 덕목인 책임감도 강해진다. 도전을 받아들이고 스스로가 강한 리더라는 점을 받아들인다. 조직에서 적절한 역할도 하게 되고 외향적인 모습도 나타낸다. 자녀교육에서도 변화가 나타난다. 과거에는 자녀가 노는 모습을 지켜보는 것으로 만족했지만, 이제 몸과 몸을 부딪치고 함께 놀이에 흠뻑 빠져들게 된다. 그러면서도 차분하고 쉽게 흥분하지 않는 모습을 유지하는 것이 바로 건강한 5유형 부모의 강점이다. 선택하는 데 걸리는 시간도 빨라지고 책임을 지며 목표를 향해 나아가는 참된 리더의 위용을 갖추게 된다.

6유형
통금시간 엄격하고,
안 되는 것이 많은 부모

6유형 해석

안전함과 확실함을 추구하는 사람들이다. 법과 규범을 중시하고 외부 권위를 잘 따르며 협동심이 강해 조직 안에서 자신을 드러내지 않고 일하는 사람들이다. 근면하고 책임감이 강하며 가족과 동료, 조직에 충실하다. 또한 한번 관계를 맺은 사람들과는 오랫동안 그 관계를 지속하는 경향이 있다. 항상 최악의 경우를 생각하고 확실하게 대비한다. 도전과 갑작스러운 변화를 잘 받아들이지 못한다. 삶을 안정되게 유지하는 것이 매우 중요하다. 따라서 자녀의 불안한 환경을 사전에 차단한다. 안 되는 것이 많을 수밖에 없다.

① 안전 지향적이며 무슨 일을 하든지 미리미리 준비하는 부모이다. 의심이 꼬리에 꼬리를 물고 엄습하면 움직임을 멈추고 대비한다. 이 세상에 완전한 안전은 없다. 때로는 새로운 것에 대해 허용하는 용기가 필요하다.

② 안전한 상황으로 인생을 구축하기 위해 자신보다 강한 조직에 들어간다. 가정, 직장, 친구 등의 조직이 자신보다 안전하므로 그곳에서 충성을 다한다. 이런 헌신은 신뢰감을 준다. 하지만 독자적인 영역도 필요

하므로 자녀의 개발영역을 정하면 효과적이다.

③ 안전하다고 해도 한 번 두 번 세 번 두드려 본다. 그래서 확인과 점검은 필수이다. 자녀에게도 마찬가지여서 학교생활에 만전을 기하게 한다. 이런 점들이 자녀에게 족쇄가 되어 갈등의 원인이 된다. 적절한 규칙을 만들어 풀어 주는 것도 필요하다.

④ 가정과 자녀에게 헌신적이다. 가족의 안전을 위해 만일에 대비한 안전책을 강구한다. 부모인 자신처럼, 자녀가 자신의 눈 앞에서 규칙과 질서를 지켜 주기 바란다. 그래야만 자녀의 안전이 지켜진다고 믿는다. 하지만 그것이 전부는 아니다. 두려움은 실체가 없다. 허용해도 안전한 것이 얼마든지 있을 수 있다.

⑤ 최악을 대비한다. 좋은 것보다는 나쁜 것을 먼저 생각한다. 사과 10개가 있을 때 나쁜 것부터 먹기 시작한다. 안 되는 것이 되는 것보다 훨씬 많아지게 된다. 과연 무엇이 진짜 안전한 것인지? 그 두려움의 원인은 무엇인지를 생각하라.

긍정적인 특징 단어	부정적인 특징 단어
신중하다, 믿을 수 있다, 전통을 따른다, 신을 경외한다, 공손하다, 충실하다, 책임을 다한다, 믿음직스럽다, 분별 있다, 단호하다, 준비되어 있다, 양심적이다, 안정적이다, 매력적이다, 조심성 있다, 정직하다, 참을성 있다, 조직을 위해서 악역을 맡는 사람, 권위를 따른다	독단적이다, 의심이 많다, 융통성이 없다, 늘 긴장한다, 최악의 상황을 우려한다, 권위주의자, 공포를 느낀다, 걱정이 많은 사람, 비관적이다, 우유부단하다, 변덕스럽다, 지나치게 조심스럽다, 보수적이다, 스스로 경계하는 사람, 흑백논리자, 근심한다, 현상 유지, 공포를 이기기 위해 일부러 두려운 상황을 찾는다, 소심하다, 수동적이다, 안전을 지나치게 의식한다

그림 사례 ❶: 특유의 성실함으로 자신감을 회복하라

6유형의 집착은 '안전에 대한 욕구'이다. 안전을 위해 무의식적인 행동을 하게 된다. 이 집착적 욕구는 자녀교육에 있어서도 마찬가지이다. 이 세상은 불확실하고 위험으로 가득 차 있다고 믿는다. 이런 세상에서 아이를 키운다는 것은 얼마나 위험천만한 일인가? 그래서 아이들을 양육함에 있어서 안전한 틀을 마련해 주기 위해 고민을 거듭한다. 안전에 대한 욕구는 공포와 두려움에서 비롯된다. 다가올 미래에 어떤 위험이 도사리고 있을지 알 수 없으므로, 그것을 대비하기 위해서는 안전이라는 보호막을 준비해야 한다. 준비할 것도 많다. 자녀를 잘 키워야 하고 노후대비도 해야 한다. 원만한 인간관계, 안정적인 직업, 건실한 조직생활 등 고려해야 할 것도 많다. 이 많은 것을 고려하고 준비해야 하니 머리가 상당히 복잡하다.

게다가 모든 준비는 언제든 잘못될 수도 있다는 가정하에 이루어져야 한다. 최악의 상황을 대비해야 한다는 강박관념에 사로잡히게 되는 것이다. 하지만 따지고 보면 이 공포와 두려움은 그저 막연한 불안이고 걱정일 뿐이다. 누구든 부모가 되면 자녀에 대한 걱정이 있는데, 6유형의 부모는 그 정도가 더욱 심하다. 걱정에 대해서는 어느 심리학자의 말을 되새길 필요가 있다. 그는 우리가 하는 걱정 가운데 고작 4%만이 우리가 대처할 수 있는 진짜 걱정거리이고, 나머지 96%는 걱정거리가 아니라고 말한다. 통계적으로 우리가 하는 걱정거리의 40%는 절대 일어나지 않으며, 30%는 이미 일어나 버려 돌이킬 수 없는 일이고, 22%는 사소한 것이어서 걱정거리가 되지 않으며, 4%는 우리 힘으로는 대처가 불가능한 일이다. 이런 걱정거리를 모두 제외한 나머지 4%만이 대처 가능한 진짜 걱정거리라는 말이다. 우리가 어쩌지 못하는 일은 걱정한다고 달라지지 않으므로 걱정해도 소용이 없다. 6유형의 부모가

[6유형 그림 ❶]

귀 기울여서 교훈으로 삼을 만한 말이다.

그림 ❶은 부모가 아이의 등교를 지도하는 모습이다. 아이는 횡단보도를 건너고 있고 부모는 안전하게 건널 때까지 가슴 졸이며 지켜보고 있다. 신호등은 아직도 초록불이 많이 남아 있어서 충분히 건널 수 있는데도 안심이 안 된다. 금방이라도 빨간불이 켜질 것 같고, 그래서 금방이라도 아이의 안전에 문제가 생길 것 같아 불안하다. 사실 100% 안전이라는 것은 존재할 수 없다. 천재지변도 있고 불가항력도 있다. 하지만 그런 일까지 예상하면서 일상생활을 할 수는 없다.

그럼에도 6유형의 부모는 그 모든 일을 예상하고 불안해하면서 걱정한다. 이런 집착이 깊어지면 이 불안은 다른 사람 특히 자녀에게 전달된다. 하지만 공감할 수 없는 수준이므로 자녀는 답답함을 느낀다. 그러므로 6유형 부모는 특유의 장점인 성실함과 책임감을 바탕으로 자신감을 회복하는 것이 중요하다. 이 세상은 믿을 것이 못 되지만 내면의 자신감을 회복하면 자녀들의 불안감을 해소시키고 만족감을 심어 줄 수 있게 된다. 또한 세심하게 배려하고 작은 부분도 놓치지 않는 꼼꼼함으로 신뢰를 키울 수 있다. 세상과 맞서는 6유형 부모의 마음은 내면의 자신감 회복이 관건이라고 할 수 있다.

그림 사례 ❷: 비난 대신 믿음

6유형 부모는 안전에 대한 집착 때문에 생활 속 작은 일에도 새로운 시도를 하거나 다른 방법을 사용하기 어렵다. 위기상황이 다가온다는 생각에 매여 있지만 실체는 분명치 않다. 실제로 일어난 일이 아니라 상상 속에서 그리는 일이기 때문이다. 그런데도 언제 어떤 형태로 실현될지 모른다는 공포를 느끼고 긴장을 풀지 못하므로 스트레스가 증가하게 된다. 만약 문제를 일으킨 자녀가 있다면 그 아이에게 비난을 쏟아붓는다.

이런 비난은 자녀를 비롯한 가족들에게 전달되면서 가정의 평화를 깨뜨린다. 불투명하고 모순된 일들이 많은 자녀교육의 현장, 경제적 요소와 주변 부모들과의 비교, 학교생활과 사교육에서 오는 스트레스 등이 6유형 부모의 두려움을 심화시킨다. 일반적으로 6유형 부모는 냉정하게 상황을 인식하여 전문가를 찾거나 주변에 경험 있는 부모들의 도움을 받아 현명하게 위기의 순간을 넘긴다. 하지만 주체적이고 독립적인 주도성을 확보하는 것 역시 중요하겠다.

그림 ❷에는 등교하는 아이와 잔소리를 늘어놓는 부모의 모습이 보인다. 아이는 수없이 들은 말이라는 듯이 건성건성 들을 뿐만 아니라 얼굴에는 짜증이 잔뜩 묻어나 있다. 손까지 들어올려 알아들었으니 그만했으면 좋겠다고 하소연한다. 부모는 잔소리를 멈출 기세가 아니다. 지난번에도 부모의 말을 귀담아듣지 않아서 좋지 않은 일이 일어난 것으로 추정된다. 그럼에도 건

[6유형 그림 ❷]

성건성 듣는 자녀의 태도에 부모는 불안하다. 아이는 잔소리라고 생각하겠지만, 부모는 불안한 마음에 말을 멈추지 못한다. 아이가 신중하기를 바라고, 조금 더 부모의 말을 경청했으면 좋겠다는 마음이 드러난다.

불안이 생기기 시작하면 그 불안을 해소하기 위해 주의를 기울이라는 말을 반복하게 되지만 효과는 신통치 않다. 오히려 부모의 말은 뻔한 잔소리가 되어 자녀의 귀를 막는다. 잔소리의 효과는 없다. 오히려 믿어 주는 부모의 마음을 전달하는 것이 효과적이다. 아이가 주의를 기울이지 않는다고 단정짓고 그 때문에 위험에 처했다며 비난하기보다, "어떻게 하면 지난번처럼 위험한 일을 당하지 않을까?"라고 질문을 하라. 그러면 자녀는 현명하게 자신이 어떻게 행동할지 생각하고 그대로 실천할 것이다. 드러나는 현상이 아니라 보다 깊은 본질의 문제를 다룸으로써 잔소리도 줄이고 자녀의 성숙도 돕는 것이 필요하다.

그림 사례 ❸: 완전무결한 결정은 없다

6유형 부모의 신념은 '나는 성실한 사람이며 책임감이 강하고 조직에 충실한 사람이다'라는 것이다. 따라서 자신이 책임감이 없고 성실하지 못하다고 느낄 때 매우 불편해지고 견딜 수가 없다. 왜냐하면 주변의 평가로 인한 비난에 노출되기 때문이다. 다른 사람들의 추궁이 시작될지도 모른다는 견딜 수 없는 두려움이 급습하고 내면이 허약해지면서 과도한 불안감을 느끼게 된다. 6유형이 느끼는 내면의 두려움과 불안은 끊임없는 책임감 때문이다. 철저히 성실하려는 노력도 포함되는데 불안전한 일탈을 방지하는 수단이 되기도 한다.

다른 한편으로는 문제에 대한 책임회피 용도로 열심히 일한다. 이렇게 열심히 일했으니 잘못되어도 내 책임은 아닌 것이다. 또 내면의 두려움과 불안은 이럴까 저럴까를 망설이는 우유부단으로 표현되기도 한다. 어떤 모습으로 나타나든 안전하지 못한 것에 대한 반발에서 비롯되는 것이다. 위험이 도처에 도사리고 있고 자신은 보잘것없고 부족하기에, 무엇인가 대비하고자 열심히 노력한다. 자신의 책임을 다하며 가정이라는 조직에서 충성을 다하는 부모이다.

그림 ❸은 부모 모임의 모습이다. A 부모는 자녀교육에서 유학을 권장하는데, 어릴 때 유학을 보내서 본토 발음을 익히고 국제 감각을 익히게 해야 한다고 말한다. B 부모는 학원파로 유명 학원을 줄줄이 꿰고 있다. C 부모는 이런저런 방법을 다 사용해 보았으나, 아이가 스스로 하지 않으면 아무 소용이 없기 때문에 아이가 원하는 대로 해 주는 것이 중요하다고 말한다. D 부모는 유학도 학원도 다 소용없고, 학교 공부에 충실하면서 필요에 따라 개입하면 된다고 말한다. 6유형의 부모는 이런 상황이 혼란스럽다. 도대체 어떻게 해

[6유형 그림 ❸]

야 한단 말인가? 안전 여부를 따지고 경제적 형편, 아이의 학업상태와 재능 등을 따져 보지만 쉽게 결정할 수 없다. 6유형 부모는 이런 골치 아픈 상황이 힘들다. 확실한 답안이 있었으면 좋겠지만 인생에 그런 것은 존재하지 않는다. 각자가 찾은 답이 바로 100점짜리 모범 답안이다. 6유형 부모는 각자 찾아가는 답에 불안을 느끼며, 완전한 100점짜리 답안을 찾는다. 불안하지 않고 가장 안전한 결정을 하기를 바란다. 누군가 다른 사람이 그런 완전무결한 결정을 내려 주면 좋겠지만, 누구도 그럴 수 없다. 외롭지만 자신이 직접 내려야 한다.

그림 사례 ❹: 도전하는 용기

6유형의 부모가 내적인 힘이 부족할 때는 항상 최악을 상상하게 된다. 최악의 상상이란 위험요소를 추적하는 것이다. 그렇게 되어서는 안 되는 상황, 소중한 것을 잃는 상황, 실패하는 상황을 계속 상상한다. 이건 이렇게 되면 안 되고, 저건 저런 상황으로 가면 안 된다는 식으로 안 되는 것만 열거하기 때문에, 결국 되는 것, 가능한 것은 모두 사라져 버리고 만다.

사소하고 잡다한 생각에 몰두하기보다는 문제의 본질로 접근하는 힘을 키워야 한다. 안전하고 정확해야 한다는 생각에 매달리기보다는 상대적인 가치를 따져 보는 것이 필요하다. 카운셀러이면서 심리학자인 리처드 칼슨 박사는 현대인의 스트레스 요인을 해소하는 가장 중요한 방법을 제목 삼아 책을 발간했다. 바로 『사소한 것에 목숨 걸지 마라』이다. 그는 사소한 것보다는 본질적인 것에 최선을 다하라고 한다. 사소한 일들에 얽매여 더 소중하고 더 큰 일을 잃어버리는 것만큼 어리석은 일이 어디 있겠는가? 사소한 일의 안전 유무를 따지면서 매여 있기보다 멀리 보면서 도전하는 것이 중요하다. 또 본질적인 요소에 집중하면서 큰 틀에서 안전을 다루는 것도 중요하다. 사소하고 비본질적인 것에 매달리다가 더 크고 본질적인 것을 해결할 시간도 기회도 놓쳐 버리는 실수를 할 수 있다. 그러므로 우선순위를 정하되, 하위에 속하는 일은 과감히 정리하고 상위에 속하는 일에 집중하는 것이 필요하다. 그렇게 된다면 이 또한 안전에 대한 불안요소를 줄이고 성취를 이루는 방법이 될 것이다.

그림 ❹를 보자. 자녀는 아람단 캠프에 참여하고 싶어 안달이 나 있다. 하지만 부모는 더 크면 가라고 말하면서 지금은 안 된다고 말리고 있다. 아이는 다른 아이들은 모두 가는데 왜 나만 안 되냐고 억울해한다. 부모는 어느 학교에서 단체여행에 갔다가 사고가 났다거나 집단 식중독에 걸렸다는 뉴스를 떠올리며 걱정한다. 소중한 자녀에게 그런 일이 생기면 큰일이다. 조금 더 자라 스스로 안전을 돌볼 수 있게 되면 보내 준다는 약속은 자녀에게는 꽤 익숙한 내용이다. 더 어렸을 때도 부모한테서 계속 들었던 이야기이다. 그래서 더 가

[6유형 그림 ❹]

고 싶고 보내 주지 않는 부모가 야속하기만 하다.

6유형 부모의 시각은 삶의 불확실한 면과 위험한 면에 고정되어 있다. 때로는 미래의 위험에 대비하는 유비무환이나 예지력으로 빛을 발하기도 한다. 그렇기 때문에 안전에 대한 집착을 무조건 나쁜 것이라고 할 수는 없다. 다만, 객관적인 타당성과 비전에 대한 변수를 고려하여야 한다. 때에 따라서는 다소의 위험을 감수하면서도 시도할 만한 일도 있다. 게다가 아이가 재능이 있고 강렬한 열망이 있을 때는 경험하는 것만으로도 충분한 가치가 있기도 하다. 그러므로 6유형 부모는 세심하고 부드럽게 위험적인 요소들을 조심스럽게 맞이하면서 자녀를 대하는 용기가 필요하다. 이 용기에서 가장 신뢰할 수 있는 6유형 부모의 모습이 드러날 것이다.

그림 사례 ❺: 스트레스와 일탈

6유형이 스트레스를 받으면, 효율적이지만 부담스러운 3유형의 건강하지 못한 모습으로 가게 된다. 6유형의 부모는 모든 시간과 에너지와 물질을 안전한 틀에 의존하고 투자한다. 그런데 스트레스가 늘어나고 점점 확대되어 스스로 감당하지 못하게 되면 3유형의 단점인 일중독 상태로 자신을 몰아간다. 그렇지 않아도 성실하고 책임감이 있으며 충실한 사람이라는 신념을 가진 그들이기에 일에 몰입하면 다른 것들에는 손을 놓아 버린다.

이 같은 모습은 특히 조직생활에서 두드러진다. 맡은 일에 열중하는 것에서 나아가, 팀 간의 경쟁이나 상금 걸린 시합 등에 주도적으로 관여하고 참여한다. 그 결과, 경쟁이나 시합에서 이기면 진 사람들을 무시하거나 자신을 과대하게 자랑하기도 한다. 또 다른 사람들에게는 좋은 이미지로 보이게 자신을 꾸민다. 평소에는 잘 입지 않던 비교적 고가의 의류나 명품 액세서리를 갖추는 데 공을 들인다. 이렇게 꾸밈으로써 주변 사람들이 자신을 더 잘 받아들일 것이라고 생각한다. 내면의 헛헛함을 외면의 치장으로 위장하려는 것이다. 이런 모습은 다른 사람에게는 의외로 비친다. 부담스럽게 변해 버린 모습에서 그들의 진심이 무엇인지 헷갈려하게 된다. 3유형 사람들의 단점인 '이미지로 자신을 만드는 것'이 6유형에게도 나타난다.

그림 ❺에서 부모는 외출 준비에 여념이 없다. 같이 가기로 한 옆집 엄마는 이미 와서 기다리고 있다. 언제부터인지 모르지만 별로 친하지도 않았던 옆집 엄마와 부쩍 가까워졌다. 자주 외출도 같이하고 눈에 띄게 어울린다. 그런데 엄마의 준비가 장난이 아니다. 커다란 목걸이에 평소에는 잘 입지 않던 원색 코트를 걸치고 있다. 자녀는 그런 부모의 모습을 지켜보고 있다. 고가의 핸드백과 손에 쥔 머리핀은 처음 보는 것이다. 무엇보다도 늘 꼼꼼하게 챙겨

[6유형 그림 ❺]

주던 부모가 자신에게는 신경도 쓰지 않는 것이 의아한 모양이다. 자녀가 툴툴거리는 소리에도 아랑곳하지 않고 부모는 외출 준비에만 몰두하고 있다. 오히려 엄마만 보고 있지 말고 알아서 하라고 일침한다.

부모는 그동안의 수고를 알아주지도 않고 내버려 두라고 짜증만 내던 자녀에게 지쳤다. 그러던 중에 옆집 엄마를 알고 함께 어울리면서 더 신나는 일이 많다는 것을 알게 되었다. 당분간 이런 생활을 즐기고 싶다. 이 부모는 복합적인 스트레스가 가중된 상태이다. 스스로 주변을 돌아보고 집착을 내려놓는 것은 자연스러운 일이지만, 자녀에게 스스로 할 수 있는 시간을 주는 것과 자녀를 방치하는 것은 별개이다. 문제는 이 유형 부모의 경우 그림에서처럼 잠시의 일탈을 즐기다가 다시 자녀에게 돌아와서 과거보다 더 심한 상태로 고정될 수 있다는 것이다. 부모에게도 자녀에게도 시간이 필요하다. 부모는 성장을 도모할 시간을 갖고 자녀는 생각할 시간을 갖는 것이 좋은 방법이 될 수 있다. 부모와 자녀 모두 객관적으로 상황을 바라보고 스트레스를 이길 힘을 기르는 것이 중요하다.

그림 사례 ❻: 섬세함에 넉넉함을 더해

6유형이 건강해지면 9유형의 장점으로 이동한다. 9유형의 가장 큰 장점은 평화를 이루는 능력이다. 주변의 변화에 크게 흔들리지 않고 흘러가는 대로 인정하고 스스로를 유지하는 능력이다. 6유형의 부모가 이런 성향을 흉내 낸다고 해서 평화로운 것은 아닐 것이다. 오히려 근심되거나 걱정되는 상황을 그대로 내버려 두면 내적인 혼란을 느끼게 된다. 하지만 그렇기 때문에 더욱 상황으로부터 거리를 두고 객관적으로 자신과 자녀를 바라볼 필요가 있다. 이런 노력을 계속하면 결국 안정감을 찾게 된다.

이 세상을 불신의 눈으로 바라보는 6유형에게 9유형의 긍정적 믿음의 에너지는 많은 발전을 안겨 줄 수 있다. 자신이 가진 성격적 특징만으로는 한계에 부딪힐 수 있다. 6유형이 갖는 불안은 가득 채워야만 극복할 수 있는데, 그러려고 하면 에너지가 방전되고 만다. 그럼 그 에너지는 어떻게 채워야 할까? 더 이상 안내하는 사람도, 적절한 정보도 없다고 느껴질 때, 용기를 가지고 현실을 직면해야 한다. 모든 것은 연결되어 있다는 것을 믿는 용기를 가질 때, 9유형의 평화를 진정으로 경험하게 된다.

그림 ❻을 보자. 육상선수인 자녀가 종합운동장에서 열리는 육상선수권 대회에 참가하였다. 자녀는 열심히 뛰었으나 4등에 그쳐서 메달을 획득하지 못했다. 그림은 상심해 있는 자녀에게 위로의 말을 전하는 부모의 모습을 그리고 있다. 앞에 있는 세 명의 선수를 보기보다 뒤에 있는 네 명을 바라보라고 위로한다. 이 말은 상대적인 위로가 아니다. 9유형의 건강한 에너지를 받은 6유형 부모의 마음에서 나오는, 운동은 운동일 뿐이라는 긍정적이고 근본적

[6유형 그림 ❻]

인 위로인 것이다.

부모는 이 시합이 자녀에게 미치는 영향 또한 긍정적일 것이라는 확신을 가지고 있다. 모든 것은 통하고 이 경험이 자녀에게 긍정적인 영향을 미쳐서 장래에 큰 능력으로 작용할 것이라고 믿는다. 눈앞의 것만 바라보면서 전전긍긍하던 부모에서, 더 큰 것과 더 먼 미래를 바라보고 모든 것을 종합하면서 긍정적인 마인드를 가진 부모가 된 것이다. 천하태평이 아니라 걱정과 근심을 누르고 용기를 갖게 되었다. 부모의 이런 태도는 자녀에게도 영향을 미쳐 부모를 신뢰하고 의지하고 믿게 만든다. 원래 섬세하고 따뜻한 모습에 은근하게 기다리면서 넉넉한 마음으로 응원하는 모습이 더해져, 자녀에게는 더욱 존경스러운 부모가 될 것이다.

7유형
활발하고 재미있지만 불규칙한 부모

7유형 해석

삶의 행복과 재미를 좇아서 늘 바쁘게 사는 사람들이다. 무슨 일이든 쉽게 배우는 다재다능한 사람들이다. 그러나 쉽게 싫증을 내는 경향이 있다. 에너지가 넘치고 긍정적이며 상상력이 풍부하다. 반짝이는 아이디어를 가지고 있고 미래를 설계하는 것을 좋아한다. 풍부한 유머와 쾌활한 성격으로 주변 사람들을 즐겁게 해 준다. 단기적으로 집중할 수 있는 프로젝트 단위의 일을 선호하는 반면, 평범하고 변화가 없는 반복적인 일을 하기 어려워한다. 스릴과 모험이 가득 찬 신나는 삶을 살기를 원한다. 자녀의 입장에서는 원칙과 규율이 없기 때문에 혼란을 느낄 수 있다.

① 항상 즐겁고 행복하며 재미있고 유쾌하다. 근심걱정이 없고 유머감각이 탁월하여 주변을 밝게 한다. 인생의 밝은 면을 보고 분위기를 만든다. 때로는 고통스러운 일을 대면하여 고민하고 진지하게 성찰하는 모습을 자녀와 함께하면 효과적이다.

② 긍정적이고 호기심이 많아 실행력이 뛰어나다. 한번 생각한 것을 실천

하는 시간은 그야말로 전광석화와 같다. 하지만 마무리가 약하기 때문에 자녀에게 신뢰를 잃을 수도 있다. 약속을 잘 지키고 믿음을 심어 주면 관계가 깊어진다.

③ 열정적이고 자극적이기도 하다. 구속받는 것과 얽매이는 것을 싫어하고 자유로운 환경을 선호한다. 자녀에게 참견을 삼가고 편하게 놔둔다. 적절한 규율은 자유를 침해하지 않으면서 창의성을 높이게 됨을 기억하자.

④ 권위주의적이지 않고 편하며 자녀와도 친구처럼 가까운 사이가 되기를 원한다. 여기에서 개방성과 유연성이 자라날 수 있다. 하지만 적절한 통제와 권위를 사용하여 자녀에게 아버지의 정체성을 알리는 것이 좋다.

⑤ 재미있고 즐거운 삶을 살아야 하기에 시간이 늘 부족하다. 모험, 도전, 모임, 활동 등을 하느라 에너지가 떨어져 자녀와의 시간을 가지지 못할 수 있다. 미리 계획하여 최우선적으로 자녀와 시간을 보내는 것이 필요하다.

긍정적인 특징 단어	부정적인 특징 단어
근심이 없다, 낙천적이다, 친절하다, 열렬하다, 창조적이다, 공상적이다, 사교적이다, 상상력이 풍부하다, 기쁨에 차 있다, 명랑하다, 외향적이다, 작은 일도 즐거워한다, 고마움을 안다, 즐거움을 지향한다, 익살스럽다, 유쾌하다, 활기차다, 계획을 세운다, 밝다, 자발적이다	깊이가 없다, 수다스럽다, 자기도취에 빠진다, 난해하다, 감정에 취하다, 산만하다, 제멋대로이다, 경솔하다, 충동적이다, 무책임하다, 변덕스럽다, 미덥지 않다, 공상가, 주목받기를 원한다, 쾌락에 빠진다, 현실적이지 못하다, 현실 도피적이다, 세상 물정을 모른다, 장난이 심하다

그림 사례 ❶: 인생을 즐기라

7유형의 집착은 '즐거움'이다. 끊임없이 즐거워하고 행복을 추구하는 데 열정을 쏟는다. 이런 즐거움의 원천에는 호기심이 작용한다. 호기심이란 '재미있을 것 같다'는 생각에서 시작한다. 또 이것은 바로 실행으로 옮겨진다. 즐길 수 있을 때 즐겨야 한다고 생각하기 때문에, 중요한 일 앞에서도 멈추지 않을 수 있다. "아버지는 말하셨지. 인생을 즐겨라. 웃으면서 사는 인생, 자, 시작이다. 오늘밤도 누구보다 크게 웃는다. 웃으면서 살기에도 인생은 짧다. 앞에 있는 여러분도 일어나세요. 아버지는 말하셨지. 그걸 가져라. 그걸 가져라."

어느 카드 회사의 광고 노래 가사이다. 이 가사의 내용을 보면, 7유형의 삶의 방식과 많이 닮아 있다. 하지만 현실은 참아야 하는 일도 있고 안 되는 일도 있다. 그렇지만 7유형의 사람은 세상만사가 이 가사와 같았으면 한다. 그리고 많은 부분 그렇게 인생을 살아간다. 자녀교육에서도 이런 현상은 두드러지게 나타나는데, 부모의 권위 같은 것은 다 내려놓고 자녀와 함께 즐겁고 행복하게 지내기를 바란다. 이런 상황이 반복되면 누군가는 책임져야 하는 일들에 허술해진다. 즐거움과 행복을 추구하는 것은 당연하다. 탓할 바가 아니다. 하지만 그 반대 부분에 있는 내용과도 균형 있게 추구해 가는 것이 필요하다. 또 이들은 자녀양육에 대한 생각도 비교적 명쾌하고 단순하다. 자녀양육은 부모라면 누구나 해야 하고 누구라도 할 수 있다고 긍정적으로 생각한다.

그림 ❶을 살펴보자. 부모는 자녀를 데리고 놀이동산에 놀러 왔다. 놀라움과 모험으로 가득한 광경을 바라보는 모습이 자녀보다 더 신나 있는 것 같다. 10대와 같은 복장과 머리띠를 한 부모가 자녀의 머리를 쓰다듬으면서, 인생은 재미있고 흥미로운 일로 가득하니 즐기라고 말하고 있다. 7유형 부모의

[7유형 그림 ❶]

자녀교육 방식은 아이와 함께 즐거움을 경험하는 것이다. 호기심과 모험으로 가득 찬 세계를 둘러보면서 자녀와의 관계를 수평적이고 자유롭게 설정한다. 아이에게 재미있는 환경을 제공하려고 한다.

어떤 일 때문에 즐거움을 포기하는 것이 쉽지 않은데, 자녀의 문제라고 해도 다르지 않다. 다른 부모와 달리 자녀의 필요를 채우기 위해 자신의 놀이를 포기하는 것이 쉽지 않다. 그렇다고 부모로서 헌신하는 것은 다른 부모와 전혀 차이가 없다. 하지만 중요하지 않은 것이라고 생각해서 조금씩 놓아 버리는 것이 쌓이고 쌓여 큰 차이를 만들게 된다. 자녀의 성장이나 공부에 필요한 여러 일 가운데 중요한 정도에 따라 부모가 관여할 목표를 세워 두면 좋다. 간혹 부모의 넘치는 자유분방한 에너지가 자녀교육에 걸림돌이 될 수 있음을 생각하고, 자녀와의 대화를 강화하는 것이 필요하다.

그림 사례 ❷: 불안과 재미 사이

현대의 문화는 매우 빠르게 변화한다. 새로운 것이 끊임없이 쏟아져 나오고, 새로운 것은 늘 흥미를 자극한다. 7유형 사람들은 그래서 하나를 계속해서 하는 것보다 변화를 파악하고 다양함을 추구하면서 즐거움을 얻는 데 집중한다. 이들이 스트레스를 받을 때는 이런 다양함에서 오는 즐거움의 기회를 누리지 못할 때이다. 물질적인 재화가 부족하거나 시간이나 환경적인 제약에 의해 즐길 기회가 사라지면 스트레스는 가중된다.

이런 경향은 자녀교육에서도 나타난다. 교육과 배움은 때로 지루한 여정이다. 교육하는 부모에게도 배우는 자녀에게도 끈기를 요구한다. 그래서 자녀의 미래를 위해 진정으로 필요한 것이 무엇일까를 끊임없이 물어야 한다. 일시적인 성과나 반짝 효과는 즐거움을 줄 수는 있지만 백년대계를 내다보는 교육과는 거리가 멀어 보인다. 자녀의 먼 미래를 바라보면서 시작한 것을 꾸준히 계속하는 지구력과 인내심을 배우는 것이 좋다. 소소하고 특별히 재미가 없더라도 자녀와 함께하는 시간의 소중함을 깨닫고 계속하다 보면 큰 즐거움의 태풍으로 변할 것이다.

그림 ❷를 보자. 부모는 저글링을 하고 있다. 저글링은 다른 운동에 비해 장소나 시간의 제약이 적지만, 고도의 집중력과 순발력, 민첩성, 평형성 등을 고루 필요로 하는 활동이다. 7유형의 부모를 이보다 더 잘 설명하기는 어려울 듯하다. 그만큼 이 저글링과 7유형의 활동성은 비슷하다. 그림에서는 여러 가지를 동시에 시도하고 동시다발적인 능력을 가진 부모를 자녀가 불안한 듯 바라보고 있다. 그렇게 하면 어떻게 하느냐는 눈빛으로 바라본다. 공을 떨어뜨린 것은 부모의 잘못이지 자신의 잘못이 아니라는 항변이다.

부모의 변화무쌍한 시도가 자녀에게는 걸림돌로 작용할 수 있다. 자녀의

[7유형 그림 ❷]

특성을 살피고 그에 맞는 방법을 권해야 한다. 많은 활동으로 자녀에게 부담을 주면 아이는 반항하기 쉽다. 즐거움을 위해 자극적인 활동을 좋아하는 7유형 부모의 방법이 아이에게 힘겹다면, 부모 스스로가 조절을 해 주고 왕성한 활동을 자제하는 것이 바람직하다. 예를 들어, 자녀가 중요한 일(진학, 특기, 중요한 시험)을 앞두고 있거나 장기적인 계획을 가지고 준비해야 하는 일이 있다면, 그 부분은 놓치지 말아야 한다. 훗날 자녀가 성장한 후에 우리 부모님은 내가 중요한 일을 할 때 내 옆에서 헌신해 주었다는 추억 때문에 자신이 사랑받았다고 느낄 것이다. 반면, 부모의 여러 일로 배려를 받지 못한다면, 부모에게 사랑받지 못했다는 느낌을 지울 수 없을 것이다.

그림 사례 ❸: 자유와 규율

7유형 사람들에게 자유는 상당히 중요하다. 자유가 없고 속박을 느낀다면, 즐거움도 행복도 없다. 만일 7유형의 부모에게 자녀를 양육하는 철학이 무엇이냐고 물어본다면, 어떤 대답이 가장 많이 나올까? 자녀를 키우는 데 무슨 철학이 필요하냐고 답할 가능성이 매우 높다. 그냥 아이를 낳아서 키우는 것이 양육이지 거기에 철학이 필요하다는 것을 이상하게 여긴다.

이런 신념은 7유형의 특징과 무관하지 않다. 이들은 매사를 쉽게 생각하고 자유롭게 사고하기 때문이다. 아이와 자유롭고 재미있게 놀아 주면 되고, 새로운 경험과 방법을 접할 수 있는 환경을 만들어 주면 된다고 생각한다. 가만히 들어 보면 당연한 이야기이고 맞는 말이다. 이런 자유로운 힘은 상상력을 발휘하고, 강한 상상력은 상상 속의 일을 현실화시키는 추진력이 되기도 한다. 자유롭고 유연한 조직과 딱딱하고 보수적인 조직을 상상해 보라. 하는 일에 따라서 다르지만 창조성은 유연한 조직에서 나온다. 이런 특징은 7유형에게서 발견할 수 있는 강점이다. 자녀 역시 그렇게 키우고 싶어 한다.

그림 ❸을 보자. 부부가 외출 후 집으로 돌아왔다. 아이는 집에서 재미있는 놀이를 하였는지 장난감이 어지럽게 널려 있다. 아빠는 왜 이렇게 어질러 놓았느냐고 아이를 나무란다. 아빠는 어질러 놓은 장난감을 손으로 가리키면서 아이를 째려 보고, 아이는 기가 죽어 고개를 떨군 채 쩔쩔매고 있다. 금방이라도 눈물이 쏟아질 것 같다. 뒤에서 그 광경을 지켜보는 엄마는 답답하다. 어질러진 것은 치우면 그만인데 뭘 그렇게 화를 내는지 모르겠다. 그렇잖아도 내성적인 성격에 표현력도 좋은 편이 아닌 아이가 마음의 상처를 입었을까 염려가 된다.

7유형의 부모는 아이가 기죽고 자유를 잃어버리는 것이 두렵다. 세 살 버

[7유형 그림 ❸]

릇 여든까지 간다는 옛말은 그저 나온 말이 아니다. 자유로운 것이 지나치면 방종의 노예가 될 수 있다. 엄격하고 바른 생활만을 강조하는 분위기는 한창 자라는 자녀에게 불편할 수 있다. 그렇다고 모든 것을 허용하고 하고 싶은 것을 다 하라고 두는 것도 최선은 아니다. 적절한 규제와 규율이 필요하며, 부모 스스로 적절한 규율을 지키며 솔선수범하여야 한다. 자녀들에게는 지키라 하고서 부모가 지키지 못한다면 균형감 있는 자녀로 자라기 어렵다. 봄바람의 거센 힘이 나무의 뿌리를 깊이 내리게 만들어 주는 것처럼, 자유로움과 함께 그 자유로움을 제한하는 규율은 자녀에게 성장의 뿌리를 깊이 내리게 할 것이다.

그림 사례 ❹: 욕구 충족에 대한 과도한 집착

7유형의 부모에게 건강은 매우 중요하다. 건강해야 자신도 자녀도 마음껏 인생을 즐길 수 있다. 물질적인 조건도 마찬가지이다. 자녀의 욕구를 채워 주어야 하는데, 물질적인 조건이나 건강이 걸림돌이 되어서는 안 된다고 생각한다. 하지만 모든 욕구를 다 채우며 사는 사람은 없고 누구나 현실적인 조건과 적절한 타협을 하는데, 특히 7유형의 사람들에게는 이것이 힘들다. 자녀에게도 모든 것을 채워 주고 싶어 한다. 하지만 욕구 충족에는 중독성이 있다. 밑 빠진 독에 물을 붓는 것과 같은 갈증이 계속된다. 누군가가 대신 채워 줄 수 없으며, 때에 따라서는 스스로 물을 길어 먹어야 한다. 게다가 목이 아무리 말라도 바닷물이나 탄산음료를 먹을 수는 없다.

특이한 체험과 신기한 경험에 매달리기보다, 일상생활에서 즐거움을 찾고 그 즐거움을 다른 사람들과 공유하는 것만으로도 충분하다. 날마다 일어나는 똑같은 일상을 즐거움이 가득한 눈으로 보고 활동한다면, 자녀를 훌륭하게 교육하는 부모가 될 수 있다.

그림 ❹를 보자. 아이는 방금 부모와 한 차례 논쟁을 하고 풀이 죽어 있는 모습이다. 하고 싶은 일이 있었는데, 물질적인 조건이 맞지 않아 부모에게 거절을 당했다. 부모는 그것이 마음 아프다. 자녀를 웃게 만들고 싶은데, 그렇게 하지 못하는 것에 대한 자책이다. 가만히 생각해 보니 이번 달도 씀씀이가 만만치 않다. 시댁에 제사가 있는데, 이번에는 멀리 떨어져 사는 시고모님 가족들이 모두 참석한다고 한다. 대출이자에 자동차를 새로 구입하여 카드 비용도 많이 나가고, 셋째를 임신하여 산부인과에도 다녀야 한다. 이런 상황이니 자녀를 위한 지출을 더 늘릴 수는 없다.

아이가 원하는 것을 해 주지 못하는 부모는 마음이 무겁다. 자녀를 웃게 해

[7유형 그림 ❹]

주고 싶은 마음이 간절한데 형편이 어렵다. 복잡한 마음을 달랠 수 없어 고민이다. 하지만 부모가 모든 것을 다 해 줄 수는 없을뿐더러 그렇게 해서도 안 된다. 자녀가 건강하게 자라게 하려면 부모는 부모 나름대로 해야 하는 영역이 있다. 7유형의 부모들이 자기계발에 긍정적인 것은 참으로 다행이다. 스스로 노력하고 자신을 계발하여야만 자녀를 긍정적으로 돌볼 수 있다. 본인 스스로 풍요한 의식을 가지지 못한다면, 자녀에게는 아무것도 줄 수 없다. 그러므로 아이의 욕구 충족에 과도하게 매달리기보다 자신을 계발하고 활기차게 생활하는 것이 도움이 된다.

그림 사례 ❺: 스스로를 가두다

7유형이 스트레스를 심하게 받으면 1유형의 단점을 많이 사용하게 된다.

평소에 즐겁고 다정다감하던 모습은 자취를 감추고 틀 속에 갇힌 형국이 된다. 여러 가지를 시도했는데 결과가 좋지 않으면 이런 현상은 더욱 강해진다. 이유를 살펴보면 자신을 바꾸는 과정에서 나타나는 부작용이라고 할 수 있다. 여러 일에 다재다능하지만 한 가지도 제대로 한 일이 없다고 느끼는 순간 좌절이 오는 것은 당연하다. 여러 가지를 시도하고 수고했는데 손에 잡히는 것은 아무것도 없는 것이다. 이 순간 7유형의 스트레스는 폭발하게 된다.

이런 때 나타나는 현상이 자신을 틀 안에 넣는 것이다. 이제는 한 가지를 제대로 해야 한다고 느낀다. 이렇게 다른 강박관념 속에 들어가면 예기치 못했던 부작용이 나타나는데, 그것이 바로 틀 안으로 들어가는 것이다. 자발성과 자율성은 사라지고 오직 해야 한다는 강박으로 치닫는다. 이것은 7유형이 바라는 바가 아니다. 점점 더 자신을 구속하게 되고 점점 더 불안해진다. 억지로 자신을 교정하려는 노력이 강해질수록 바뀌는 것은 없고 답답해질 뿐이다. 하늘을 날아다니며 자유분방하게 살던 새가 갇혀 옴짝달싹하지 못하게 되는 상황이다. 얼마나 힘이 들고 답답하겠는가? 분주한 삶의 결과가 초라하다고 느낄 때 건강한 방법을 찾아야 하는데 그러지 못하는 것이다.

그림 ❺를 보자. 부모는 평소에 하지도 않던 잔소리를 늘어놓고 있다. 자녀에게 불만이 쌓인 모습이다. 수업 과목을 늘어놓으면서 잘한다는 말은 전혀 없고 못한다는 말만 하고 있다. 분명히 평소와는 많이 다르다. 설거지는 하지 않고 쌓아 두고 있다. 생활 습관에 대한 불만도 불쑥 끼어든다. 심지어 언제 철들 거냐고 존재에 대한 거부감까지 드러내고 있다. 아이는 당황하면서도 반항하는 모습이다. 간식과 과일을 먹으며 화목한 시간을 보내기를 바랐는데, 서로에게 불만을 늘어놓고 공격하는 현장이 되고 말았다.

수학 말고는 다 잘했는데도 꼭 집어 수학만 언급하고 목욕 문제까지 꺼내자 아이는 괜히 시비를 건다며 투덜거린다. 간식에는 손도 대지 않고 있다. 즐겁고 재미있는 상황은 사라지고 슬픔이 몰려온다. 마음을 아는지 창밖에

[7유형 그림 ❺]

는 비가 내린다. 자신에게 불만족스러운 부분을 바꾸려는 시도는 자신보다 자녀에게로 먼저 화살이 가는 경우가 많다. 평소에는 개방성을 중요시하고 자율성을 부여했던 교육방법이 변한다. 가르치려 하고 간섭하고 비판이 잦아진다. 자신의 의견을 먼저 말하고 다른 사람의 의견을 누르려고 하니, 다른 사람과의 관계에서 갈등이 일어난다. 이런 일들이 지속되는 것은 스트레스가 심해졌다는 증거이다. 스트레스가 자녀에게 투사되었을 때는 상처를 남길 수도 있다. 이럴 때는 숨을 깊게 쉬고 자신에게서 비롯된 적개심이 자녀에게 향했다는 사실을 인식할 필요가 있다. 야단치고 트집 잡고 심한 말을 한다는 것 자체가 자신에게 향한 불만인 것이다.

그림 사례 ❻: 친구 같은 부모에서 내면이 강한 부모로

7유형이 건강하고 성숙해지면 5유형의 장점이 부각되면서 좀 더 신중해지고 조용해진다. 평소에는 여러 일을 동시다발적으로 진행하고 추진력도 있다. 하지만 건강한 모습의 7유형은 분주한 마음을 늦추고 조용한 마음 상태를 유지한다. 이런 내적인 고요함을 통해 모든 것을 이해하고 받아들이며 충분한 성찰을 한다. 예전에는 이런저런 일들을 찾아다니며 또 여러 가지 일을 벌이면서 경이로운 즐거움을 찾았다면, 이제는 조용한 가운데 자신의 마음을 들여다보거나 주변에서 재미있는 일을 찾는 안목이 열리게 된다. 즉각적인 반응으로 활력이 넘쳤지만, 이제 조금 더 생각하고 관찰하면서 인내하고 그 인내를 통해 새로운 것을 만들어 내는 창조성을 갖게 된다.

자녀의 입장에서 7유형 부모의 이런 변화는 많은 것을 기대하게 만든다. 보다 안정적이고 더 많은 것을 의지할 수 있도록 분위기가 바뀐다. 부모는 어떤 면에서 자신이 부족했는지를 알고 그것을 수정하기 위해 계획하고 연구한다. 그리고 본질적인 가치에 집중하고 할 만한 일인지를 파악한 다음 실행하게 된다. 다 하지도 않고 옮겨 다니던 습관을 정리하고 신뢰받는 부모가 되는 과정을 걸어가는 것이다. 이럴 때 큰 성과를 거둘 수 있다.

그림 ❻을 보자. 부모가 자녀와 함께 공연장에 왔다. 요즘 가장 인기 좋은 걸그룹의 공연이다. 많은 사람이 환호하고 열광하고 있다. 그런데 아이는 이런 소란 속에서도 차분하다. 함께 호흡하고 박수치면서 즐겼으면 좋겠는데, 한 시간이 다 가도록 지켜보고만 있다. 그렇지만 부모는 그런 아이의 모습이 나쁘지 않다고 생각한다. 자신과는 다른 자녀의 취향과 성격을 존중하기 때문이다. 자녀의 이런 모습이 다른 방향에서 도움이 될 수 있다고 믿는다. 아이가 원한다면 이런 것은 나중에도 얼마든지 경험할 수 있다.

[7유형 그림 ❻]

차분하고 고요해진 7유형의 부모는 자녀교육에 더 깊게 몰두할 수 있다. 그리고 불안해하지 않는다. 파란색은 사람의 감정을 식혀 주고 마음의 안정과 두뇌의 잠을 깨워 준다. 마음속에 파란색을 떠올리면서 마음을 차분히 하는 것은 7유형의 성장을 위해 도움이 된다.

이제 7유형 부모는 모든 것을 다 잘하려는 마음의 부담을 벗어 버리고 한 가지나 혹은 두 가지만으로도 충분히 즐겁고 행복할 수 있다는 것을 익혀 나가도록 하자. 친절하면서도 따뜻하고 친구 같은 부모에서 내면의 강함을 지닌 관찰하는 부모로 발전하면, 부모와 자녀 관계는 무지개처럼 아름다울 것이다.

8유형
자신감이 넘치지만 무서운 부모

8유형 해석

8유형은 힘 있는 사람이 되고자 한다. 이들은 자기주장이 강하고 다른 사람을 지배하려 드는 사람들이다. 쉽게 분노를 폭발하고 직설적이며 단호하다. 또한 자신감과 결단력이 있어서 강한 리더십을 발휘할 수 있다. 어떠한 어려움도 이겨 낼 수 있는 용기와 힘을 가지고 있다. 이들은 본능적인 직관에 따라 결정을 내리는 경향이 있으며 위험을 감수하고 한계를 시험하기 좋아한다. 자신이 다른 사람에게 통제당하는 상황을 어려워하며, 강하고 존경받는 사람이 되기를 원한다. 자녀의 입장에서는 존경심과 무서움을 동시에 느낄 수 있다.

① 강하고 힘이 세며 용감하다. 어디에서나 리더이며 도전해 오면 당장 응징하고 자신의 의지를 굽히지 않는다. 자녀는 부모를 무서워할 수 있다. 그렇게 되면 자신의 의사를 표현하지 못하거나 반항할 수 있다. 따라서 자녀에게는 부드러운 이미지를 주는 것이 좋다.

② 약자를 돌보고 강자에게는 맞선다. 의리가 있어서 믿고 의지할 수 있는 부모이다. 든든한 바위 같고 태산처럼 위엄이 있다. 자녀에게 헌신적이

며 버팀목이 되어 준다. 자녀를 통제하지 않고 큰 바위 얼굴이 되어 주면 좋다.

③ 자신의 주장이 강하다. 다른 주장에 대해서는 타협하려고 하지 않는다. 경우에 따라서는 분노를 폭발시킬 수도 있다. 이럴 때 자녀는 주눅 들고 자신의 주장을 편하게 말할 수 없게 된다. 그렇게 큰소리를 칠 문제였는지를 성찰하라.

④ 인생은 험한 정글과 같다. 이런 곳에서 살아남기 위해서는 강해야 한다고 믿는다. 과격한 운동이나 신체활동을 선호한다. 자녀와도 이런 활동을 원하지만 그렇게 따라오지 못하는 자녀도 많다. 이것을 이해하고 고집하지 말아야 한다.

⑤ 강해 보이지만 모든 것이 그런 것은 아니다. 내면에는 어린아이와 같은 부드러움이 존재한다. 강한 것이 늘 이기는 것은 아니기에 약함을 드러내면 그 영향력은 더 커질 수 있다. 자녀에게 솔직한 내면을 보여 주면 긴장이 많이 완화된다.

긍정적인 특징 단어	부정적인 특징 단어
힘 있다, 강하다, 솔직하다, 단호하다, 독자적이다, 자율적이다, 영향력 있다, 근면하다, 원기왕성하다, 자신감 있다, 관대하다, 의지가 굳다, 진지하다, 앞장서다, 공정하다, 올바르다, 존경할 만하다, 용감하다, 대담하다, 유능하다	앙심을 품는다, 거칠다, 남자다움을 과시한다, 과격하다, 복수한다, 소유욕이 강하다, 압도적이다, 협박한다, 목소리가 크다, 퉁명스럽다, 약자를 괴롭힌다, 둔감하다, 남의 말을 듣지 않는다, 냉담하다, 고집이 세다, 거만하다, 호전적이다, 독재적이다, 싸움을 건다, 도발적이다

그림 사례 ❶: 윽박지르는 부모와 주눅 드는 아이

8유형의 집착은 '강함'이다. 어떤 상황에서도 주도적이고 강한 모습으로 보이기를 원한다. 8유형의 부모는 자녀가 독립적으로 자라기를 바란다. 그것이 성숙한 사람의 모습이며 강한 사람의 표상이기 때문이다. 또 리더로서 '영향력 있는 인물'로 자라기를 바란다. 언제 어디서든 눈치를 보거나 우물쭈물하는 모습은 보기 힘들다. 자녀가 육체적, 정신적, 정서적, 영적인 힘을 길러 자신의 몫을 다하는 사람으로 성장하기를 바란다. 그래서 어릴 때부터 이러한 모습을 갖도록 가르친다. 그러려면 강한 사람이 되어야 한다는 메시지를 쉬지 않고 불어넣는다.

자녀 입장에서는 이런 부모가 무서울 수 있다. 아직 따라가기 어렵다고 느낄 수도 있다. 부모의 기대와 자신의 모습 사이의 큰 간격을 실감하면 더욱 부모가 두려워진다. 부모는 큰 사람이고 자신은 작은데, 부모의 기대대로 되지 못했을 때는 한없이 작아지고 두려움마저 느끼는 것이다. 8유형 부모의 경우, 별 말을 하지 않고 독립적으로 두어도 자녀는 두려움을 느낄 수 있다. 평소 부모의 성향을 알기 때문에 작은 일에도 신경이 쓰이는 것이다. 독립적이고 혼자서도 이 세상을 헤쳐 나갈 수 있는 자녀로 양육하고 싶은 8유형의 부모는 때로 자녀에게는 버거운 대상일 수 있다.

그림 ❶을 보자. 자녀에게 부모는 거대한 존재로 얼굴조차 들 수가 없다. 부모의 요구대로 열심히 공부해서 1등을 하고 싶었지만, 이번에도 3등밖에 못했다. 부모가 뭐라고 하지 않아도 큰 잘못을 한 것 같은 느낌이라 심장이 쪼그라든다. 자연히 고개가 숙여지고 목소리는 작아지며 가늘게 떨린다. 8유형 부모는 성적도 성적이지만 고개를 들지 못하고 자신감 없는 아이의 태도가 더 마음에 안 든다. 못했으면 못했다고 떳떳이 밝히고 다음에는 잘하겠다

[8유형 그림 ❶]

고 하면 될 일을 그러지 못하는 아이가 못마땅하다. 결국 다시 큰 소리로 자녀의 태도를 꾸짖고, 아이는 더욱 의기소침해진다.

부모는 어떤 문제든 정면으로 돌파하기를 원한다. 우회하거나 숨기는 것은 마음에 들지 않고, 자녀가 그런 자세를 보이면 스트레스가 생긴다. 공부는 잘할 수도 있고 못할 수도 있는 문제이다. 그런데 그것을 다루는 태도가 직접적이지 않으면 답답하고 짜증이 난다. 이리저리 돌려 말하거나 사실을 제대로 말하지 않을 때는 정의롭지 않다고 느낀다. 이런 방식의 정의는 8유형의 부모에게는 꽤 익숙한 것이다. 하지만 자녀의 입장에서 생각해 보면 부모처럼 당당하기는 쉽지 않다. 아직 어린 데다가 늘 평가받고 있다는 것을 느낀다. 작은 것이라도 실수를 하면 더 말할 필요가 없다. 자녀에게 필요한 것은 자존감인데, 이런 방식은 더욱 주눅 들게 만들 뿐이다. 더 부드럽게 다가서는 마음가짐이 필요하다. '강함'에 집착하면 부드러움을 회피하게 되는데, 회피하지 않고 마주 보는 용기가 필요하다. '약함'을 수용하고 부드럽게 자녀에게

다가선다면, 자녀도 보다 쉽게 마음의 문을 열 수 있을 것이다.

그림 사례 ❷: 피하고 싶은 영향력, 따르고 싶은 리더십

8유형의 부모는 화끈하다. 빙빙 돌려서 말하거나 행동하는 것은 체질적으로 맞지 않다. 항상 현장에 있고 현실을 살며 직선적이다. 자녀 역시 사회에 나아가서 독립적으로 살아가려면, 둥지를 떠나는 새처럼 강해야 한다고 생각한다. 자연히 교육방법이 거칠고 파괴적이다. 8유형이 사회에 대해 일반적으로 느끼는 것은 이 세상이 불의로 가득하며 잘못되었다는 것이다. 정의가 없는 세상을 바로잡아야 한다는 집착이 생활 곳곳에서 드러난다. 하지만 자세히 들여다보면 바로잡는 것이 아니라 자신이 지배하려는 경향을 보인다.

일방통행식으로 말하고, 무조건적인 순종을 강요한다. 순종하지 않을 경우 자신의 힘이 먹히지 않으므로 큰 목소리가 나오게 된다. 강압적인 명령이나 분노의 표출 등도 이에 해당한다. 더 나아가면 그 지배욕이 당연한 것처럼 행사될 수도 있다. 이런 상황에 이르면 주변은 모두 숨을 죽이고 눈치를 보게 된다. 리더십은 흔히 영향력으로 이해된다. 그래서 8유형 부모의 리더십은 강압적 리더십으로 변질되기 쉽다. 하지만 피하고 싶은 영향력은 따르고 싶은 리더십과는 다르다. 진정한 리더십은 상대방을 이해하고 함께 호흡하는 데에서 나온다.

자녀교육에 있어 8유형의 부모가 받는 스트레스는 흔히 부당한 대우나 정의롭지 못한 평가에서 비롯된다. 자녀가 학교나 학원 등의 교육현장에서 부당한 대우를 받았다면 그 분노를 참기가 쉽지 않다. 그러나 이때 인과관계나 절차 등을 면밀히 알아보고 객관적으로 타당성 여부를 조율하여 행동하는 것

[8유형 그림 ❷]

이 좋다. 급한 성격이기 때문에 보통은 앞뒤를 재지 않고 행동부터 하는 경향이 있기 때문이다. 조금 더 자세히 듣고, 조금 더 알아보고, 조금 더 천천히 움직인다면 자녀교육을 더 잘할 수 있을 것이다.

그림 ❷에서 부모는 단단히 화가 나 있다. 자녀가 동네 형에게 야단을 맞은 듯하다. 자녀는 억울함을 호소한다. 그러자 부모는 자녀에게 먼저 싸우는 법을 설명하고 있다. 당하고만 있지 말고 한 대 치라는 것이다. 싸움은 덩치로 하는 것이 아니기 때문에 먼저 공격하면 이길 수 있다는 말을 하고 있다. 자녀는 겁먹은 얼굴로 부모의 말을 듣고 있다. 형에게 크게 맞은 것도 아닌데 때리라는 부모의 말에 자녀는 겁을 잔뜩 집어먹은 표정이다. '엄마, 난 그렇게 하기 싫어. 다만, 형에게 야단맞은 억울함을 이해받고 싶단 말이야!'라고 말하는 듯하다. 이럴 때는 어떻게 해야 할까?

8유형 부모의 마음은 이해가 된다. 자녀가 다른 사람에게 야단을 맞았다는 것은 자신의 강함이 손상을 입은 것이나 마찬가지이다. 이럴 때는 공격을 가

해서 자신의 강함을 표현해야 다음에도 이런 결과가 생기지 않는다고 믿는다. 8유형이 가지고 있는 강함이라는 무기는 사실 집착이기에 허상에 불과하다. '그럴 것이다'라고 자신에게 씌워 놓은 올가미 같은 것이다. 진정한 강함은 내적인 것이다. 건강한 8유형은 통이 크지만 양보도 잘하고 베풀기도 잘한다. 언제나 크고 강한 것에 대한 집착 때문에 올가미에 걸려 신음하는 존재가 아닌 것이다. 숨어 있는 어린아이와도 같은 부드러운 내면을 드러낼 때 8유형은 성장했다고 말할 수 있다. 그러므로 8유형 부모는 자녀에게 부드럽고 따뜻한 태도로, 인생은 얼마든지 행복할 수 있다는 메시지를 주는 것이 필요하다.

그림 사례 ❸: 선택은 누구에게나 어려운 일

8유형 부모는 책임감을 상당히 중요시한다. 책임감이란 자신이 스스로 결정하고 그 결과에 대해 책임을 지는 것을 말한다. 책임지는 모습이 강한 리더의 모습이라고 믿는 것이다. 자녀가 우유부단하거나 우물쭈물하는 모습을 보면 목소리가 커진다. 바로 책임을 지지 않는 태도이기 때문이다. 잘못된 것을 바로잡고 정의를 실현하려는 욕구가 강한 8유형에게 책임감이 없는 모습을 보인다는 것은 상상할 수 없는 일이다. 자신뿐만 아니라 다른 사람이 그럴 경우도 바로잡으려고 노력한다. 하물며 자녀는 더 말할 필요가 없다.

하지만 이런 책임감은 지배욕에서 시작된 것이다. 진정한 강함은 지배하는 것이 아니라, 순수한 인간 존재 자체에 있다. 진정한 강자가 되는 것은 지배를 벗어나 진정으로 순수한 사랑을 실천하는 데 있다. 따뜻하고 다른 사람들의 말에 귀를 기울이며 다른 사람들을 보호하려 한다. 자신의 힘을 나누고 보다 더 관대해진다. 타인에게는 너그러우며 자신에게는 엄격한 정의의 잣대를 갖는다. 자녀교육에 있어서는 자녀가 내미는 도움의 손길을 거절하지 않는 것이 중요하다. 스스로 충분히 할 수 있다고 믿을 때, 스스로 책임을 정해 주는 것이 필요하다. 그런데 방법이 문제이다. 부드러운 말투와 자세하게 설명하는 노력을 해야 하고, 실천이 안 될 경우에도 분노를 드러내는 방법은 최대한 자제해야 한다.

그림 ❸을 보자. 아이는 자신의 일에 대해 상의하고 안내받기를 원한다. 영어 공부를 하는 방법에 대해 알아보았는데, 사람들 말이 모두 달랐다. 형은 교과서와 참고서를 중심으로 하라고 말했는데, 선생님은 인터넷 강의를 소개해 주셨다. 가장 친한 친구는 학원을 소개해 주었고, 또 다른 친구는 자신이 하고 있는 그룹과외를 같이 하지 않겠냐고 슬며시 권했다. 부모님이라면 이런 혼란스러움을 끝내고 결정하는 데 도움을 줄 것이라고 믿었는데, 무서운 얼굴을 하고 있다. 오히려 부모는 스스로 결정해서 하겠다고 말해야 도와줄 수 있다고 한다. 공부를 하는 자신이 어느 것을 선택하든 알아서 하고 그 결

[8유형 그림 ❸]

정에 책임을 져야 한다는 말이다.

선택해야 할 일을 두고 결정을 머뭇거리는 자녀를 보면서 8유형의 부모는 마음이 편치 않다. 약육강식의 세상을 살아가야 하는데 판단과 결정을 하지 못하는 자녀의 모습에 짜증이 난다. 부모는 성큼성큼 다가가서 하면 된다고 생각한다. 특별히 부모가 바쁠 때, 혹은 별로 중요하지도 않은 문제를 가지고 결정을 해 달라고 할 때, 부모의 분노는 터져 나온다. 그리고 분노를 폭발한 후에는 후회를 한다. 이런 분노의 표출이 자녀교육에 긍정적인 영향을 끼치지 못할 것임을 알기 때문이다. 이런 스트레스 상황에서 빠져나와야 한다. 결정을 하지 못하는 데에는 이유가 있다. 그 이유를 물어보고 같이 고민해 준다면 자녀는 보다 더 편하게 부모와 좋은 관계를 맺을 것이다. 그리고 지시나 명령보다는 아이가 스스로 답을 찾게 해 주는 질문을 통해 자녀의 고민을 해결해 줄 수 있다.

그림 사례 ❹: 화를 참지 못하는 부모

8유형은 힘에 대한 욕구가 강하다. 이들은 자신의 강한 힘으로 불의에 빠진 세상을 구원해야 한다는 의무감이 강하다. 그러나 이들의 정의감은 세상에 대한 지배욕에서 비롯된 것으로, '나는 힘이 있어 무엇이든 할 수 있다'는 강한 신념을 갖고 모든 일을 리드하고 자신감이 넘친다. 자녀에게도 예외가 아닌데, 너무 강하게 밀어붙이면 자녀가 주눅이 들까 봐 걱정을 하기도 한다. 이런 걱정을 해소하는 방법은 무엇일까?

그 방법은 자신의 내면에 있는 어린아이와 같이 부드럽고 연약한 모습을 숨겨 두려고만 하지 말고 드러내는 것이다. 만약에 드러내지 못한다면 완고하고 딱딱하고 융통성 없는 모습만 보여 줄 수밖에 없다. 자녀들에게 부모는 두려운 대상이 되어서는 안 된다. 그러므로 거칠게 자신을 드러내고 강함으로 자신을 표현하는 태도가 사실은 집착의 결과라는 것을 깨달아야 한다. 진정한 힘은 순수한 마음에서 비롯된다. 8유형의 부모는 내적으로는 강하고, 그 강함은 인간 존재의 순수한 바탕에서 비롯된다는 사실을 자녀들에게 보여주어야 한다. 자신의 순수한 본성을 그대로 표현하는 것이다. 완고하고 강하지만 표현방법이 부드러우면 두려움을 심어 주지 않는다. 자녀에게 보여 줘서 안 되는 것은 아무것도 없다. 진정한 힘은 순수한 부모의 사랑에서 배우게 된다. 8유형의 부모는 흔히 자신도 참고 있다고 생각한다. 많이 참으면서 강하게 누르려고 하지 않는데도 자녀는 눌리고 있다고 느낀다. 부모의 눈치를 보거나, 자신의 의견을 마음대로 주장하지 못하게 된다. 자녀의 이런 태도도 8유형의 부모에게는 은근한 스트레스이다. 자녀의 그 같은 태도가 어디에서 비롯되었는지 깨달아야 한다.

그림 ❹를 보자. 가족끼리 외식을 하러 식당에 왔다. 식당 테이블에 앉아 네

[8유형 그림 ❹]

식구가 오순도순 즐겁게 식사가 나오기를 기다리고 있다. 그런데 옆 테이블의 어린아이가 막 뛰어다니면서 주변을 소란스럽게 하고 있다. 그 아이의 부모는 아이가 소란을 피우는데도 바라보고만 있다. 부모가 자리에 앉으라고 조용히 말은 하지만 아이는 계속 돌아다닌다. 이 광경을 보는 8유형의 부모는 끓어오르는 화를 참고 있다. 소란을 피우는 아이의 부모가 적극적으로 자녀를 제어하지 않는 것이 몹시 신경에 거슬린다. 참고 참다가 드디어 얼굴을 찡그리면서 큰 목소리로 말한다. 자신의 식구에게 하는 말이지만 사실은 뛰어다니는 아이의 부모가 들으라고 하는 소리이다. 더 나아가서 식당에 있는 모든 사람이 들으라고 하는 소리이다. "식당에서 뛰어다니는 애 보니까 어때? 보기 좋지!"

8유형 부모의 이런 말을 들을 때 자녀는 어떤 감정을 가지게 될까? 아마도 식당을 나가 버리고 싶을지도 모른다. 주변 사람들도 깜짝 놀라서 모두 쳐다보게 되니, 자녀의 마음에 상처라도 생길까 걱정이 되는 상황이다. 주변을 의식하지 않고 자신의 주장을 강하게 말하는 것은 장점이 될 수도 있다. 하지만 그림과 같은 상황은 다르다. 화를 참지 못해 공공장소에서 소란을 피운다는 면에서 뛰어다니는 아이와 다를 바가 없다. 더욱이 자녀를 양육하는 부모라면 분명 달라야 한다. 분노를 폭발시키는 방법으로 문제를 해결하거나 주장을 펴는 것은 피해야 한다. 분노를 조절하고 때와 장소를 분별하여 상황에 맞는 태도를 취해야 한다. 연약함에 대한 인식과 부드러움의 회복, 포용력과 따뜻함 등의 요소를 첨가하여야 한다. 평소에 자신을 지켜 주지 못한다고 느꼈던 이런 부분들이 자신의 성장과 부모의 역할에 필요함을 받아들이고 아량 있고 너그러운 바다로 나아가야 한다.

그림 사례 ❺: 스트레스는 사람을 피하게 만든다

8유형 부모가 힘들고 스트레스를 많이 받으면, 스스로 위축되고 강함을 포기하게 된다. 평소에는 자신과 대립관계에 있거나 문제를 일으키는 요인과 격렬하게 부딪치지만, 많은 스트레스를 받으면 위축되어서 작은 방에 스스로 갇힌다. 다음 단계에서 이기기 위한 전략을 연구하기 위해서이다. 혼자 조용히 생각하고 연구하면서 평소보다 덜 움직인다. 강렬하고 활동적으로 살아온 것을 아는 다른 사람들은 이 모습을 보고 이상하게 생각하거나 놀라기도 한다. 행동하고 뛰면서 생각하는 평소 스타일과는 달리 사람들과 거리를 두고 행동을 자제하고 깊이 있게 사고한다. 또한 예민해지거나 냉소적이 되기도 한다.

보통 5유형의 단점 요인들을 많이 나타낸다. 부모의 입장에서 이런 스트레스 상황에 놓이면 평소와는 달라진다. 부드럽게 다가가는 것이 아니라 아예 관여를 하지 않을 수 있다. 직접적인 대면을 피하고, 문자나 카톡과 같은 간접적인 커뮤니케이션을 사용할 수도 있다. 잔소리도 줄어들고 직접적인 신체 접촉도 많이 줄어든다. 자신의 욕구를 최소화하려 하고 스스로를 잘 돌보지 않아, 불면증과 건강하지 않은 식습관을 갖게 될 수도 있다. 세상으로부터 거부당했다는 느낌을 갖고 다른 사람의 가치와 신념에 대해 극도로 냉소적이 되며 경멸하기까지 한다. 자녀는 달라진 부모의 모습이 염려스럽고 걱정스럽지만 시간이 지나면 차츰 편안함을 느낄 수도 있다. 하지만 그 편안함은 자녀에 대한 방치로 연결될 수도 있으므로 바람직하지는 않다.

그림 ❺를 보자. 자녀는 게으르다. 여러 번 지적하기도 하고 방법을 달리해서 훈육을 시도했지만 별로 달라지지 않는다. 하겠다고 말은 하지만 나중에 확인해 보면 하지 않을 때가 많다. 학원도 보내 보고 과외도 해 보았지만

[8유형 그림 ❺]

달라지는 것은 없다. 이날도 힘든 일과를 마치고 집에 왔으나 자녀는 일찌감치 자고 있다. 학기말 시험이 얼마 남지 않았는데 자고만 있으니 참으로 한심하다. 책상에는 좋아하는 연예인 사진이 놓여 있고, 벽에는 멋을 내는 옷들과 아이돌 가수의 브로마이드가 붙어 있다. 얼마 전에는 가수 오디션 프로그램에서 기타 치는 모습을 보고는 배운다고 해서 사 주었는데, 기타를 치는 모습은 보지도 못했다. 이런 식으로 사 달라고 해 놓고는 손도 대지 않은 것이 수두룩하다. 예전 같았으면 야단도 치고 계획도 세우게 해서 정신 차리라고 했을 텐데, 지금은 만사가 귀찮다. 게다가 부부 문제나 시댁 문제 등 걱정거리는 널려 있다. 과도한 스트레스 상황에 내몰린 8유형 부모는 늘 현장에 있던 평소와는 달리 현장을 떠나고 있다. 이 장면에서 현장을 떠난다는 것은 마음에서 자녀에게 거리를 두고 관여하지 않는다는 뜻이다. 심리적이고 신체적인 접촉이 줄어들면서 마음도 멀어질 수 있다. 왕성한 활동력을 바탕으로 밀어붙이기식의 인생을 살면서 자녀를 양육한 8유형 부모에게 이런 스트레스는 인생을 뒤흔드는 폭풍이 될 수 있다. 자녀교육에서 방임도 지나친 관여도 올바른 모습은 아니다. 적절한 거리를 두어야 하지만 독립성을 길러 주는 정도여야 하며, 부모는 정서적으로 자녀와 밀착된 관계를 유지하여야 한다. 자녀가 좋아하는 것이라면 지지해 주고 부작용에 대해서는 스스로 알 수 있도록 조절 능력을 배양시켜야 한다.

그림 사례 ❻: 진정한 강함

8유형이 성장하고 성숙하면 2유형의 유연하고 부드러운 장점을 활용하게 된다. 자신의 깊은 내면을 드러내는 것을 더 이상 두려워하지 않게 된다. 이런 과정을 통해 8유형은 더욱 건강해진다. 특히 어린아이나 반려동물과 같이 연약한 존재들과 교감하며 몸으로 부드러움을 익히면 효과가 있다. 자신이 연약한 상대를 얼마나 아끼고 사랑하는지 깨닫게 된다. 연약한 대상을 보호해 주고 아껴 주며 순수함을 배우게 되면 건강해진다. 늘 강해야 한다는 생각으로 눌러 왔던 부드러움이 깊숙한 내면의 세계에서 용솟음친다. 이것이 진정한 용기이며 8유형의 기품이다.

자신을 위협하는 세상을 향해 오히려 반대로 가슴을 열고 들어오라고 말할 수 있게 된다. 무장해제가 되는 순간이다. 마음을 철옹성처럼 굳게 잠가 두었던 집착을 놓아 버리게 된다. 사실 그 같은 집착을 갖게 된 것은 두렵고 무서운 세상 때문이었다. 그래서 스스로를 강하게 채찍질한 결과, 늘 자신을 강하게 억압했던 것이다. 그러니 얼마나 힘들었는가? 분노는 쌓여 있지만, 모르고 살았다. 자신을 실제보다 훨씬 더 크게 느끼고, 그렇게 상상하고 위장했던 세월이 참으로 뼈저리다. 이제는 그 억압에서 벗어나 진정한 부드러움을 회복한다. 세상과 하나가 되어 어울리고 받아들이고 교류하면서 참으로 행복한

날들을 가져 본다. 2유형의 부드러움, 따뜻한 마음과 적응성, 그리고 다른 사람들과 함께하는 세상에서 한껏 고무된 8유형은 활짝 피어난다. 다른 사람들에게 잘 보이려고 마음을 여는 것이 아니라, 자신의 진정한 모습을 보여 주기 위해 마음을 여는 것이다. 자녀를 양육하는 8유형 부모는 자녀에게 부모의 마음을 마음껏 보여 주는 것이 중요하다. 자녀에게 다가서며 그들의 필요를 받아들이고 강압하지 않으며 친해지고 가족으로서 호흡을 함께해야 한다.

그림 ❻을 보자. 부모의 얼굴에는 잔잔하고 인자한 미소가 퍼져 있다. 그림 속의 부모는 아이와 약속한 것이 있었다. 아이가 그 약속을 지키는지 지켜보았지만, 아이는 태평하기만 하다. 과연 아이는 부모와의 약속을 지킬 수 있을까? 거의 마감시한이 다 되었을 때, 한 가지 사건이 일어났다. 아이가 친구와 많은 시간을 보낸다는 사실을 알게 된 것이다. 그 친구는 교통사고를 당해서 한쪽 발이 불편한 상황이었다. 아이는 그 친구의 다리 역할을 해 주느라 많은 시간을 보내고 있었다. 이 사실을 알게 된 부모는 약속을 지키지 못한 아이의

[8유형 그림 ❻]

사정을 이해하고, 오히려 어려움에 처한 친구를 보살펴 주는 아이를 기특해 한다. 어려움에 처한 친구를 돕는 것은 진정한 용기가 있어야만 한다는 것을 아는 8유형 부모는 흐뭇한 마음으로 그 광경을 지켜보고 있다. 각자 자기만 살겠다고 야단인데 아이가 이런 행동을 하고 있으니, 오늘은 맛있는 음식을 먹이고 격려해 주어야겠다고 생각한다.

주어진 목표를 향해 사생결단하기를 요구하는 8유형의 부모가 성숙하면 주변 사람들에게 동정과 사랑을 표현한다. 자녀에게 사랑의 덕목을 가르치고 용감할 때와 부드러워야 할 때를 가르친다. 때를 구분하는 내용을 설명해서 격식 있고 사랑스러운 행동을 하게 한다. 맹목적인 2유형의 내용을 따라가는 것이 아니라, 경계를 분명히 하는 절도 있는 생활을 교육하는 것이다. 자신이 할 수 있는 것을 하며 할 수 없는 것을 인정하는 것이 진정한 강함이라는 철학을 가지게 된다. 이것이 진정한 리더의 길임을 익히고 자신의 연약함을 잘 받아들여 효율적인 일처리와 보살핌으로 신뢰를 얻을 수 있다.

9유형
너그럽고 온화하지만 통제가 없는 부모

9유형 해석

9유형에게 있어서 중요한 가치는 조화와 균형이다. 이들은 다른 사람들의 말을 잘 들어주고 이해심과 포용력이 있어서 사람들이 편안하게 여긴다. 모든 관점에서 긍정적인 면을 보기 때문에 사람들 사이에서 중재를 잘하고 사람들을 화합하도록 한다. 그러나 은근히 고집이 세어서 동의하지 않을 때에는 드러내고 거절을 하지 않으면서도 결국은 자신이 원하는 대로 하는 사람들이다. 이러한 면 때문에 결정을 하는 데 있어서 어려움을 겪기 때문에 우유부단한 사람으로 비치기도 한다. 모든 사람과 갈등이 없이 조화롭게 살기를 원한다. 자녀의 입장에서는 행복감을 심어 주지만 알아서 해야 하는 부담이 있다.

① 착하고 온순하며 주변과 평화롭게 어울리기를 원한다. 어떤 것도 극단적인 활동을 하지 않는다. 이럴 수도 저럴 수도 있는 중간지대가 넓다. 자녀의 입장에서는 부모가 어떤 것을 원하는지 경계가 분명치 않다. 적절한 경계를 정해 주는 것이 필요하다.

② 양쪽의 입장을 잘 이해하는 편이다 보니, 어느 한 부모와 자녀가 갈등을

겪을 때 행동이 쉽지 않다. 중립지대에서 판결을 미루게 된다. 양쪽의 입장에서는 누구도 만족할 수 없게 된다. 자녀에게 왜 그런 입장을 취했는지에 대해 설명하고 대화하라.

③ 잘 지지해 주고 따뜻하며 부드럽고 원만하다. 비교적 자유롭게 허용하고 안 된다는 말을 거의 하지 않는다. 이에 자율성이 보장되므로 자녀는 편안한 환경을 보장받는다. 다만, 부모의 지원이 필요한 부분을 간혹 빠뜨리거나 미루는 것은 함정이다.

④ 인내심이 있어서 잘 참는다. 그렇지만 아주 참는 것은 아니다. 시간이 지나면 쌓이게 되고 결국 터지면 크게 화를 낸다. 이럴 경우 자녀는 매우 놀라게 된다. 부모가 화내는 이유를 모르기 때문이다. 미리 설명하고 대응할 수 있도록 알려 주는 것이 필요하다.

⑤ 평화로운 기운을 누리고 싶어 한다. 그래서 일을 마감하는 것이 힘들다. 미루다가 한꺼번에 해치우는 경향이 있다. 자녀들에게 규칙을 만들어 주면 도움이 된다. 그냥 지켜만 보지 말고 적절한 계획과 규칙을 알려 주고 서로 지키도록 하면 힘이 된다.

긍정적인 특징 단어	부정적인 특징 단어
인내심 있다, 거만하지 않다, 협상에 능하다, 내색하지 않는다, 용기를 준다, 겸손하다, 객관적이다, 흥분하지 않는다, 안정적이다, 편안함을 준다, 잘 받아들인다, 사정을 고려한다, 관대하다, 평화적이다, 사이좋다, 침착하다, 간섭하지 않는다, 태평하다, 현실적이다, 부담을 주지 않는다	미룬다, 야합한다, 우유부단하다, 활력이 없다, 산만하다, 분노를 억압한다, 따분하다, 장황하다, 어느 편도 아니다, 태만하다, 지나치게 유동적이다, 게으르다, 공격에 소극적이다, 초연하다, 둔감하다, 건망증이 있다, 타협한다, 분별이 없다, 고집이 세다, 헤아리기 어렵다

그림 사례 ❶: 평화와 회피

9유형은 갈등과 고민을 가능하면 피하려고 하는 평화주의자이다. 그런데 이 평화는 위장된 평화이다. 갈등과 문제가 다 해결된 상태의 평화가 진정한 평화라면, 9유형이 집착하는 평화는 문제와 갈등은 그대로 두고 거기에서 빠져나와 시간만 보내는 것이다. 그 당시에는 갈등과 문제가 없어 보이나, 실제로 해결된 것이 아니라 그냥 잠시 외면하는 것이다. 이런 집착이 거짓 평화를 낳고 방관으로 이어져 문제를 더욱 크게 만들게 된다. 겉으로 보기에는 잔잔하고 평화로운 것 같지만 내면은 부글부글 끓고 있다. 삶 속에는 늘 문제가 있기 마련이기에 해결을 하면서 살아가야 문제와 해결이 균형을 이루면서 성숙한 인생을 꾸려 갈 수 있다.

문제를 알고도 그냥 방치한다면, 호미로 막을 것을 가래로도 못 막는 일이 되고 만다. 게다가 그 문제는 소용돌이를 일으켜서 그 문제만이 아니라 전체를 망가뜨릴 수 있다. 9유형 사람들이 눈앞에 보이는 문제를 해결하지 않고 내버려 두는 까닭은, 어차피 해결하려 해도 해결할 수 없다는 생각이 자리 잡고 있기 때문이다. 그래서 자신이 개입하기보다는 차라리 흘러가는 시간에 맡기는 방법을 선택한다. 어차피 물은 흘러서 바다로 가게 된다. 그냥 두는 것이 내가 개입하는 것보다 더 낫다는 생각을 한다. 결국 평화에 대한 집착이 무책임이라는 결과로 나타나는 것이다. 자녀교육에 있어서도 문제를 들여다볼 생각은 하지 않고 오히려 밖으로 밀어내고, 겉으로 보이는 모습에 만족할 수 있다.

그림 ❶을 보자. 저녁식사를 마친 후의 한가로운 가정 풍경이다. 남편은 과일을 깎아서 자녀들에게 먹이고 있다. 아이들은 편안하게 텔레비전을 시청하고 있다. 엄마는 설거지를 하면서 물끄러미 세 식구의 모습을 바라본다.

[9유형 그림 ❶]

'날마다 이렇게 평화로우면 참 좋겠다'고 생각한다. 여기에는 새로 구입한 아파트 중도금 문제도 없고, 자녀의 저조한 성적 문제도 없고, 잘못 든 버릇을 고쳐야겠다는 생각도 없다. 지금 현재 우리 가정은 '평화롭다'. 이런 평화가 계속될 수 있다면 더 말할 나위가 없다. 하지만 세상이 어디 그렇게 호락호락한가. 평화를 꿈꾸는 9유형의 부모가 제일 힘들어하는 것은 갈등이 실제로 일어나는 것이다. 자신의 내면으로 달팽이처럼 깊숙이 들어가서 문제를 보려고 하지 않고 오히려 내다 버린다. 그리고 평화로만 가장하려 든다.

이런 태도는 자녀나 다른 사람의 입장에서 볼 때, 구경만 하고 방관하고 있다는 느낌을 갖게 한다. 특히 자녀의 입장에서는 친절하고 특별한 공격은 하지 않지만, 그렇다고 따뜻하거나 적극적으로 도움을 주려고 움직이지 않는 부모이다. 9유형 부모의 입장에서는 스스로 알아서 해야 할 일을 부모가 나서는 것은 지나치다고 생각할 수 있다. 하지만 이것은 부모에 대한 자녀의 기대에 찬물을 끼얹는 것과 같다. 자녀에게서 어떤 요청이 왔다면 신속히 응답하는 것이 필요하다. 그리고 무엇보다도 주도성을 갖는 것이 필요하다. 그림과 같은 상황이라면 그저 지켜보고만 있지 말고 가족들 속으로 뛰어들어 함께 호흡하고 어울리는 것이 9유형의 부모에게 필요한 행동이다.

그림 사례 ❷: 그냥 오는 평화는 없다

9유형 부모의 최대 스트레스는 평화가 깨지는 것이다. 평화를 깨는 문제 가운데 가정에서 흔하게 일어나는 것은 부부 다툼이나 자녀끼리 다투는 일이다. 이때 9유형 부모는 많은 스트레스를 받고, 이때 이들이 선택하는 것은 회피이다. 가만두어서 해결될 문제도 있지만, 오히려 개입해서 문제가 더 커질 수도 있다. 하지만 그렇더라도 그냥 두어서는 안 된다. 그때그때 적절한 타이밍에 개입해야 한다. 평소에 규칙을 정하거나 원칙을 정했으면 그대로 하면 된다. 물론 천편일률적으로 적용하라는 말은 아니다. 예외 없는 규칙은 없다. 하지만 규칙조차 없거나 있어도 사용하지 않는다면 갈등이 해소될 가능성은 점점 줄어들게 된다. 점점 줄어드는 기회를 지켜보고만 있다면, 그것은 9유형의 단점인 게으름으로 나타난다. 방관자적인 태도로 시간만 흘려보낸다면 양쪽 모두에게 비난의 대상이 될 수 있다.

사실 모든 것을 좋게 보려고 하는 9유형은 협상의 귀재라고 할 수 있다. '이쪽은 이것이 좋고, 저쪽은 저것이 좋으니 다 좋다'는 입장을 취한다. 판단하지 않고 양쪽을 다 품으니 양쪽 모두 좋아하고 협상을 원활하게 진행할 수 있다. 그러나 이런 경우는 개입했을 때의 결과이다. 개입을 피하며 가만히 있을 때에는 이런 결과가 나타나지 않는다.

그림 ❷는 아들과 딸 사이에서 난처해하는 부모의 모습을 나타내고 있다. 한 살 위인 누나는 동생이 잘못한 점을 부모에게 말하고 있다. 동생인데도 누

[9유형 그림 ❷]

나에게 너무 함부로 대하고, 게다가 이번에는 때리기까지 했다. 화가 난 누나도 응징에 나섰고 방어하려는 동생과 격렬한 몸싸움이 일어난 것이다. 동생은 모든 장난감과 놀이기구를 누나가 독점한다며, 나눌 줄 모르는 욕심쟁이라고 하소연한다. 부모는 남매끼리는 당연히 사이좋게 지내야 한다고 생각하고 그러기를 바란다. 그런데 하루가 멀다 하고 싸움을 일으키니 진이 다 빠질 지경이다. 하지만 누구의 편도 들지 못한 채 싸움이 끝나기를 기다린다. 싸움이 일어날 경우 어떻게 한다는 지침이 마련되어 있지 않은 듯하다. 누구 편을 들기도 어렵고 안타까운 표정으로 바라만 보고 있다. 고민을 시간의 흐름에 맡기고 해결이 되기를 인내하고 참으면서 기다린다.

인생은 한 번뿐이고 따라서 자신이 주도하는 인생이 되어야 한다. 지나치게 나서는 것도 문제이지만 지나치게 소극적인 것도 좋을 수는 없다. '어떻게 할까?'라는 물음 앞에 서자. 내가 이렇게 하겠다고 선언하고 해결을 향한 첫 발걸음을 내딛자. 내면에서 올라오는 '해야 한다'는 느낌을 묻어 두거나 무시하지 말고, 긍정적이고 적극적으로 표현해 보자. 9유형은 스스로 참는다고 생각하고 다른 사람도 참는 것으로 인정하지만, 사실은 본인이 적극적으로 나서려는 스스로의 욕구를 무시하는 것이다. 자신이 원하는 경지에 도달하기까지 참으로 많은 어려움을 극복해야 하는데, 9유형은 스스로 드러내고 표현하며 자신을 말해야 한다. 아이들에게 싸움을 계속한다면 불이익을 받을 것임을 알리고, 누나와 동생에게 각각 적절한 행동지침을 내려 주어야 한다. 부모의 리더십을 스스로 지키고 자녀의 사회성을 길러 주어, 어디 가서도 바르게 행동할 수 있게 돕는 부모가 되어야 한다.

그림 사례 ❸: 게으름과 태만

9유형의 사람들은 매사에 침착하고 자연스럽다. 주변과 잘 어울리고 무리한 행동을 하지 않음으로써 조화를 이룬다. 전체를 볼 줄 아는 시야를 가지고 있으면서 동서남북을 다 바라보는 거시적 안목도 탁월하다. 태산같이 우뚝 솟아 뽐내기보다는 넓은 평야같이 강도 나무도 산도 다 품는 포용력이 탁월하다. 이런 모습 속에 모든 것을 피하고 미루려는 경향이 있다는 것은 참으로 안타까운 일이다. 갈등을 회피하고 모른 척하기에 생기는 현상이다.

9유형의 사람들은 평화에 집착하고 갈등을 회피한다. 이런 회피는 나태로 이끈다. 갈등에 관여하지 않고 저절로 해결되기를 기다리기에, 겉으로는 평화롭지만 내면은 용암이 분출되기를 기다리면서 잠시 쉬고 있는 휴화산과도 같다. 진실은 문제이고 갈등인데, 평화스러움으로 위장하고 있는 것이다.

그래서 9유형의 사람들은 무엇보다 문제와 갈등을 잘 조정할 줄 알아야 한다. 갈등은 회피의 대상이 아니라 극복해야 할 과제이다. 따라서 적극적인 개입이 필요하다. 갈등은 그냥 두는 것이 아니라, 효과적인 방법을 찾고 원칙으로 대응해야 한다. 자녀교육에 있어서 자칫하면 방임형으로 교육하는 부모가 될 수 있다.

관여를 멀리하고 물 흐르듯 흘러가도록 그저 바라만 보고 있을 경우 두 가지 결과가 나타날 수 있다. 하나는 정말 요행히 자녀가 스스로 잘 성장해 주는 경우이다. 하지만 이것은 뜻하지 않게 운이 좋은 경우일 뿐이다. 시간이 지난 다음 잘 자라 준 아이에게 고마워할 일이긴 하지만, 아직 자라고 있는 아이에게 기대할 수는 없는 일이다. 또 하나는 가만히 두고 보았더니 아이가 불행하게 자라난 경우이다. 부모는 스스로 하기를 바랐다고 하겠지만, 관여하지 않고 방치한 아이가 행복하게 자라는 것은 쉽지 않다. 불행하게 자랄 것이라고 예측하는 것이 더 이치에 맞다. 물론 9유형의 부모는 그냥 방치하는 것은 아니다. 나름 부모로서 최선을 다하지만 꼭 필요할 때 교육적 관여를 하지 못하는 실수를 범할 수 있다.

그림 ❸을 보면 아이가 방에서 온갖 장난감으로 재미있게 놀고 있다. 아마

[9유형 그림 ❸]

도 이 아이는 장난감을 어떻게 정리하는지에 대한 지도를 받은 것 같다. 하지만 잘 지켜지지 않았고 오늘도 마찬가지이다. 지친 부모는 '이젠 모르겠다'며 보고만 있다. 스트레스를 많이 받은 상태이다. 9유형의 부모가 자녀교육에서 스트레스를 가장 많이 받는 것 중 하나가 자녀가 스스로 잘하지 못할 때이다. 여러 번 훈육하고 가르쳤는데 잘 지켜지지 않으면 참으로 힘이 든다. 인내심과 참을성이 대단히 많지만, 훈육을 하는 차원에서는 지치게 된다. 알아서 하기를 바라면서 인내심을 발휘한다. 그러다 지치면 스트레스가 심하게 나타난다. 그렇다고 해서 화를 폭발시키거나 공격을 하는 것은 아니다. 소파에 누운 채 포기하고 싶은 마음으로 지켜본다.

이렇게 문제해결의 실마리를 찾지 못하고 포기하는 것으로 가닥을 잡다 보면 교육적으로 바람직하지 못한 결과가 나온다. 회피하려는 내면의 압박을 물리쳐야 한다. '지금 무엇인가를 하려 들면 평화가 깨질 것이다'는 강박관념에서 벗어나야 한다. 여러 방법을 모색해야 한다. 다른 한편, 9유형 부모의 마음에는 자녀에게 미안한 감정이 있을 수 있다. 잘할 수 있도록 도와주어야 하는데 그러지 못해 생긴 마음이다. 자녀의 좋지 않은 모습을 보면 그것이 자신의 잘못으로 생각되어 미안해지는 것이다. 실제로 그럴 수도 있지만, 그렇기 때문에 보다 활력을 가지고 문제해결을 위한 실천을 해야 한다. 그림 ❸은 해야 하는데 하지 않는 전형적인 9유형의 '게으름과 태만의 모습'을 그리고 있다.

그림 사례 ❹: 먼저 대화하고 원칙을 세운다

9유형 부모는 자녀교육에 있어 간섭과 규제를 완화하고 자연스러운 교육방법을 택한다. 따라서 성장하는 과정의 자녀는 자신의 적성과 재능 그리고 가능성을 충분히 발휘하는 데 방해를 받지 않게 된다. 자녀에 대한 지원은 여러 사정이 복합되는 것이기에 일률적으로 말할 수는 없지만, 이 유형의 부모는 최소한 방해는 하지 않는다. 9유형의 부모를 둔 자녀는 부모의 이런 경향 때문에 스스로 성장하는 동력을 가지게 된다.

9유형 부모의 가장 큰 걱정은 자녀가 주위 사람들과 잘 화합하는가이다. 주변의 환경에 잘 적응하고 친구들과 자연스럽게 어울려 지내기를 원한다. 그래서 가장 두려운 것은 소위 '왕따'를 당하는 것이다. 왕따는 주변과 어울리지 못하고 고립되는 것을 의미하기 때문에 가장 염려가 되는 부분이다. 자연스러운 분위기에서 개성을 발휘하면서도 주변과 소통하고 어울리기를 희망하는 9유형 부모는 자녀에게 편안함을 제공하는 데 많은 신경을 쓴다. 자녀가 많더라도 골고루 사랑을 주고 편중되지 않도록 균형을 지킨다. 자녀교육에 있어서 이런 부분은 상당한 장점으로 작용한다. 9유형 부모는 자녀가 성장하는 것을 지켜보고 스스로 성장하기를 기다리며, 자녀에 대해 기대를 가지고 쉽게 절망하거나 쓰러지지 않고 기다려 준다.

그림 ❹를 보자. 아이는 주변을 어지럽히면서 놀다가 아빠에게 야단을 맞고 있다. 평소에도 이런 문제로 여러 번 혼이 난 경험이 있는데, 오늘 또 야단을 맞고 있다. 아빠가 싫어하는 것이라서 주의했으면 좋겠는데 잘 고쳐지지 않는다. 남편이 워낙 섬세하고 철저한 면이 있긴 하지만, 그대로 따라 해서 나쁠 것이 없는데도 아이는 행동을 잘 고치지 못한다. 그래도 마음이 편하지 않다. 그렇다고 이게 아이를 심하게 야단을 칠 문제는 아니라고 생각한다. 더 나아가 어린아이가 어떻게 부모의 깔끔함을 따라갈 수 있겠느냐고 항변하고 싶다. 그리고 좀 어질러져 있는 것이 무슨 큰 문제란 말인가? 문제시하니까 문제가 되는 것이지, 그냥 편하게 봐 주면 아무것도 아닌 것이 될 수도 있지 않겠느냐고 생각한다.

남편이 화가 난 것은 이해할 수 있지만 훈육하는 방법이 마음에 안 든다.

[9유형 그림 ❹]

야단치기보다 타이르고 포용하고 수용해 주는 것이 더 좋은 방법이라고 생각한다. 남편은 남편대로 뜻이 있겠지만 그렇다 해도 어린 자녀가 마음에 걸린다. 하지만 9유형의 엄마는 부자 사이에 끼어들어 자신의 생각을 적극적으로 말하지도 않는다. 속으로 그렇게 생각하고 있을 뿐이다. 이렇게 지켜보는 가운데 시간은 흘러간다. 이럴 때 엄마는 어떻게 해야 할까? 부부간에 자녀양육에 대한 입장이 다른 경우, 무엇보다 먼저 서로의 생각을 공유하는 것이 좋다. 우선, 이런 생각을 남편에게 알리고 적극적으로 방법을 찾아야 한다. 그리고 원칙을 세우되 융통성 있게 자녀 훈육에 나서야 한다. 9유형 부모의 특징인 문제에서 한 발짝 떨어져 지켜보는 방법이 최선은 아니다. 오히려 자기집착의 결과로 나타나는 현상일 뿐이다. 그러므로 집착을 벗어 버리고 갈등을 회피하기만 하지 말고 적극적으로 대면한다면 새롭게 발전된 관계를 만들 수 있다.

그림 사례 ❺: 조화를 깨는 사람

9유형이 스트레스를 심하게 받으면 6유형의 단점으로 가게 된다. 즉, 불안과 초조한 모습을 보이면서 위험요소를 추적하는 것이다. 자연스러움과 평화로움의 상징인 9유형이 불안감과 초조감을 드러낸 채 안절부절못하는 모습이다. 이런 상황을 극복하기 위해 종교나 믿을 수 있는 사람에게 의존하게 된다. 스스로의 욕구나 선택을 무시하면서 더욱더 위축되고 자신만의 둥지에 숨는다. 이렇게 하는 이유는 불안하고 초조하기 때문이다. 한편, 불안감을 해소하기 위해 열심히 일을 하기도 한다. 비교적 단순한 일들을 계속하려 한다. 아무리 사소한 일이라도 혼자 다 처리하려고 하기에 일은 끝이 없다. 또 다른 사람들과 평화롭게 지내던 9유형이 스트레스 상황에 들어가면 의심이 많아진다. 그리고 피하고 고립되면서 평화로웠던 모습을 잃어 간다. 다른 사람의 말을 잘 듣지 않고 고집을 부리거나 피해 버리는 것으로 불만을 나타내게 된다. 늘 '좋은 것이 좋다'고 생각했는데 '나쁜 것도 많다'는 생각을 하게 되고, 불만이 증가하면서 긍정성을 잃어 간다. 그러면 부정적이고 염세주의적인 태도를 드러낸다.

그림 ❺는 자녀의 외출을 막고 있는 부모와 외출을 하려고 하는 자녀의 대립이 묘사되어 있다. 마침 집에 놀러 온 옆집 엄마는 자녀의 편을 들고 있지만 9유형 부모는 자신의 주장을 철회하려 들지 않는다. 문제는 자녀의 차림새이다. 노란색 짧은 치마가 특히 눈에 거슬린다. 게다가 머리는 염색을 했으며 원색 계통의 신발도 예사롭지가 않다. 일반적으로 두드러지는 것보다 무난하게 어울리는 것을 선택하는 성향의 9유형 부모는 자녀의 외출을 막고 싶다. 게다가 참 험한 세상이 아닌가? 안 좋은 일이라도 당한다면 보통 일이 아니다.

[9유형 그림 ❺]

하지만 자녀의 생각은 다르다. 어린아이도 아니고 친구들도 비슷한 옷을 입고 다니는데 그것을 이해하지 못하는 부모가 원망스럽다. 다른 부모들과 다르게 규제하고 걱정하는 부모가 이상하다. 약속시간은 다 되어 빨리 나가야 하는데, 엄마는 계속 앞을 가로막고 있다. 게다가 옆집 엄마도 요즘 아이들에게 그 정도는 아무것도 아니라고 설득하지만 잘 안 된다. 사실 부모가 이렇게 완강한 데는 이유가 있다. 9유형 부모가 스트레스를 받으면 오랫동안 쌓인 자녀와의 갈등이 표면화된다. 평화롭기만 했는데 평화롭기만 했던 것이 아니었다. 해결된 것이 아니라 묻어 두었던 것이기 때문에 스트레스를 받으면 표면화된다. 자녀와의 갈등으로 쌓여 있던 부모의 스트레스가 드러난 것이다. 이렇게 되면 자녀나 주변의 사람들은 이해하기 어려워한다. 평소에 말하지 않아 잘 몰랐기 때문이다. 9유형은 억지로 쌓아 두었다기보다는, 자신도 모르게 쌓인 것이기 때문에 자신도 어쩔 수 없는 측면이 있다. 하지만 결과는 인간관계를 훼손하고 그토록 갈망하던 평화를 잃고 만다.

그림 사례 ❻: 효율성을 익혀 자신감을 가지라

9유형이 건강해지고 성숙해지면 3유형의 긍정적인 방향으로 가게 된다. 3유형의 긍정적인 성향은 효율성이다. 적절한 시간에 가장 많은 성과를 얻을 수 있는 능력을 효율성이라고 한다면, 이것이 9유형의 사람이 건강해졌을 때 보이는 모습이다. 9유형의 사람들이 효율성을 익히면 자신감을 얻게 된다. 9유형의 단점인 '자신은 단지 주변과 조화를 이루는 사람일 뿐 특별히 어떤 일을 성취하는 사람은 아니다'라는 생각이 드러나는 모습과 비교한다면 일취월장하는 것이다. 이것은 9유형이 자신의 가치를 스스로 인정했다는 점에서 성숙하고 건강해졌다는 것을 의미한다. 이런 모습은 스스로 노력하고 발전하기를 희망하는 모습이며 더욱 나아가기를 갈망하는 태도이다. 이제는 스스로를 드러내고 다른 사람들의 시선으로부터 자유로워지게 된다. 더 나아가서 자신을 다른 사람들에게 소개하고 알리는 데까지 나아간다. 평소에 가지고 있던 '좋은 것이 좋은 것이다'에서 벗어나 '내가 좋아하는 것은 이것이다'로 나아간다. 가장 방해가 되었던 지켜보는 관중에서 벗어나 주인공이 되고, 스스로의 가치를 높이 사며 다른 사람들의 가치도 인정하게 된다.

자녀교육에 있어서도 남편과 자녀, 자신과 자녀의 관계를 재정립하게 된다. 그동안의 게으름을 털어내고 자신감 있게 필요한 부분에 필요한 만큼 관여한다. 적절한 타이밍에 적절한 만큼 효과적으로 개입하여 전체적인 평화를 만들어 낸다. 조연에서 주연으로 등장하는 것이 두렵지 않다. 달라졌다는 말도 싫지 않고 나아졌다는 말이 기분 좋다. 이런 에너지로 리더의 자리에 서게 되면 진정한 평화를 누릴 수 있게 된다.

그림 ❻을 보자. 자녀는 책상에 앉아 엄마가 들어오는 것도 알지 못하고 공부에 열중하고 있다. 공부에 필요한 물건들이 모두 갖추어져 있어서 움직이지 않고도 계속 공부할 준비가 되어 있다. 옷가지들도 가지런히 정돈되어 있다. 책상 위 벽에는 '전교 1등 내게로 오라'는 목표를 적어 놓은 액자가 걸려 있다. 얼굴은 진지하고 결연하기조차 하다. 부모는 설거지를 하다 자녀의 방에 들어왔다. 너무 무리하여 건강에 문제가 생기면 어쩌나 하는 걱정을 하면서도 자녀를 믿는다. 오히려 믿음직하다. 꼭 원하는 목표를 이루기를 응원하고 있다.

9유형이 자기 중심을 찾고 활력을 얻으면 다른 사람에게도 큰 동기부여가 된다. 평화롭기만 하던 데에서 한걸음 더 나아가서 적극적으로 삶에 뛰어들면 큰 성과를 이루어 낼 수 있다. 그 모습을 본 다른 사람들도 변한 9유형에게 자극을 받게 되고, 또 그들의 반응이 9유형인 자신에게도 기쁨과 놀라움을 경험하게 만드는 선순환의 고리를 형성한다. 주변을 따라 하던 소극적인 모습에서 주변을 주도하고 안내하는 리더의 모습을 가지게 된다. 필요할 때

[9유형 그림 ❻]

는 자기 주장을 하고, 필요할 때는 경청과 큰 흐름을 따라 주변과 함께 동화된다.

자녀교육에서도 마찬가지이다. 9유형의 부모는 이렇게 강요하거나 윽박질러서 결과를 얻어 내는 것이 아니라, 스스로 할 수 있도록 동기부여를 하며 오래 참아 주되 적절한 때 조언을 통해서 자녀의 성장을 돕는 촉진자로서의 역할을 감당하게 된다.

건강한 9유형의 사람들은 3유형의 효율성을 모방하거나 따라 하려는 이미지가 아니다. 경쟁하는 것도 아니고 남들보다 더 뛰어나려고 하는 것도 아니다. 잠재되어 있던 내면을 개발하여 스스로를 치유하고 자녀를 올바로 세워 주려는 것이다. 9유형의 부모가 이 모습을 갖게 되면, 자녀는 마음 놓고 자신의 인생을 살 수 있을 것이고, 행복하고 아름다운 관계를 만들어 갈 수 있을 것이다.

3장
자녀의 유형

★

- 자녀용 진단지: 당신 자녀의 에니어그램 유형은?
- 1유형 착하고 최선을 다하는 아이
- 2유형 다정하고 친구를 잘 돕는 아이
- 3유형 목표를 향해 매진하는 아이
- 4유형 창의적이고 독특한 아이
- 5유형 이성적이고 탐구적인 아이
- 6유형 성실하고 신중한 아이
- 7유형 다재다능하고 낙천적인 아이
- 8유형 강하고 도전적인 아이
- 9유형 온화하고 평화를 좋아하는 아이

자녀용 진단지:
당신 자녀의 에니어그램 유형은?

이 테스트는 심리 상태를 진단하거나 개인의 능력을 평가하는 심리검사가 아니다. 자신의 에니어그램 성격 유형을 스스로 파악하는 데 도움을 주기 위한 질문들로 구성된 설문지이다. 그럼에도 진단지라고 하는 것은, 이 질문들이 성격을 보다 객관적으로 파악하게 하여 스스로 성격을 진단하게 만들기 때문이다. 성격 유형에는 좋고 나쁨이 없다. 의식적으로 판단하여 정답을 찾겠다는 마음은 버리고, 편안한 마음으로 답해 보자. 아이가 어린 경우 부모가 관찰한 경향을, 아이가 습관처럼 편안하고 자연스럽게 자주 선택하는 경향을 체크하면 된다. 방법은 간단하다. 다음의 각 문항에 표현된 말들이 자녀에 대해 얼마나 잘 표현하고 있는지를 1~5의 수로 표현하면 된다. 즉, 강한 긍정에는 5, 약한 긍정에는 4, 중립에는 3, 약한 부정에는 2, 강한 부정에는 1을 적는 것이다.

자녀용 진단지

정말 그렇다	그런 편이다	그저 그렇다	그렇지 않다	전혀 아니다
5	4	3	2	1

1. 평소 모든 일을 완벽하게 끝내려고 노력한다. (   )
2. 어려운 사람들에게 관심이 많고 도움을 주고 봉사하고 싶다. (   )
3. 다른 사람보다 주어진 일을 빨리 하고 잘 적응하는 편이다. (   )
4. 다른 사람들에게 특이하다든지 특별하다는 말을 듣고 싶다. (   )
5. 조용히 생각하고 관찰하는 것을 좋아한다. (   )
6. 어떤 일을 할 때 불안한 상황, 일이 잘 안 될 경우를 먼저 생각한다. (   )
7. 항상 좋은 일만 있을 것이라고 긍정적으로 생각한다. (   )
8. 스스로를 믿고 자신감이 있으며 언제나 당당하다. 때문에 다른 사람들이 나의 약한 면을 알게 되는 것이 싫다. (   )
9. 착하고 마음씨가 좋고 온순하고 평화로운 아이이다. (   )
10. 이 세상에는 사랑이 너무 없기 때문에 내가 사랑을 베풀어야 한다. (   )
11. 주변의 사람들(친구, 교사)에게 관심을 받고 있는지 신경이 쓰인다. (   )
12. 공부를 하든 운동을 하든 옷을 입든 다른 사람과 다르게 하고 싶다. (   )
13. 정보를 탐색하고 생각을 해서 결론을 내리는 것에 관심이 있다. (   )
14. 쉽게 친해지는 편은 아니지만 믿을 만한 친구가 생기면 오랫동안 친하게 지낸다. (   )
15. 호기심과 모험심이 많아 새로운 일을 시작하는 데 망설이지 않는다. (   )
16. 스스로 결정하고 판단하며 그렇게 되도록 한다. (   )
17. 주변 어른들이나 교사들의 결정을 쉽게 따르는 편이다. (   )
18. 모든 것이 제대로 되지 않을까 봐 걱정과 고민이 많다. (   )

19. 소속된 무리(반, 조모임)에서 경쟁을 한다면 최고가 될 것이다. ( )

20. 예민해서 아름다움, 외로움, 슬픔 등의 감정을 잘 느끼는 편이다. ( )

21. 어떤 상황(사람, 일)이 왜 일어났는지 궁금해한다. ( )

22. 너무 조심스럽고 신중하다 보니 당당하게 나서지 못하는 편이다. ( )

23. 많은 일을 동시에 빠르게 처리하는 것을 좋아한다. ( )

24. 한번 결정하면 화끈하게, 주저함 없이 빨리빨리 행동한다. ( )

25. 평소에는 느긋하게 시간을 보내다가 제한시간이 다가오면 분주하다. ( )

26. 글자나 맞춤법이 틀린 것에 자꾸 신경 쓴다. ( )

27. 버려진 애완동물을 돌보고, 걸인에게 가진 돈을 준 적이 있다. ( )

28. 다른 사람들은 나의 기분이나 행동을 잘 이해하지 못한다. ( )

29. 다른 사람이 간섭하지 않고 내버려 두기를 바란다. ( )

30. 학교 준비물이나 숙제 등을 미리미리 해 놓아야 마음이 놓인다. ( )

31. 다양한 사람과 친하게 지내며, 친구가 많다는 이야기를 듣는다. ( )

32. 가족이나 친구들이 다른 곳에서 맞고 오면 참을 수가 없다. ( )

33. 어떤 선택을 할 때, 식당에서 메뉴를 정하거나 극장에서 영화를 고를 때, 친구들의 의견을 따른다. ( )

34. 올바르지 못하고 틀린 것을 바로잡으려고 노력한다. ( )

35. 친구에게 중요한 것, 예컨대 노트 필기 같은 것이 필요하면 먼저 "도와줄까?"라고 말한다. ( )

36. 어떤 일에서든 최고가 되어야 하기 때문에 빨리빨리 처리한다. ( )

37. 누군가 갑자기 일을 시키거나 질문을 하면 당황할 때가 많다. ( )

38. 다른 사람들이 나를 믿어 주기를 기대하고 안 믿어 줄까 걱정이 된다. ( )

39. 하기 싫은 일은 잘하지 않고 핑계를 대거나 유머로 넘긴다. ( )

40. 힘이 없고 약한 것은 나와 어울리지 않는다. ( )

41. 다른 사람들의 의견을 따르지만 싫은 일이 계속되면 은근히 피한다. ( )

42. 시간을 안 지키는 사람은 질색이다. (　　)

43. 친구를 도와주었는데 그에 대해 그 친구가 생각하지 않으면 마음이 많이 상한다. (　　)

44. 일을 할 때 확실하고 구체적으로 해서 꼭 성공할 것이다. (　　)

45. 작은 일에도 상처를 받고 기분의 변화가 심한 편이다. (　　)

46. 할 수 있다고 생각되어도 막상 실천할 때는 망설이게 된다. (　　)

47. 친구들과 노는 것을 좋아하고 분위기 메이커가 될 때가 좋다. (　　)

48. 친구들을 리드하는 것이 좋고 대장 역할이 어울린다고 생각한다. (　　)

49. 편안한 곳에서 천천히 공부하는 것을 좋아한다. (　　)

50. 근면 성실하게 최선을 다해 일을 처리한다. (　　)

51. 다른 사람들에게 칭찬을 잘하고 사이좋게 지내기를 원한다. (　　)

52. 친구나 부모 등 다른 사람들의 일보다 내 일이 더 중요하다. (　　)

53. 매일 똑같은 일이 반복되는 것이 지루하고 답답하게 느껴진다. (　　)

54. 무엇인가를 할 때 서로 하려고 하는 일보다 조용한 일을 하고 싶다. (　　)

55. 흥미롭고 재미있는 아이디어, 계획, 행사를 하는 일을 좋아한다. (　　)

56. 공부만 열심히 한다고 되는 것이 아니라 휴식도 중요하다고 생각한다. (　　)

57. 웬만하면 갈등은 피하고 싸우지 않는다. 사이좋게 지내는 것이 좋다. (　　)

58. 다른 사람들이 잘못한 행동이 눈에 잘 띈다. (　　)

59. 마음이 잘 맞는 친구랑 함께 공부하는 것을 좋아한다. (　　)

60. 일을 할 때 확실하고 구체적으로 해서 꼭 성공할 것이다. (　　)

61. 종종 어떤 상황에 대해 감정에 빠져들어 힘들어할 때가 있다. (　　)

62. 안 풀리는 문제를 만나면 풀 때까지 매달린다. (　　)

63. 해야 할 공부를 먼저 할 때 긴장감이 사라지고 편안하다. (　　)

64. 사람들을 이끌고 지휘하는 최고 경영자나 리더가 될 것이다. (　　)

65. 내가 다른 사람보다 잘난 것이 없다고 생각한다. 스스로를 가치 있게 여기지 않을 때가 종종 있다. (　　)

66. 질서를 좋아하며 분명한 규칙을 지키는 것이 마음이 편하다. (   )

67. 도와달라는 사람이 있으면 힘이 들어도 거절하지 못하고 들어준다. (   )

68. 어느 곳에서나 쉽게 눈에 띄는 편이다. (   )

69. 춤, 미술, 악기연주 등의 예술적인 분야를 매우 좋아한다. (   )

70. 많은 친구와 어울리기보다 친한 친구와 지내거나 혼자 있는 것이 좋다. (   )

71. 자신이 안전한 일이나 안전과 관련된 일을 하고 싶다. (   )

72. 어려운 숙제 등을 끝까지 못하고 미루어서 혼나는 경우가 있다. (   )

73. 서로 잘난 체하며 경쟁하는 것보다 편하게 지내는 것이 좋다. (   )

74. 바르고 공평하고 분명한 것이 좋다. (   )

75. 다른 사람들에게 쉽게 다가서는 편이다. (   )

76. 어떻게 공부하는지보다 좋은 성적이라는 결과를 중시한다. (   )

77. 분위기 있는 것을 좋아하는데, 남들은 폼 잡는다고 한다. (   )

78. 사람들이 많은 장소에는 가고 싶지가 않다. (   )

79. 힘들거나 어려우면 선생님, 부모님, 친구들에게 자꾸 물어보는 편이다. (   )

80. 이 세상에는 즐겁고 재미있는 일이 참으로 많다. (   )

81. 이 세상은 위험하지만 나는 확실히 그 위험을 이길 힘이 있다. (   )

진단 결과 확인

* 다음에 제시된 번호의 합을 각각 구해, 합이 가장 높은 것이 아이의 성격 유형이다.

1, 18, 26, 34, 42, 50, 58, 66, 74번의 합	(　　　)	1유형
2, 10, 27, 35, 43, 51, 59, 67, 75번의 합	(　　　)	2유형
3, 11, 19, 36, 44, 52, 60, 68, 76번의 합	(　　　)	3유형
4, 12, 20, 28, 45, 53, 61, 69, 77번의 합	(　　　)	4유형
5, 13, 21, 29, 37, 54, 62, 70, 78번의 합	(　　　)	5유형
6, 14, 22, 30, 38, 46, 63, 71, 79번의 합	(　　　)	6유형
7, 15, 23, 31, 39, 47, 55, 72, 80번의 합	(　　　)	7유형
8, 16, 24, 32, 40, 48, 56, 64, 81번의 합	(　　　)	8유형
9, 17, 25, 33, 41, 49, 57, 65, 73번의 합	(　　　)	9유형

자녀의 유형

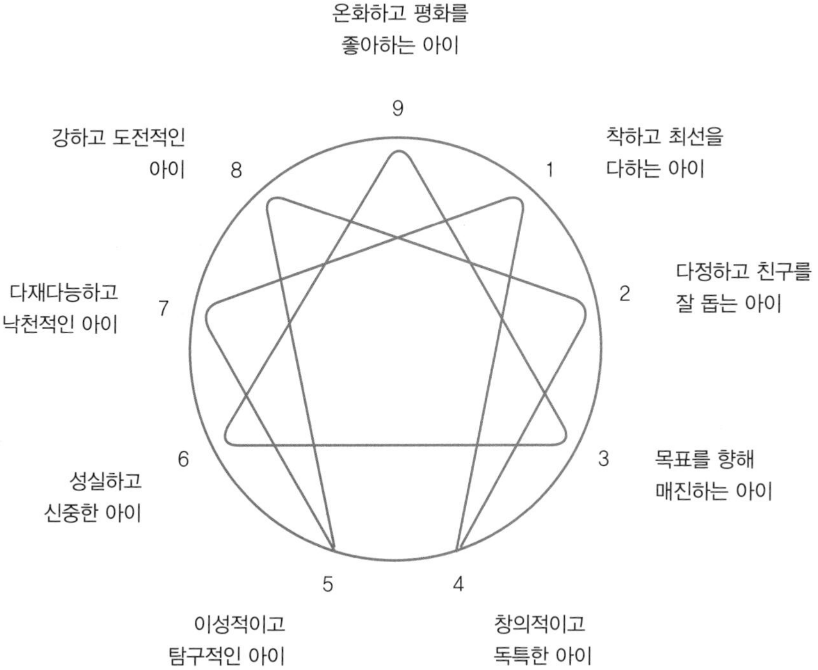

- 건강한 방향: 1 → 7 → 5 → 8 → 2 → 4 → 1 / 9 → 3 → 6 → 9
- 부족한 방향: 1 → 4 → 2 → 8 → 5 → 7 → 1 / 9 → 6 → 3 → 9

1유형
착하고 최선을 다하는 아이

1유형 해석

① 똑바르고 정직하고 예의 바르며, 부모나 교사가 정한 규칙에 잘 따른다. 아이가 왜 따라야 하는지에 대해 피드백을 받고 이해하면 긴장을 완화시킬 수 있다.

② 약속을 잘 지킨다. 특히 시간 약속은 철저하게 잘 지켜서 따로 걱정할 필요가 없다. 그보다는 지나칠 정도로 약속이나 시간에 집착하는 경향이 있으니 융통성과 유연성을 길러 줄 필요가 있다.

③ 부모나 교사가 자신에게 무엇을 기대하는지를 알고 실망시키지 않으려고 열심히 노력한다. 기대치가 높고 거기에 도달하려 열심히 노력한다. 하지만 작은 것을 잘하는 것도 위대한 덕목임을 알게 해 줄 필요가 있다.

행동 경향

무슨 일이든 제대로 올바르게 해야 한다고 생각한다. 학생 신분에 맞지 않는 일을 하는 것이 어려운데, 그것은 좀 더 나은 성과를 만들기 위한 것이다.

한마디로 말해 모범생이다. 본인은 의식하지 못해도 일을 처리하는 과정에서 삐뚤어지거나 모자라는 부분이 있으면 신경이 많이 쓰인다. 보통 착하다는 평을 듣기 원하기 때문에 반항하거나 울지 않고 참는 편이다. 그래서 고지식하고 융통성이 부족하고 임기응변에 약하다. 선생님이 지시를 하면 꼭 그대로 해야만 된다고 생각한다. 무엇보다 철저하고 완벽하게 하려는 것이, 자신이나 남에게 안타깝게 보일 수도 있다. 잘못된 부분을 고치려 하다가 부정적인 모습으로 성장할 수 있음을 조심해야 한다.

의사소통 방법

다양한 선택지를 제시하거나 알아서 하라고 하면 혼란을 느끼고 어찌할 바를 모른다. 더욱이 결과가 나쁘게 나왔을 때 부정적인 피드백을 주면, 확실히 가르쳐 주지도 않고 야단만 친다고 불만을 갖게 된다. 일단 지시할 때에는 구체적이고 분명하게 하는 것이 좋다. 분명한 지침을 주되, 한번 시킨 일은 간섭하지 말고 끝까지 지켜보는 것이 좋다. 잘못된 부분은 스스로 후회하기 때문에 야단치는 것보다는 그동안의 노력을 상기시키며 격려하는 것이 좋다. 유머로 긴장을 풀어 주는 대화가 필요하다.

교사가 보는 1유형의 아이

P 군은 내가 만난 학생 가운데 가장 모범적이고 완벽했다. 학년 전체를 통틀어 수업태도가 가장 바른 아이라고 교사들이 입을 모아 칭찬할 정도였다. 수업준비도 완벽했는데, 과제를 수행하기 위해 새벽 2시까지 잠을 자지 않았

다. 과제는 그야말로 거의 완벽하게 처리했다. 반장으로서의 역할에 최선을 다했다. 학급 일을 하면서 본인이 처리해야 할 것은 교사가 관여하지 않아도 되도록 처리했고, 본인의 힘으로 할 수 없는 것들만 나에게 이야기했다. 교사가 수업시간에 잠시 늦게 들어가는 상황에서는 최선을 다해 자습을 시켰고 아이들이 열심히 하게 만들었다. 참 듬직한 반장이었다. 지금까지 가장 기억에 남는 학생 중 하나이다.

2유형
다정하고 친구를 잘 돕는 아이

2유형 해석

① 부모의 심부름이나 부탁을 잘 들어주며 형제자매나 친구의 요청에도 잘 따른다. 때로는 자신에게 꼭 필요한 일을 못하면서까지 부탁을 들어준다. 자기 일의 중요성을 가르치고, 우선순위에 대한 개념을 갖고 주변 사람들의 마음에 부응하도록 하는 것이 좋다.

② 혼자 하는 것보다 둘이 혹은 여럿이 함께하는 것을 선호한다. 따라서 공부도 같이하는 것이 효과적이다. 교우관계가 넓어지면 혼자 하는 일을 못할 위험이 있다. 함께 그리고 혼자서도 잘하는 습관이 필요하다.

③ 다른 사람들의 마음과 호감을 얻으려고 노력한다. 도와주는 것 역시 그 연장선상에 있다. 스스로 사랑받을 자격이 충분히 있다는 자존감을 불어넣어 주는 칭찬이나 격려가 중요하다.

행동 경향

도와달라는 사람이 있으면 내가 힘이 들어도 거절하지 못하고 들어준다.

그러나 친구를 도와주었는데 그 도움에 대해 친구가 몰라주면 마음이 상한다. 자신이 가진 지식이나 재능을 다른 사람들을 위해서 쓰기를 원한다. 그러기에 자기주장을 펼치기보다 교사나 친구, 부모의 말을 잘 듣는 편이다. 아프고 힘든 친구가 있으면 가만히 있기가 어렵다. 무엇이든 자신이 할 일을 찾는다. 혹 싫은 친구라 하더라도 도움을 줄 부분을 생각하고 나중에 도와준다.

사랑스럽고 어른스러워서 집안일도 잘하고 부모의 마음을 기쁘게 한다. 마음이 따뜻하고 적응력이 높아서 어느 곳에서나 사랑받을 수 있다. 그러나 자신이 베푸는 관심과 사랑에 대해 사람들이 무시하거나 이해받지 못한다고 생각하면 크게 화를 내기도 한다. 그러나 그 화는 오래가지 않는다. 자칫 자신을 잊고 다른 사람들에게 끌려다닐 수도 있기 때문에 그 점을 조심해야 한다.

의사소통 방법

말에 상처를 받기 쉽기 때문에 대화할 때 말조심을 해야 한다. 자주 이야기를 들어주는 것이 필요하다. 상대방이 자신을 받아들이려 하지 않으면 공격적이 될 수도 있다. 직접적인 대화법보다는 간접적인 대화가 더 효과적이다. 특히 비언어적인 방법으로 따뜻함을 전달하는 대화법을 잘 사용해야 한다. 예컨대, 따뜻한 말과 함께 따뜻한 미소로 다가가는 것이다. 말 그 자체보다는 감정을 어루만지는 대화가 필요한 것이다. 다정한 스킨십이나 손을 한번 잡아 주는 것만으로도 마음을 열 수 있다. 대부분은 갈등이 생겼을 때 아이가 먼저 다가오지만, 기다리지 말고 다가간다면 더 큰 효과를 볼 수 있다.

교사가 보는 2유형의 아이

L 양은 반에서 외면당하는 아이에게도 친절했고 친구가 되어 주었다. 그리고 우리 반에 문제가 생기면 기꺼이 교사에게도 알려 같이 해결하기 위해 노력해 주었다. 한번은 수업시간에 누군가 구토를 한 적이 있었다. 냄새가 진동했고 모든 학생은 코를 잡고 그 자리를 떠나기에 바빴다. 구토를 한 학생은 아파서 몸을 잘 움직이지도 못하는 상황이었다. 이때 L 양은 기꺼이 팔을 걷어붙이고 친구의 냄새나는 토사물을 거리낌 없이 청소해 주었다. 모두가 그 아이를 새롭게 보게 된 사건이었다. 아이는 그 이후에도 도움이 필요한 친구에게 늘 도움을 주었고 성숙하게 행동했다. 평소에는 말이 없었지만 일기장에는 자신의 생각과 의견을 마음껏 풀어놓았다. 그 아이랑 직접 대화를 한 적은 거의 없지만 일기장과 메일을 통해서 충분한 대화를 나누었다. 그래서 교사의 생각을 제일 많이 알고 있는 아이이기도 했다.

3유형
목표를 향해 매진하는 아이

3유형 해석

① 무슨 일이든 못한다는 생각을 갖지 않고 자신감이 넘친다. 재주도 많고 적응도 잘해서 어디에 가든지 걱정할 필요가 없다. 다만, 지나치면 모자람만 못하다는 것과, 벼는 익을수록 고개를 숙인다는 것을 알려 줄 필요가 있다.

② 다른 사람들이 자신을 쳐다보고 있다고 생각할 때가 있다. 다른 사람의 관심과 인정이 필요한 것이다. 적절하게 칭찬과 격려를 해 줘야 한다. 하지만 분명한 이유 없는 무조건적인 칭찬은 독이 될 수 있다.

③ 친구들에게 자신을 어필할 수 있고 자신을 돋보이게 하는 친구들을 끌어들인다. 인기를 끄는 것과 함께, 친구를 도와주는 방법을 알면 더욱 빛이 난다.

행동 경향

매사에 자신감이 넘친다. 교사나 친구들에게 인정받는 것을 대단히 중요하게 여기기 때문에 열심히 노력한다. 대부분 목표지향적이고 그 목표를 향해 매진한다. 효율성 또한 뛰어나기 때문에 짧은 시간에 많은 일을 처리하기도 한다. 다른 사람들에게 멋있는 사람이라는 소리를 들어야 하기 때문에 패션 감각이 뛰어나고 이미지 관리도 잘한다. 열정적인 마케팅, 투자, 경영, 방송 패션 쪽에 두각을 나타낼 수 있다. 이 유형의 친구와 팀이 되면 웬만해서는 지지 않는다. 주변보다 자신이 뛰어나다는 것을 인정받기 위해 이기기를 바라고, 그러기 위해 팀에 활력을 불어넣기 때문이다. 같은 팀에 소속된 친구가 잘 못하면 그 친구 때문에 망쳤다고 생각하고 무시하는 경향을 보인다. 너무 열심히 하다가 아프기도 하고 다치기도 한다. 지나친 경쟁이 나쁜 결과를 불러올 수 있다는 것을 알려 주고 조심하게 해야 한다.

의사소통 방법

무대의 중심에 서기를 좋아하기 때문에 자기가 인생의 주인공임을 설득하면 많은 효과를 볼 수 있다. 세상에서 성공하기를 원하기 때문에 위대한 인물들의 이야기를 대화 주제로 삼으면 큰 호응을 얻을 수 있다. 자신의 내면보다는 겉모습을 주로 보여 주기 때문에 솔직하게 자기 자신을 드러내지 못한다. 따라서 많은 대화가 필요하고, 마음속의 이야기를 끌어내기 위해 노력을 기울여야 한다.

교사가 보는 3유형의 아이

G 군은 항상 바쁘고 활기찼다. 모든 과목 수업에 적극적으로 임했고, 독서

지도, 태권도, 수영 등 여러 학원을 다니면서 최선을 다해 배웠다. 방학이 되면 농구교실, 과학탐구반 등에서 활동하기도 했다. 시간표를 잘 짜고 시간을 효율적으로 활용했다. 부모의 말을 들어 보면, 학원에 대한 정보를 듣고 와서 보내 달라고 조르기도 했다고 한다. 다른 학생들은 부모가 강제로 시켜서 배우는데, 그 아이는 스스로가 잘하고 인정받기 위해 배우는 경우였다. 시 암송을 하는 시간에는 짧은 시간에 가장 많은 시를 외우는 학생으로 뽑히기도 하였다. 어른들한테서 인정받는 법을 감각적으로 잘 알고 있어 다른 교사들에게도 인기가 많았다. 늘 앞장서서 문제를 해결하는 스타일이고, 예습과 복습도 철저히 하는 편이었다.

4유형
창의적이고 독특한 아이

4유형 해석

① 자신은 독특한 존재이며 다른 친구들과는 다르다고 생각하는 경향이 있다. 그리하여 자신을 특별하고 독특하게 취급해 주기를 바란다. 하지만 평범함이 위대함이 될 수 있다. 주변에 흔한 것에도 관심을 갖도록 의미를 가르쳐 주면 보다 조화롭게 성장할 수 있다.

② 현재보다는 지나간 과거, 현재 친구보다는 옛날 친구나 멀리 떠난 친구에게 더 많은 정성과 강한 느낌을 간직하고 있다. 지나간 추억은 추억으로 간직하고, 지금의 중요성에 대해 인식하도록 돕는 것이 중요하다. 자신을 만들어 나가는 것은 바로 지금 이 순간임을 기억하게 한다.

③ 새로운 관점에서 사물을 바라보는 창조적 힘이 강하다. 똑같은 것을 거부하므로 창조적 세계에 대한 깊은 시선을 가지고 있다. 칭찬과 함께 남다른 경향을 지적하기보다 격려하는 마음으로 따뜻하게 다가갈 필요가 있다.

④ 감정선이 예민하고 기복이 있고 슬픈 감정을 잘 느낀다. 때로는 어린 나이지만 인생을 깊이 있게 고민하기도 한다. 행복한 삶을 위해 감정을 컨트롤하는 방법을 가르치면 효과가 있다. 아이의 독특함을 인정하고

그것을 선망하는 마음이 정돈되도록 강요하지 말고 경청하라.

⑤ 미술, 음악, 문학 같은 예술 방면에 능력이 있다. 간혹 스포츠에 재능을 보이기도 한다. 개성이 강해 트러블메이커(troublemaker)가 될 수도 있다. 주관과 객관의 미학과 그 리듬을 익히도록 하면 좋다.

행동 경향

자신은 예민하고 독특하다는 생각을 가지고 있기 때문에 다른 사람들이 느끼지 못하는 영역인 예술, 문학, 영화 등의 분야에 감각이 뛰어나다. 다른 사람들이 자기를 이해해 주지 못한다는 생각에 슬픔이나 우울을 많이 느낀다. 현실의 세계와는 거리가 있는 분야를 좋아하고 신비스러운 판타지 세계에 몰입하기도 한다. 가까이 있는 친구보다 멀리 떨어져 있는 친구를 더 그리워하는 것은 이 때문이다. 공부할 때는 주변 환경에 영향을 많이 받기 때문에 핑계를 자주 댄다. 상상이나 공상을 하는 것도 특징 중의 하나이다. 공부를 할 때에도 교사가 가르쳐 주는 것보다 자신만의 방법을 만들어 내는 창의성을 발휘한다.

의사소통 방법

모든 것을 독특한 시각으로 바라보기 때문에 엉뚱하다고 생각하고 대화가 중단되는 경우가 많다. 본질적으로 감성이 충만하기 때문에 분위기 있는 대화를 하도록 노력해야 하는 번거로움이 있다. 상징에 대해 관심이 많기 때문에 특정한 상징으로 대화를 풀어 가는 것이 도움이 된다. 독특함을 창조적인 것으로 승화시키기 위해 칭찬을 해 주라. 아무도 생각하지 않았던 것을 생각한 만큼 칭찬을 해 주면 더욱 자신감을 갖게 된다. 잘 들어 주고 잘 말해 주어야 한다. 직접화법과 간접화법을 적절하게 사용하여 성장과정을 도와야 한다.

교사가 보는 4유형의 아이

P 군은 역사에 상당한 관심을 보였는데, 특히 중국 역사를 훤히 꿰뚫고 있었다. 중국어도 조금 하는 편이었고 중국의 배우, 노래 등 중국에 관해서는 뭐든 관심을 보였다. 몇 년 후에 진짜 중국으로 유학을 간다는 연락을 받았다. 다른 친구들은 그 아이의 관심을 좀 과하다고 평가하는 듯했지만, P 군은 스스로를 자랑스러워했고 자신은 평범하지 않은 특별한 사람이라고 생각했다. 학교에서 단체로 〈나의 라임 오렌지나무〉 뮤지컬을 보러 간 적이 있었다. 많은 아이가 재미있어했고 감동을 받았는데, 특히 감수성이 예민한 P 군은 눈물을 펑펑 쏟았다. 어느 부분이 감동적이었냐고 물었더니 주인공 제제가 곧 자기와 같다고 말했다. 주인공에게 감정몰입한 결과 일체감을 느낀 듯했다. 수업시간에 발표할 때도 독특하고 남다른 시각을 자주 보였다.

5유형
이성적이고 탐구적인 아이

5유형 해석

① 표정이 차분하고 말이 별로 없고 조용하다. 표정이나 감정의 변화가 많지 않다. 무리에 섞여 있어도 한쪽에서 조용히 자기 할 일을 한다. 침착함에 역동성을 부여하면 좋다. 태권도나 구기 종목 등의 신체적인 활동이 이런 점을 보완하는 데 도움이 된다. 웅변 등 큰 소리로 말하는 훈련도 좋다.

② 자신이 관심 있는 분야는 계속해서 관찰하고 파고드는 경향이 있다. 영리하고 호기심이 왕성해서 끝장을 보고 만다는 식으로 공부하고 질문한다. 이때 주변 교사나 부모를 당황하게 만들기도 한다. 친절하게 대답해 주고 때로는 전문가에게 지도를 받게 하는 것이 좋다.

③ 무엇인가 새로 시작할 때는 관찰하는 데 시간이 걸리기 때문에 행동이 느릴 수 있다. 하지만 관찰과 이해가 끝나면 그 누구보다 빠르게 일을 진행한다. 그러므로 충분히 기다려 주고 과정을 잘 마쳤다는 사실을 알아주면, 다른 동기부여 효과가 있다.

④ 많은 친구와 교제하기보다는 교감을 나눌 수 있는 한두 명과 깊게 사귀는 스타일이다. 관심 분야가 같은 친구와 사귀면 서로 상승작용을 기대

할 수 있다. 하지만 다양한 교우관계도 중요하므로 모든 친구를 인식하는 것도 필요하다.

⑤ 다른 사람들이 자신을 지나치게 신경 쓴다고 느끼면 활동을 중지한다. 자신이 가진 두려움과 분노 그리고 수치심 등을 모두 감추고 굳어 버린다. 이럴 때에는 굳이 사교적이 되라고 강요하지 말고 편하게 혼자 있고 싶어 하는 욕구를 이해하는 것이 필요하다.

행동 경향

주변을 잘 관찰하기 때문에 어떤 상황이 벌어지고 있는지를 잘 알고 있다. 자신의 생각은 말하지 않고 객관적인 면만을 부각해 말한다. 관찰과 탐구에 능하므로 수학이나 물리에 관심을 가지며, 깊은 생각을 요하는 철학에도 관심이 많다. 조용하고 한편으로는 소심한 편이다. 친구들 사이에 다툼이 일어날 경우, 이 유형의 학생에게 물어보면 처음부터 시간대별로 자세히 이야기한다. 주변이 시끄럽거나 사람들이 많으면 힘들어한다. 또한 무조건적으로 따르라는 교사나 부모의 명령을 받으면 힘들어한다. 왜 그래야 하는지 자세하게 설명해 주어야 한다. 자신이 납득할 수 있어야 말을 듣는다. 그렇지 않으면 고집을 부리기도 한다. 너무 조용히 생각만 하고 있으면 그 생각이 망상으로 끝날 수 있다. 그러므로 행동과 체험이 없는 사고를 조심해야 한다. 조용한 공간을 만들어 주고 차분한 분위기를 만들어 주면 좋다.

의사소통 방법

대화를 할 때 빨리 결론을 내려 생각한다면 실수하는 것이다. 사전에 계획되지 않은 대화를 갑자기 하자고 하면 몹시 당혹해한다. 애매모호한 대화나 돌려 말하는 것을 싫어한다. 또한 대화를 진행하다가 중간에 다른 것에 신경쓰면 대화가 끊어져서 연속성을 가지기 힘들다. 많이 생각하고 말하는 스타일이기에 사전에 충분한 시간을 주어야 대화가 원활할 것이다. 차근차근 논리적으로 대화하는 것은 매우 설득력을 갖는다. 칭찬을 할 때도 충분히 근거가 있는 칭찬을 하는 것이 중요하다.

교사가 보는 5유형의 아이

J 양은 말이 없고 신중하며 참 조숙한 아이였다. 필요해서 말을 할 때에는 마치 어른 같았고 논리적으로 조근조근 자신의 주장을 펼쳐 나갔다. 수업시간에 발표할 상황이 되면 쉬운 문제나 사소한 질문에는 대답하지 않았고, 어렵고 친구들이 쉽게 대답하지 못할 문제에만 차분하고 여유 있게 대답했다. 남는 시간은 학교 도서실을 이용하거나 독서하며 혼자만의 세계를 즐겼다. 친구들이 자신에게 불만을 토로할 때는 직접 공격하지 않고 조용히 들으면서 생각을 정리하는 듯 보였다.

6유형
성실하고 신중한 아이

6유형 해석

① 두려움과 의심이 많지만 고분고분하고 순종적이며, 학교나 가정에서 바르게 생활하고 책임감이 강하다. 부모나 교사의 지시가 행동의 중요한 지표가 된다. 따라서 견실한 멘토가 필요하다. 믿을 수 있는 주변의 지도자가 친구가 되어 주면 좋다.

② 신중하고 안전한 계획을 세우려고 노력한다. 어떤 일이 있으면 예방책을 세워야 안심을 한다. 할 일을 먼저 하고 놀아야 안심한다. 이런 행동은 신뢰감을 주지만, 자신의 욕구를 외면하거나 무시할 수 있다. 자기주장이나 리더십 함양 훈련이 도움이 된다.

③ 때로는 겁 없이 반항하며 빈정대고 으스대면서 고집을 부리는 모습을 보일 수도 있는데, 이것은 6유형이 공포에 대항하는 전형적인 모습이다. 이런 모습은 더욱 충실한 사람이 되기 위한 두려움 극복의 일환이라는 점을 이해하고, 아이가 안심하도록 주의를 기울여야 한다.

④ 또래문화에 대한 적응이 남다르다. 어떤 문제를 해결하기 위해 다른 친구와 힘을 합치고 협력을 잘한다. 그래서 반대편에 맞설 수 있는 힘을 기른다. 걱정과 의심이 많기에 준비에도 철저하다. 가족이 따뜻하게 안

전막이 되어 주면 훨씬 여유롭게 긴장을 풀 수 있다.

⑤ 근심과 걱정이 많다. 자신보다 강한 누군가가 분명한 한계를 정하고 보호해 주기를 바란다. 따라서 의지할 수 있는 사람과 함께할 때 편안해지는 신중한 유형의 아이이다. 내가 너의 믿을 사람이 될 테니 안심하라는 메시지가 그 어떤 교육보다 효과가 있다.

행동 경향

아주 신중하고 성실한 스타일이다. 책임감이 강하고 예의 바르며 맡은 일을 잘해 놓는다. 다 끝낸 일도 확인을 해야 편하다. 걱정이 많고 미래에 대해 막연한 불안감을 가지고 있다. 그래서 모험하기보다는 지금 그대로 최선을 다하자고 한다. 해 보면 별것도 아닌데 너무 신중하다가 기회를 놓치는 것을 조심해야 한다. 미래의 걱정은 상상 속에 존재할 뿐이라는 것을 알려 주어야 한다. 많은 친구를 사귀지는 않으나, 한번 친해지면 그 관계를 오래 지속한다. 높은 목표를 세우는 것보다 이룰 수 있는 안전한 목표를 세워서 열심히 한다. 안전과 관련된 직업에 호감을 보인다. 학교생활을 잘하고 착실하며 모범생인 경우가 많다.

의사소통 방법

6유형의 아이와 대화할 때는 진지하게 하는 것이 좋다. 교사나 부모가 원하는 대로 따르려고 하기에, 본인의 의견을 솔직하게 말할 수 있도록 유도할 필요가 있다. 대화를 통해 얻은 결론으로 책임감 있는 태도를 가지게 하면 많은 결과물을 얻을 수 있다. 스스로 하게 하되, 일을 전부 맡기지 말고 같이하도록 요구하면 끝까지 책임감 있게 잘한다. 신뢰가 형성되어야 솔직한 대화를 할 수 있기 때문에 윽박지르거나 강요하는 것은 금물이다. 표현에 서투르고 말을 잘 안 하려고 할 수 있다. 어떤 말이든 허용되는 분위기에서만 대화를 나눌 수 있다.

교사가 보는 6유형의 아이

O 양은 다른 친구들보다 유머감각이 뛰어났는데, 웃을 때만큼은 천진난만하기 이를 데 없었다. 걱정이나 근심이 없고 짓궂지 않은 선량한 웃음 그대로였다. 그 아이와의 관계는 그 웃음이 해결의 실마리가 되었다. 그 웃음에 매료되었다고 솔직히 이야기하면서 관심을 보이자, 그 아이도 조금씩 마음을 열기 시작했다. "샘~"이라는 호칭을 쓰며 편하게 다가왔다. 한번은 교실 바닥이 너무 지저분해서 매직블록으로 청소한 적이 있었다. 그 다음날 아이는 엄마에게 허락을 받았다며 매직블록 여러 개를 가져와 교실에 두었다. 뿐만 아니라 어느 날은 토마토 한 개를, 또 어떤 날은 요구르트 하나를 몰래 책상에 놓고 갔다(물론 나중에 와서 자기가 놓고 갔다고 밝혔다). 그 아이에게 그렇게 고분고분하고 다정한 면이 있는 줄은 꿈에도 몰랐다. 어려운 일을 시켰을 때, 교사가 원하는 대로 척척 해 주지는 못하지만 최선을 다하기 위해 노력했다. 눈치가 빨라 교사가 원하는 것을 미리 짐작하고 일을 처리해 주는 경우도 있었다. 나중에 시간이 좀 더 지나고 보니 그 아이는 문제아나 반항아라기보다 장난꾸러기였을 뿐이었다.

처음 만났을 때 의심하고 경계하며 교사의 성격을 살폈던 것 같다. 하지만 내가 먼저 믿어 주고 격려해 주자, 마음을 열고 조금씩 다가와 다정하고 호감

가는 태도를 보였다. 겁 없이 반항적이고 빈정대는 모습과 다정하고 순응적인 모습을 동시에 지닌 아이였다. 물론 시간이 더 흐른 뒤에는 반항하는 태도와 고집은 거의 사라졌다.

7유형
다재다능하고 낙천적인 아이

7유형 해석

① 유쾌, 상쾌, 통쾌한 성향의 아이이고, 즐겁고 재미있으며 놀 줄도 안다. 이런 아이에게 한자리에 가만 있으라고 하는 것은 고문일 것이다. 그래서 조용히 있는 시간을 최소화하는 전략이 필요하다. 10~30분 정도의 짧은 시간을 집중하도록 정해서 몰입하게 하면 효과적이다. 아이가 어릴 경우에는 더 짧은 시간으로 정하는 것이 좋다.

② 친구가 참 많다. 다양한 방면에 관심이 있고 여러 활동에 참여하기 때문에, 그와 관련된 모든 사람이 바로 자신의 친구가 되는 셈이다. 이런 다양함은 이 유형의 사람들에게 삶의 원천이 된다. 하지만 산만하기 쉬우므로 마음이 안정되는 환경을 만들어 줄 필요가 있다.

③ 호기심이 많고 상상력이 풍부하며 에너지가 넘쳐 생각과 계획은 끝이 없다. 또한 행동이 빠르니 항상 분주하고 바쁘다. 너무 부산하지만 이런 경험을 통해 상당한 지식을 습득할 수 있다. 감정적 호소보다 논리적인 설득이 효과가 있다. 단, 짧게 해야 한다.

④ 긍정적인 생각은 이들의 가장 큰 자산이자 활동의 원천이 된다. 웬만해

서는 이 긍정을 무너뜨릴 방법이 없다. 오뚝이처럼 다시 일어나 모두를 깜짝 놀라게 한다. 하지만 부정을 통해 긍정으로 갈 수도 있음을 가르쳐야 한다. 무조건적인 긍정은 문제를 쌓아 둘 수 있다.

⑤ 부모나 교사에게 자기 주장을 확실히 하며 원하는 것을 얻어 내는 데 열중한다. 이럴 때 억누르거나 강요하면 반발하게 된다. 나쁜 기억은 금방 잊어버리고 기분 전환하는 데 능하다. 보다 자유스럽게 움직일 수 있는 공간을 마련해 준다면 훨씬 창의적인 사고를 하는 아이로 성장할 수 있다.

행동 경향

기존의 것보다 새로운 것을 좋아하고 즐기며 재미있게 지내기를 원한다. 항상 긍정적이고 에너지가 넘치며 밝고 명랑하다. 깊게 사귀는 친구가 많지는 않다. 재미있게 지내는 것을 좋아하다 보니 힘이 드는 숙제나 과제물은 자주 미룬다. 교사나 부모에게 꾸중을 들어도 금방 명랑함을 되찾는다. 야단을 맞을 때는 잠시 생각을 다른 즐거운 곳으로 돌려서 그 고통에서 벗어나려고 한다. 계획 세우는 것을 좋아하지만, 그 계획을 실행하는 과정에서 어려움이 오면 그만두고 다른 일들을 계획한다. 시작을 잘하는 것에 비해 마무리 짓는 것이 약하다. 많은 친구를 사귀고 친구들과 재미있게 지내려는 스케줄이 가득하다. 명석하고 아이디어가 많아서 즉각 새로운 제안이나 건의를 잘한다. 다양한 면에 진지하고 깊이 파고드는 경향이 있으며 탐구적이다.

의사소통 방법

기본적으로 어려운 자리나 책임을 추궁당하는 분위기 속에서 하는 대화는 매우 어렵다. 야단맞는 분위기에서는 말을 듣는 것이 아니라, 그 상황을 빨리 모면하거나 외면하고 싶어 한다. 때에 따라서는 재미있는 이야기로 대화 자체를 기피하기도 한다. 유쾌하고 발랄한 이들의 특성을 십분 이해하고 먼저 이야기를 들어 주면 그때부터 대화가 진행될 수 있다. 대화를 할 때는 논리적이고 객관적인 자료를 토대로 질서정연하게 접근할 필요가 있다. 평소에는 유쾌한 분위기를 필요로 하지만 진지한 대화가 필요할 때는 열린 마음으로 대화하는 것이 필요하다.

교사가 보는 7유형의 아이

H 군은 공부를 할 때에도 한 가지에 집중하지 못하고, 컴퓨터 검색이나 음악 감상 등 여러 가지를 함께하려 한다. 진득하게 한자리에 앉아 있지 못하고 계속해서 부산하게 뭔가를 한다. 여러 생각과 계획이 끊임없이 이어졌다. 일단 하고 싶은 일이 생기면 집요한 편이다. 소풍 날 함께할 게임에 대해 의논할 때에도 자기가 원하는 게임을 관철시키기 위해 최선을 다했다. 나중에는 꼭 떼쓰는 어린아이와 같았다. 마치 사냥감을 절대 놓치지 않는 호랑이와 같기도 했다.

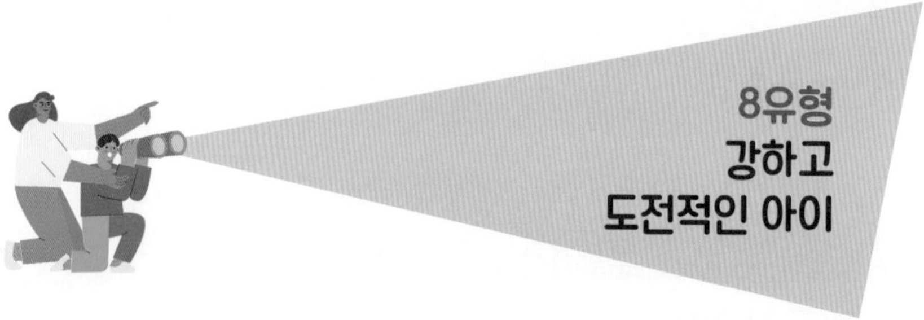

8유형
강하고
도전적인 아이

8유형 해석

① 과격할 정도로 힘이 세고 꾸밈없이 솔직하며 용감하고 적극적이다. 이런 힘을 바탕으로 약한 친구들을 돌보아 주고 대변하면서 의리 있는 골목대장이 되고 싶어 한다. 정의로운 마음을 칭찬해 주고 애정 어린 마음으로 용기를 격려하라.

② 당당하고 어려운 일도 밀어붙이는 용기가 있고 책임감도 강하다. 단호하고 목소리가 굵고 크다. 친구들뿐만 아니라 부모나 교사들에게도 자신의 뜻을 관철시키려 한다. 그러나 속으로는 자신이 꺾이는 것을 염려한다. 그 염려 때문에 공격한다는 것을 이해해 주라.

③ 자기주장이 강하고 그 주장이 받아들여지기를 원한다. 또 과연 자신의 주장이 통하는지 궁금해한다. 따라서 그들의 주장에 귀를 기울여 경청해 주고 이해해 준다면 의외의 결과를 얻을 수 있다.

④ 불공평한 대우를 받으면 강하게 반발하며, 때로는 공격해서 감정적으로나 신체적으로 상처를 줄 수 있다. 이런 공격성에 대해 단호하게 대처하고 이성적으로 분노를 다스리는 법을 가르쳐 줄 필요가 있다.

⑤ 에너지가 넘치고 힘이 좋다. 도전과 스릴을 즐기고 대범하고 대담하다.

이런 외향적 힘을 건강하게 발산하도록, 운동을 하게 하거나 자연에서 마음껏 뛰어놀아 에너지 발산을 돕는다면 도움이 된다.

행동 경향

어떤 상황에서든지 입장이 분명하다. 불분명한 것을 싫어하고 확고한 것을 좋아한다. 집중력이 뛰어나서 한다면 하는 스타일이다. 주로 친구들을 거느리고 다니며, 친구 사이라 해도 다른 친구들에게 형과 같은 역할을 한다. 자신의 의견과 다른 친구들의 의견을 잘 듣지 않고 무시하지만, 아주 가까운 사람에게는 자신의 약함을 드러낸다. 걱정이나 근심은 약한 사람이나 하는 것으로 여기며, 성적에 대해서도 걱정하지 않는다. 이 때문에 주변 사람들을 불안하게 할 수도 있다. 약한 친구들을 보호하고 지켜 준다. 잘못된 것을 보면 자기 힘으로 바로잡고 정의롭게 만들고자 한다. 일단 자신의 입장이 서면 불도저처럼 밀어붙이기 때문에 영웅이 되기도 한다. 직관력이 있어서 오래 생각하고 하기보다 그때그때 즉각적으로 대응하는 것이 맞을 때가 많다.

의사소통 방법

이리저리 돌려서 말하면 짜증을 낼 수 있다. 숨겨진 대화나 이면적 대화는 잘 알아듣지 못한다. 따라서 대화 내용이 잘 전달되었는지 확인하는 과정이 필요하다. 고집이 세기 때문에 주장을 그대로 무시하면 부작용을 초래할 수 있다. 어떤 일이든지 시원시원하고 화끈하게 하는 스타일이므로, 대화를 할 때도 직설적으로 말하는 것이 좋다. 진지한 대화를 필요로 할 때는 진지하게 그리고 솔직히 말하라고 하면 거짓 없이 진실되게 말할 수 있다. 중요한 것은 약속을 받고 실천할 때마다 칭찬해 주는 것이다.

교사가 보는 8유형의 아이

M 군은 반 회장이었는데 회장으로서 역할을 100% 이상 해냈다. 논리정연하고 야무진 눈초리로 회의를 진행해서 반 친구들을 압도하는 면이 있었다. 심지어 이 아이가 나서면 반 아이들이 교사인 내가 가르칠 때보다 더 조용하고 바른 자세로 앉아 있는 듯했다. 리더십이 있어서 친구들이 잘 따르고 야무지며 책임감이 높았다.

9유형
온화하고 평화를 좋아하는 아이

9유형 해석

① 여유 있고 별 걱정 없이 주변과 편안하게 지내는 아이이다. 온순하고 온화하다. 맞서 싸우거나 다투는 것을 불편하게 여기고 피한다. 마음씨도 곱고 착하며 관대하다. 모든 친구와 사이좋게 지내는 것이 편하다. 따뜻한 이해심과 깊고 긴 인내심으로 기다려 준다면 환상의 꽃을 피울 수 있다.

② 느리고 둔할 수도 있다. 다른 사람에게 맞추려고 하기 때문이다. 그래서 친구가 많은 편이다. 이 유형의 아이들은 자신의 욕구를 잘 표현하지 않기 때문에 자세히 관찰하고 귀를 기울여야 한다.

③ 화를 잘 내지는 않지만 고집이 세다. 나서기보다는 뒤에서 일하기를 좋아하고, 자신의 의견이나 욕구를 표현하지 않기 때문에 부모나 교사가 주의를 기울이지 않을 수도 있다. 자신감을 가질 수 있는 기회를 만들어 주고 좀 더 자유롭게 표현할 수 있도록 도와야 한다.

④ 행동을 바꾸는 데 시간이 많이 걸린다. 오랜 시간 한 방향으로 나가다 보니 큰 결실을 거둘 수 있다. '대기만성형'이다. 그러므로 비록 느리지만 잠재력과 자신감을 주면 큰 그릇이 될 수 있다.

⑤ 무엇이든 잘 드러내지 않는다. 그래서 화가 난 것을 참거나 수동적 공격을 하는 경향이 나타나면, 그것은 스트레스를 많이 받고 있다는 신호가 된다. 이때는 화가 났다는 것을 인지하고 그 기분을 알아주고 이해해 주는 것만으로도 도움이 된다.

행동 경향

편안하고 안정감이 있다. 모든 것을 포용하고 모나지 않고 다 괜찮다고 생각한다. 따라서 참을성이 많고 순응적이다. 복잡하거나 갈등 상황을 싫어한다. 할 수 없는데도 계속 도와달라고 하면 단호하게 싫다고 하지 못한다. 그냥 못 도와주는 상태를 유지한다. 일을 그때그때 꼭 해야만 한다는 강박관념이 들면 어려워한다. 미룰 수 있는 데까지 미루었다가 일을 처리한다. 소극적이어서 주변 사람들에게 자신을 내보일 수 없을 때가 많다. 어떤 결정을 자꾸 미루려고 하는 경향이 있다. 다른 사람이 원하는 대로 대부분 잘 맞춰 주고 까다로운 사람도 이들과는 친구가 될 수 있다. 다른 사람에게 명령이나 지시하기보다는 잘 들어준다. 그리고 도와달라고 하면 거절하지 않고 도와준다. 어떤 일을 한번 시작하면 웬만한 일이 없으면 중도에 그만두지 않는 끈기가 있다. 중간중간 계산하지 않기 때문에 대기만성형의 스타일이라 할 수 있다.

의사소통 방법

부모나 교사의 이야기를 잘 듣기 때문에 말썽을 부리는 일이 거의 없다. 부정적인 이야기는 듣기도 싫어하고 하기도 싫어하기 때문에 상처받기 쉬운 직설적 이야기는 가급적 삼가는 것이 좋다. 친구들과의 관계도 원만하고 갈등을 일으키지 않는다. 대부분 친구의 의견을 따르기 때문이다. 갈등을 피하고 좋은 관계를 만들려는 노력을 이해하고 그들의 본심을 물어보고 생각을 말하게 하는 것이 중요하다. 특별하고 귀중한 존재라는 말을 자주 해 주고, 비판이 아닌 따뜻한 이야기와 부드러운 표현이 필요하다.

교사가 보는 9유형의 아이

K 양은 소극적이고 조용한 아이였다. 어떤 문제도 일으키지 않았다. 또 친구들 사이에서도 늘 편한 친구였다. 그러나 주변 정리가 되지 않아 어수선했고 발표할 때 자신감이 부족해 보였다. 그래서 덩치가 컸는데도 맨 앞자리에 앉히고 한동안 관심을 보였다. 그랬더니 공부태도도 많이 좋아졌고 제대로 실력을 발휘했다. 알고 보니 예상 밖의 실력자였다. 그동안 계기가 없어 실력이 드러나지 않았던 게 아닐까 하는 생각이 들었다. 조용하고 정리되지 않은 주변 모습에 참모습이 가려져 있었던 것이다. 관심을 가져 주고 이해하면 자기가 좋아하는 일에 전념하는 아이였다.

4장
부모 유형 대 자녀 유형

★

부모 1유형과 자녀

부모 1유형 vs. 자녀 1유형

이 관계는 완벽한 부모-자녀의 관계가 만들어진다는 결론에 자연스럽게 다가갈 수 있다. 두 사람 모두 세상과 가정에서 올바르고 공정한 일을 위해 서로 희생할 것이다. 또한 선하고 옳은 일을 위해서 믿음을 함께하고 한 방향으로 함께 갈 수 있다는 장점이 있다. 즉, 부모는 육아와 돌봄, 그리고 양육과 교육에 있어서 헌신할 것이다. 또 다른 자녀가 있을 경우 공평하게 자녀를 사랑하려고 노력할 것이다. 자녀가 무엇을 더 잘할 수 있을지를 가르쳐 주고 그곳에 도달할 수 있도록 노력하는 데 많은 관심과 시간 그리고 노력을 쏟아부을 것이다.

그러나 다시 생각해 보면 인생은 그렇게 노력만으로는 행복해질 수 없다. 부모 자신이 그렇다. 때로는 모든 것을 내려놓고 마음껏 즐길 수 있어야 한다. 올바른 것, 공평한 것, 일하는 것, 더 나아지는 것이 전부가 아니다. 편히 쉬는 것도 매우 필요하다. 일하는 것보다 더 필요할 때도 많다. 이런 휴식의 개념을 배우고 실천하도록 해야 한다. 같이 씨름을 하거나 축구, 농구, 수영 등 스포츠를 즐기는 것도 좋은 방법이다. 캠핑을 가거나 함께 자연을 체험하는 스케줄을 함께 짜 보는 것도 좋다. 오락을 같이하는 것도 좋다. 자녀에게 '공정하게, 정의롭게, 올바르게 살아라'라고 가르칠 필요는 없다. 자연스럽게 자녀는 부모의 그 룰을 따를 것이다.

부모와 자녀가 똑같이 완벽주의적인 성격일 때 긴장된 관계를 연출하는 경우는 어떤 것이 있을까? 완벽은 없다. 없는 완벽의 집착이 서로 다를 때 긴장은 높아진다. 특히나 개념이 형성되기 시작하는 어린 시절에는 조심스러워야 한다. 학교와 사회에서 배운 자녀가 생각하는 원칙과 부모의 원칙이 다를 경우를 말한다. 부모와 자녀는 세대 간의 많은 차이가 있다. 30년이 넘는 세월 동안 많은 것이 변했을 것이다. 한 가족의 공간에서 지냈을지라도 많이 다를 수밖에 없다. 많은 대화가 필요한 시점이라고 할 수 있다. 분노를 쌓아 두고 참는 관계이기에 편한 관계를 만들어 나가야 한다. 간혹 토론이 부모의 주장으로 흐르는 것을 주의해야 한다. 이 책에서 예시로 든 코칭 팁을 잘 사용할 수 있기를 바란다. 가르치려는 부모의 행동이 강압적으로 주입되면 또 다른 완벽주의 자녀를 만들 수 있다. 그럴 경우 자녀에게 부모의 독을 뿜어내는 것과 다르지 않다. 긴장을 풀고 편한 마음으로 대화해야 한다. 가장 즐거운 분위기면 좋다. 특히 부모는 '~을 해야 한다'는 단어에 주의해야 한다. 원칙이 생기면 꼭 해야 한다는 강박이 모든 것을 불편하게 할 것이다.

늘 올바른 원칙대로만 인생을 살아가야 한다는 생각보다는 유년시절을 즐길 수 있도록 부모의 여유 있고 허술한 교육과 행동이 필요하다.

부모 1유형 vs. 자녀 2유형

1유형 부모는 지침을 만들고 그쪽으로 가라는 신호를 자녀에게 다양하게 보낸다. 자녀는 이를 간혹 '강요나 부모의 원칙대로'라는 신호로 받아들일 수 있다. 2유형 자녀는 소유욕이 많고 따뜻하며 더 많은 사랑의 충족을 바란다. 이 유형에서는 자신의 욕구를 이해하고 받아들이는 과정이 매우 중요하다. 1유형 부모는 원칙을 위해, 2유형 자녀는 다른 사람을 도와주는 것을 위해 자신의 욕구를 버릴 수 있다. 이렇게 되면 서로의 욕구를 충족시킬 수 없어, 자신을 성장시킬 기회를 낭비하게 된다. 따라서 부모는 자녀의 욕구를 찾고 소비해도 된다는 시그널을 줄 필요가 있다. 이것은 부모 자신을 위한 방법이기도 하다. 부모의 원칙에 대한 정직성과 근면성이 사랑으로 전달된다면 자녀에게는 따뜻한 봄바람이 될 수 있다. 그리고 자녀는 힘을 얻어 결실하는 열매를 얻게 될 것이다. 반대로 부모는 자녀에게서 따뜻함과 감성 그리고 완벽을 내려놓을 수 있는 사랑을 얻을 수 있다. 가끔은 원칙대로 안 해도 되고 마음이 가는 대로 해도 충분히 행복하다는 진실을 완벽 속에 결합시킬 수 있다.

자녀는 늘 부모의 관심과 배려 그리고 응원을 기다린다. 그리고 '함께, 같이' 어떤 일을 성취하기를 원한다. 이런 일련의 행동에 대해서 어떤 기준을 가지고 잘잘못을 가리고 통제하려고 할 때 어려움이 생긴다. 무엇인가를 하는 자녀에게(보통은 사랑과 관련된 인간관계) 비효율, 무질서, 우선순위 등을 따진다면 자녀는 실망할 것이다. 자녀는 사랑의 인간관계를 통한 부모와의 유대와 정서적 교감을 원한다. 1유형 부모의 질서와 사회적 공헌도 자칫 2유형 자녀에게는 무관심으로 비춰질 수 있기에 세심한 주의가 필요하다. 2유형 자녀는 외향형이며 따뜻하고 감수성이 뛰어나다. 이런 모습을 맞이한 1유형 부모는 당황할 수 있을 것이다. 왜냐하면 부모의 제도나 질서에 대한 가르침을 통한 압박에 자녀는 수치심을 느낄 수도 있기 때문이다. 단순히 자녀가 잘될 것을 바라고 올바른 가르침을 주었을 뿐이지만, 자녀의 거부에 대해 무엇이 잘못인지 모를 수도 있다. 또한 자녀는 모든 것을 순서에 따라 하기를 원하는 부모의 통제를 간섭받고 있다고 생각하여 거부감을 드러낼 수도 있다.

부모 1유형 vs. 자녀 3유형

이 유형은 열심히 일하고 성취하기를 원한다. 목표를 설정하고 그것을 위해 노력하고 매진할 것이다. 그에 따라서 자녀는 인정을 받을 것이고 부모는 보람과 뿌듯함을 얻을 수 있다. 이런 결과는 다른 사람들에게 모범이 되고 자랑스러운 결과를 가져올 수 있다. 두 유형 모두 일과 관련한 열정과 책임감이 강하다. 따라서 많은 시간을 소모하여 결과를 이루어 낸다. 자녀의 성취 그리고 부모의 올바른 원칙적 교육은 효율성을 드러낸다. 즉, 가성비가 뛰어난 조합을 이룬다. 그리고 그것은 유능함으로 자신감을 가질 수 있게 된다. 이러한 최상의 결과는 갈등이 일어나기 전까지는 매우 행복하게 보인다. 부모는 자녀의 자발적인 행동에 매우 감동을 받는다. 알아서 공부하고, 스케줄을 짜고, 할 일을 알아서 하니 잔소리할 부분이 크게 줄어들 것이다. 속도도 빠르고 일이 일사천리로 진행되어 결과를 만들어 낸다. 부모의 책임감과 자녀의 효율성이 어우러져서 결과물과 성취도가 높아진다.

부모와 자녀는 모두 감정 처리에 있어서 미숙하다. 왜냐하면 감정을 드러내는 것보다 중요한 것이 있기 때문이다. 즉, 자녀는 효율적인 것을 중요시하고, 부모는 원칙적인 것만 바라본다. 이런 면들은 감정을 절제하거나 외면하는 데서 발생한다. 효율적이기를 바라는 자녀가 원칙적인 것을 소홀하게 넘기면 부모가 그것을 지적하는 과정에서 갈등이 발생한다. 과정이 조금은 잘못되었어도 결과가 좋으면 된다는 자녀의 방식은, 모든 것이 완벽해야 끝나는 부모의 방식과 충돌할 위험성이 존재한다. 일에 몰두하고 완벽할 것을 바라는 부모의 시선으로 자녀를 바라보면 부모-자녀 간의 감정은 모두 그림자가 되어 뒤에 숨어 버린다. 그리고 엄격한 원칙의 칼이 드러날 수 있다. 그 칼을 피해야 하는 자녀로서는 요령이나 변명의 수단이 필요할 것이다. 이런 갈등의 내용은 계속 추궁해 들어가는 부모의 요구에 대한 항복이 일어날 때까지 이어진다. 자녀는 성취를 위해 노력한 바에 대한 인정과 칭찬을 받기 원한다. 그런데 그런 것들은 어디로 가 버리고 비판과 원칙의 공격 앞에 '두 손, 두 발'을 다 들어 버린다. 즉, 실패한 것이다. 이런 내용은 부모 입장에서 자녀가 효율적이기 위해 원칙을 버려 둔 것으로 보이기 때문이다. 자녀는 부모의 인정을 받고 싶어 한다. 자신이 하는 모든 일에 칭찬을 필요로 한다. 자녀의 관심사, 취미, 장점 등을 격려함으로써 오히려 점점 더 원칙에 가까워질 것이다. 아니면 거짓말, 요령, 숨김 등의 형태로 부작용을 일으킬 수 있다.

부모 1유형 vs. 자녀 4유형

1유형과 4유형은 화살로 연결되어 있다. 이 화살표는 꽤 이상적인 모습이다. 왜냐하면 서로의 장점과 단점의 모습을 교환하면서 반면교사가 될 수 있기 때문이다. 이 조합은 모두 내향적인 성향을 가지고 있다. 그런 서로의 모습 속에서 억누르고 있는 분노와 수치심을 만날 수 있다. 자녀는 부모에게서 객관성과 논리 그리고 성실한 모습을 본다. 독특하다는 감정적 자산은 노력과 원칙이라는 도달해야 할 목표점을 갖는다. 결과적으로 보자면 더 흥분되고 더 크고 재미있는 인생을 만들 수 있다. 그렇지만 늘 그렇듯이 부모의 원칙이 다 맞을 수는 없다. 일정 부분 양보가 필요하다. 특히 개성이 강한 자녀에게 원칙의 강요는 금물이다. 왜냐하면 자유를 제한하여 개성을 억압하기 때문이다. 따라서 부모의 의견을 표현은 하되 선택은 자녀가 하도록 열어 두는 자세가 필요하다. 모든 자녀는 부모의 신뢰를 얻기 위해 노력한다. 부모의 눈에는 안 보일지 몰라도 거의 목숨을 걸고 부모의 사랑을 갈구한다. 그렇다면 부모는 부족한 면을 찾지 말고 잘하는 면을 찾아야 한다. 독특한 자녀의 일반적이지 않은 모습을 찾아서 완벽할 것을 강요하지 말고 질문하고 배려하고 칭찬하는 것이 중요하다.

가장 흔한 갈등은 자녀가 부모를 너무 엄격하다고 느끼는 것이다. 차갑고 억누르며, 마음대로 할 수 없다고 느낄 수 있다. 그것은 부모의 원칙적인 가르침에 대한 반발이다. 혹시라도 자녀가 이런 반응을 보인다면 바로 후퇴하는 것이 좋다. 일이 커지면 나중에는 대가를 치러야 할지 모른다. 보통 갈등 상황이 펼쳐지면 부모는 자신의 잘못을 알아내는 데 많은 시간이 걸린다. 그리고 발견했다고 한다면 스스로도 자책을 하고 어떤 것이 잘못된 것인지 알 수 없어 한다. '최선을 다한 것이 잘못된 것일까?'라면서 반성과 자책을 되풀이할 수 있다. 자녀는 개인주의자이다. 내면의 연약한 감정으로 인해 예민하다. 모두 똑같은 원칙을 제안하면 거부한다. 자신만의 욕구를 표현할 수 있는 자유로운 영혼의 소유자이다. 부모가 사랑하는 방법은 합리적이나 자녀는 그 합리적인 방향대로 가기를 거부한다. 우아하고 로맨틱하며 우울하기도 한 자녀의 창조성을 사랑하고 보듬어 주는 것이 필요하다. 새장에 갇힌 새가 자녀는 아니다. 분명히 잘못되었으니 교정하고 바로잡으려고 원칙적인 억압을 가하면 자녀는 숨 막혀 할 것이다.

부모 1유형 vs. 자녀 5유형

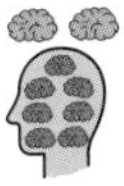

부모와 자녀는 문제를 가지고 의논하고 토론할 수 있다. 어릴 때부터 대견하다고 느껴지는 자녀는 어린 교수라는 별명이 이상하지 않다. 이 조합은 자녀의 관찰을 통해서 얻어지는 지식, 그리고 부모의 배우는 자세와, 실천해서 생긴 지혜를 함께 공유할 수 있다. '각각' 또는 '같이' 이런 소중한 지식과 정보를 축적해 나아간다. 어떤 현상에 대해서 그 원리를 가지고 대화하는 것은 이들에게 너무 중요하다. 어쩌면 부모가 자녀와 대화하기 위해서 사전에 많은 지식을 연구해야 할지도 모른다. 같이 감정을 통제하고 원칙과 지식에 집중한다. 모두 내향성이 강하다. 외부활동보다는 내부에 머문다. 생각이 깊고 관찰, 연구에 집중한다. 어리지만 지적욕구가 강한 자녀를 보는 부모는 자부심이 느껴진다. 이와 같은 공통점은 유대감을 강하게 하여 견고한 관계 형성에 도움을 준다. 따라서 이 조합은 즐거움을 위해 나누는 운동이나 야외활동 그리고 컴퓨터게임이나 오락 등이 중요하지 않을지 모른다. 하지만 반대로 이런 활동들은 많은 도움을 줄 것이다. 많은 시간은 아니더라도 종종 이런 시간을 계획하여 실천하는 것이 필요하다.

힘들어지는 경우는 부모의 원칙에 대한 기준이나 요구가 감정적인 접촉이 없을 때 발생한다. 즉, 좋은 말이라도 사랑과 감성적인 측면을 고려해야 한다. 그런데 이런 것 없이 지시하는 태도로 명령한다면 자녀에게는 독이 된다. 자녀는 원리를 알고 싶어 한다. '왜?'라는 질문에 '어디서 말대꾸'를 이런 식이면 매우 곤란하다. 이런 것은 감정적 접촉이 부족하다고 할 수 있다. 1유형이 가진 고민이기도 하다. 자녀가 부모의 감정적 접촉이 없는 지시와 명령을 받게 되면 자신만의 도피처로 피난을 떠나게 된다. 에니어그램 유형 중 이 유형의 자녀는 가장 비타협적이다. 그 이유는 원리를 알지 못하면 타협할 수 없기 때문이다. 그러면 대화를 하거나 접촉을 포기하고 거리두기를 하게 될 것이다. 이렇게 되면 유년 시절이나 청소년기를 훌쩍 뛰어넘어서 일찍 성인 같은 태도를 취하게 된다. 많은 부모는 이런 일이 어떻게 하여 발생되었는지 잘 모른다. 특히 1유형의 부모들은 무엇이 잘못되었는지를 알려고 열심히 대화를 시도한다. 그러나 대화보다 태도의 변화가 우선되어야 한다. 그것을 깨닫는 것은 쉽지 않다. 부모는 부모대로 최선을 다해 일하고 자신의 영역을 개척했으니까 말이다. 암튼 꼬마 교수는 일찍 성인이 된다. 꼭 기억할 것은 자녀는 어린아이라는 사실이다. 그러니 아무리 어른스럽게 말하고 행동해도 아이이다. 사랑과 관심이 필요하고 칭찬이 필요하다. 다만, 부모의 원칙적인 비판과 강요가 거리를 두게 만들었는지 찬찬히 살펴볼 필요가 있다.

부모 1유형 vs. 자녀 6유형

자녀는 안전에 대한 집착을 가지고 있다. 이런 집착은 필연적으로 권위자를 찾게 만든다. 어린 시절 권위자는 다름 아닌 부모이다. 이 권위자인 부모가 자신의 안전을 대변해 줄 수 있다고 굳게 믿는다. 그래서 모든 사실을 알 수 있는 청소년기 시절 이후에도 그 안전을 지킬 수 있는 부모라는 권위자를 잘 따른다. 하지만 부모의 권위가 더 이상 자신의 안전을 지켜 줄 수 없다는 판단이 들면 다른 권위자를 찾는다. 부모와 자녀 모두 최악의 경우를 염두에 두기 때문에 긴장하고 겁을 먹은 듯한 모습이 있다. 적절한 나이가 될 때까지 부모의 안전한 안내가 필요하다. 이 조합은 서로 비슷하다. 성실하고 근면하며 책임감이 있고 부지런하다. 이런 면에서 서로 신뢰를 주고받을 수 있다. 서로 공감하는 면도 비슷하다. 먼저 일을 하고 나서 쉬는 것을 택하는 것이나, 옳은 일을 추구하고 그것을 실천해야 한다는 면도 공유한다. 부모는 질서를 좋아한다. 원칙에 부합하기 때문이다. 자녀 역시 질서가 있다. 왜냐하면 그래야 안전하기 때문이다.

이 조합은 결정을 내리는 데 어려움을 겪을 수 있다. 부모는 완벽해야 하기 때문이고, 자녀는 안전해야 하기 때문이다. 성실하고 침착하나 내면은 겁이 나고 초조하다. 이런 부분은 자녀에게는 힘든 짐이다. 자녀의 경우 부모의 기대치를 채워야 한다는 강박관념이 존재한다. 부모의 비판과 완벽에 대한 갈구는 그것을 채우지 못하는 자녀에게는 큰 부담이다. 더 위축되고, 소심해지고, 소극적으로 변할 수 있다. 6유형은 양가의 감정을 가진다. 내가 두렵다는 것을 다른 사람들에게 전가시키는 것이다. 부모의 비판과 질책은 자신이 잘하고 있으면서도 비판을 계속 받는 것으로 이해할 수 있다. 그러면 늘 부모의 비판을 견디어야 한다. 그렇다면 자녀는 반항하게 된다. 두려운 감정에 올바로 반응하지 못할 때 반항함으로써 공포에 대항하는 부정적인 모습의 거친 면을 드러낸다. 자녀가 걱정하는 부분을 이해해야 한다. 만일 질책하고 화를 낸다면 고쳐지기보다는 더 악화될 뿐이다. "그것 밖에 못해?", "왜 그렇게 겁을 먹어!" 라고 윽박지르기보다 잘할 수 있고 안전하다는 신호를 보내 주는 것이 좋다. 부모와 자녀 모두 완고하다. 조금 더 부드러운 모습으로 기다려야 한다. 자녀가 반항적인 모습을 보이면 즉시 중단하고 부모 자신을 돌아보아야 한다.

부모 1유형 vs. 자녀 7유형

이 조합은 어항과 그 속에 들어 있는 금붕어와 같다. 완벽한 부모는 어항을 제공하고 어항 속의 금붕어는 자녀이다. 자녀는 그 어항 속에서 마음껏 놀면서 자유로운 행동을 할 수 있다. 자녀는 부모에게 질서와 '되는 것과 안 되는 것'의 경계, 그리고 주의할 점과 규칙 및 규범을 배운다. 부모는 가능한 한 가장 큰 어항을 준비하여 자녀에게 제공하는 것이 좋다. 왜냐하면 외부를 지향하는 자녀의 특성 때문이다. 부모는 자녀로부터 자유로움을, 자녀는 부모로부터 질서를 배운다. 모든 것에서 '자유롭고 마음대로'이며 '재미'를 찾을 수 있는 자녀에게 부모는 곧 교과서와도 같다. 부모는 자녀의 한계를 넘어서는 호기심과 모험심이 성장해야 할 영역이다. 그것을 의무와 책임으로 국한시키지 않는다면 배우고 시도할 필요가 있다. 모든 것을 원칙이라는 줄로 자신을 묶고 살았던 부모는 자녀에게서 해방일지를 쓸지도 모른다. 두 유형은 화살표 방향에 연결되어 있다. 부모의 유형인 1유형의 성장지점은 7유형이다. 나무를 보고 숲을 잘 보지 못하는 부모는 자녀로부터 미래의 스펙터클한 정글을 모험할 수 있을 것이다.

반면, 자녀는 1유형의 부모가 버겁게 느껴질 수 있다. 부모의 명령이나 이야기는 활기 없고 지루하다. 자유와 즐거움을 원하는 자녀는 놀고, 캠핑 가고, 먹고, 재미있는 여행을 좋아한다. 하지만 모든 것을 자신이 계획한 범위 내에서 활동하려는 부모는 이 모든 것을 다 따라 할 수 없다. 또한 늘 새로운 것을 원하는 자녀에게 다 맞추어 줄 수는 없는 노릇이다. 천방지축으로 방향을 알 수 없는 자녀를 통제하는 방법은 간단하다. 억압하고 위협하는 것이다. 그리고 도망가지 못하도록 줄을 쳐 놓고 그 범위를 벗어날 때마다 벌을 내리는 것이다. 하지만 자녀는 이리저리 요령도 좋다. 거짓말도 잘한다(어찌 보면 거짓말을 할 수밖에 없도록 한 측면이 강하다). 자녀 이기는 부모는 없다고 했다. 결국 지게 된다. 그리고 부모의 자책과 자신을 향한 후회의 상처가 남는다. 이것은 부모에게 가혹한 형벌이다. 보다 더 완벽하게 잘해 보려고 한 노력은 한 줌 재도 남지 않고 날아가 버렸다. 보다 자유롭게 하고 싶은 대로 허용하되 어항을 벗어나지 않도록 지켜보는 부모가 되어야 한다. 더 나아가서 자녀의 자유스러움을 배우고 따라 하면 더 좋다. 강한 압박보다 배려와 사랑 그리고 자유롭게 자신의 의사를 표현할 수 있도록 허용하는 것이 필요하다.

부모 1유형 vs. 자녀 8유형

이 조합은 장 유형(본능) 조합이다. 모두 본능적인 힘이 있고 에너지가 많다. 정의라는 부분은 가장 많이 겹친다. 1유형의 이슈는 '공정', 8유형은 '정의'라고 할 수 있다. 이런 경향은 어떤 일을 추진하거나 만들어 나가는 데 두려움이 없다. 따라서 시원시원하고 막힘이 없이 뻥 뚫려 있다. 하지만 조금 지나 보면 곧 극명한 차이점이 드러나게 된다. 부모는 화를 참는 스타일이다. 왜냐하면 화가 날 때마다 화를 낸다면 그 뒷감당을 하는 데 어려움을 겪을 수 있다는 것을 알기 때문이다. 그러나 자녀는 화를 잘 참지 않는 스타일이다. 작은 일에도 신경을 쓰는 부모와 달리 자녀는 그런 것까지 신경을 쓰면서 어떻게 사느냐고 말할 수 있다. 이 조합의 부모와 자녀는 화를 내는 것에 큰 차이가 있다. 어느 정도는 허용하고 어느 정도는 해야 하는 컨트롤이 필요하다. 부모의 디테일하고 섬세한 통제는 그것을 두려워하는 자녀에게는 독이 된다. 거리를 두고 자녀의 영역을 허용하며 융통성 있게 재량권을 허용하는 면에서 타협을 하면 좋다.

만약에 부모와 자녀가 외부의 압박을 받는다면 어떤 일이 생길까? 바로 반응한다. 자녀는 즉각 가능하고 부모는 조금은 늦지만 반응한다. 그냥 넘어가는 것은 매우 어렵다. 통제권을 상실한다는 것은 허용하기 매우 힘이 든다. 특히 '부모-자녀의 관계'를 생각하고 1유형이 부모라는 가정은 반응의 대치를 가져온다. 이것은 바로 대결을 의미한다. 서로 다투고 싸우는 현상도 가능하다. 가족 간에 가정 안에서 갈등이 일어난다. 그 갈등은 바로 분노의 감정이 외부로 표출되는 것이다. 부모는 명령하고 자녀는 저항한다. '정리정돈은 이렇게 하고', '숙제는 이렇게 하고' 등의 명령은 효과적이지 않다. 통제를 두려워하는 어린 8유형 자녀는 부모를 위선적으로 느낄 수 있다. 게으르고, 이기적이며, 덤벼드는 자녀를 통제하는 방법으로 양육하려는 것은 위험성이 크다. 누더기가 될 수 있는 방법을 피하고 자녀를 인정하고 받아들이는 것은 부모가 풀어야 할 가장 큰 숙제가 될 것이다. 특히 옳다는 것에 얽매이지 말고 허용하는 편을 택하는 것이 바람직하다. 부모의 원칙이 만능은 아니며 한 가지 길을 가라고 명령할 때 따를 수 있는 자녀는 많지 않을 것이다.

부모 1유형 vs. 자녀 9유형

같은 장형이면서 서로 날개를 공유한다. 본능 유형은 '분노'라는 공통점을 가지고 있다. 그런데 부모 유형은 분노를 참고 억누르며, 자녀 유형은 분노의 에너지를 통과시켜 버린다. 분노가 있음에도 없다고 느낀다. 즉, 모두 분노 처리에 어려움을 겪을 수 있다. 1유형은 억누르고 있어서 분노가 나갈 길을 잃는다. 따라서 부모 유형에게 분노란? 평생 처리해야 할 가장 중요한 과제이다. 자녀 유형에게는 분노가 있으나 없는 것처럼 느낄 수 있는 것이 문제가 된다. 즉, 자신이 자신에게 속는다. 다른 사람도 속는다. 부모는 이 세상의 선을 위해 옳은 일을 하며, 자녀는 더 큰 평화를 바라보면서 자신의 욕구를 흘려보낸다. 가장 많은 경우에 부모는 자녀에게 해야 할 일에 대한 지침을 내린다. 자녀는 부모의 지침을 잘 따르며 수용한다. 아무 문제가 없다. 따라서 부모는 매우 만족해한다. 간혹 다소 비자발적이고 느린 행동에 화가 나지만 곧 수그러든다. 자녀는 부모의 뜻에 잘 따른다. 편안하고 말이 적고 착하다. 말을 많이 할 수 있으나 1유형의 부모에게는 말을 잘하지 못한다. 그 이유는 자신의 말에 대한 부모의 분석과 비판을 견디기 힘들어서이다. 괜히 말을 했다가 평화만 깨지는 경험을 많이 했을 가능성이 높다. 부모는 자녀가 말을 하지 않으니 그 속을 알 수가 없다. 나중에 많은 시간이 지나간 후에 알 수 있다면 어느 정도 상처를 각오해야 한다.

9유형의 자녀는 태만함이 있다. 선택을 하는 데 어려움이 있기도 하다. 주변의 환경을 따라가기 때문에 주도성이 없어 보일 수도 있다. 빠른 선택을 강요하는 부모에게 부응할 수 없으면 긴장하기 때문에 더욱 늦어지고 그로 인해 부모는 더 빨라진다. 점점 더 부모는 빨리, 자녀는 더 늦게, 악순환을 일으킬 가능성이 있다. 또한 자녀는 잘못한 것이 없음에도 화가 난 부모의 분노를 가라앉히기 위해서 잘못했다고 말할 수 있다. 자녀는 평화를 원한다. 조용하고 부드럽고 온화한 부모를 원한다. 하지만 부모는 까다롭고 화를 내며 지적한다. 잘하면 더 잘하라고 말한다. 자녀는 점점 더 자신감을 잃어 간다. 마치 비가 오지 않아서 시들어 가는 꽃처럼 활력을 잃는다. 그러면서 자신도 모르는 분노의 찌꺼기가 밤새 오는 눈처럼 내면에 쌓여 간다. 문제는 이 분노가 쌓이는 것을 부모가 눈치채지 못한다는 것이다. 이럴 때 나타나는 현상이, 문제는 해결되지 않고 악순환을 계속하는 것이다. 무엇이 문제인지 모른 채 답답해하면서 부모와 자녀는 서서히 함정 속으로 깊게 빠져 간다. 자녀는 공격하지 않으나 수동적으로 저항한다. 강하지는 않으나 분명한 메시지가 있다. 주의하여 보지 않으면 알기 어렵다. 착한 자녀의 작은 몸짓을 주의 깊게 살펴야 한다. 부모가 무엇인가를 고치려 하고 강압적인 힘으로 압박한다면, 자녀의 수동적 공격(고집)은 더욱 강화될 것이다.

부모 2유형과 자녀

부모 2유형 vs. 자녀 1유형

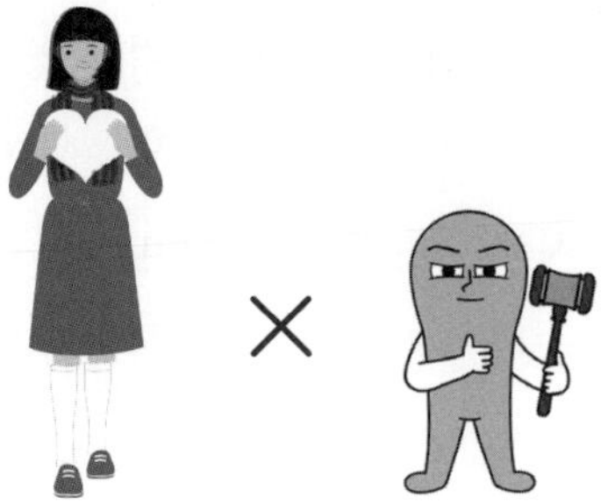

2유형 부모는 따뜻하고 친절하다. 자녀는 부모로부터 항상 사랑받고 있다는 감정을 느낄 수 있어서 좋다. 자녀는 모든 것에 신중하고 근면, 성실하다. 부모는 이렇게 완벽한 자녀가 실수할 때도 질책하거나 꾸중을 하지 않는 편이다. 이 부분이 자녀의 긴장을 풀어 주고, 분노를 건강하게 해소하도록 돕는다. 보통은 부모의 사회적 활동이나 도와주려고 하는 일 등이 자녀에게는 자긍심이 되기도 한다. 자녀가 종교기관이나 사회단체에서 봉사를 한다면 자녀는 부모에게 보람을 느끼게 할 수 있다. 부모는 자녀에게 긍정적인 메시지를 주며 이런 경향은 자녀의 성장에 좋은 자양분으로 작용할 수 있다. 이러한 영향으로 자녀는 자신의 감정을 자연스럽게 표출할 수 있으며 긴장을 완화시키고 분노를 긍정적으로 처리하는 능력을 기르게 된다. 자녀를 통해 부모는 인생에서 보다 더 객관적이고 논리적이며 실용적인 방향을 제시받을 수 있다. 자녀를 통해 자신의 욕구를 볼 수 있다면 부모 역시 건강한 성장을 할 수 있다.

자녀는 이런 부모의 도움에 대해 거부할 때가 생길 수 있다. 그것은 다른 사람의 필요보다 자신의 필요가 더 우선적이라고 생각할 때이다. 우리 가족은 방치한 채 부모가 다른 곳에서 시간을 보내고 있다면 자녀는 부모에게 보냈던 지지와 성원을 그만둘 수 있다. 그러나 부모의 사회적 지원이 옳은 일이라고 믿는다면 함께 헌신에 참여하게 될 것이다. 문제는 어떻게 적절한 타협점을 찾을 수 있느냐는 것이다. 보통의 2유형 부모가 실속 없는 사회활동이나 영양가 없는 지원을 한다면 자녀는 자신의 불만을 토로할 것이다. 특히 다른 가족의 자녀를 돌보느라 자신을 등한시한다는 판단을 한다면 불만은 깊어지게 된다. 가장 조심해야 할 점은 자녀는 부모의 돌봄을 필요로 한다는 것이다. 모범적이며 말 잘 듣는 자녀라도 부모의 따뜻한 보살핌은 항상 필요하다. 같은 자녀라도 부모의 사랑을 상대적으로 받지 못한다고 느끼면 아프다. 불평등하고 불공정하다고 느끼면 엄청난 스트레스이다. 하물며 가족이 아닌 다른 자녀에게 많은 관심을 쏟는다면 자녀는 상처를 받고 분노를 느낄 것이다. 자신의 일을 알아서 잘하는 자녀이지만 적절한 관심은 필수적이다. 또 한 가지 중요한 사항은 너무 많은 관심 역시 부담이 된다. 부모의 입장에서 보자면 관심과 보살핌이 간섭으로 이해되지 않도록 세심한 주의와 관찰이 필요하다.

부모 2유형 vs. 자녀 2유형

이 조합은 사랑을 많이 주고받는 관계가 된다. 사랑하는 감정이 풍부할 뿐 아니라 그것을 표현하고 직접적인 스킨십을 갈구한다. 그리고 그것을 서로 채워 준다. 동시에 이 조합은 다른 사랑의 관계와 연결되어 있다. 그러니까 부모는 다른 곳에서 사랑의 감정을 나누고 가정에서는 자녀와 사랑의 감정을 나눈다. 자녀는 자녀대로 학교나 다른 단체에서 사랑의 감정을 나누고 가정에서는 부모와 그 관계를 나눈다. 안과 밖에서 사랑의 감정을 나누는 결과이다. 이런 점이 균형을 이룬다면 환상적인 교류가 이루어질 수 있다. 또한 정서적인 지원을 받고 또는 나누는 선순환의 기쁨을 경험할 수 있다. 부모와 자녀는 다른 사람의 필요를 보는 눈이 발달해 있기 때문에 늘 바쁠 수 있다. 그리고 주변에서 그들의 도움을 요청하고 그것에 응답하기를 원하기 때문이다. 사랑을 먼저 선제적으로 제공하고 그로 인해 사랑받기를 원하는 것이 희망이다. 그러나 언제나 타이밍이 중요하다. 이 타이밍의 양과 질을 적절하고 균형 있게 사용할 수 있다면 기쁨은 두 배로 올라가고 슬픔은 절반으로 줄어들게 될 것이다.

그러나 만약 그 조절에 실패하여 균형을 잃어버린다면 갈등은 수면 위로 떠오른다. 가족 간에도 관계에 대한 상처를 받게 된다. 먼저 선제적으로 주었으니 상처도 먼저 받고 많이 받는다. 서로에게 필요한 것을 알고 필요한 것을 주고 싶어 하기에 줄 수 없거나 받을 수 없다면 상실감이 클 것이다. 만일 자녀가 둘이라면 부모의 사랑을 획득하기 위한 사랑싸움이 벌어질 수도 있다. 사랑을 받지 못한다는 사실은 매우 슬프다. 외적으로나 내적으로 균형이 이루어져야 한다. 자녀끼리 경쟁을 하지 않도록 조화와 균형을 이루는 것도 중요하다. 성공하기 위한 것 중 중요한 척도는 '상호의존성'이다. 주도적인 능력을 갖고 있으면서도 상호의존성을 발전시킬 때 성공할 수 있다. 부모와 자녀의 관계도 마찬가지이다. 같은 유형의 관계에서 이런 점을 상기하고 지킬 수 있는 지침이 필요하다. 사랑을 받거나 주기 위한 트릭(trick, 속임수)은 위험하다. 아무리 그것이 크다 하더라도 신뢰가 깨지면 부작용이 심하다. 회복하는 것도 매우 힘들고 이미 트라우마가 생긴 후라서 어렵다. 항상 평상시의 자세와 태도를 유지해야 한다.

부모 2유형 vs. 자녀 3유형

성공을 중요하게 생각하는 자녀에게 부모는 지원하는 시스템을 갖는다. 열정과 비전이 있으며 활달한 자녀는 부모의 지원 속에서 잘 성장한다. 그리고 그런 일 자체가 부모에게는 활력요소이자, 보람과 기쁨이다. 이런 도움 속에 자녀가 성과를 거두게 되면 행복의 세레나데가 넘치게 된다. 자녀는 자신의 성장과 성과에 기뻐하는 부모에게 자식 키운 보람을 안겨 주고, 자신은 성공에 자신감을 갖는다. 이 조합은 다른 사람들에게 보이기를 좋아하며 또한 쉽게 다른 사람의 눈에 띄게 된다. 가슴형인 이 조합은 특별한 부작용을 염려할 필요는 없다. 하지만 자녀가 성장함에 따라 도와주는 범위가 넓어지고 성공은 점점 더 복잡한 양상을 띠게 된다. 경쟁이 더 치열해지기 때문이다. 경쟁을 즐기기는 하지만 스트레스를 피할 수는 없다. 부모의 도움은 외형적인 지원에 치우치게 될 개연성이 높다. 이때가 조심해야 할 때이다. 끝없이 높아져 있던 자리에서 밀려날 수도 있기 때문이다. 따라서 도움은 '존재론적'인 지원에 더 관심을 가져야 한다. 나타나서 보이는 것보다 '인간 자체의 존엄성과 인격적인 면'을 강조하는 것이다. 성취는 자녀의 존재가 높아지는 것이며 부모는 그 '존재를 행복'해하는 것이어야 한다. 다른 사람들의 관심보다 부모-자녀가 서로에게 더 많은 관심과 지원을 하되 '존재론적 지원'을 하도록 하자.

이 조합은 감정형 관계로 날개를 공유한다. 감정을 잘 표현하는 부모와, 성공을 위해 감정을 슬그머니 놓아 버리는 자녀의 관계이다. 부모는 자신이 무엇인가를 해야 사랑받을 수 있다고 느낀다. 반면, 자녀는 자신의 내적 가치보다는 오직 성취로 인하여 자신의 가치를 입증해야 한다고 믿는다. 보이는 이미지가 없으면 모든 중심에서 물러나고 그것은 성공하지 못한 것, 즉 실패한 것이 된다. 자녀에게 실패란? 상상할 수 없는 것이다. 그러나 이 모든 것은 집착에서 오는 것으로 자신은 외부의 이미지가 아닌 오직 '존재 자체'로서 입증해야 한다. 도와주지 않아도 충분히 자녀에게 존경과 사랑을 받을 수 있다. '혹시 성공하지 못해도 부모는 나를 인정하고 사랑할 것이다'라는 믿음이 필요하다. 그러려면 평소에 이런 시스템을 구축하는 작업이 필요하다. 부모가 도와주지 않아서 실패했다고 말한다거나, 자녀가 성공하지 못해서 도움을 받을 수 없다는 소리로부터 해방되어야 한다. '부모는 부모, 자녀는 자녀'이다.

자신의 성취에 부모의 도움을 감사할 수 있고, 자신의 도움에 자녀의 성취가 있다고 노래해야 한다. 당당하고 핑계를 대지 않으며 서로에게 감사해야 할 것이다.

부모 2유형 vs. 자녀 4유형

이 조합은 가슴형의 만남이다. 자녀는 부모의 따뜻하고 친절한 돌봄에 만족할 것이다. 자녀의 가슴에 쌓여 있는 감정은 부모의 허락과 돌봄 속에 무럭무럭 자라날 가능성이 높다. 자녀는 부모에게 바라는 것도 많을 것이고 부모는 자녀의 요구에 적극적으로 응답해 줄 것이다. 무엇보다도 스스로의 가치를 느낄 수 있도록 안내하는 역할이 매우 중요하다. 자녀는 독특하며 새롭고 다른 친구들과는 다른 것을 추구한다. 또한 부모와 자녀는 서로의 것을 주고받을 수 있다. 이 기능은 에니어그램의 화살과 연결되어서 그렇다. 부모는 자녀의 개성과 독특성 속에서 역으로 도움을 받을 수 있다. 그것은 자신이 소중하다는 것이다. 약간은 이기적 자녀로 느낄 수도 있다. 자녀는 내향적이고 주된 관심이 자신의 내부로 향해 있다. 부모는 그 반대이다. 퍼 주기 좋아하고, 모든 것에 관심이 많다. 이런 부모는 흩어진 에너지를 모을 필요가 있다. 그것은 자녀의 모습이다. 자녀는 다른 사람들이 바라는 모습이 되려고 하지 않을 것이다. 더 나아가 부모가 바라는 모습을 강요할 경우 저항할 수 있다. 부모의 역할은 자신의 필요를 인정하고 자신이 되는 법을 가르치는 것이다. 자녀는 자신의 특별함에 빠질 수 있다. 그렇기에 그 부분을 인정하는 동시에 그것에 너무 빠지지 않도록 외부 활동과 즐거움을 제공하면 좋다.

화살이론에 나타나 있듯이 자녀는 부모의 부정적인 모습을 가질 수 있다. 즉, 독특하고 고유한 모습이 다른 사람에게 인정받지 못할 때이다. 이때 자녀의 걱정과 근심은 늘어난다. '내가 이상해? 친구들이 왜 나를 싫어하지?' '이상하다'거나 '4차원이야'라는 평가를 받으면 스트레스를 많이 받는다. 사실 친구들의 이런 평가나 놀림은 자녀의 유형 특성상 충분히 예상할 수 있는 대목이다. 자녀는 독특하기를 원하기 때문에 다른 친구들과 똑같이 되는 것을 거부한다. 이런 성격을 이해한다면 답은 나와 있다. 놀랍지 않은 일이다. 그런데 친구들에게 부정적인 이야기를 많이 듣다 보면 스트레스가 쌓인다. 이때 나타나는 현상이 바로 부모의 안 좋은 모습을 닮거나 흉내 내려 한다는 것이다. 즉, 다른 사람의 인정과 칭찬 그리고 관심을 갈구하는 것이다. 자녀는 있는 그대로 가치가 있다. 다른 사람들의 평가에 의해서 자신의 가치가 올라가거나 훼손되는 것이 아니다. 그럼에도 무엇인가를 하면 더 많이 자신의 가치를 알아준다는 생각에 사로잡힌다. 이것은 자녀의 후퇴를 의미하며 부모가 스트레스를 받을 때 나타나는 현상이기도 하다. 그러므로 부모는 자녀의 부정적인 측면을 바라보면서 반면교사로 삼고 자녀와 함께 건강한 성숙을 이루어야 한다. 부모와 자녀의 통합으로 인해 서로 자극을 주고받으면서 성장해 나갈 수 있다. 부모는 다른 사람들에게 사랑을 받기 위해 하는 행동을 줄여야 한다. 자녀 역시 자신의 고유성을 억지로 인정받기 위한 행동을 참는 것이 필요하다.

 부모 2유형 vs. 자녀 5유형 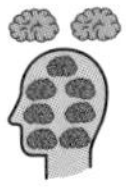

부모는 자녀가 신기하다. 조용하고 차분하며 지적인 분위기의 모습은 부모와는 다른 모습이기 때문이다. 자녀 역시 마찬가지이다. 활력이 넘치고 외향적이면서 말을 많이 하는 부모는 자신과는 다른 영역의 사람처럼 느껴진다. 가장 따뜻하고 사랑스러운 부모와 가장 차갑고 혼자 있기를 좋아하는 자녀의 관계가 된다. 내가 어떻게 이런 자녀를 두었을까? 신기할 지경이다. 그러나 부모와 자녀의 관계라는 것 자체가 신비 아닐까 생각하게 된다. 감정적인 몰입이 잘되는 부모는 감정과 분리를 잘하는 자녀와 감정적 교류에 어려움을 느낄 수 있다. 그래서 '과연 나와 동일한 느낌일까?'라고 의심이 들 수 있다. 하지만 자녀는 태도는 그래도 실제로는 사랑받고 양육받는 것을 기쁘게 생각한다. 감성적인 돌봄을 잘하는 부모의 기능은 언제나 유효하다. 나아가 무엇보다 원리에 대한 생각을 많이 하는 자녀에게 그 이유를 설명할 수 있다면 최고이다. 기계나 가구 그리고 게임이나 과학도구들을 조립하고 만드는 과정을 함께하면 도움이 될 것이다. 그리고 끊임없는 질문에 답하고, 정보를 찾아주는 것을 통해 감정적으로 사랑을 전할 수 있다. 이런 일련의 과정은 자녀가 부모로부터 감정과 생각을 분리하지 않고 균형감각을 가질 수 있도록 촉구할 것이다. 자녀는 부모를 통해 받은 사랑이 훗날 자신을 구두쇠로 만들지 않고, 나누고 베푸는 정신과 실천과 철학을 배웠다고 회상할 것이다.

자녀는 거리두기의 달인이다. 하지만 부모는 그 거리를 좁혀 가면서 자녀와의 경계를 무너뜨리게 될 것이다. 여기에서 느끼는 자녀의 생각은 항상 부모로부터 사랑받고 있지만 뭔가 이해되지 않는 것이 있다는 사실이다. 분명 사랑의 풍성함을 경험하는데 간혹 '왜 사랑한다면서 내 사생활을 이렇게 무너뜨리는 거지?'라고 생각하거나 때로는 간섭이 너무 심하고 통제를 당하고 있다고 느낄 수 있다. 이것은 부모의 사회적 욕구가 팽창된 것을 자녀에게 강요하기 때문에 생긴 현상일 것이다. 자녀는 혼자 또는 1:1 만큼의 인간관계로 충분하다고 생각한다. 그러나 부모는 더 넓은 곳에서 더 많은 사람을 만나서 사회성을 기르게 하고 싶다. 바로 이런 욕구의 충돌은 관계에 긴장을 가져다준다. 부모는 자녀의 사랑이 없는 것 같은 행동과 생활태도를 두려워할 수 있다. 부모의 사랑과 애정이 도달하지 않는다고 느낀다면 그것은 성격의 차이를 무시하는 것이 될 수 있다. 어떤 것이든지 사전에 자녀의 허락을 받고 동의를 구해야 한다. 부모의 넘치는 애정이 그대로 잘 전달되도록 감정의 줄다리기(밀당)를 하지 말고, 사실의 전달과 오리엔테이션을 진행하는 것이 도움이 될 것이다.

부모 2유형 vs. 자녀 6유형

자녀는 부모의 무한한 애정에 감사와 환영의 의사를 나타낸다. 부모의 돌봄은 불안과 걱정이 많은 자녀에게 안전지대를 제공하며 보호받고 있다는 느낌을 가지게 한다. 가끔 머리형인 자녀가 냉각되거나 차갑게 느껴지면 부모는 멈칫할 것이다. 하지만 그리 길게 가지는 않는다. 더 따뜻하고 더 사랑스럽게 자녀의 욕구를 충족시킬 것이다. 모든 것을 물어보고, 의논하며 가르침을 받고, 부모의 안전지대를 벗어나지 않는 자녀이다. 말썽 한번 안 부리는 모범적이며 착한 자녀라고 느끼게 된다. 부모는 늘 일이 많고 적극적이다. 그래서 자녀에게도 많은 것을 광범위하게 제공한다. 가정에서는 서로를 돌보고 도와주는 것에 환상의 호흡을 자랑할 수 있다. 부모의 헌신과 노력을 통해 신뢰하는 관계가 되면 자녀는 자발적 충성으로 응답한다. 이것은 가정이라는 곳이 얼마나 소중한 곳이고 자신에게 든든한 지원군이 될 수 있는 '안전의 공간'이라는 사실을 느끼기 때문이다. 자녀는 의심이 많다. 그것은 자녀가 가지고 있는 근본적인 성격이다. 안전을 지키기 위해서 항상 의심은 필수적인 것이 된다. 부모라도 안전하지 못하다고 느끼면 의심할 수 있다. 의심을 위한 의심이 아니라 믿을 수 있도록 의심하는 것이다. 이런 감정을 항상 품고 지내기 때문에 늘 신뢰의 관계를 확인하는 것이 필요하다.

자녀는 안전에 관한 두 가지 스타일이 있다. 부모의 간섭이 심해지고 억압한다면 반항할 수 있다. 이것을 공포대항이라고 하는데, 안전하게만 느껴졌던 부모의 행동에 불만이 생기는 경우이다. 평소에 다정다감하고 부모를 도우며 충성스러운 모습을 보여 주는 것과는 상반된 경우이다. 특별히 사춘기가 아니더라도 이런 행동이 나타나면 일단 뒤로 물러서야 한다. 스스로 선택하고 판단하는 것은 자녀에게 매우 중요한 일이다. 그동안 부모로부터 안전을 허락받았지만 성장하면서 더 많은 다른 안전이 필요하다. 결코 부모로부터 100%의 안전이 보장되지 않는다는 것을 알게 된다. 그러므로 스스로 안전지대를 확보하고 만들 수 있는 능력을 길러야 한다는 것을 본능적으로 알게 된다. 만일 이것을 생략하게 된다면 마마보이가 될 것이다. 따라서 계속되는 부모의 압박이나 도움은 더 이상 자녀에게 안전한 도구의 역할이 될 수 없다. 이때 적절하게 자녀가 스스로 결정을 내리고 선택하며 책임질 수 있도록 한다면 최상의 시나리오이다. 자녀의 반항을 겁내지 말라. 요즘 이상하다고 생각하기 전에 스스로의 인생을 만들어 갈 수 있는 기회라는 신호로 받아들이라. 그리고 적절한 거리를 두고 애정을 가지고 지켜보라. 그렇지 않으면 자신을 확고하게 믿는 믿음의 형성이 흐트러질 수 있다. 부모의 과다한 애정 역시 항상 조심할 부분이다.

 부모 2유형 vs. 자녀 7유형 

부모는 사랑으로 도와주기를 원하고, 자녀는 행복하고 즐겁게 되기를 원한다. 밝고 재미있는 자녀를 부모는 행복해하고 기뻐한다. 부모와 자녀는 항상 밝은 면을 보고 잘될 것이라는 긍정성을 갖는다. '비가 와서 여행은 취소되었지만 집에서 요리를 만들어 먹으며 행복하다.', '안 된 것으로 인하여 슬퍼하지 않고 된 것으로 인하여 행복해할 수 있다.' 친절하고 쾌활한 부모와 자녀는 외부 지향형으로서 활동을 좋아하고 사람 만나는 것을 행복해한다. 종종 모임이 많고 다른 사람들을 집으로 초청하는 것도 좋아한다. '잔치 분위기 또는 파티 천국'이다. 자신의 것을 나누어 주는 것을 좋아하고 안 되는 일 때문에 괴로워하지도 힘들어하지도 않는다. 부모의 사랑은 자녀가 성장하는 데 큰 힘이 된다. 자녀가 가진 장점을 아낌없이 주는 나무인 부모는 감당할 자신도 능력도 있다고 믿는다. 아이디어 뱅크인 자녀는 창의력이 뛰어나고 임기응변에 강한 반짝반짝 빛나는 보석이다. 부모는 행복하다. 다만, 엉뚱하고 활동량이 많은 자녀가 위험하다고 생각할 수 있다. 따라다니면서 감시할 수도 없는 노릇이다. 그러므로 부모, 자녀 모두 하고 싶은 것을 절제하는 노력이 필요할 것이다.

이런 행복의 천국, 해피한 나라에서 항상 지낼 수 있다면 인생이 얼마나 행복하겠는가? 질투의 신은 이런 부모–자녀 관계를 그냥 내버려 두지 않는다. 점차 성장한 자녀는 더 많은 공간과 자율성을 요구하게 된다. 부모가 주는 사랑이 이제는 버겁다. 부모의 관심에서 벗어나 또 다른 행복을 추구하고 싶은 욕구가 분출되기 시작한다. 부모의 도움이 지루함으로 바뀔 즈음, 갈등이 생길 수 있다. 부모는 지금까지의 연결성에 많은 포인트를 주고 싶지만 자녀는 집 외의 다른 곳으로 모험의 여행을 떠나고 싶어 한다. 부모는 연결고리가 끊어질 것을 염려하여 강하게 통제할 수 있다. 결과는 자명하다. 자녀는 부모의 애정을 간섭으로 여기고 답답하게 생각한다. 따라서 단호하고 매정하게 돌아선다. 지금까지 부모와 함께 즐겼던 일들을 통해서는 흥분이 일어나지 않고 재미가 없다. 멀어지려는 자녀를 잡으려고 부모는 결사적인 노력을 한다. 그런데 이런 노력이 부작용을 일으켜 자녀는 부모의 통제에서 더 멀리 나가려고 할 것이다. 부모는 분노할 것이고 그동안의 사랑에 대해 실망할 것이다. 부모의 유형은 스트레스를 받을 때 8유형의 부정적 면으로 이동한다. 잃어버리려고 하는 통제권을 회복하기 위해 강압적인 시도를 한다. 위험한 순간이다. 스스로 자녀의 인생을 걸어갈 수 있도록 허용하고 언제든지 사랑의 메시지가 있다는 사실을 기억하게 하라.

부모 2유형 vs. 자녀 8유형

2유형 부모와 8유형 자녀의 조합은 높은 에너지와 활동성을 가지고 있다. 부모의 부드럽고 따뜻한 양육은 자녀의 내부에 회피하고 싶은 부드러운 감성을 일깨워 준다. 이 부분이 핵심 포인트에 가깝게 자리한다. 어린 시절 부모의 애정이 듬뿍 담긴 돌봄 속에 드러난 감성은 성장한 후에도 많은 도움을 줄 것이다. 긍정적일 경우 이 두 유형은 화살표로 연결되어 있다. 즉, 자녀는 부모가 자신을 돌볼 것이라는 신뢰를 가질 수 있게 한다. 자녀 유형의 성장 지점은 자녀 유형의 강점을 소유하는 것이기 때문이다. 부모의 애정과 부드러움을 품은 자녀는 강하면서도 부드럽고 도움을 주는 카리스마와 리더십을 소유하게 될 것이다. 부모는 자녀를 위해 기꺼이 자신의 에너지를 투입하고 희생할 것이다. 자녀는 자신의 요구사항을 말하고 부모를 도울 것이다. 이 사이에서 서로의 욕구 충족은 바람직한 화학작용을 일으킨다. 즉, 부모는 희생과 사랑을 직접적으로 마음껏 할 수 있으며, 자녀는 자신의 요구에 희생을 제공하는 부모를 보호하고 지켜 주리라 다짐하게 된다. 보다 직접적이고 일방적인 행동이 검증하고 실천하는 방향을 잡는다. 이 점은 자녀의 성장에 큰 밑거름이 된다.

자녀는 강한 독립성을 원한다. 부모는 의존적이다. 혼자 있기 힘들고 다른 사람들과 연결되기를 원한다. 때문에 독립성을 원하는 자녀 주변으로 부모가 빙빙 돌 수 있다. '나는 혼자 충분하다니까? 참견을 그만 중단하세요!'와 같은 주장을 자녀가 할 수 있다. 이런 점을 알고도 쉽게 지원을 그만두기가 힘든 것이 부모이다. 흔히 2유형이 가지고 있는 소유욕이 점점 강해지면 '강:강'의 대치로 이어질 수 있다. 혹시나 자녀를 잃을 수도 있다는 부모의 불안감은 이해할 만하다. 부모는 자녀를 위해 희생했으며 모든 것을 다 주었기 때문이다. 부모는 다른 부모들보다 더 많이 주었다고 느낀다. 사실이 그렇기도 하다. 따라서 더 속상하고 외롭게 느낀다. 그래서 더 멈추기가 어렵다. 하지만 여기에서도 문제는 있다. 자녀는 직접적이고 간단한 방식으로 말하기를 원한다. 하지만 부모가 사용하는 방법은 간접적이고 서술이 긴 형태의 말을 주고받는다. 한마디로 끝내 줄 것을 자녀가 요구한다면 긴말과 감정적 호소로 부모는 답할 것이다. 만약에 이런 시소게임을 할 경우 부모는 반드시 진실해야 한다. 선의의 거짓말을 통해 압박을 지나쳐 가려고 하면 문제는 더욱 커진다. 자녀는 부모를 믿지 못하게 될지도 모른다. 자녀에게 사과를 하거나 약하게 보여 동정을 사려고 하는 것은 8유형 자녀에게는 적절하지 않다. 그것은 부모를 존경하지 못하게 한다. 자녀는 강한 부모를 존경한다.

부모 2유형 vs. 자녀 9유형

이 조합은 모두 다른 사람의 눈치를 잘 살핀다. 자신의 욕구보다는 다른 사람들의 욕구를 더 중요시하거나, 맞추려고 하는 경향이 있다. 외형적으로는 따뜻하고 배려가 느껴진다. 다른 사람들과 어울리는 것을 즐겨하는 부모는 주변에 많은 사람이 있다. 자녀는 그것에 쉽게 동화되고 불만을 잘 나타내지 않는다. 부모는 자녀의 필요를 따뜻하게 채워 주려고 한다. 하지만 부모가 돌보지 않아도 특별한 불만을 제기하지 않는다. "난 괜찮아요.", "더 돌봐야 할 사람이 많잖아요.", "그 사람들을 먼저 돌보아 주세요.", "난 나중에 시간이 남으면 해 주셔도 됩니다." 그래서 부모는 편안하게 자녀를 대할 수 있다. 자녀는 대개 다른 사람과의 많은 활동 때문에 자신을 돌보지 않는 부모를 원망할 수 있다. 하지만 9유형 자녀는 그런 면에서 마냥 편하다. 이 부모와 자녀의 조합은, 편하고 자연스럽고 한가한 시간에 애정을 주고받는다. 조금은 덜 신경 써도 되는 자녀이기에 우선순위에서 밀려난다. 이렇게 밀려나는 현상이 길어지면 부모가 경계해야 할 내용이 많아진다. 명심할 점은 조금 반응이 느릴 뿐이지 느끼는 감정은 다른 자녀들과 똑같다는 것이다. 부모는 자녀에게 성취해야 하고 부지런해야 하며 자존감을 가져야 한다는 것에 대해서 동기부여를 해야 한다. 이 부분은 부모가 선제적으로 만들지만, 결국 자녀가 함께 노력해야 한다. 자신의 정체성을 다른 사람에게서 찾으려고 하지 말아야 한다. 부모-자녀는 서로 교환하고, 또 대화와 사랑을 나누면서 함께 만들어 가야 한다.

과연 부모는 자녀의 욕구를 알아챌 수 있을까? 2유형 부모는 다른 사람의 욕구를 잘 알고 눈치 있게 행동하는 센스가 뛰어나다. 그러면 자녀에게도 과연 그럴까? 부모는 슬픔, 아픔, 이별 등 감정적인 분야에서의 감정 흐름을 잘 안다. 하지만 자녀는 그것을 잘 모르고 속도 또한 느리다. 또는 잘 알지 못한다. '나는 슬프다. 그런데 왜 슬픈지 그것을 모르겠다. 그냥 슬프다.'는 표현을 할 수 있다. 이것은 자녀 유형이 가진 감정의 내면화 현상 때문이다. 자신의 감정을 드러내는 것을 두려워하고 감추어 둔다. 반면, 부모는 그 모든 것을 다 뒤집어서 내어놓는다. 자녀의 이런 점이, 부모가 안다고 믿지만 결국은 잘 모르는 것이 된다. 잘 알지도 못하면서, 잘 안다고 믿는다면 어떤 결과가 일어날까? 자녀는 낙심했다. 그런데 낙심했다는 것을 부모는 알지 못한다. 그럼 '이해하지 못한다'가 된다. 부모의 사랑이 통제와 간섭이라고 믿게 된다면 자녀는 수동적 공격을 단행한다. 감정의 내면화가 진행되고 있다는 뜻이다. 그러다가 거대한 화산이 폭발하듯이 거부의 몸짓은 심해진다. 특히 자녀는 그냥 가만히 있는 것이 최선이라는 생각을 하게 될지도 모른다. 왜냐하면 어떤 행동이 부모를 실망시킬 수도 있다고 생각하기 때문이다. 자녀가 거부한다는 느낌을 받으면 부모는 회유하거나 화를 내거나 간섭할 수 있다. 이 모든 노력은 자녀를 점점 더 숨어들게 만든다. '착한 아이 자녀'는 편한 환경에서만 자발성을 드러낸다. 부모는 이 점을 놓치지 말고 자신의 감정에만 충실한 것은 아닌지를 잘 살펴야 한다. 그것이 안 된다면 "난 네가 그렇게 생각하고 있는지 잘 몰랐어."라고 사과할지 모른다. 하지만 그것은 종종 너무 늦은 사과가 되어 돌이킬 수 없게 될 수도 있다.

부모 3유형과 자녀

부모 3유형 vs. 자녀 1유형

이 조합은 현재보다 조금이라도 더 나은 미래를 꿈꾸고 발전하고자 노력한다. 열심히 일하고 의욕이 있으며 무엇인가를 하려고 할 것이다. 자녀가 숙제를 미룬다든지 부모가 양육을 게을리한다든지 하는 일은 상상도 못할 일이다. 무엇인가 허술하게 만들거나 대충하는 일은 좀처럼 일어나지 않는다. 서로에게 동기를 부여하고 책임감을 나누고 정확한 보상과 역할에 대한 진지함이 있다. 가정에서 각각의 역할을 잘하고 잔소리나 게으름에 대한 지적은 일어나지 않을 것이다. 부모는 자신이 이끄는 대로 잘 따라올 자녀로 인하여 성취를 경험하게 된다. 요령을 부리지 않고 헌신하는 자녀로 인한 만족감이 들 수 있다. 자녀 역시 적절한 코칭을 해 주는 부모로부터 자발성과 효율성을 배워 간다. 자녀가 노력한 부분을 부모가 긍정적으로 이해하고 부드러운 터치를 할 수 있다면 자녀는 부모에게 존경을 표시할 수 있다. 특히 무엇인가 움직일 수 있도록 이끄는 부모로 인해 부지런함에 효율성을 추가할 수 있어 발전 가능성이 높다.

부모와 자녀는 서로 일이라고 생각하는 것에 매진한다. 꼼꼼한 자녀는 융통성이 있는 부모로부터 규칙이 무시되는 일처리 방식에 대해서 이의를 제기할 수 있다. 만약 목적을 위해서 절차를 무시하는 일이 잦아지게 되면 자녀는 스트레스를 받는다. 반대로 성과를 위해서 효율성을 강조할 경우 순서와 절차를 지키지 않은 것에 대한 문제 제기를 자녀로부터 받을 수 있다. 빠른 길과 올바른 길을 따라갈 때 부모는 빠른 길을, 자녀는 올바른 길을 따라가려고 한다. 어느 하나를 결정해야 하는 기로에 서게 되면 부모와 자녀 조합의 긴장강도는 높아질 것이다. 어린 유형 자녀라고 하더라도 불만은 계속 누적된다. 곧 부모가 강압적으로 밀어붙이고 자녀의 결정에 대해 인정하지 않는 것이 계속되면 자녀는 부모가 틀렸다는 생각을 할 수 있다. 즉, 나는 부모로부터 완벽하지 못해서 버림을 받았다고 느낀다. 부모는 왜 내가 틀렸다고 하는지에 대한 대답을 내놓아야 한다. 부모 입장이 아닌 자녀 입장에서 노력하는 것을 알아야 한다. 자녀에게 열정을 장려하고 한 단계, 한 단계 올라가는 성과를 칭찬할 때가 좋다. 그것이 자녀의 비판을 상쇄시킬 수 있는 기쁨이 되기 때문이다. 즉, 자녀는 한걸음 한걸음이 부모가 바라는 효율성이 되기 때문이다.

부모 3유형 vs. 자녀 2유형

이 조합은 따뜻하다. 모두 사람들과 어울리는 것을 좋아한다. 함께 있으면 재미있고 시간 가는 줄 모른다. 부모가 성장하면 자녀는 자랑스럽고 아름다운 사랑을 전해 준다. 성공한 부모 옆에서 부모의 성공을 만끽하고 그것을 자랑스러워하는 자녀는 생각만 해도 환상이다. 부모에게 자녀는 강력한 응원군이다. 가장 빛나고 아름답게 부모의 성과를 인정하고 환호한다. 이런 부모가 나의 부모라는 사실에 대해 환호하며 반응하는 속도가 가히 빛의 속도이다. 부모는 자녀로부터 이런 찬사를 받을 수 있다는 것이 인생 최대의 행복일 수 있다. 이 부모-자녀의 조합 속에 행복한 가정의 모습을 상상해 볼 수 있다. 밝은 에너지가 넘친다. 또한 자녀는 부모로부터 인정받고 사랑받는 것이 최우선이다. 부모는 성공을 위해 감정을 흘려보낼 수 있지만 자녀는 그렇지 않다. 따라서 모든 따뜻함으로 자녀를 품어 주는 것이 필요하다. 자녀의 환호를 이끌어 낼 수 있다는 것의 의미를 잘 생각해 보면 부모는 자녀의 모델링이 될 수 있다. 자녀에게 존경을 받는 부모는 자녀에게 많은 동기부여를 해 줄 수 있다. 건강한 성공을 꿈꾸고 실현해 내고 그것을 통해 존경받는 부모이다. 그런 부모가 자녀에게 성공 클리닉을 열어 주고 가르친다. 어느 봄날의 세레나데이다.

그러나 현실적으로 어린 자녀는 부모의 사랑과 햇살을 받기 힘들다. 왜냐하면 부모는 일에 몰두하여 바쁘기 때문이다. 자녀는 부모의 관심과 눈빛, 정신적 · 신체적 접촉을 갈망한다. 나는 '자녀를 위해 영혼까지라도 팔아야 해!'라며 일에 집중하는 부모에게 자녀는 "내가 사랑과 관심을 필요로 할 때 어디 계셨나요?"라고 말할 수 있다. 이런 엇갈림은 곧 많은 갈등의 파도를 예고한다. 어린 시절의 트라우마는 많은 상처를 만들어 내고 전 인생에 걸쳐서 광범위하게 나타날 수 있다. 또한 자녀는 부모의 사랑을 획득하기 위하여 헌신할 수 있다. 어린 꼬마 2유형은 이미 어른이 되었을 가능성이 있다. 부모를 돕고 헌신하는 것이 자신의 일이라는 가면(persona, 페르소나)을 사용한다. '애엄마'가 되어 부모가 자녀를 돕는 것이 아닌 자녀가 부모를 돕는 거꾸로 된 형태가 나타난다. 하지만 이것은 나타난 현상이며 실제로는 '엄마, 아빠! 난 부모님의 사랑을 간절히 바라고 있답니다.'라는 메시지이다. 점차 거리는 벌어진다. 특히 겉으로는 아무런 일도 없는 것처럼 다른 사람들 앞에서 행동한다. 그러나 속으로는 서로의 방식을 거들떠보지도 않게 된다.

부모 3유형 vs. 자녀 3유형

'하늘에서 별을 따다 두 손에 담아 드립니다.' 이 부모와 자녀의 조합은 매

력적이다. 부모는 성공을 위해 동분서주하면서 자녀에게 성공을 보여 준다. 성공한 부모를 보는 자녀의 눈빛이 장난이 아니다. 존경과 동경 그리고 부러움으로 가득 찬다. 이런 자녀를 바라보는 부모 역시 만면에 미소로 가득하다. 성공 지향의 부모와 자녀는 서로가 똑같다. 따라서 서로의 장점은 확연하게 볼 수 있는 데 반하여 결점을 보지 못하게 만들어 버린다. 자신의 야망을 달성하기 위해 이 조합은 열심히 일에 매진한다. 그리고 성과를 보여 주기 위해 애쓴다. 다른 사람에게 주목받아야 하고 그렇게 되도록 만든다. 그렇게 되면 부모는 자녀에게, 자녀는 부모에게 매우 큰 만족을 느낀다. 자녀가 만일 성공한다면 부모의 성공과 다름없다. 곧 자신의 성공이 된다. 사무실과 집 그리고 제3의 장소도 상관없다. 서로의 성공을 위하거나 그런 모습을 다른 사람들에게 보여 줄 수 있는 장소면 OK이다. 스포츠, 예술, 학교 성적 등 모든 분야에서 서로 자극이 가능하고 뛰어난 동기부여와 영감을 나눌 수 있다.

부모와 자녀인 이들은 서로 경쟁한다. 외모나 경력, 성과 등 모든 부분에서 앞서기 위해 노력한다. 이해가 안 되는 측면이 있을 수 있다. '부모가 자녀와 경쟁을 하다니……. 있을 수 없는 일이야!'라고 할지 모른다. 그렇다. 적어도 겉으로는 안 그런 것 같다. 하지만 내면으로는 치열한 경쟁자이다. 서로 위협을 느낀다. 이 부모-자녀 유형의 특징은 자신도 모르게 모든 상대를 경쟁자로 여긴다는 것이다. 이런 현상은 부부간에도 종종 일어난다. "네 나이 때 나는 이런 일을 했거든.", "그랬어요. 저는 아버지를 능가할 겁니다." 등의 이야기 정도로 해 두자. 원하는 것은 그 결과이다. 더 이상 따뜻한 관계가 아니다. 서로를 능가하려는 노력은 때로 많은 문제점을 나타낸다. 서로가 걸림돌이라고 느끼기 시작하는 것이다. 이런 경향이 서로의 성공에 벽이 된다는 것을 알 수 있을까? 이런 점에서 에니어그램에 대한 통찰은 매우 중요하다. 우리가 이 글을 읽는 이유이다. 부모-자녀 사이에 감정을 나누고 접근하면 어떨까? 하지만 감정을 제대로 나누기 쉽지 않아 보인다. 이미 경쟁은 시작되었고 감정이 들어갈 공간이 남아 있지 않으니 말이다. 하지만 그러면서도 이런 행동들이 다 정당화된다. '성공하려고 하면 어쩔 수 없어!' 시간과 에너지의 합인 인생이 낭비된다. 진실한 감정을 버리지 말고 서로 대면하면서 드러내어야 한다. 냉담해질 수 있는 관계를 회복하는 방법이다.

부모 3유형 vs. 자녀 4유형

부모는 아마도 눈에 보이는 팽창된 성공에 관심이 많을 것이다. 그러면 자녀는 어떨까? 물론 그럴 수도 있다. 하지만 내면의 욕구가 더 강하다. 부모는 활기차고 희망을 노래하나 자녀는 연약한 감정과 슬픈 스토리에 곧잘 반응한다. 부모는 자신의 감정을 억압할 수 있고 연약한 감정을 싫어하고 피하려고 한다. 내성적인 자녀는 상호 교류와 감정의 교환을 원한다. 이것을 부모가 눈치채고 채워 줄 수 있다면 자녀에게는 자기인식과 진실성을 배우게 할 수 있다. 흔히 어린 시절 자녀는 자신이 이 세상에서 소외되었다고 느낄 수 있다. 또는 또래 사회에서도 외면받고 있다는 느낌을 받을 수 있다. 이런 면에서 부모의 지도가 필요하고 부모는 그런 자녀의 욕구를 채워야 한다. 방법은 감정의 교류이다. 부모는 감정을 보다 넓게 여는 것이 좋다. 음악, 미술, 자연 등의 예술성과, 고급 수준의 인테리어나 식당, 그리고 위인의 이야기 등 인생에서 이런 것을 즐기면 좋다. 이런 미적 감각은 부모의 성공에도 일정 부분 헌신할 여지가 있다. 왜냐하면 부모는 이런 것들을 무시하거나 지나쳐 버릴 수 있기 때문이다. 겉치레에 물드는 것과 효과성을 따지는 것은 별개의 문제이다. 부모는 진실성과 내면의 감정, 그리고 고급스러운 삶을 자녀에게서 되돌려 받을 수 있다. 자녀는 부모의 열정 있는 태도와 삶을 전수받아 우울하고 연약한 감정을 지배하면서 성장할 수 있다. 이 조합은 날개이다. 서로 영향을 주고받는 폭이 비교적 넓다.

모두 가슴형인 이 조합은 시각은 다르지만 다른 사람의 주목을 받고 싶어 한다. 주목을 받으면 자존감이 올라가며, 시선이 멀어지면 자존감은 내려간다. 평소에도 누군가가 자신을 주목해 주기를 바라고 자신을 쳐다보고 있다는 느낌을 갖는다. 만일 부모가 실패한다면 또는 자녀가 너무 평범해진다면 그것은 위협이 된다. 반대의 경우 자신이 성공하고 있고 자녀가 매우 독특한 개성으로 성취를 이룬다면 아주 만족한 경우이다. 그러나 부모가 일에 지치고 성과가 나지 않으면 초조해진다. 자녀 역시 마찬가지로 갈등이 생길 수 있다. 왜냐하면 모두에게 위로가 필요한 상황이 되기 때문이다. 이것은 자존감이 낮아지는 것으로 표현이 가능하다. 가만히 있어도 모든 사람의 주목을 받을 수 있는데, 꼭 무엇을 잘하고 무엇인가 달라야만 주목을 받는 것은 아니기 때문이다. 그런데 무엇인가를 꼭 해야 한다는 생각이 강해지면 그것 자체가 자존감이 떨어졌다는 뜻이다. 별은 스스로 빛난다. 그러나 자존감을 이미 잃어버렸다면 날카로운 논쟁과 가슴을 후벼 파는 아픔은 각오해야 한다. 가슴형이 가지고 있는 수치심이 밀려 올라와 서로를 공격하기 시작할 것이다. 부모가 되려는 기준은 한없이 높다. 자녀 역시 만만치 않다. 그것 자체도 힘든데 서로를 바라보면서 위안을 얻고 싶어 한다. 왜냐하면 누군가에게 보이려고 하다가 에너지가 바닥이 났기 때문이다. 그 상태에서 서로에게 위안을 바란다면 전쟁은 불가피하다. 눈을 돌려 자신의 내면을 성찰해야 한다. 스스로의 만족을 찾고 누리는 것이 필요하다.

부모 3유형 vs. 자녀 5유형

자녀는 모든 성격 유형 중 가장 내성적인 성격이다. 조용하고, 말이 적고, 책을 좋아하며, 사물과 사람에 대해 관찰을 한다. 반면, 부모는 그 반대라고 말할 수 있다. 가장 큰 차이점은 설사 그것이 진짜가 아니라도 진짜라고 믿을 수 있고 실제 에너지가 발산될 자신감이 있는 것이 부모이다. 하지만 그와는 달리 자녀는 전문화되고 실제 팩트 체크가 완료된 것에서만 자신감이 있다. 이 차이점은 서로 호환이 될 때 긍정적이다. 즉, 자녀에게 '꼭 전문성이 있어야만 믿을 수 있는 것이 아니다. 감정과 꿈 등을 통해서 얼마든지 비전을 품을 수 있다'는 외연의 확장을 가르칠 수 있다. 부모는 자녀에게서 더욱 내면화된 모습을 볼 수 있어서 다행이다. 자녀는 스승이다. 때로는 다양한 정보를 부모에게 제공하여 깜짝 놀라게 하는 재주도 있다. 부모는 감정을 흘려보낸다. 자녀는 감정을 잘라 버린다. 각각 관찰하기 위해(자녀) 성공하기 위해(부모) 그렇다. 하지만 그렇게 한다고 해서 사라지는 감정이 아니다. 어딘가에 모여 있다. 적절한 기회가 되면 빠져나갈 것이다. 부작용이 일어나지 않도록 잘 관리해야 한다. 부모의 활동을 자녀가 힘겨워할 수 있다. 조용한 자녀에게 너무 시끄럽거나 경계가 없이 아무 때나 즉흥적인 일을 하자고 하지 말라. 자녀이지만 예약을 하거나 예고편을 들어 주고 실행하는 것이 더욱 효과적이다.

자녀는 끝내는 데 어려움을 느낀다. 열정의 부모는 자녀의 꾸물거림에 화를 낼 수도 있다. "이 정도면 잘한 거다. 그만 끝내자."라는 부모의 성화에 "잠깐만요. 조금만 더요."라면서 더 많은 시간을 사용한다. 활동이 많은 부모에 비해 활동량 자체가 적은 자녀와의 충돌도 예상이 가능한 범위에 있다. 말해도 시정이 되지 않는다면 부모는 무서워진다. 심지어 냉소적이 될 수도 있다. 하지만 이런 부모의 태도는 자녀에게는 독이다. 더 알고 싶은 욕구로 가득 찬 자녀는 그것을 방해하는 부모에게서 자신의 관찰을 무시한다고 느끼게 된다. 점점 냉소적이고 냉담하게 된다. 감정을 좀처럼 드러내지 않는 자녀는 분노 대신 냉철함과 냉담함으로 냉장고처럼 차가워진다. 부모를 피상적이고 진정한 지식이 없는 사람으로 볼 수도 있다. 혼자 조용한 시간을 보내기를 원하는 자녀는 사적 공간을 매우 중요하게 생각한다. 물리적으로 이런 공간을 허용하지 않으려고 하는 경우를 조심해야 한다. 그렇다고 가족끼리 너무 많은 사적공간을 사용하도록 허용하라는 말은 아니다. 적절한 경계를 세우되 자녀의 권리를 인정할 필요가 있다는 뜻이다.

부모 3유형 vs. 자녀 6유형

목표를 세우고 달성하기에 최선을 다하는 부모는 가족에게 충성하려는 자녀를 만났다. 자녀는 성실하고 근면하다. 이 세상을 좀 더 안전한 곳으로 만들고 싶어 한다. 이런 욕구는 부모에 대해서 '성장을 통해 안전을 추구하는 부모'라고 믿게 한다. 그래서 의기투합할 수 있다. 부모–자녀의 관계라고 해서 비즈니스가 아주 없는 것은 아니다. 손해와 이익의 문제는 아니더라도 역할은 존재한다. 이런 점에서 부모는 자녀에게 많은 영감을 불어넣을 수 있다. 팀으로서의 조직에서 어떤 성과를 낼 수 있을까? 바로 부모가 답이다. 이런 공식이 어린 시절에 긍정적인 영향을 미칠 수 있다. 같은 프로젝트를 진행하는 과정에서 자녀는 부모로부터 효율이 무엇인지를 익히게 된다. 자녀로서는 매우 중요한 내용이다. 부모는 그렇게 진행된 작업을 통해 성취한 목록을 자녀에게 설명하라. 왜냐하면 의심이 많은 자녀는 그 성과에 대한 정확한 피드백을 원하기 때문이다. 그렇게 하지 않으면 부모의 성과를 의심하고 부정할 수도 있다. 자녀는 부모와 함께하며 이룬 업적에 대한 성취를 인정하고 의심을 덜하며, 성취가 이룬 내면의 기쁨 등을 누리게 될 것이다. 부모는 다른 사람을 돕는 법이나 외적인 확장에 대한 조심성 등을 자녀에게서 배울 수 있다. 항상 모든 성공에는 실패가 있으므로 조심하고 안전한 것이 효율성이 된다.

역시나 어려운 점은 부모의 성과에 대한 자녀의 평가 부분이다. 모든 부모가 그렇고 자녀가 그렇지만 부모에 대한 자녀의 평가는 박하다. 이런 점이 부모 역할을 하는 것이 어렵다는 뜻일 것이다. 이 땅의 모든 부모는 자녀에 관해 외롭다. 부모는 이런 부분이 어려울 수밖에 없다. 가정이라는 공동 운명체는 도대체 무언가를 숨겨 둘 수 없는 공간이다. 부모의 성공 뒤 공간을 자녀는 늘 본다. 부정적인 면을 보게 된다면 자녀는 의혹의 눈길을 거두지 않을 것이다. 특히 6유형의 자녀가 그렇다. 오늘은 부모가 멋있는 모습을 보여 주었지만 내일은 아마도 다를 것이라고 의심을 시작한다. 성취에도 기쁘지 않다. 항상 무엇인가 최악의 경우를 생각하기 때문에 현재의 기쁨을 온전히 누리지 못한다. 자녀의 이런 태도가 심해질수록 부모의 걱정도 높아진다. 특히 부모가 양적으로 많아지고, 외형적인 부풀림이 심해지면 부정적인 면을 찾아 나선다. 자녀는 불안하고 의심이 되며 그것을 부모에게 투사한다. 이 유형은 화살방향이다. 자녀가 불안해지면 개인적인 안정감을 찾아서 다른 곳에 시선을 돌린다. 부모는 팀 플레이를 한다. 그것이 가정 내에서의 안전을 도모하고 그 역할에 충실한 것이다. 부모-자녀는 서로 중재하고 각자 발전한다. 부모의 확장에 거짓이나 부풀림이 크면 자녀는 불안하고 두려움을 역으로 투사하여 공격한다. 도대체 '발전이라고는 없이 그렇게 의심만 하면 어떻게 하냐?'고 소리를 지르면 관계는 악화된다.

부모 3유형 vs. 자녀 7유형

야호~ 승리와 즐거움의 함성소리가 들린다. 이 세상은 가능성으로 차고 넘치고 할 일은 너무 많다. 낙천적이고 잘될 것이고 잘나간다는 이미지를 갖게 된다. 이런 공통점은 일과 사랑에서 최고의 조합이다. 활력과 열정이 넘치고 외향적이며 미래 지향성을 가지고 있다. '아이디어 뱅크'인 자녀의 창의성과 '열정적인 성공맨'의 만남은 세상을 날아가게 한다. 그리고 그것을 즐기고 노래하며 행복해한다. 일에 관하여 모든 것을 쏟아붓는 동안 자녀는 삶의 즐거움에 흥미를 보인다. 이 지점이 성숙도를 체크하는 수준이 된다. 즉, 부모는 일을 하면서 즐거움과 행복을 찾는 지점에 닿고, 자녀는 삶에서 즐거움과 행복을 찾는 경우를 말한다. 이 수준을 이루기 위해서 서로가 배울 것들이 있다. 부모는 자녀에게 일의 행복, 즉 성과의 즐거움을 논할 수 있다. 사회적인 성공이 무엇을 말하는지 설명해야 한다. 그러면 자녀의 긍정적인 면이 강화될 것이다. 반면, 부모는 자녀에게서 경쟁에서 나타나는 잔혹한 일을 벗어난 행복의 의미를 보여 줄 것이다. '꼭 성공해야만 행복한 것은 아니야.'라는 말은 3유형에게는 오아시스와도 같다. 단, 성공이라는 집착을 내려놓고 귀를 기울일 때 가능하다. 이런 메시지를 자녀로부터 듣는다면 매우 긍정적이다. 소중한 나의 모든 것인 자녀와는 그렇게 성숙지점에서 동맹을 맺어야 한다.

아주 어린 시절을 벗어나면 부모–자녀의 관계를 새로 만들어야 하는 시점이 된다. 자녀는 활동성이 뛰어나다. 일을 해야 하는 부모에게 무리한 시간을 요구한다. '잠깐 기다려, 이 제안서를 다 쓰고 놀러 가자.'고 변명을 한다. 이런 변명이 많아지면 부모는 화가 나기 시작할 것이다. 할 일은 많은데, 이 일은 자녀를 위해서 해야 하는데, 어떻게 그 많은 요구를 다 들어줄 수 있겠는가? 그러니 '기다려'라고 말하는 빈도는 높아진다. 어떤 것이 더 중요할까? 일하는 것일까? 아니면 자녀와 시간을 보내는 것일까? 보통의 경우 3유형 부모는 늘 바쁘다. 일은 항상 많다. 한가하게 지내다가는 실패하기 십상이다. 그런데 실패는 부모에게는 죽음 그 자체이다. 그러니 회사에서뿐만 아니라 집에 와서까지도 일을 해야 한다. 놀아 주거나 대화해 줄 시간이 많지 않다. 변명 같지만 '난 자녀를 위해 최선을 다해 일해야 해!' 그것이 '자녀를 위한 부모의 최선의 선택'이라고 말한다. 하지만 이것은 3유형인 부모 유형이 왜곡된 것이다. 꼭 그럴 필요는 없다. 특히 자녀에게는 지금 당장 이 시간에 부모와의 감정적 교류와 즐거운 시간을 보내는 것이 필요하다. 열심히 달려가면 멈추기 어렵다. 자녀는 이런 부모의 태도에 당연하게도 상처를 입는다. 자신의 즐거움이 거절되는 것이 정당하지 않다. 짜증이 늘어날 것이다. '도대체 언제?'라면서 이의를 제기할 것이다. 아니면 다른 즐거움을 찾아서 차선의 선택을 할 것이다. 이럴 경우 부모의 성공도 받아들이지 않게 되고 바람직하지 않은 곳으로 눈을 돌린다. 이 악순환은 우리 관계에 문제가 있다는 솔직한 진단에서부터 그 해결책을 찾을 수 있다. 서로 피하려는 회피성에서 벗어나 인정하고 솔직해져야 한다.

부모 3유형 vs. 자녀 8유형

부모는 유능하고 지혜로우며 합리적이고 융통성이 있다. 이런 부모가 강한 자녀를 만났다. 독보적이고 자신감에 차 있으며 리더십이 있는 자녀이다. 부모가 목표를 설정하고 동기를 부여하면 자녀는 즉각 실행에 옮긴다. 우물쭈물하지 않는다. 하자고 했으면 하고, 했으면 결과물을 얻기 바란다. 중간에 그만두는 것은 약한 것이고 실패이기 때문이다. 어떤 어려운 일을 만나도 포기하지 않을 것이다. 간혹 이런 자신감과 카리스마가 충돌을 일으킬 수도 있다. 외적인 팽창에 몰두하는 동안 자녀는 자신의 힘을 자신이 만족할 만큼 갖기를 원한다. 자녀는 보다 직선적이고 정의감이 있으며 단순하다. 부모는 융통성과 합리성이 있어서 경우에 따라 순서를 바꾸는 것이 어렵지 않다. 자녀는 부모의 일이 아니라 부모 자체를 바라본다. 그 결과 믿을 만하다고 판단되면 존경을 보낼 것이다. 그렇지 않다면 특별한 신경을 쓰지 않을 것이다. 자녀는 과연 부모가 강한지를 늘 시험한다. 우리 가정을 이끌어 갈 힘이 있는지 파악한 후에 수긍할 것이다. 그 반대라면 지지를 철회하고 단독으로 가정을 이끌고 나가려고 할 것이다. 연약한 가족이 있다면 기꺼이 보호하고 이끌어 가려고 한다. 가정의 주도권을 놓고 부모와 자녀의 3차 세계대전이 일어난다.

문제는 감정이다. 부모-자녀 모두 감정을 사용하지 않으려고 한다. 가족

간의 사랑이라는 감정은 매우 중요하다. 부모는 성공이라는 부분에 자신의 감정을 놓치고 허우적거린다. 자녀는 감정을 연약하다고 생각하고 감정에 얽매이면 통제권을 놓친다고 믿는다. 하지만 늘 그런 것은 아니다. 자녀가 감정을 원했을 때 부모는 주어야 한다. 성공은 자신이 아니다. 엄연히 일과 자신은 다르다. 자기 자신을 위해서도 부모는 감정을 다시 찾아와야 한다. 자신이 놓아 버렸기 때문에 없는 것처럼 느껴진다. 원래 자신이 감정형(가슴형) 아닌가? 그러므로 다시 찾아 자녀에게 주는 방식을 택해야 자녀도 자신도 살아날 수 있다. 자녀는 부모의 탁월한 효율성과 융통성을 배우는 것이 필요하다. 부모와 자녀는 힘을 바탕으로 카리스마 넘치는 팀워크를 자랑할 수 있다. 실제로 나타나는 성과는 파괴력이 넘친다. 빠른 스피드로 주변을 정복하고 챔피언에 오르는 길이 한 가지만은 아니다. 충분한 휴식과 절제, 감정과 사랑의 물결을 타고 올라가야 한다. 자녀에게 일하는 모습만을 보이지 말라. 큰 기대를 안 하는 자녀이지만 그도 부모의 접촉이 있는 사랑을 기다리고 있다.

부모 3유형 vs. 자녀 9유형

자녀는 온순하고 순종적이다. 따라서 부모의 목표를 이해하고 긍정적인 이미지를 사랑할 수 있다. 이것은 외부적으로 활동하고 결과를 이끌어 내는 부모를 존경한다. 지나치지만 않다면 결과를 중시하고 성과를 소중히 여기는 부모가 자녀를 자극하여 긍정적인 모멘텀을 쌓아 갈 수 있다. 부모는 자녀의 모습에서 책임감을 느끼고 평화와 행복을 느낄 수 있다. 항상 겸손하고 잘 따라오는 자녀를 보면서 경쟁에서 지친 심신을 위로받을 수도 있다. 자녀는 솜사탕처럼 부드럽고, 어떤 요구가 없으며, 저항도 거의 하지 않는다. 중요한 것은 부모의 강압이나 자녀의 부드러움을 일부러 강하게 하려고 노력할 때이다. 그냥 부드럽게 부모의 행동을 보여 주면 그것으로 그만이다. 자녀는 그 행동 때문에 성장 방향이 무엇인지를 보게 될 것이다. 부모의 행동과 열정은 곧 자신이 발전시켜 나가야 할 것임을 알기 때문이다. 이들의 조합이 화살과 연관되어 있다는 것에 의미가 있다. 즉, 자녀는 부모의 열정과 다이내믹한 활동에 많은 동기부여를 받는다. 어떤 코칭이나 학습을 통해서 배우는 것이 아니라 그냥 가족이니까 함께 살면서 알게 된다. 이런 자연스러운 가정의 문화는 자녀를 고취시킬 것이고 앞으로의 성장과정에 자연스럽게 스며들 것이다.

자녀는 편안함을 원한다. 그저 다른 욕심이 없다. 부모의 열정을 바라보고 있는 것만으로도 벅차다. 자신이 게으르다는 것을 알 수도 있다. 해야 한다는 사실도 함께 알고 있다. 보통은 부모의 사회적인 열정과 다른 사람에게 성공자의 이미지를 부여받으려는 것이 욕심으로 보일 수 있다. 그렇게 된다면 자녀는 위축될 것이다. "나는 부모처럼 살지 않을 거야!" 이렇게 되어도 자녀는 그 마음을 쉽게 표현하지 않는다. 다만, 간직하고 있을 뿐이다. 이런 부작용은 자녀가 성장하고도 오랜 기간 동안 지속된다. 아름다운 부모-자녀 관계가 긴장을 갖게 되는 결과를 가져온다. 이런 부작용을 경험하지 않으려면 부모는 자녀에게 말이 아닌 행동으로 편안한 분위기를 만들어 주어야 한다. 즉, 부모의 전쟁터와 같은 직업적 경쟁 또는 스트레스를 가족이 있는 가정 안으로 가져오는 것을 삼가야 한다. 회사의 일을 집에서 한다거나, 업무로 인한 스트레스가 노출되는 전화로 서로 신경전을 벌이는 것이 포함된다. 또한 목소리를 높이는 것 역시 평화롭기를 원하는 자녀에게는 독이 된다. 자녀는 이런 환경을 무서워한다. 편안하고 행복하고 아무런 일도 일어나지 않는 환경 속에서 마음 편히 있고 싶은 자녀이다. 어떤 갈등은 가정을 전쟁터로 만든다. 결코 바람직하지 않다. 자녀가 게으르고 고집 세고 효율적이지 않으며 목표가 흐릿하다고 느껴질 수 있다. 이때에는 게임, 운동처럼 같이 활동하는 것이나, 부드럽고 간접적인 방법으로 대해야 할 것이다. 우유부단하다고 마음에 없는 것이 아니다. 다 알고 있으나 표현방법이나 빨리 하는 것을 어려워하는 것이다. 그러므로 기다리라. 자녀를 믿고 기다리라. 자녀는 은근과 끈기 그리고 조금씩 포기하지 않고 움직일 것이다.

부모 4유형과 자녀

 부모 4유형 vs. 자녀 1유형 

이 조합은 화살표를 공유하고 있다. 화살표가 말하는 것은 평범함과 독특함, 일관성과 감수성을 모두 공유할 수 있다는 뜻이다. 즉, 1유형이 스트레스를 받으면 4유형의 단점을 주로 사용하고 1유형이 장점을 주로 사용하면 4유형이 편안해진다. 이런 화살 라인을 공유하고 있기에 좋을 때는 서로를 이해하고 편하지만, 스트레스에 노출되면 불편하며 상대를 거부하는 환경을 만들어 낼 수 있다. 부모의 창조성, 독특성, 예술성, 자유의 향유 등의 이면에는 자녀의 완벽 추구와 자신과 타인을 통제하고, 기계적이며, 규범적이고, 비판적인 경향이 있다. 부모는 자녀가 보다 따뜻해지고 행복해지도록 돕는다. 연약한 감정에 능통한 부모는 자녀가 힘들거나 주변으로부터 스트레스를 받아 우울할 때 정서적 필요를 채워 줄 수 있다. 진정으로 자신을 알아주고 아픔을 보듬어 주는 부모가 된다. 자녀는 편히 쉴 수 있다. 늘 긴장감과 책임감을 가지고 살아야 하는 어린 자녀는 이것을 두고두고 기억한다. 때로는 늘 해 오던 패턴을 깨고 자유를 느끼게 할 수도 있다. 어린 시절 이런 경험은 훌륭한 자산이 되어 긴장을 이기는 힘으로 작용한다. 어떤 것을 꼭 해야 한다는 부담감에서 벗어날 수 있도록 부모는 도울 수 있다. 이상주의자인 자녀와 예술가 기질이 있는 부모는 '아름다운 세상을 만들자'라는 표어를 가지고 험악한 세상에 도전할 수 있다. '반려동물 도와주기', '공원 쓰레기 청소', '분리수거', '일회용 컵 사라지게 하자' 등의 표어도 마찬가지이다. 부모는 비합리적이고, 자녀는 합리성을 가지고 있으니 묘하게 어울릴 수 있다. 예술가요 몽상가인 부모와 그것을 체계적으로 만들어 주는 행정가가 만나 논리를 논리답게 하여 예술로 만들어 간다.

부모는 우울해지면 자녀와 멀어지는 것을 각오해야 한다. 원칙적이고 규범적인 자녀는 비자발적이고 '이랬다 저랬다' 하는 부모를 신뢰하지 않으려고 할 것이다. 과거에는 따뜻한 부모였으나 '지금은 아니다'라고 말하면서 거리를 둘 것이다. 엄격한 비판자를 가지고 있는 자녀는 또 다른 행동의 표준이 나오기까지 많이 망설일 것이다. 내적 갈등은 자녀를 어느 정도 단단하게 만들어 줄 수는 있겠으나 결코 근본적인 문제해결은 아니다. 상처받고 물러선 자녀는 더 이상 부모가 원했던 자녀의 자리에 서지 않게 된다. 혹은 어쩌면 자녀는 부모의 우울을 자신이 그대로 입고 있을지도 모른다. 반대의 경우 지독한 비판을 하고 있을 것이다. '모두가 다 나 때문이야!'라면서 자책을 할 가능성도 있다. 하지만 이런 상황이 오도록 내버려 둔다면 그것은 가족의 모습에서 멀리 이탈한 것이다. 그래서 이런 경우가 올지도 모르니 조심하는 것이 최상책이다. 부모와 자녀는 신이 우리에게 준 마지막 보루이다. 하지만 가까이 있기 때문에 귀하게 여기지 않거나, 기대심리가 너무 높아 상처받을 가능성도 높다. 부모의 비합리성이 자녀의 합리성과 타협을 맺지 못하는 상황이

온다면 부모가 물러서야 한다. 그리고 때로는 비합리성이 합리적인 판단보다 더 귀할 수도 있다는 면을 이해시켜야 한다. 물론 이것이 성공을 거두려면 결과를 보여 주거나 그 이상의 납득할 수 있는 내용이 있어야 한다. 그때마다 딱딱 들어맞을 수는 없더라도 진실한 마음이 통하도록 해야 한다.

부모 4유형 vs. 자녀 2유형

이 조합 역시 화살표를 공유한다. 부모는 자녀의 거울이며 성장 지향점이다. 외부의 이미지가 큰 자녀는 자신에게 집중하는 부모에게서 자신의 욕구를 찾을 수 있다. 이것은 매우 중요하다. 왜냐하면 자신의 욕구를 회피하기 때문에 생겨나는 단점이 많기 때문이다. 즉, 자발성, 독립성, 주도성, 리더십, 자기감정, 자존감 등이 그것이다. 하지만 자녀가 가지고 있는 장점도 상당하다. 에니어그램에서 어느 유형이 상대적 우위에 있느냐는 질문은 불필요하다. 무의미한 이야기라고 일축하곤 한다. 어느 유형이 좋고 나쁘고의 단서는 결단코 없다. 서로 다르기 때문에 인생은 아름다운 것이다. 서로 이해해야 하고, 배려하고, 주변을 살펴야 한다. 이것이 안 되면 미성숙하다고 본다. 미성숙한 부모와 자녀는 가정이라는 훌륭한 보금자리를 파괴한다. 이 관계는 부모가 자녀에게 긍정적인 배움을 전달해 주는 출발점에 서 있다. 자녀는 부모에게 따뜻함과 자신 이외의 다양한 사람, 사물, 자연을 보는 안목을 제공한다. 부모는 자신의 감정에 대해서 자녀에게 말할 것이다. '너는 예쁘고 멋있단다.', '하고 싶은 대로 해도 괜찮다.'는 메시지를 주고 자녀는 부모에게 '주변을 보세요. 너무 멋지지 않아요?'라고 질문할 것이다. 이렇게 된다면 서로의 이야기를 듣고 '참 그렇구나. 내가 못 보던 멋진 것들이 이렇게 많다니 정말 기쁘구나!'라며 충분히 안전한 관계를 만들어 나갈 수 있다. 부모는 혼자 일하고 자녀는 자녀의 일을 하라는 메시지는 너무 투박하다. 부모가 창의적이고 예술적인 일을 하고, 자녀가 멋진 아이디어를 제공하며 작업에 같이 참여한다면 환상적인 모습을 보일 수 있다.

자녀는 작은 부모의 일을 곧잘 한다. 도와주어야 한다는 집착을 가지고 있는 자녀는 간혹 부모의 일을 자신이 하려고 한다. 다는 아니지만 어떤 돌발 상황이나 환경에 의해 작은 부모의 역할을 맡다 보면 자연스럽게 그렇게 된다. 하지만 이 방법은 바람직하지 않다. 부모는 부모의 일을 하고, 자녀는 자녀로서의 길을 가야 한다. 그런데 거꾸로 고착화된다면 비뚤어진 인생이 시작된다. 조금이라도 그렇게 될 것 같은 면이 보인다면 바로잡아야 한다. 다른 자녀들보다도 2유형의 자녀에게서 빈번하게 발생하는 일이다. 처음부터 부모가 그것을 조장하는 경우는 적다. 아주 우연한 경우에 시작되었다가 습관이 되고 편하면 계속 가게 되는 것이다. 이런 일을 사전에 예방하는 것은 부모의 역할이다. 어떤 역할이 필요할까? 부모는 자녀에게 관심을 갖는다는 사실을 알려 주어야 한다. '난 늘 관심이 있단다. 부모인데 아니겠니?'라고 말을 해도 소용없다. 자녀가 그렇게 믿지 않으면 그만인 것이다. 부모로서 실수를 저지를 수 있는 개연성은 우울이다. 부모가 우울해진다는 것은 자녀에게 관심이 없다는 신호로 받아들일 수 있다. 그 결과 부모는 자신들의 필요에만 집중하고 나에게는 관심이 없다. 또는 부모는 나를 가장 필요로 한다. '내가 부모가 된 것 같아. 귀찮을 정도로 나를 찾지.'라는 말이 나온다. 그렇다면 부모로서는 실패이다. 자녀로 하여금 '우울이 자신의 문제'이거나 그래서 '부모를 도와야 한다'거나 그랬더니 '나를 좋아하고 의지한다'는 피드백을 듣는다는 것 자체가 관계의 위험을 알려 주는 신호이다.

부모 4유형 vs. 자녀 3유형

방법은 다르지만 이 조합은 이 세상을 더욱더 아름답게 만들어 가는 데 동맹을 맺을 수 있다. 자녀는 효율적이고 융통성이 있으며 야망이 있다. 이런 점이 예술적인 삶을 원하는 부모에게 어떤 영감을 줄 수 있다. 부모는 개성이 있으며 내면의 깊이가 있다. 이런 면에서 보면 부모는 내부 지향적이며 자녀는 외부 지향적이다. 또한 부모는 예민한 감성에 보다 깊게 연결되어 있고 자녀는 수치심의 감정을 멀리하려고 한다. 하지만 모두 날개를 가지고 있다. 그래서 서로의 에너지 교환이 가능하다. 이것이 서로에게 없는 것을 상대에게서 발견하고 자극을 주며 연결을 도와주는 통로의 순기능을 할 것이다. 부모와 자녀는 모두 다른 사람들의 시선이 집중되고 있다는 것을 느낀다. 그래서 독특하게 또는 성공적으로 비춰 주기를 바란다. 부모의 창조적이고 멋스러운 스타일은 자녀의 성장과 성공을 나타내는 지표가 되며 모두에게 인정받을 것이다. 자녀는 성장하면서 받을 수 있는 많은 혜택을 부모로부터 받을 수 있다. 멋진 감각이나 독특한 스타일, 애절하고 절묘한 음악, 로맨틱한 연애, 멜랑콜리한 감성, 아침에 뜨는 태양과 저녁노을 등 모든 것이 자신이 성장하면서 즐길 수 있는 리더십의 목표가 된다.

자녀는 감정을 슬그머니 놓아 버린다. 이 점을 이해하기 힘든 부부는 어린 시절부터 자녀에게 감정을 붙잡는 법부터 가르쳐야 할지 모른다. 그러나 너무 강압적으로 가르치려고 하면 당연히 부작용이 생길 것이다. 어릴 때부터 성공해야 하는 자녀이기에 그의 성공을 방해하면 부작용이 난다. 문제는 그것을 부모는 바라면서도 다른 더 중요한 일들이 있다는 것이다. 형제나 오누이나 자매일 경우도 3유형 자녀는 경쟁한다. 경쟁은 나쁜 것이 아니나, 어린 시절 부모의 사랑을 획득하기 위한 전쟁도 있다는 것이다. 확실히 동생도 사랑하지만 너도 똑같이 사랑한다는 느낌을 주어야 한다. 그것이 자녀에게는 성공이기 때문이다. 이런 비슷한 문제는 수도 없이 발생한다. 하지만 어린 시절부터 무엇이 진정한 성공인지를 알 수 있게 한다면 자녀는 이를 쟁취할 수 있을 것이다. 여기에 감정의 문제가 있다. 성공하기 위해서 무자비해지는 것을 방지하는 것이 감정을 놓지 않는 것이다. 그래서 좀처럼 감정을 드러내지 않는다. 성공을 위한 경쟁은 필수적이다. 그렇기 때문에 경쟁을 두려워하지 않는 것은 장점이다. 하지만 공정한 경쟁, 타인을 배려하는 경쟁, 때로는 지는 것이 이기는 것이라는 상식 등을 알면서 성장해야 한다. 이런 것들은 정상적인 감정이 흐를 때 가능하다. 성공을 위해 감정을 놓는 것이 아닌, 간직하고 울고 웃으면서 함께 가는 긴 성공을 얻을 수 있다. 이 감정의 내용은 부모가 잘 알고 있다. 내면의 감정을 드러내고 진실성을 말하면 똑똑한 자녀는 금방 알 수 있다.

부모 4유형 vs. 자녀 4유형

부모와 자녀가 같은 유형이라는 것은 깊은 이해와 감정적 연결을 제공한다. 어릴 때부터 좋은 관계가 유지되지만 성인이 되어서는 더욱 친구 같은 부모-자녀 관계로 발전할 가능성이 매우 높다. 특히 가정에서의 상호수용이나 특별함에 대한 갈망, 그리고 다른 사람들의 시선이나 말 등에 대해서도 감정을 공유하게 된다. 마치 '전생에 애인 사이였나?' 생각이 들 정도로 감정의 공유도 가능하다. 너무 잘 맞는 느낌도 있다. 다른 사람은 몰라도 우리 부모는, 우리 자녀는, 나를 가장 잘 이해하고 사랑해 준다는 것이다. 간혹 부모와 자녀가 어떤 행사에 같이 참여하여 방송을 하거나 어떤 일을 공유하는 모습을 볼 수 있다. 어떤 드라마의 한 장면 같은 모습을 연출할 때 참 부럽다고 느끼게 만든다. 이 관계는 서로 연약한 감정을 잘 살피는 특별하고 독특한 감성적 특성에서 비롯된다. '슬프고', '아프고', '트라우마가 있고', '고독하고', '우울한' 것을 '깊이 관찰하고', '이해하고', '살피고', '평범해 보이지 않는 감성'으로 드러낸다. 이 세상은 우리를 이해해 주지 못하지만 '우리는 달라', '창조적이고 독특한 세계를 즐기자', '서로 다른 비판을 하지 않고' 받아들이는 감각이 있다.

그러나 모든 것이 좋은 것만은 아니다. 스트레스를 받으면 양상은 다른 형태로 나타난다. 만일 부모가 자녀에게 혹은 자녀가 부모에게 질투를 느낀다면 어떨까? 부모–자녀 사이에 무슨 질투일까? 하지만 실제로 나타날 수도 있다. 나도 특별해야 하지만 내 자녀 역시 특별해야 한다거나, '나도 특별하지만 우리 부모 역시 그래야 해.'라고 한다면 그 인식의 차이를 두고 라이벌 관계가 형성된다. 누군가 양보하지 않는다면 '그게 뭐냐? 옷 입는 스타일이 촌스럽잖아, 머리 모양은 또 뭐야!' 한다. 하지만 그것은 수준이 낮아서가 아니라 자신에게 없는 것을 발견할 때 일어날 수 있는 일이다. 즉, 내가 독특하기 위해서는 다른 사람이 나와 똑같으면 안 된다. 독특한 사람 둘이 있으면 그것은 독특이 아니라 평범한 것이 되는 것이다. 그리고 더욱 독특한 것이 내가 아닐 경우 '질투'를 한다. 그것이 비록 부모나 자녀라도 양상은 똑같이 나타난다. 즉, 자신에게 부족한 면이 나타나면 상대를 비난하는 것이다. 이런 것을 에니어그램에서는 독특한 것에 집착하고 평범한 것을 회피하는 4유형의 특징에서 찾는다. 이런 상태가 지속되면 우울이라는 복병을 만나게 되고 자신은 아무런 일을 하지 않으면서 누군가의 도움을 기다리게 된다. 아니면 주변 사람들에게 자신의 아픔을 알리고 도와달라고 칭얼거리기 시작한다. 무거운 기운이 가정을 짓누른다. 육아는 힘들어지고 자신에게만 몰두해 들어간다. 그렇게 되면 자녀는 버림받은 느낌을 갖는다. 더욱이 예민한 감성이 극에 이르러 서로에게 상처 주는 말을 거침없이 하게 된다. 곪아 터지고 회복도 어렵다. 왜냐하면 문제를 똑바로 보지 않고 곡선으로 보기 때문이다. 비튼다. 즉, 밀당이다. 중간에서 화해를 시도하기도 쉽지 않다. 둘 다 구조하기에는 입장이 난처하거나 힘이 부족하기 때문이다. 밀당을 계속하는 동안 가정은 평온할 수 없다. 부모가 움직여야 한다. 부모는 내면의 연약한 감정을 바라보는 것에 빠지면 안 된다. 곧 나르시시즘(Narcissism, 자기 자신에게 애착하는 일)에 빠지면 안 된다. 부모는 자녀의 거울이다. 좋은 거울을 자녀에게 보여 주라.

부모 4유형 vs. 자녀 5유형

감성 지향적이며 예민한 부모가 조용하고 지적인 자녀를 만났다. 날개가 이웃하기에 에너지를 교환하면 더욱 친밀해질 수 있다. 두 유형 모두 내향적이다. 에너지가 내부에 결집되어 있어서 어느 정도 거리를 두고 생활할 가능성이 높다. 이웃과 어울리거나 클럽, 사교, 모임 등의 활동이 활발하지는 않다. 각각의 분야에서 깊이 있는 연구나, 골똘히 생각하는 모습을 연상하면 된다. 자녀로서는 부모의 이런 태도가 안심이 될 것이다. 시끄럽고 왁자지껄한 분위기가 좋지만은 않을 테니 말이다. 자녀는 지적인 깊이를 느끼는 활동을 하게 될 가능성이 높다. 나타나는 현상보다는 '왜 이런 일이 일어날까?' 하는 연구에 더 흥미를 느낀다. 부모는 이런 자녀에게 창조성과 여유 있는 감성, 예술성 등을 제공한다. 이런 연결점이 있어서 의외의 조화와 호흡이 잘 맞는 케미(chemistry)를 자랑한다. 부모의 감성 중심과 자녀의 사고 중심은 깊이 있게 내려가서 진지한 결합을 느낀다. 이것은 균형이기에 부모와 자녀 모두에게 꽤 유익할 것이다. 지적인 호기심이 강한 자녀에게 감성적인 호흡의 연결점은 훗날 자녀가 성장한 후, 연구 활동에 많은 동력을 제공할 수 있다. 자녀는 혼자 있는 시간을 원한다. 이것을 제공하려는 부모의 역할이 필요하다. 이 조합은 유머나 세상을 보는 눈, 자신을 이해하는 바가 특별하다.

그 이유는 각각 깊이 있게 자신의 내면을 파고들기 때문이다. 자녀는 난해하고 복잡한 것의 원리와 이해를 위해, 부모는 어두운 면에 대한 연약한 감정에 집중한다. 따라서 독립적이고 서로 물러나 있는 방식의 모습을 가진다 해도 이상하지 않다.

자녀가 성장하면 독립된 공간을 원하게 될 것이다. 그전에도 그런 경향이 있었지만 사춘기 정도가 되면 그 욕구를 강하게 드러낸다. 그렇다고 노골적으로 그것을 해 달라고 하지는 않을 것이니 너무 걱정할 필요는 없다. 다만, 물리적인 공간의 확보보다 부모 마음의 평화가 더 중요하다. 왜냐하면 자녀의 공간 요구는 부모에게는 부모의 도움을 더 이상 필요로 하지 않는다는 신호로 들리기 때문이다. 혹시 자녀에게 버림받았다는 신호로 여겨진다면 그건 아니다. 하지만 그런 공포를 충분히 느낄 수 있다. 그래서 부모는 더욱 감성적으로 달려들게 되고, 자녀는 더욱 멀어질 것이다. 부모에게 '입장금지' 팻말을 걸고 홀로의 공간을 지키기 위해 분투하고 노력할 것이다. 부모의 감성적 스킨십은 자녀에게는 지적 몰두의 욕구를 반감시킨다. 그래서 뒤로 물러나는 것이다. 따라서 부모는 자녀의 이러한 욕구를 알아차려야 한다. 만약 부모의 감성적인 요구가 지속되면 자녀는 방해받는 것을 넘어서서 에너지가 사라진다는 두려움에 사로잡히게 될 것이다. 이제 자녀는 마치 어른이 된 것처럼 행동할 것이다. 그래도 놀라면 안 된다. 스스로 살아갈 길을 찾아가는 것뿐이다. 이런 충돌을 슬기롭게 헤쳐 나갈 수 있다면 어린 시절처럼 똑같지만 다른 조화를 누릴 수 있다. 즉, 지성과 감성의 조화와 융합을 통한 창조이다.

부모 4유형 vs. 자녀 6유형

부모는 진실함과 따뜻함 속에 예민함을 동시에 가지고 있다. 감정적 파고가 높아서 어느 때가 진정한 부모의 모습인지 헷갈리기도 한다. 그러나 그 속에는 청초한 멋스러움이 가득하다. 자녀는 결정을 부모에게 맡긴다. 그리고 부모의 그런 내용을 진지하게 들어주고 이해한다. 만일 부모가 슬픔 공간에 빠진다면 자녀는 부모를 지키기 위해 노력할 것이다. 이런 모습은 자존감을 지켜 주고 안정성을 심어 준다. 부모는 자녀가 자신을 지켜 준다는 '편안한 안심'을 제공받고, 자녀는 부모의 결정을 통해 자신이 무엇인가를 '결정하지 않아도 된다는 안심'을 하게 된다. 자녀는 안전이 가장 큰 이슈이다. 안전하지 않다면 반항할 수도 있다. 하지만 부모는 독특하고 싶은 욕구가 있고 그런 동기부여를 자녀에게 할 수 있다. 그러면 차이점이 확연하게 드러난다. 보통의 경우 상호 의존 속에 있다가 이런 문제가 일어나면 불편해진다. 자녀는 불편한 감정으로 부모의 친밀하고 깊은 감정적 터치를 밀어낸다. 자녀의 깊은 욕구는 혹시라도 잘못될 수 있다는 것은 무엇이며 그것은 어떻게 해결될 수 있는가에 있다. 그러기에 꾸준하고 성실하며 열심히 생활한다. 부모의 접근방식은 이런 자녀의 욕구와 행동방식에 어떤 연결점을 가져다줄 수 있을까?

부모와 자녀는 미래에 대한 우울, 성과, 운명, 두려움 등의 내용을 함께할 수 있다. 하지만 그것을 풀어 가는 과정은 꽤 복잡하다. '자유를 신봉'하는 부모와는 다르게 자녀는 '자유를 반납해도 좋다'고 생각한다. 자녀에게 있어서 부모는 거대한 산이며 믿고 설 수 있는 보루이다. 하지만 성장과정을 거치면서 부모에 대한 확신을 조금씩 거두어들일 수 있다. 왜냐하면 감정의 기복을 바라보면 자녀는 의심을 놓을 수 없다. 도대체 안전은 어떻게 확보하나? 이 세상이 이렇게 거칠고 힘든데 마치 부모는 철이 덜 든 어린아이처럼 행동한다. 하지만 부모 입장에서 보면 자녀는 극히 보수적이며 지루하게 느껴진다. 이렇게 서로를 비난하면 갈등이 깊어진다. 인생을 노래하며 자유로운 사유를 즐기고 감정의 깊이 있는 내용을 바라보고자 하는 부모는 짜증이 난다. 그래서 마치 부모와 자녀가 바뀐 것 같은 입장도 된다. 가능성이 있다면 도전하는 것과 이렇게 안 되면 저렇게 해 보라는 부모의 교훈은 자녀에게서 멀어졌다. 그렇다면 찾아야 한다. 어떻게 찾을 것인가? 자녀에게 자유를 지키면서도 얼마든지 안전한 것이 있다는 예술의 세계로 안내하라. 바로 변화이다. 그리고 그 변화에 도전하라. 잘 안 되는 일이지만 자녀의 용감한 도전이 부모의 감각과 만날 때까지…….

부모 4유형 vs. 자녀 7유형

두 유형의 조합에는 반대되는 내용이 많다. 따라서 서로에게 반면교사가 될 수 있다. 자녀는 빠르다. 이리저리 휘돌아도 처음 자리로 오는 것이 가능하고 자연스럽다. 부모는 그렇지 않다. 하지만 자녀의 쾌활함과 빠른 머리회전은 감탄할 만하다. 부모는 가끔 비탄주의에 가깝다. 하지만 자녀는 낙관주의에 모든 것이 긍정으로 가득 차 있다. 그렇기에 균형을 이룬다. 적절한 타협도 가능하다. 부모-자녀 관계이기에 이해의 폭도 넓다. 모두 즉흥적인 행동이 가능하다. 따라서 특별하고 재미있는 행동에서 동맹을 맺는다. 성격은 다르지만 패션이나 음악, 미술 등의 예술, 스포츠나 고급스러운 와인 등을 같이 즐긴다. 자녀가 점점 더 성장하면서 정서적으로 멀어질 가능성이 존재한다. 부모와 자녀는 '자유'라는 개념을 공유한다. 모든 것에서 자유롭지 않으면 독특한 개성이나 창조는 나오지 않고 즐거움을 느낄 수도 없다. 이 점에서 두 유형은 특화되어 있다. 하지만 관계를 지속하면 확연한 차이가 존재한다. 연약한 감정에 익숙한 부모와는 달리 자녀는 그 연약한 감정을 밀어낸다. 왜냐하면 그 감정은 고통이기 때문이다. 부모는 내부에, 자녀는 외부에 에너지를 집중하는 것이다.

내부에 집중하지 못하는 자녀와 외부의 활동에 지쳐 가는 부모 사이에 갈등이 커진다. 아무렇게나 행동하는 것처럼 보이는 자녀를 지적하는 일이 많아진다. 자녀는 부모의 잔소리와 통제에 대해서 짜증이 난다. 자신의 활동이 방해받기 때문이다. 더 자세히 표현하자면 자신의 다양한 욕구를 가로막기 때문이다. 밖으로만 도는 자녀에게서 소외감을 느낀다면 부모는 외로워진다. 자신을 벗어나는 것이 당연한 일이지만 최소한의 관심조차 베풀기를 거절하는 자녀에게 실망한다. 그러면 비판적이 된다. 서로에 대해 대화를 시도하지만 잘 풀리지 않을 수 있다. 왜냐하면 비판을 받아들이기 힘들어하는 자녀이다. 비판도 고통의 일종이며 자녀의 특성을 도외시하는 의미 없는 대화를 할 이유가 없다. 자녀는 회피하고 부모는 평범하지 않은 대립을 회피한다. 이런 회피는 정직하게 자신과 상대를 바라볼 수 있을 때에만 해결의 실마리를 찾을 수 있다. 내향적이고 예민하고 고통을 바라보기를 원하는 부모와, 외향적이고 열정적이며 다양한 가능성에 집중하는 자녀 간 만남의 끝은 어디인가? 그것은 서로를 진정으로 바라보는 것이다. 이것이 중요한 이유는 부모-자녀의 문제이기도 하나, 진정으로 자신의 문제이기 때문이다. 건강한 만남은 회피가 아니라 직면하는 것이다.

부모 4유형 vs. 자녀 8유형

물과 불, 내향과 외향, 탐색과 연민, 그리고 예술과 용기의 흥미로운 조합이다. 이런 상반된 부모와 자녀의 조합이라니……. 당연히 서로 다른 영향력이 교차되는 다이내믹하고 흥미진진한 모습이 된다. 서로에게 건강한 자극을 줄 수 있다. 자녀의 행동하는 대담한 에너지의 활동은 부모에게 신선한 감정적 충돌을 불러일으킨다. 극적인 반전을 즐기는 부모는 자녀의 왕성한 에너지로부터 독특한 신선함을 제공받는다. 때로는 거칠어서 감당하기 어려울 때도 있으나 여전한 영감의 원천이 된다. 자녀는 외부 세계를 정복하고자 한다. 이런 점이 미더워 자녀에게 의지하는 경향도 생각할 수 있다. 불 속에라도 들어가서 무엇인가를 꺼내올 수 있는 강렬함은 평소 부모가 원하는 바이다. 그런 것을 자녀가 한다. 자녀가 성장해 가면서 자녀가 오히려 보호자로서의 기능을 일부 할 수도 있다. 그만큼 사랑스럽고, 믿고, 기대는 부모이다. 부모의 예민하고 부드러운 정서는 딱딱하고 우락부락한 자녀의 마음을 파고든다. 민감하고 창조적인 감성이 자녀에게 들어가서 춤을 춘다. 이 아름다운 미학을 자녀가 잘 받아들인다면 훗날 부모에게 고마워할 것이다. 강력한 카리스마 속에서도 연약한 감정을 수용할 수 있기 때문이다.

그럼에도 서로에게 고통을 줄 수 있다. 부모의 우울은 억압된 공격성일 수 있기 때문이다. 우울의 공격과 강렬한 공격의 맞대결이 일어나면 서로에게 상처가 된다. '물 대 불', '슬픔 대 분노'의 대결은 부모의 승리로 끝난다. 왜냐하면 양육하고 돌보는 일이 부모에게 있기 때문이다. 부모와 자녀는 화가 났을 때 참지 못한다. 강력한 폭발음을 내며 죽을 때까지 가 보자는 식으로 나간다. 그래서 파탄이 나는 것은 아닌지 잠시 생각할 때도 있다. 하지만 역시 부모가 먼저 화해의 손길을 내밀게 된다. 따뜻하게 안아 주면 마치 '그런 일이 있었어?'와 같이 정리된다. 이런 패턴은 각각 살아 있음을 느끼게 해 주는 마약과도 같다. 결코 이런 드라마를 자주 찍을 필요는 없다. 그 부작용을 먼저 생각해야 하는 것이다. 보통 두 유형 모두 복수심이 있다. 4유형보다는 8유형이 더 강하다. 복수를 하려는 심리는 그냥 있을 경우 너무 무력하고 약하다고 느끼기 때문이다. 그러나 진정한 강자는 복수를 하지 않고 용서한다. 그것이 또 다른 복수를 미연에 방지하는 기능을 한다. 이것이야말로 강자의 미덕이며 관계의 아름다움이다. 서로에게 통제당하는 느낌이 들지 않도록 먼저 물러서는 것도 지혜의 한 방법이다.

부모 4유형 vs. 자녀 9유형

두 유형은 상반되는 면이 많다. 감정적으로 예민한 부모와 무딘 자녀이다.

사실 무디다는 표현은 피상적이다. 스스로를 무디게 하여야 갈등이 줄어들고 평화가 유지되기 때문이다. 그래서 무딘 척할 뿐이다. 하지만 자녀 본인도 자신이 무딘 척하는 것인지 아닌지 그 사실을 잘 모른다. 그냥 묻어 둔다. 하지만 언젠가, 어디에선가는 반드시 나타난다. 그 시간과 장소를 모를 뿐이다. 이런 내재된 감정을 가진 것이 자녀의 특성이다. 그래서 무시하면 안 된다. 자연스럽게 그 감정을 드러내도록 돕는 것이 필요하다. 이런 면에서 부모와 자녀의 결합은 다행이다. 건강한 부모라면, 그 기능을 충분히 해낼 수 있다. 또한 부모와 자녀는 창조적인 스타일 면에서 공유한다. 평범한 것을 사랑할 필요가 있는 부모는, 평범함 그 자체인 자녀에게서 많은 교훈을 받을 수 있다. 부모는 사물의 아름다움을 보고, 자녀는 그 아름다움이 머물 수 있는 조화를 준다. 환상의 완성이다. 부모는 내면의 성장에 관여하는 촉진자이다. 게으르고 태만할 수 있는 자녀의 심연 속으로 들어간다. 그 속에서 각종 아름다운 보석을 길어 낼 수 있다. 존재의 개발, 그 빛나는 청신함을 만끽할 수 있다. 부모는 자신에게 느껴지는 결점이 있다고 믿는다. 하지만 그런 점은 모두에게 있는 것이지 부모에게만 있는 것은 아니다. 그것을 자녀를 통해 보게 될 것이다. 자녀는 무난하다. 부모를 사랑하고 따를 것이다. 하지만 그 무난함은 부모의 독특함을 통해서 깨어날 것이다. 변덕만 심하게 부리지 않는 부모라면, 자녀는 부모를 본받고 따라 하고 싶은 롤모델로 삼을 수 있다. 그리고 끝없는 인내로 '형설의 공(螢雪의 功)'을 만들어 낼 것이다.

부모와 자녀는 비판에 직면하면 당황한다. 대처하는 능력이 떨어진다고 할 수 있다. 겁을 먹거나 얼굴이 달아오르는 등의 모습이 나타난다. 자존감이 낮아졌기 때문이다. 어떤 특별한 점이 없어도 4유형 부모는 부모 자체로 다 된 것이다. 또 다른 어떤 것들이 추가되지 않아도 된다. 자녀는 자신을 낮춘다. 겸손과는 다른 것이다. 자신을 낮추면 자신을 괴롭히지 않을 것이라고 짐작한다. 서로 다른 이유로 자존감이 낮은 환경에 노출될 때 문제가 일어난다.

영혼까지 아프고 자존심이 상하고 열등감이 폭발한다. 짜증이 일어난다. 이때 부모가 자녀를 무시하면 상당히 고통스럽다. 평소 고분고분하고 착하기만 했던 자녀의 모습은 수동적 공격으로 바뀐다. 칙칙하게 늘어지고, 말을 하지 않으며, 고집을 부린다. 이때 부모의 상태가 안 좋다면 큰 문제로 비화된다. 길을 잃는 것이다. 거북이처럼 머리를 쏙 숨겨 버린다면 다시 나오게 하는 것이 매우 어렵다. 자존심이 없는 것 같으나, 몽니(받고자 하는 대우를 받지 못할 때 내는 심술)를 부리면 그것은 엄청난 자존감이 손상되었다는 의미이다. 보다 더 나쁜 상황은 부모조차 예민하게 되는 경우이다. 반응이 없는 자녀를 바라보며 날카로운 감정적 행동을 한다면 자녀의 평화는 산산조각이 나고, 더욱 말이 없고 행동으로 반항하는 고집 센 자녀로 나아갈 것이다.

부모 5유형과 자녀

부모 5유형 vs. 자녀 1유형

장형과 머리형의 조합이나 상당히 많은 유사점이 있다. 두 유형 모두 내향적이며 이성의 컨트롤을 받고 있다. 이성의 목소리가 크게 들리고 그것으로 인해 통제를 받는다. 자녀는 본능형이기에 시간이 지나거나 격한 상황이 되면 본능적 요소가 나오기는 한다. 하지만 가족관계에서 그것이 드러나는 경우는 갈등을 크게 겪는 경우이고, 보통은 문제가 없다. 그래서 이런 정신적이고 이성적인 자극을 주고받는 것이 훨씬 편하다. 부모-자녀 모두 자신의 감정을 드러내지 않고 냉정하고 사실적인 팩트 체크를 상대적으로 더 선호한다. 그래도 자녀가 활동을 겸하는 동안 부모는 통제된 사고를 더 많이 하면서 시간을 지체할 것이다. 감정이 논리를 방해한다고 생각하는 데 동의한다. 어떤 일을 함께한다면 부모는 실제로 움직이는 것보다는, 이론과 과정 그리고 아이디어를 제공하고, 자녀는 그것에 실용적인 접근을 꾀할 것이다. 하지만 그런 것보다는 역시 각자도생(各自圖生, 각자 자신이 할 일을 하는 것)이 마음 편할 것이다. 독립성을 추구하는 것이 불편하지 않으므로, 방해를 안 받는 것에서 서로 고마움을 느낄 수 있다. 자녀는 부모에게 어떤 부탁이나 스킨십을 요구하지 않는다. 그 점을 부모는 다행으로 여길 것이다. 자녀 역시 간섭받지 않는 상태가 나쁘지 않다. 하지만 서로 간섭하지 않으면서도 적절하게 만나는 환경을 만드는 것은 부모에게 매우 중요하다. 부모는 자녀에게서 너무 떨어지면 안 된다.

서로 논쟁을 할 때가 있을 것이다. 정신적인 다툼은 도움이 될 수 있다. 우월한 지적 능력을 뿜어내는 부모의 아우라에, 자녀가 승복하면 문제는 간단하다. 하지만 말과 행동이 다르다거나, 말로만 하였지 실행된 증거나 전리품이 없는 경우 그 허점에 대해서 허무해할 것이다. 부모는 알려는 것 자체에 관심이 있는 반면, 자녀는 나타나는 결과물에 더 관심이 있을 테니까 말이다. 어떤 경우 타협이 필요할 때가 있다. 자녀는 '완벽주의'이며 '규칙을 준수'한다. 규칙이 주어지면 그것을 완벽하게 준수하려고 한다. 하지만 부모는 그 규칙에 대해 근거를 따지고 논리를 발전시킬지도 모른다. 자신이 알고 있다는 사실을 입증하기 위해서 논쟁하는 것도 마다하지 않는 부모라도, 자녀가 보는 부족한 점이 있을지 모른다. 그렇게 되면 자녀는 괴롭다. 핵심을 꿰뚫는 논리 전개에 능한 부모에게서 허점이 있다는 사실을 발견한 자녀는 그다음 진도가 나가지 않는다. 즉, 얽히게 된다. 타협하기 가장 힘든 부모이기에 그 사실을 알리려는 자녀의 노력은 공수표로 돌아갈 가능성이 높다. 부모의 논리 앞에 무산될 것이다. 자녀의 '확고한 원칙', '완벽에 대한 신념'이 도사리고 있다. 반면, 부모는 '많은 진리', 그리고 '안다'는 지식의 무기가 있다. 자녀가 원하는 원칙을 부모는 잘 듣지 않는다. 다른 사람을 의식하는 자녀에 비해 부모는 그것을 잘 모른다. 이런 사소한 부분에서 말다툼을 하지 말라. 자녀를 이해하고 받아들여야 할 것이다. 아니면 자녀는 흑백논리에 빠져들 것이고 '선과 악'의 선택이라는 흑백논리의 결정을 할 것이다.

부모 5유형 vs. 자녀 2유형

가능성은 늘 있다. 가장 내성적인 부모와 가장 감성적인 자녀의 조화가 기대가 된다. 이런 균형을 기대하면서도 실제적인 생활에서는 균형보다 부조화의 현상을 걱정하게 된다. 역시 부모의 책임을 말하지 않을 수 없다. 부모가 자녀를 위하여 자신의 인생을 다 망가뜨리는 것은, 과거라면 몰라도 현시대에서는 가능하지 않은 것 같다. 시대의 흐름이며 따라야 할 내용이다. 그래도 기본적인 것은 지켜야 한다. 예를 들어, 부모는 자신의 감정과 사실을 분리하는 데 능하다. 하지만 상대적으로 자녀는 그것이 어렵다. 머리의 사고보다는 먼저 가슴의 감정을 거쳐야 하기 때문이다. 그전에 부모와 자녀라는 나이 차가 존재한다. 특히 어린 시절의 경우는 더 그렇다. 자녀는 시끄럽고 여러 친구를 집으로 데려오기를 잘할 것이다. 평화롭고 조용하기만 하던 가정은 파티를 해야 하는 소란스러움을 자주 경험할 것이다. 이런 점들이 힘들기는 하지만 부모는 여전히 자녀와의 소통과 연결을 원할 것이다. 그렇지만 그 방식의 차이가 존재한다. 부모는 자녀를 기쁘고 행복하게 하려고 한다. 이런 양육태도는 늘 벽에 부딪칠 것이다. 조금은 지나치니 조심하라고 하면 자녀는 바로 위축될 것이다. 근본적인 성격의 차이는 경계에 있다. 거리를 두고 관찰하려는 부모와 거리를 가깝게 하고 친밀한 사랑과 감정을 교류하려고 하는 자녀의 모습이 극명하게 다르기 때문이다.

나는 부모로부터 '사랑받을 수 있을까요?' 거리 조정을 당하는 자녀는 이런 질문을 수없이 한다. 직접적인 부딪침과 감정적인 교류를 간절히 원한다. 과연 '나는 사랑스러운 자녀인가요?' 이런 두려움이 자녀에게 늘 존재한다. 부모의 자세나 태도는 그렇지 않다고 암시하는 것만 같다. 자녀는 부모의 따뜻한 시선과 많은 관심을 받기 원한다. 그렇게 하려고 얼마나 많은 청소, 미소, 심부름, 안마 등을 제공했던가? 상대방이 무엇을 필요로 하는지 눈치가 빠른 자녀는 행동으로, 마음으로 부모의 눈치를 보면서 굉장히 열심히 도움을 주려고 한다. 부모가 자신만의 영역으로 들어가서 나오지 않으면 자녀는 사랑에 대한 갈망으로 눈동자가 어두워진다. "나와 놀아줘요.", "그래, 그런데 내가 지금 바쁘니까 다음에 하자." 갈등이 일어나는 현장은 늘 이렇다. 감정적으로 메말라 버린 자녀와 그런 것을 눈치도 채지 못하는 부모는 갈등의 아픔을 겪게 된다. 가정에서는 이런 문제가 크게 나타나지 않는다. 하지만 이것이 더 무서운 것 아닐까? 차라리 접시를 깨고 싸우는 편이 속으로 썩어 들어가는 것보다 낫다. 자녀가 귀여운 행동을 하거나 착한 심부름을 한다면 부모의 관심을 끌려고 하는 행동이다. 나를 보아 달라는 간절한 외침이기도 하다.

부모 5유형 vs. 자녀 3유형

부모는 지식과 지적 능력에 관심이 많다. 이런 점이 자녀의 효율적인 생활과 성공 욕구를 고취시킬 수 있다. 자녀는 자신이 하는 프로젝트에 열과 성을 다한다. 사랑을 해 달라거나 놀아 달라고 하지 않는다. 이런 점이 부모에게는 오히려 좋다. 자신의 시간을 확보할 수 있기 때문이다. 부모의 이론이 자녀가 원하는 능률적인 면과 만날 때가 가장 좋을 때이다. 부모는 원인을 추구한다. '어떻게 해서'가 중요하다. 반면, 자녀는 결과물을 가지고 인정받기를 원한다. 어린 시절 모든 자녀는 부모의 인정을 받기 위해 경쟁한다. 이런 점을 기억한다면 부모는 자녀에 대한 칭찬을 할 수 있는 준비가 필요하다. 칭찬을 받지도 주지도 않을 가능성이 농후한 부모는 자녀에게는 그렇게 해서는 안 된다. 따라서 언제 어느 때라도 칭찬을 할 수 있는 스킬을 익히는 것이 좋다. 또한 겉으로 드러난 성공보다는 더욱 깊이 있는 성공을 가르치는 것이 부모의 책임이다. 특히 부모는 그런 점에서 탁월하다. 부모는 자녀에게 연구의 가치와 사물을 깊이 있게 관찰하고 들여다볼 수 있는 접근방식을 제공할 것이다. 자녀는 이런 부모의 가르침 속에서 진정한 성공의 모습을 배우고 익히고 실천할 것이다. 뒤에서 돌보고 지적 능력을 제공받아 자녀는 무대의 중앙에서 빛을 발한다. 자녀가 부모의 역할을 인정한다면 보다 더 큰 목표를 세워

갈 수 있을 것이다.

독립적이고 내향적인 부모에게 어린 자녀는 힘에 겨울 수 있다. 어린 자녀들은 많은 시간을 제공해야 하고, 직접적인 관계를 요구한다. 아주 어릴 때는 생리적인 욕구도 들어주어야 한다. 부모에게는 잘 안 되는 영역이다. 하지만 부모는 부모이다. 본능적으로 하려는 노력이 첨가된다. 지식을 제공하고 원리를 파헤치는 것은 가능한데, 피상적인 잡담이나 쓸모없는 것에 에너지와 시간을 사용하는 것을 따라가기가 버겁다. 특히 감정의 노동은 거의 불가능할 정도로 힘이 든다. 자녀양육의 거대한 압박에 많은 부담이 될 때, 도와주는 따뜻한 부모의 역할을 중단한다. 함께하자는 제안을 거부하는 것이다. 파티나 캠핑, 전시회 같은 자녀행사가 번거롭고 지나치다고 느껴진다. 혼자 골똘하게 연구할 과제가 산더미이다. 더욱이 자녀에게 학습이나 다른 행동들이 발전하지 않는 것을 보면 짜증이 많이 날 것이다. 이런 부모의 태도가 자녀에게는 자신에게 신경 쓰지 않으려는 부모로 보인다. 그러면 부딪치게 되거나 폭발현상으로 나타나야 하는데 그렇지는 않다. 직접적인 마찰은 서로 피한다. 스스로 마비되며 감정은 숨어든다. 부모는 원래 감정을 모두 잘라 버린 상태이므로 냉정하게 느껴진다. 자녀 역시 그런 감정은 성공에 전혀 도움이 안 되므로 '그래도 난 괜찮다'고 스스로 위로하면서 다른 대안을 찾으려고 할 것이다.

부모 5유형 vs. 자녀 4유형

부모와 자녀의 관계는 매우 흥미롭고 강렬한 페어링(pairing, 블루투스 기기를 서로 연결하여 동작할 수 있도록 해 주는 과정)이 될 수 있다. 다른 사람들이 보기에 자녀가 괴짜라고 생각할지 모르지만 자녀 자체는 당연히 독특하고 특이하게 보이기를 원한다. 자신이 독특하고 특별하지 않으면 쓸모가 없다고 느낄 수 있다. 이 점은 성장과정 내내 빛도 되고 그림자도 될 것이다. 부모와 자녀 모두 다른 사람들이 볼 때는 좀 이상하다. 말이 없고 조용하며, 내향적인 성격이다. 자녀는 신비롭고, 이상하고, 난해한 것에 대한 탐구심이 강하다. 스스로의 내적 여행을 즐기고, 규범화된 내용보다는 정리가 안 되거나 덜 된 것을 가지고 논다. 다른 사람들의 판단이나 시선은 잘 쳐다보지 않는다. 별로 중요하지 않다. 부모–자녀 모두 사적인 공간을 즐기고 중요하게 여긴다. 확실히 참견이 덜하고 뭘 해도 '안 된다'거나 '왜 그렇게 하냐?'는 등의 말을 듣지 않고 하지 않는다. 그만큼 독립적이고 창조적이다. 하지만 접근방법은 매우 다르다. 부모는 어떤 일을 시작하기 전에 관찰하고 정보를 수집하는 과정을 반드시 거친다. 하지만 자녀는 보다 감성적이고 독특한 방법으로 모든 조사 방법을 무시하고 감각적이고 즉흥적인 것에 도전한다. 그리고 그 결과에 대해서 토론하고 생각과 감정을 교환할 것이다. 이것은 서로에게 큰 영감을 줄 수 있다. '생각과 감정'이 색다른 관점의 대항해가 가정에서 시작되는 것이다.

자녀는 부모의 무관심이나 스킨십이 없을 때 좌절감이 생긴다. 부모는 많이 주었다고 생각해도 자녀에게 있어서 그 양은 절대적으로 부족할 수 있다. '이 정도면 되었니?'라고 물어서 '충분해!'라는 대답을 얻는다는 것은 매우 어려운 과제이다. 부모는 이런 것에 매우 인색하기 때문이다. 감정을 깎아서 얻어 낸 이성과 지식의 상아탑을 무너뜨릴 수는 없다. 자녀가 변덕스럽고 까다롭다고 느끼는 것은 당연하다. 모든 유형의 부모가 4유형의 자녀에게 느끼는 공통적인 것이다. 하지만 부모는 그것의 거리가 더욱 넓게만 느껴진다. 자녀에 비하여 잘 공감하고 느끼지 못하는 이 현상을 어떻게 극복하느냐의 문제는 멀어 보인다. 자녀가 목마른 갈증을 느끼면 감정을 표현하지 않는 부모는 용기가 없거나 유치하다고 느낄 정도가 된다. 이런 감정의 공유가 서로 반대되는 성격에 있다는 것을 알게 되면 부모와 자녀가 타협할 단서가 된다. 감정적으로 아무런 필요를 못 느끼는 부모에게 느낌, 우울 등의 연약한 감정을 공급하면 부모의 머리가 시원해질 것이다. 보통의 경우 생각과 느낌이 깊어져서 새로운 창조의 형태로 만들어지는 경우가 있다. 젊은이의 사랑이라든지, 새로운 발명이나 창조물을 만들어 내는 등의 일이다. 산업계에서도 패러다임을 바꾸는 혁신적인 아이템이나 예술에서의 새로운 가치 창조 등이 이에 속한다. 하지만 이런 결과물이 도출되거나 성장의 방향을 잃어버리면 퇴행적인 행태가 반복될 것이다.

부모 5유형 vs. 자녀 5유형

보통 5유형을 호기심이 많다고 한다. 이 호기심은 관찰로 인한 집착적인 결과로 원인을 알 때까지 연구를 계속하는 행태이다. 그 과정에서 호기심이 끝없이 피어나는 것이다. 이런 호기심 많은 마음은 다양한 관심사를 탐구하면서 부모와 자녀는 유쾌한 연대감을 갖게 될 것이다. 함께할 때 안전감을 느낀다. 서로 사적인 공간에 대한 경계를 분명히 하기 때문에 서로를 방해하지 않는다. 오히려 서로의 생각을 자극하고 교환하면서 시너지를 만들고 생산할 여력이 있다. 서로 감정의 교류는 뒤로 하고 관찰에 몰두함으로써 매우 편안한 환경을 유지할 수 있다. 아마도 자녀가 지성적으로 탁월하다면 부모는 매우 만족할 것이다. 자녀 역시 자신의 공간을 제공하고 인격적으로 사적 공간을 확보하도록 배려받으면서 성장할 수 있다. '자동차는 어떤 원리로 달리게 될까? 야구 게임 중 투수는 어떤 근육의 효과를 누릴 수 있는가?' 등의 내용으로 같이 토론할 수 있다. 마치 지성적이고, 관찰, 연구에 능한 자녀는 부모와 함께 완벽한 궁합을 느낄 수 있도록 할 것이다. 이 조합은 사적인 공간을 서로 존중하는 동시에 직접적인 접촉보다는 비언어적 소통에 더 큰 흥미를 가진다. 메일이나 카톡, 문자나 간단한 공동의 언어가 공존할 수 있다. 부모와 자녀 서로 비밀을 가지고 있으며 서로 그 비밀을 알려고 하지 않는다.

큰일이 아니라면 비밀을 서로 지키는 것도 가능하다.

서로 관찰하는 기능이 마주친다면 결과는 어떠할까? 문제가 있거나 도움이 필요한 상황에서 말하지 않으며 어떤 도움을 받아야 할지를 모른다면 시간은 속수무책으로 흘러갈 수 있다. 그러면 냉랭한 관계를 유지하는 것이 가능해진다. 서로 마치 남남처럼 지내는 것이다. 하루종일 한마디도 하지 않고 하루를 보낼 수도 있다. 밥 먹고 화장실을 가는 것 외에는 방에서 나오지 않는다. 얼굴을 마주칠 일이 점점 없어진다. 비밀이 생긴다. 어떤 경우는 숨기는 것이 많을 수도 있다. 이것이 서로에게 안전하다고 느낀다. 그러면 아무일도 하지 않았는데 거의 남과 같은 사이가 된다. 그러면서도 해결하는 행동은 나타나지 않는다. 이 정도가 되면 관계는 악화된 상태이다. 암으로 말하자면 2기 정도에 이르렀다고 할 수 있을까? 그러면서도 암이 생겼는지 알아차리지 못한다. 서로 말을 안 하고, 행동도 없으며, 생각만 깊어지니 나타나는 현상일 것이다. 혼자 있고, 단절된 분위기를 다행이라고도 여길 수 있다. 아무런 말도 듣지 않으니 그것으로 괜찮다고 생각한다. 단절된 기분을 안전하다고 느낀다면 이 또한 브레이크 없이 액셀만 밟고 달리는 차와 같다. 그러면서도 '아무 문제 없잖아!'를 연발한다. 또 하나의 문제는 지적 논쟁에서의 우월성을 확보하는 일이다. 자신이 관찰한 결과가 잘못되었다는 것을 인정하는 것은 매우 힘들다. 굴복은 곧장 자신의 관찰이 잘못되었다는 것을 인정하는 것이다. 따라서 논쟁은 불가피하다. 그래야만 자신의 우월성이 드러나기 때문이다. "정말 그럴까요? 엄마 아빠 저는 그렇게 생각하지 않습니다. 지난번 부모님께서 잘못 판단해서 어려움을 겪었다는 것을 기억하세요. 이번에는 저의 판단이 맞습니다."

부모 5유형 vs. 자녀 6유형

부모는 안정감이 있고 침착하다. 자녀는 불안감이 있고 안전에 집착한다. 따라서 조용하고 생각이 많은 부모로부터 자녀는 안전이라는 타이틀을 받을 수 있다. 이 조합에서 두드러지는 특징은 철학적 사유, 근거의 추적, 원인의 발견 등으로 토론을 즐길 수 있다는 것이다. 항상 최악의 경우를 상정하고 그것을 해결하는 데 골머리를 앓는 자녀는, 부모의 해박한 관찰결과와 지식을 바탕으로 해결책을 찾을 수 있을 것이다. 보다 편하고 안정감이 넘치는 여유를 즐긴다. 자녀는 자신을 대신해서 문제를 해결해 줄 권위자를 기다린다. 부모는 기꺼이 그 역할을 수행함으로써 좋은 관계를 유지할 수 있다. 생각으로서의 범위는 항상 열려 있는 것이 부모이다. 하지만 자녀는 그렇지 않다. 조금은 더 보수적이라 할까? 가끔 부모는 혁신적인 아이디어로 세상을 깜짝 놀라게 할 수 있다. 생각의 영역에서만큼은 개혁가의 기질이 충분하다. 자녀는 검증이 필요하다. 이렇게 했더니 이만큼 안전하다는 통계가 있다면 더욱 신뢰성을 쌓을 수 있다. 이런 태도는 창의적인 능력이다. 큰 욕심이 없는 이 조합은 작은 것에 만족하고 어려움을 기꺼이 받아들이며 버틸 수 있는 소확행(小確幸, '작지만 확실한 행복'이라는 뜻으로, 일상에서 누리는 소소한 즐거움을 이르는 말)의 능력이 있다. 부모는 예민하지만 잘 들어 주고 지켜본다. 의심의 질문을 던지는 자녀에게 늘 제자리에서 대답을 해 주는 부모는 신뢰를 제공하므로 자녀로 하여금 따뜻한 관계의 확신을 갖게 한다.

자녀는 걱정과 근심이 많고 두려움이 있다. 부모는 걱정하는 자녀에게 원리를 설명하고 안전하다는 메시지를 지식으로 풀어서 설명한다. 이런 장황한 이론 풀이는 자녀를 더 걱정하게 만들 수도 있다. 실행을 더 많이 보여 주어 결국 안전을 입증하는 것이 좋다. 이론이 어떻게 안전을 100% 담보할 수 있을까? 자녀는 검증을 원한다. 이론이 토론으로 이어진다면 바람직하나 토론으로 이어질 '거리'가 없는 경우가 많으므로 주의가 필요하다. 부모는 자기 공간을 확보하기 위해 거리두기를 시도한다. 이 시도는 어떤 때는 성공하나, 어떤 때는 '분리불안'을 가지고 있을 가능성이 있는 자녀에게는 실패이다. 실패는 자녀에게 거부감을 일으킨다. 자녀가 감정적 반응을 보이면 부모는 논쟁적으로 변한다. 자녀가 어린 시절에는 논쟁적이지 않으나 어느 정도 성장하면 자꾸 부모와 논쟁을 하게 된다. 원하지는 않지만 그렇게 된다. 그렇게 되면 자녀는 더 이상 감정적인 소모를 할 수 없게 될 것이다. 걱정은 태산처럼 높아만 간다. 부모도 스트레스가 심해진다. 홀로 있는 땅굴 속으로 피신을 한다. 이렇게 서로 동떨어진 채 시간을 흘려보내게 된다. 이 조합은 이 시간이 꽤 길다. 시간이 걸려서 자연스럽게 문제가 해결되는 경우도 있다. 하지만 문제가 고착화되고 굳어져서 더 이상 가까워질 수 없을 정도로 멀어질 수도 있다. 자녀는 자신의 불안과 걱정을 부모에게 투사한다. 이 투사는 자녀가 안전감에 대한 불안이 생기면 자주 하는 방법이다. 끊임없는 투사에 부모는 지친다. 자녀는 다시 묻기를 계속한다. '부모를 정말 믿을 수 있을까?'

부모 5유형 vs. 자녀 7유형

부모가 가장 많이 도울 수 있는 방법은 차분하게 집중하는 방법이다. 화살표로 7유형의 성장지점은 바로 부모 유형인 5유형이다. 호기심 많고 다양한 관점에 시선이 끌리는 자녀는 가끔은 조용히 혼자만의 공간과 생각할 여유가 필요하다. 바로 부모의 모습이다. 반면, 자녀는 부모에게 좀 더 외향적으로 나갈 수 있는 동기를 제공한다. 새로운 아이디어를 찾는 것은 큰 즐거움이다. 부모는 개념을 찾고, 자녀는 관심을 넓혀 세상으로 나아간다. 모두 독립적이고 지적으로 빠르고 다양한 것에 큰 관심을 가지고 있다. 서로가 자유롭게 접근하고 방해하지 않으며 자신에게 집중한다. 자녀의 엉뚱하고 재기발랄함은 부모에게는 많은 활력 요소가 된다. 크게 보면 모두 머리형의 두려움을 기본으로 가지고 있다. 호기심이 많아서 알려고 하고 관심이 생기고 탐구심을 통해 궁금증을 해소하는 '즐거움과 행복'을 찾고자 한다. 따라서 동기는 비슷하지만 방법은 완전히 상반된다. 이런 경향 때문에 성장과정에서 어려워지기도 한다. 예를 들면, 무엇이든지 에너지를 최소화하려는 부모의 전략과 모든 에너지를 자유롭게 사용하기를 원하는 자녀의 전략이 다르다. 이것은 활동으로 나타나는데 외부활동을 절제하는 부모와 외부활동을 극대화하는 자녀의 태도이다. 하지만 앞서 기술했듯이 동기는 같다. 이런 점을 고려한다면 절대적으로 만날 수 없는 지점이 존재하는 것 같으나, 뿌리는 하나이니 함께할 수 있는 길을 찾을 수 있다.

부모가 환경의 도전을 받게 되면 감정은 더욱 빠른 속도로 빠져나간다. 그래야만 관찰할 수 있고 연구에 매진할 수 있다. 훨씬 안전하다고 느낀다. 반면, 자녀는 외부활동을 더욱더 늘리면서 시도한 일이 채 끝나기도 전에 또 다른 것을 하려는 시도를 한다. 경험을 중시하는 것은 욕망을 채울 수는 있지만, 근본적인 해결책이 될 수 없다는 것을 아는 부모는 자녀를 통제하려고 한다. 사랑을 해도 적게 사랑하고 적게 사랑을 받으려는 부모는 자녀의 활동량이 소비라고 믿는다. 반면, 자녀는 생각을 짧게 하고 활동을 늘림으로써 그 고통에서 벗어나 행복을 찾고자 한다. 이런 상반되는 패턴의 끝에는 파멸이 기다리고 있다. 자신의 것을 다 소비하고 남은 것이 시간밖에 없는 부모는 그 시간을 통제하려고 한다. 그 시간을 온전히 자신의 것으로 만들고 늪에서 빠져나오려고 한다. 하지만 통제 불능의 자녀는 더욱 활동을 늘리고, 지루하고, 따분하며, 열정도 없어 보이는, 얼음처럼 차가운 부모로부터 멀리 도망간다. 이런 대결이 지속되면 부모는 흔히 보게 되는 감정적 행동을 할 수 있다. 하지만 그것은 감정이 아니라, 답을 찾지 못할 때 흔히 나타나는 부모의 행동이다 스트레스를 받으면 7유형은 1유형의 분노를 발산할 수 있어서 거칠어진다. 부모는 화를 내고 화를 내는 자녀를 보면서 자신의 멘털(지식)이 무너지는 소리가 들린다.

부모 5유형 vs. 자녀 8유형

부모와 자녀는 독립적이다. 알아서 하는 것을 좋아하고 간섭이나 잔소리를 싫어한다. 특히 강한 경계를 한다. 사생활의 보장이나 다른 행동에 대한 제한을 철폐하기 원한다. 자신만의 공간에 침입할 때 강하게 반발할 수 있다. 즉, 부모는 '사생활의 공간'을, 자녀는 '자신의 영역'을 침범당하는 것을 용납하기 힘들다. 부모는 차분하나, 자녀는 보다 직접적이고 갈등을 두려워하지 않으며 싸움을 즐긴다. 부모는 모든 것을 최소화하려고 하나, 자녀는 폭발적인 드리블과 불도저 같은 행동으로 자신의 뜻을 표현한다. 즉각적으로 '실행하는 것만이 살길이라는 투'로 행동하여 부모가 따라가기 힘들다. 가장 느린 부모와 가장 빠른 자녀가 만났다. 부모의 생각하는 기능이 자녀에게 도움을 준다면, 행동하기 전에 먼저 생각하는 힘이 길러질 것이다. '아는 것이 힘이다(Knowledge is power).' 반대로 자녀의 성격이 부모에게 도움을 준다면 '즉각 실행(take immediate action)'의 부분이다. 그리고 부모와 자녀는 화살로 연결되어 있다. 이 성숙지점과 미성숙지점을 이해한다면 쉽게 관계에 대한 이해 정립을 할 수 있다. 지식의 탐구를 통해 아는 것을 바탕으로 진짜 모르는 것을 숨기듯이 자녀는 흑백의 선택적 결정을 통해 자신이 약하다는 사실을 숨긴다. 물론 자신은 모르는 페르소나의 모습 속에서 자신을 숨기고 하는 행동들이다.

자녀가 성장하면서 자연스럽게 주변을 통제하고 우위를 점하려고 하는 것은 놀랄 일이 아니다. 자녀와 부모의 위치가 바뀔 수도 있다. 아주 자연스러워서 그냥 그렇게 진행된다. 재미있는 일은 처음에는 부모가 가정에서 일어나는 모든 것에 대한 규칙을 만들고 진행한다. 그런데 어느 날 부모의 규칙은 어디론가 가 버리고 자녀가 만든 새로운 규칙이 생긴다. 따르자니 부모의 권위에 손상을 입고 안 따르자니 자녀에게 존경심을 잃어버릴 수도 있다. 그만큼 자녀는 강력한 '도전가'이고 부모는 소극적인 방관자이다. 부모와 자녀의 관계이기는 하나, 자녀는 9가지 에니어그램 유형 중에서 가장 강력한 에너지를 가지고 있다. 안 되는 것이 없고 안 된다면 되게 하려고 한다. 때로 거칠어서 침략자의 느낌이 들기도 하고 부모의 영역을 서슴없이 넘어오기도 한다. 만약 주도권을 잃어버리면 스스로의 공간에 갇힌다. 실제 부모는 통제권을 놓아 버리고 스스로 만든 동굴로 들어가서 자신만의 영역에서 나오지 않는다. 자신만의 공간으로 후퇴한다. 스트레스가 높아지면 부정적인 면이 돌출되기 마련이다. 가족으로서의 유대감을 바라는 관계는 서로를 위협하고 복수를 꿈꾸면서 멀어져 간다. 부모는 의사소통을 철회하고 논쟁을 마지막으로 소통을 끊는다. 자녀는 자신의 욕구를 폭발시키고 부모에게 거칠게 대하며 부모의 잘못을 정면으로 거론한다. 서로를 필요로 하지 않으며 혼자서도 충분하다고 스스로를 설득한다. 이런 장면은 결코 나와서는 안 될 장면이다. 슬기로운 대처가 필요하다.

부모 5유형 vs. 자녀 9유형

착하고 온순한 자녀는 부모에게 큰 힘이 들지 않도록 한다. 까다롭지 않고 요구가 적다. 혼자서도 잘 놀고, 부모의 공간을 침입하지 않으며, 주의를 주면 바로 알아듣는다. 부모로서는 자신의 시간을 뺏지 않고 혼자 있는 공간을 용납하니 편하게 느껴진다. 부모와 자녀는 서로 요구하지 않는다. 하지만 자녀는 부모가 무엇을 원하는지, 어떻게 해야 기분 나빠하지 않으며 자신과 편하게 지낼 수 있는지에 대해 연구한다. 눈치도 본다. 이것을 가볍게 보면 안 된다. 말을 안 한다고 해서 부모와 친밀한 시간을 보내고 싶지 않은 것이 아니다. 간절히 원하고 있다. 다만, 말하지 않을 뿐이다. 훗날 "왜? 말하지 그랬어?"라고 되묻는다면 부모의 책임을 소홀히 한 자신을 탓해야 한다. 자녀는 많이 요구했고, 신호를 보냈으며, 안타까운 눈으로 바라보는 많은 시간을 보냈기 때문이다. 눈치 없는 부모가 그것을 알아차리지 못했을 뿐이다. 하지만 서로 요구하지 않으면서 갈등이 일어날 여지도 많이 줄어든다. 무엇인가를 해서 문제를 만들기보다는, 아무것도 하지 않음으로써 아무 문제를 만들지 않겠다고 결심한 관계로 보인다. 자녀의 친절함과 인내심은 대단해서 주변을 정화하고 부드럽고 편안하게 만들어 준다.

부모는 자기중심적이다. 하지만 자녀는 주변과의 조화를 최우선적으로 생각한다. 그것이 지나쳐 자신에게 관심을 두지 않는 경우도 많다. 부모는 자녀가 편하다는 이유로 혼자만의 시간을 너무 많이 가지게 되면, 자녀는 말하지 못하는 상태로 오랜 시간 방치된다. 혼자 있을 때의 편안함과 안온함은 계속 그렇다는 것이 아니다. 심해지면 불안을 느끼는 자녀이다. 감정적 교류가 단절되고 홀로 있는 시간이 늘어 가면 공포를 느끼게 된다. 이 공포를 방치하면 어떤 일이 발생할까? 자녀는 공포를 쉽게 말하지 않는다. 부모가 알아차려야 한다. 관심을 가지면 알 수 있는 일이다. 그런데 부모는 방치한다. 이때 생기는 버려진 느낌의 공포는 내면으로 깊이 잠복하여 쌓인다. 이것은 분노이다. 늘 언제나 비슷한 일로 성장해서도 나타날 수 있고, 병리적인 현상으로 발전할 수도 있다. 착해 빠진 아이라고 놀려서도 안 된다. 부모의 부주의로 인해 얻어진 결과로 뼈를 때리는 반성이 필요하다. 부모는 감정적이지 않다. 자녀도 부모만큼은 아니지만, 역시 그렇다. 자녀의 최대 약점 가운데 하나는 무감각이다. 어떤 자극에도 쉽게 반응하지 않는 웅크림이다. 아주 천천히 쌓이고 또 쌓인다면 예상하지 못한 지점에서 폭발한다. 해결이 불가능할 정도이다. 어린 시절 이루어진 웅크림은 해결해야 하는 암과도 같다. 관찰하는 힘을 가진 부모는 자녀의 이런 상태를 MRI처럼 촬영하고 관찰하라. 그리고 쌓이지 않도록 신호를 감지하라. 부모의 예민한 관찰이 자녀와의 평화를 만날 수 있도록 도울 것이다.

부모 6유형과 자녀

부모 6유형 vs. 자녀 1유형

이 조합은 비슷한 성격의 조합이다. 안전을 추구하는 부모나 완벽을 바라보는 자녀나, 나타나는 모습은 비슷하기 때문이다. 하지만 근본 동기와 내면의 세계는 많이 다르다. 머리형인 부모는 두려움을 간직하고 조절한다. 만약 여기에 실패하면 부정적인 결과를 도출한다. 본능형인 자녀는 생각을 많이 하려고 노력한다. 하지만 그보다는 역시 행동하는 것인데, 분노가 행동의 힘이 된다. 노력이라고 함은 참는 것을 뜻한다. 잘 참지만 조절에 실패하면 분노의 노출을 피할 수 없다. 항상 따뜻함을 가지고 자녀를 돌보려는 부모는 안전이 최우선적인 과제가 된다. 자녀는 이런 부모의 모습에 안정감을 가진다. 무엇을 해야 함에 있어서 완벽하게 진행해야 해서 부모의 '안전 매뉴얼'은 많은 도움이 된다. 부모는 어떻게 반응하는 것이 안전할지를 생각하는 데 시간이 걸린다. 진지함, 따뜻함, 동정심과 함께 감정적인 정서도 간직하고 있다. 만일 부모가 유머러스한 모습을 보여 준다면 자녀는 더욱 여유를 가지고 성장할 것이다. 어디에서나 헌신하는 모습을 보이는 자녀로 인해 부모는 기쁨을 얻을 것이다. 가정에서도 서로 힘을 합한다면 많은 것을 얻을 수 있고 안전하고 단단한 모습을 견지할 수 있다. 부모와 자녀 모두 성실하고 근면하며 책임감이 강하다. 이상적인 가치에 관심이 있으며, 더 나아지는 어떤 것에 대한 열망이 강하다. 어떤 모임이든지 소속된 단체를 따르고 다른 사람들에게 도움을 주는 방향으로 나아가게 하려고 한다. 허망한 일이나 상상 속에서 일을 이루려 하지 않고 땅에 발을 굳건하게 내딛고 현재 여기에 어떤 일을 하는가에 많은 시간과 에너지를 쏟아붓는다.

자녀는 부모가 두려움을 강조할 때 반발하는 모습도 가질 수 있다. 이때는 부모가 평소의 안정감 있는 모습과는 달리 두려움의 공포를 투사할 때이다. 자녀는 결단력 있고 강한 의견도 가지고 있다. 부모가 '내면의 위원회'를 가지고 회의를 하는 동안 자녀는 '심판관의 명령'을 받는다. 따라서 판단력, 결단력 등의 스피드가 부모보다 빠르다. 만약 부모와 자녀의 이런 모습이 동시에 나타난다면 모두 혼돈 속에 빠질 수 있다. 즉, 부모는 결정을 한없이 미루고, 자녀는 급하게 행동을 해야 하는 상황을 말한다. 이것은 각자 '안전'과 '완벽'에 대한 집착이 비슷한 양상을 띨 때를 말한다. 자녀는 행동하기가 무척 어렵다. 이것은 마치 방향을 잃은 배가 큰 풍랑을 만나게 되는 꼴이 된다. 자녀는 낙담, 분노 그리고 분노의 표출 등이 부정적으로 나타난다. 또 올바른 방법, 절차, 규범의 행동에 대해 고민한다. 반면, 부모는 무질서하고, 혼란스럽고, 비논리적으로 발전한다. 이런 다른 경향이 한 가지 초점을 두고 부딪치면 올바로 가려는 자녀와 공포에 대항해야 하는 부모는 정면충돌을 면치 못하게 된다. 부모와 자녀는 긍정적인 것보다 부정적인 것을 먼저 생각하고 만난다. '안 되면 어떻게 하나?'와 '최악의 경우'를 상정하고 토론과 회의를 반복한다.

모두 미루고만 있다. 특히 자녀의 경우 부모의 늦은 결정으로 인한 분노의 표출을 경계해야 한다. 부모가 믿는 종교나 신념이나 가치관 등이 자녀와 배치될 때 의견의 불일치가 일어날 가능성이 매우 높다. 비판의 기능이 높은 자녀의 부정적 에너지는 부모에게는 큰 스트레스의 원인이 될 수 있다. 부모는 자녀의 비판 앞에 어떤 태도를 취할 것인가 하는 중요한 자리에 서게 된다. 해결방안은 역시 대화이다. 자녀의 분노가 쌓이기 전에 솔직한 감정을 나누는 것이다. 그리고 정보를 공유하고 방어의 벽을 치워야 한다. 서로 최악의 경우와 완벽한 행동을 추구하기 때문에 비관적이고 비판적이며 지나치게 부정적으로 흐를 수 있음도 고민의 요소가 된다.

부모 6유형 vs. 자녀 2유형

부모나 자녀 모두 따듯하고 서로에게 도움이 되며 상대방의 행동을 관찰하고 주의 깊게 살핀다. 즉, 눈치를 채고 상대의 욕구를 알기 원하며 잘 파악한다. 따라서 어떤 것을 도와주고, 필요를 채워 주고, 의무를 다하며, 책임감이 있고 최선을 다하는 모습을 보여 준다. 부모와 자녀는 어떤 조직에 연결되기를 원한다. 그것은 어떤 것에 소속되기를 원하는 욕구를 말한다. 부모는 그곳에서 안정감을 만나고, 자녀는 그곳에서 친밀감과 사랑을 나누기 원한다. 자녀는 호스트(host, 손님을 초대한 주인)나 안주인의 역할을 좋아하고 하려고 한다. 그러므로 가정은 많은 사람이 오가는 모임의 장소로 활용된다. 이런 활동은 많은 사람에게 기회를 주며, 자신이 사람들을 광범위하게 사귀는 기회가 된다. 부모의 입장에서 보면 자녀는 친절하고 관대하여 만족하고 감사해할 것이다. 자녀 역시 부모가 다른 사람들에게 충성스러운 모습이 기쁘다고 느낀다. 부모가 자녀를 과잉보호하는 것은 자연스러울 수 있다. 자녀를 안전하게 지키는 것은 부모의 가장 일차적인 양육방식이 될 것이다. 자녀가 부모의 과잉보호를 자신에게 베풀어지는 사랑이라는 관점에서 본다면 그렇게 문제가 되지 않을 수도 있다. 특히 어린 시절에 그렇다. 하지만 나이가 들고 성장하는 시기에는 문제가 될 소지가 있으니 유념해야 한다.

자녀는 어린 시절부터 부모의 사랑을 받으려 한다. 그리고 그것 때문에 꾸준히 부모를 위해 무엇인가를 하려는 경향을 보일 수 있다. 부모로서는 자녀의 진정한 욕구가 무엇인지를 파악해야 한다. '자녀는 나에게 무엇을 원하는가?' 만약 자녀가 부모를 위해 무엇인가를 꾸준히 해 주고 도와주었다. 그런데 부모로부터 원하던 피드백이 오지 않았다. 결과는 어떻게 나타날까? 자녀가 부모를 위해 무엇인가 꾸준히 해 왔다는 것은 무엇인가 원하는 욕구가 있어서이다. 그런데 그런 것이 오지 않아 자신의 욕구가 채워지지 않는다면 자녀는 몹시 당황해할 것이다. 특히 감정적인 충족을 원했던 자녀에게 그런 반응이 오지 않는다면 더욱 과다하게 부모의 감정적 피드백을 얻기 위하여 노력할 것이다. 부모가 엄격하고 정서적인 터치에 인색하다면 이런 경향은 더욱 높아질 것이다. 성장하면서 자녀의 안전을 염려한 부모가 자녀를 과다하게 통제할 때도 비슷한 경향이 나타날 것이다. 반대로 자녀가 외향적이고 많은 사람을 사귀는 과정에서 통제를 받는다면 불안해할 것이다. 그렇다면 부모는 '어떤 활동을 어떻게 해야 하나?', 자녀로서는 '그만두라는 것만 많고 하라는 것은 없는 부모가 나를 사랑하는 것이 맞나?' 등의 의문을 제기할 것이다. 자녀는 부모에게 많은 것을 요구할 수 있다. '선제적으로 많은 것을 하고 부모에게 요구한다.' 그때 원하는 것이 오지 않는다면 화를 내거나 자녀로서 부모에게 요구하는 것이 늘어날 것이다. 이것을 에니어그램에서는 '2유형은 조정한다'라고 해석한다. 부모와 자녀의 거래는 주고받는 피드백에 있다. 기브 앤드 테이크(give-and-take)는 부모-자녀 간에도 필수이다. 서로 타협하거나 양보한다는 것이다. 여기에서 '서로'가 중요하다. 만약 서로가 아닌 '나만'이라면 중지되어야 한다. 부모의 안전에 대한 집착으로 과도해도 안 되지만 이 거래방식을 꾸준히 나누는 것은 매우 중요하다.

부모 6유형 vs. 자녀 3유형

부모의 동정심과 충성심은 자녀의 활력과 열정의 에너지와 잘 결합한다. 잘 참고 오래 지속하는 부모와, 하려는 의욕덩어리인 자녀는 힘든 일도 잘 협력해서 좋은 결과를 가져올 것이다. 부모는 의심과 걱정이 많다. 그 이유는 안전한 것을 찾기 위해서이다. 이것은 자신이 부족한 무엇인가와, 자신의 안전을 위협한다고 믿는 가상의 염려 때문이다. 두려움과 염려를 미리 끌어들여 상정함으로써 진짜 다가오는 위험으로부터 자신을 지키려는 것이다. 이런 경향은 자녀로 인하여 완화될 수 있다. 자신감으로 차 있고 두려움이 없는 것 같은 자녀의 행동과 태도는 공통적인 어떤 결과를 만들어 내는 에너지가 된다. 같이 '힘을 합하는 것'이 중요한 부모는, 개인의 성장과 관련하여 어떤 일을 택할지가 평생의 고민거리이다. 반면, 자녀는 '힘을 합하는 것'의 중요성에 대해서 긍정적인 표본이 매우 적다. 힘을 합한다고 하고서는 자신의 유익을 빼앗아 가거나, 방해가 된다고 생각하기 때문이다. 화살표에서 보듯이 부모가 스트레스 지점으로 가면 개인주의적 성취에 기울어진다. 반면, 자녀는 성장지점이 부모 유형인 6유형이기 때문에 통합으로 떠나는 발판을 맞이할 수 있다. 서로에게 배우는 것이겠지만, 자녀의 활력은 가족이나 다른 팀에서 헌신과 배려를 발판으로 더욱 깊어질 수 있다.

부모가 스트레스를 많이 받으면 두려움이 극대화된다. 반응이 빨라지고 공포가 생긴다. 안전이 위협받을 때이다. 특유의 충성심이 무너지고 자신의 살길을 찾고 가족들에게도 공격적이 된다. 반면, 자녀는 성공에 대한 집념과 자신감, 불타는 야망이 있다. 이런 자녀를 보면서 부모는 불안할 수 있다. 의심이 든다. 특히 성공의 바른 방향이 아닌 부정적 영역에 대한 그늘이 짙게 깔린다. 이렇게 되면 걱정을 넘어선 공포를 내세운 공격이 시작된다. 이것은 바로 부모 자신의 의심, 열등감, 실패에 대한 것을 포함한다. 자녀는 이럴수록 더욱 목표에 전념한다. 이것만이 돌파할 수 있는 지점이라는 확신을 갖게 된다. 부모는 부모대로, 자녀는 자녀대로 보이지 않는 내면의 전투를 계속하게 된다. 서로 감정을 나타내거나, 감정을 다루는 일을 회피한다. 부모는 감정을 다루는 것 같으나, 사실은 진실을 과장하거나 왜곡한다. 두려움을 넘어서 얼마나 위험한지를 강조하는 부정주의자가 되어 간다. 자녀는 감정을 슬그머니 놓아 버리고 목표만을 반복한다. '다람쥐 쳇바퀴 돌듯이' 하는 일을 반복하고 전념한다. 문제는 저 멀리 떠나고 싶은 욕망이 형식적인 틀에 따라서 맴돌 수 있다는 것이다. 진정한 감정은 멀리한 채 위장된 공포놀이와 일에 매몰된다. 특효약은 과장된 공포를 객관화시키고 감정을 회복하는 일이다. 부모가 먼저 오픈하면 슬그머니 놓았던 자녀의 감정은 다시 돌아올 수 있다.

부모 6유형 vs. 자녀 4유형

부모와 자녀는 많은 것을 공유하고 있다. 버림받는 것에 대한 두려움, 스스로가 약자라는 느낌, 이 세상이 가혹한 전쟁터 같다는 느낌 등이다. 이런 연결점이 확인되면 강한 연대감을 갖는다. 나를 가장 잘 이해해 주는 사람은 부모와 자녀라는 생각이다. 부모가 자녀의 존경과 사랑을 받기를 바라는 것은 당연하다. 따라서 자녀에게 있는 독특하고 개성 있는 사고나 행동 등에 대해 신뢰를 갖는다. 이것은 자녀가 원하는 것을 위해 충성스러운 뒷받침을 할 동기를 제공한다. 많은 한국의 부모는 이런 관계로 엮여 있다. 예술계, 체육계, 학계 등에서 보이는 부모의 헌신은 한국적인 것이겠으나 여기에서 말하는 부모와 자녀의 성격 조합으로도 설명이 가능하다. 이런 형태의 한국적 교육 양식은 많은 부분에서 괄목할 만한 성공 스토리이다. 부모는 자녀에게 집중함으로써 자녀의 감사와 지지를 이끌어 내었고 자녀는 부모의 헌신과 충성을 이끌어 내었다. 결국 성공 스토리가 만들어지고 서로에게 기쁜 존재가 되었다. 김연아의 부모, 박지성의 부모, 박세리의 부모 등이 보여 주는 모습이다. 물론 이들이 6유형의 부모와 4유형의 자녀라는 말은 아니다. 그 결과가 부모–자녀의 성격 조합과 유사하다는 것이다. 충성스럽고 헌신하는 부모, 그리고 독특하고 신비로우며 개성이 강한 자녀의 조합이다.

자녀는 매우 감각적이고 예민하여 간혹 어디로 튈지 모른다. 꾸준하게 한 자리에서 한 가지를 다하고, 다른 진도를 나가기를 원하는 부모가 따라가기에 자녀는 너무 '자유분방'하다. 부모가 자녀를 따라가기 버겁다. 특히 힘든 것은 그 '자유분방'이 자녀의 안전과 연관되어 있을 때이다. 안전에 관하여서는 좀처럼 넘기 힘든 산이다. 따라서 어떻게 해서든지 안전에 관한 범위를 자녀와 합의해야 한다. 하지만 이런 것에 대해서 무시하고, 명령하고, 억누르려고 한다면 부작용이 일어난다. 자녀가 우울해하고 변덕을 부리고 침울해하면 위험신호를 감지해야 한다. 지금처럼 부모가 행동해서는 어렵다는 뜻이다. 정서적으로 어루만져 주어야 할 타이밍이다. 자녀는 눈치 없는 부모에게서 답답함을 느낀다. 지루하고, 고루하며, 꼰대 같고, 경직된, 보수적이고, 정서의 깊이가 부족하다는, 원망을 쏟아 놓을 것이다. 부모 역시 자녀의 이런 반응에 미성숙하게 대응하면서 공격할 수 있다. 즉, 과민 반응으로 억압하면서 두려움을 부추기는 것이다. '그렇게 하면 내가 어떻게 계속 너를 도와줄 수 있겠니?', '누구, 누구도 그만두었지.', '너도 그렇게 될 수 있어.', '그러니 어떻게 할래?'가 된다. 그러면 작은 문제도 커지는데, 관계가 악화되는 데 걸리는 시간은 몇 초면 충분하다. '내가 알던 자녀가 아닙니다.', '난 부모에게 버림받았어요.'

부모 6유형 vs. 자녀 5유형

부모와 자녀는 지적인 능력을 함께 공유한다. 분석하고 파악하는 데 능하다. 따라서 부모는 보다 적극적으로 자녀의 성장을 도와주는 리더의 역할을 잘할 수 있다. 관계에 있어서 드러내 놓고 스킨십을 하거나 특별히 따뜻하다고는 말하기는 어렵다. 생각하는 기능이 월등하기 때문에 감정적인 터치는 상대적으로 인색할 수 있다. 만약 이런 감성적인 기능이 더해진다면 서로에게 더욱 큰 확신을 줄 수 있을 것이다. 부모의 지적인 분위기는 자녀의 지적인 분위기와는 아무래도 좀 다르다. 감정의 분리는 자녀가 더욱 확실하다. 부모는 감정분리보다는 '의심을 통한 확신의 길'을 가는 방법으로 먼저 사랑을 주고 안정감 있는 스킨십을 사용하기 때문이다. 그래서 감정전달을 잘할 것이라는 느낌은 줄 수 있다. 하지만 그런 것과는 차이가 있다. 부모의 이런 자세는 자녀의 어린 시절을 풍성하게 할 수 있다. 부모는 실용적인 접근 자세, 즉 살아남기 위한 전략이나 자녀의 성장과정 중에 만나는 필수적인 것 등을 고민한다. 이런 것에 반해 자녀는 실용적인 것과는 거리가 있다. 즉, 부모는 다른 사람들과 어울려서 어떤 성취를 원하지만 자녀는 그렇지 않다. 독립적으로 존재하려고 하고 부모의 조직과 함께하는 방식과 멀어지려고 할 것이다. 거리두기를 원하는 자녀이지만 그 경계를 존중해 주면서 부모가 다가오기를 기다릴 것이다.

자녀가 거리를 두면 부모는 불안해진다. 부모에 대한 존경심이나 보호를 멀리한다고 느끼기 때문이다. 하지만 그것은 오해이다. 자녀의 특성 자체가 그렇기 때문이므로 존중해 줄 필요가 있다. 존중한다는 뜻은 '멀어져도 좋아'가 아니다. 설사 멀어진다 해도 적절한 거리를 유지한 채 애정과 사랑의 공급을 변함없이 한다는 뜻이다. 그래 '내가 존중하지.', '거리를 두고 사랑한다.'는 이미지를 주면 최상이다. 자녀에게는 '비밀주의'가 있다. '비밀주의'가 되기 위해서 된 것이 아니다. 자신의 정보를 걸러 내는 과정에서 시간이 걸리고, 내용을 자신의 비밀창고에 쌓아 두어야 하기 때문이다. 이 비밀을 부모와 자녀가 공유한다면 신뢰의 탑을 쌓아 올릴 수 있다. 자녀는 서로 대립할 때면 부모를 관습과 규칙에 얽매이는 것이라고 판단할 수 있다. 그러면서 자신은 이런 존재방식에 의문을 제기하고 변혁을 꾀할 수 있다. 또한 부모가 권위를 따르고 때때로 반항하는 것과는 다르게, 자녀는 권위를 부인하고 자신이 관찰한 지식을 신뢰하면서 또 다른 길을 걸어가고자 한다. 이런 차이에서 갈등이 발생하는 것은 자연스러운 일이다. 하지만 갈등을 넘어서서 차이를 인정하지 못하고 비난한다면 싸움으로 번져 나갈 것이다. 왜 믿고 신뢰하지 않는가? 믿지 않고 신뢰하지 않는 것이 아니라, 믿을 수 있는 데이터의 양과 질이 만족스럽지 못해서이다.

부모 6유형 vs. 자녀 6유형

똑같은 유형의 조합이다. 모두 충성스럽고 책임감이 있으며 성실, 근면, 노력형이다. 강하게 결속된 모습을 보이며 가정에 충실하다. 가정에는 이미 보이지 않는 규범이 존재한다. 그것이 하나도 이상하지 않고 자연스럽다. 부모는 자녀의 안전한 모습에, 자녀는 부모의 한결같은 안전한 모습에 매료되고 좋아한다. 특별한 불만이 없다. 이 세상이 콩가루가 된다 해도 부모가 있는 가정은 괜찮다고 느낀다. 부모가 도와줄 것이고 자녀가 협조할 것이다. 따라서 우리 가정은 견고하다. 부모나 자녀 모두 견고한 신뢰성을 매우 중요시 여긴다. 자녀는 이 세상이 불안전하다는 두려움을 느끼고 부모는 그것을 잘 이해한다. 따라서 자녀가 두려움을 느끼지 않도록 약속을 잘 지키고 미리미리 잘 챙기며 최선을 다한다. 6유형은 공포대항과 공포순응으로 나뉜다. 부모가 어디에 속했는지에 따라 자녀의 반응과 태도도 달라질 것이다. 공포순응은 공포에 순응함으로써 안전을 지키려는 것이요, 공포대항은 공포에 대항함으로써 안전을 지키는 것이다. 모두 '안전'과 연결되어 있다. 순응하는 것만이 전부가 아니라고 판단될 때 공포대항으로 바뀔 수 있다. 흔히 양가감정(兩價感情, 서로 대립되는 두 가지의 감정이 공존하는 상태)이란 이런 것을 말하는 것이다. 나타나는 양상이 다를 뿐이지 중심은 똑같다. 신뢰와 약속 그리고 예측 가능한 내용을 공유한 채 용기를 가지고 나아가는 관계는 견고하다.

안전주의자들인 6유형은 서로를 믿을 수 있는지를 시험한다. 선물을 먼저 주었다면, 그 선물을 받는 사람의 자세와 태도에 따라서 그 사람이 믿을 수 있는지 없는지, 안전한 사람인지 아닌지를 테스트한다. 불안에서 출발한 테스트를 여러 번 하여 통과해야 한다. 만약에 부모와 자녀가 서로를 테스트하여 통과하지 못한다면 불안은 빠른 속도로 확산되어 간다. 순기능도 있다. 부모와 자녀 사이이므로 신뢰관계가 훼손된다 해도 가족 이외의 관계와는 다르게 많은 실수도 허용될 것이다. 6유형은 '혹시', '만일' 같은 단어를 사용한다. 그것은 역시 안전과 관계가 있다. 이것은 의견의 대립을 일으킬 가능성을 높인다. 모든 사람이 원하여 결정된 것에 대해 이의를 제기하는 것이다. 그렇게 결정했다 하여도 '혹시', '만일', '안 그러면 어떻게 하나?' 등의 단서를 붙인다. 이것은 타인과 조직에게 불안감을 확산시킨다. 아니면 어떤 일에 대한 진행 속도를 느리게 만든다. 때에 따라서는 하던 일이 중단될 수도 있다. 부모와 자녀 모두 이런 최악의 경우를 예상한다. 그러면 서로에게 두려움을 투사시킨다. 불안감은 하늘을 찌를 것이다. 비행기를 타고 가다가 죽는 사람과 길을 걷다가 죽는 사람 중 사망률이 높은 그룹은 어디일까? 비행기라고 답하게 되면 공포는 증가하고 비행기는 뜰 수 없다. 두려움에는 실체가 없다. 용기가 필요한 이유이다.

부모 6유형 vs. 자녀 7유형

부모가 집을 짓는다고 가정하면 자녀는 집안의 인테리어를 멋있고 황홀하게 할 것이다. 바로 창의적이고 유행을 따라가며 최첨단의 기능을 넣을 것이다. 집안 내부를 재미있고 실용적으로 만들고 여러 가지 재미있는 옵션을 추가할 것이다. 자녀는 부모가 상상조차 할 수 없는 것들로 장치를 하고 꾸미고 즐길 수 있는 다양한 레퍼토리를 만들 것이다. 하지만 부모는 안전이 중요하고 오래 사용하는 변함없는 것들이 중요하다. 혹시라도 사고가 날 만한 요소들을 치우고 너무 유행에 민감하여 쉽게 변할 것들을 예상하고 거기에 대비한다. 액셀을 밟고 시원하게 질주하기 원하는 자녀와 달리 부모는 브레이크를 밟고 조심스레 어렵지 않게 나아갈 것이다. 서로 견제와 균형이라는 요소가 적절하게 작용한다면 환상의 조합이 될 것이다. 완고하고 딱딱한 부모의 인생에 한줄기의 햇살이 비친달까? 그 여유와 즐기지 못한 인생에 대해서 보상을 받는 선물이 될 수 있다. 항상 두려움을 피하여 안전한 것만을 선호하느라 긴장되고 경직되어 여유와 틈새를 가지기 어려웠던 부모는 한숨 돌리며 긴장을 풀 수 있다. 자녀 역시 부모의 충성심과 실용적인 마인드를 배울 수 있어 생각이 더욱 신중해지는 장점이 있다.

하지만 그 반대의 경우라면 충돌은 피할 수 없을 것이다. 자유분방하기를 원하는 자녀에게 조심스러운 부모의 엄격한 참견이 가해진다면 어떤 일이 발생할까? 미래에 대한 많은 관심을 현실에서 구현해 보기를 원하는 자녀이다. 이런 꿈에 부풀어 있는 자녀에게 최악의 경우를 상기시킨다면 자녀는 어떤 마음을 가지게 될까? 자신이 추구하는 희망과 가능성이 가득한 상상이 산산조각 나는 것을 원하지 않을 것이다. 아마도 오래 부모의 말을 듣고 앉아 있지는 않을 것이다. “왜? 무엇 때문에 그래야만 하나요?”, “난 듣고 싶지 않습니다.”라며 자리를 떠날 것이다. 혹시라도 숨이 막힌다고 말할 수도 있다. 막 시작된 파티를 멈출 수는 없다. 자녀의 현실과 미래는 모든 상상 가능한 꿈으로 가득 차 있다. 그런데 냉담하며 위기만을 강조하는 부모로부터의 메시지는 파티를 끝내거나 망치려는 의도로 읽히기 쉽다. 자녀의 뜨거운 열정과 희망, 그리고 모든 행복과 즐거움은 곧 분노와 좌절로 변할 것이다. 자녀는 문제를 보기보다 가능성을 먼저 본다. 부모는 그 반대이다. 문제를 먼저 본다. 그것이 확실하게 안전한 방법이기는 하다. 하지만 자녀는 “난 할 것이 없어요. 모든 걱정, 근심을 부모가 대신해 주고 계시니 난 뭘 할까요?”라고 말할 것이다. 계속 이런 갈등이 지속된다면 자녀는 대화를 끊고 잠적할 가능성도 있다. 힘든 경우는 자녀가 부모의 말을 그냥 스쳐 보내고, 부모는 계속 잔소리를 늘어놓는 경우가 될 것이다.

부모 6유형 vs. 자녀 8유형

자녀는 힘에 대한 집착이 있다. 주도권 장악과 연약한 사람들을 돌보는 것을 통해 자기 영역을 확산시키려고 한다. 영웅의 출현이랄까? 그런 카리스마가 있다. 평범하고 소심해 보일 수는 있지만 부모는 신중하다. 하지만 부모와 자녀는 용기를 낼 수 있으며 위험에 대한 대비가 되어 있다. 자녀는 힘이 있고 명예로우며 관대하고 높은 에너지와 힘이 있다. 그것들을 사랑하고 가지고 있다. 직접적으로 맞닥뜨리는 위험에 대해 두려움이 없다. 부모는 성실하고 근면하며 희생을 각오하고 충성하며 책임감이 있다. 이런 부분을 부모-자녀가 공유하며 열망한다. 부모는 안전한 공간을 만들고 싶어 한다. 자녀를 안전하게 보호하는 것이 최우선적 목표가 된다. 어떤 희생이 따르더라도 자녀의 안전이 확보될 수 있다면 용감한 잔다르크[Jeanne d'Arc, 프랑스의 애국 소녀(1412~1431). 백년전쟁 당시 16세의 나이로 출전하여 영국군 포위를 뚫고 진두에서서 오를레앙성을 탈환하였다]가 될 수 있다. 자녀가 성장하면 부모는 자연스럽게 용맹스러운 자녀의 지혜로운 멘토 자리에 오른다. 이 역시 자연스러운 현상으로 영향력을 확대하여 힘을 키워야 하는 자녀의 입장과, 지도자가 되게 하려는 부모의 희망이 반영된다. 부모는 자녀가 자신보다 대범하며, 크고 많은 것을 성취하려는 모습에 기꺼이 조언자의 자리로 물러난다. 이것은 자녀에게도 부모를 권위 있는 사람으로 만들 것이다. 때때로 부모는 자녀가 자기중심이 되는 것을 허용해야 할 것이다. 그것이 서로를 권위자와 리더로 만들어 줄 수 있기 때문이다.

자녀는 불굴의 용기를 가지고 있다. 도대체 뒤로 물러나는 법을 모른다. 부모는 이런 자녀에게 부모로서의 걱정과 두려움에 끊임없이 잔소리를 할 수 있다. 아마도 이런 경우 자녀는 성장하면서 많은 스트레스를 받을 것이다. 잔소리 자체를 싫어하는 자녀는 부모에게 적대감을 드러낼 수도 있다. 아니면 그냥 아무 말 하지 않고 흘려보낼 것이다. 조금 더 성장하면 대항하는 형식으로도 나타날 수 있다. '안전하지 않고 위험한 세상이니 조심해.'라는 부모의 메시지는 '잘 압니다. 그렇게 위험하니 대항할 것입니다.', '제발 좀 가만히 계세요. 도망간다고 해결되지 않습니다. 내가 해결합니다.'라고 대응할 것이다. 자녀는 부모의 잔소리보다 자신이 할 수 있는 자율성이 필요하다. 혹시라도 자녀가 부모를 나약하고 결정력이 없는 사람으로 인식할 수도 있다. 결단하지 못하고 우물쭈물하며 고민만 하는 부모를 보면 부모에 대한 지지를 철회하고 존경심을 놓을 수 있다. 부모는 아직 어린 자녀를 보호하려는 경향을 띨 것이다. 하지만 이미 갈등이 심화되어 버린 경우에는 자녀의 반항과 강압적인 힘에 몹시 당황하게 된다. 부모는 심각하게 고민에 빠진다. 하지만 자녀는 생각보다는 행동과 말로 자신을 대변할 것이다. 그리고 시간을 많이 필요로 하는 부모와는 다르게, 빠른 시간 내에 상황을 종료하고 자신의 행동을 할 것이다. 특히나 자신의 힘이 통했다는 생각이 들면 더욱 그렇다. 세상은 무서우니 도망만 다니는 것은 안 된다. 맞서 싸워서 이겨야 하고 그럴 힘이 나에게 있다는 자녀의 주장에 부모의 권위가 충돌하는 것은 아무리 생각해도 피해야 할 일이다. 부모는 생각은 하되 결론이 있고, 마감시간이 정해진 시간표를 통해 나아갈 길을 정해야 한다. 자율성과 도전하는 자녀를 믿어 보는 것이다.

부모 6유형 vs. 자녀 9유형

의심과 불안으로 점철되어 있는 부모가 편안하고 순종적인 자녀를 받아들이는 것은 아름다운 일이다. 자녀는 부모의 불안 심리를 달래 줄 수 있다. 아무 일도 일어나지 않기를 바라는 부모에게 자녀는 아무 일도 안 하는 것으로 응답할 것이다. 아무 일도 없는 평안한 관계가 계속되면 부모는 또 다른 불안을 가지고 나온다. 이렇게 아무 일도 없이 시간이 지나가도 좋은 것인가? 그러면 또 자녀는 '뭐가 어때서요!', '아직 괜찮습니다!'로 응답한다. 이런 경로를 통해서 계속 부모와 자녀 간, 또 성격 유형 간 통합의 메시지를 들려준다. 즉, 부모는 자녀에게 안전을 약속하고 자녀는 그 약속대로 편안하다는 반응을 준다. 그러면 서로 행복한 내면을 공유하게 된다. 두 유형은 화살표로 연결된다. 자녀를 바라봄으로써 불안과 걱정을 다스리게 된다. 흔히 이 두 유형은 '우유부단'하다고 한다. 부모는 안전한 길을 찾기 위해서 많은 고민을 하느라, 자녀는 갈등을 회피하는 전략을 쓰느라, 다른 사람에게 맞추려고 시간이 걸린다. 그래서 서로 다른 이유로 같은 현상이 나타난다. 그러나 이런 것들이 다는 아니다. 부모는 가끔 반항적이 될 수 있고 자녀 역시 묵비권을 행사할 수도 있다. 모든 것의 '최악을 상정'하는 부모와는 달리 자녀는 무엇이든 '어떻게 될 것이다!'라고 생각한다. 이런 것이 부모에게는 편안함을 제공한다.

느긋하고 순종적이며 편안한 자녀와, 까다롭고 세심한 부모는 통합을 이루어 평화로운 길을 걸어갈 수 있다.

그러나 이 모든 것에 빠진 중요한 한 가지 요소가 있다. 그것은 감정적인 요소들이다. 부모와 자녀는 감정을 다스리는 데 어려움이 있다. 특히 힘들고 나쁜 감정을 전달하는 것은 괴로움에 속한다. 왜냐하면 진정 자신이 바라는 것이 무엇인지에 소홀하기 때문이다. 가끔 부모와 자녀는 예상치 못한 화를 낼 수 있다. 또한 의기소침해지고 스트레스를 받아서 괴로워할 때도 있다. 하지만 상대는 알지 못한다. 그렇기 때문에 부모와 자녀는 스스로에게 더욱더 집중하는 법을 알아야 한다. 모르면 배워야 한다. 예를 들면, 자녀는 가끔 화를 낼 때 긍정적이다. 왜냐하면 화라는 것이 자신의 욕구불만을 나타내는 것이기 때문이다. 화를 냈다는 것은 최소한 그것이 싫고, 하지 않겠다는 의사 표현이다. 이렇게라도 안 하면 자신이 무엇을 원하는지, 무엇을 하고 싶은지에 대한 정체를 숨기고 만다. 즉, 자신이 하고 싶은 것을 알지 못한다. 부모의 경우에도 뽀얀 안개 속 같은 희미한 결정이 아니라, 화를 내는 행위를 통해서 자신이 지키고 싶은 것과 자신이 두려워하는 실체를 분명히 알게 된다. 그러니 다른 부모-자녀들은 부딪치지 않게 조심해야 한다지만, 이 조합은 화를 내고 부딪쳐 보는 것이 훌륭한 방법이다. 다만, 싸운 후에 화해하는 것이 중요하다. 서로에게 미안한 마음이 있으니 화해는 부모가 먼저 손을 내밀고 자녀를 부드럽게 대한다면 비교적 쉬울 것이다. 이때 한 가지를 조심해야 한다. 시간이 늦거나 화를 안 내고 오랫동안 묵혀 둔다면 그것에 대한 해결은 꽤 까다롭다. 자녀는 자신이 분노한 것의 정체를 잘 모르기 때문에 스스로 그만두는 것으로 해결하려 하기 때문이다. 이 점을 부모는 항상 기억해야 한다. 자녀 자신도 잘 모르는 분노가 쌓여 있다가 폭발하면 그 상처는 부모, 자녀 모두에게 치명적인 결과가 될 것이다.

부모 7유형과 자녀

부모 7유형 vs. 자녀 1유형

부모는 미래의 큰 그림을 그리고, 자녀는 디테일한 사항을 좋아한다. 즉, 부모는 숲을, 자녀는 나무를 본다. 이 조합은 서로 화살표를 공유하고 있다. 부모는 즉흥적이고 아이디어가 많고 가능성을 열어 둔다. 반면, 자녀는 계획적이고 미세하며 대비하는 자세를 취한다. 따라서 부모는 자녀가 회피하는 많은 가능성을 직접 실천하고 가르치며 흥미를 불어넣어 줄 수 있다. 이 점은 자녀의 질을 향상시키는 데 많은 도움을 줄 것이다. 무엇이든지 먼저 해 보고 흥미를 느끼며 일을 진행시키는 부모에게 자녀는 성장할 수 있는 열쇠를 건네받은 느낌이 들 것이다. 부모는 자녀에게서 질서와 안정을 얻을 수 있다. 도덕 교사 같은 이미지를 풀풀 풍기는 자녀는 무질서한 부모의 내면세계를 정리해 준다. 이 역시 성장을 하면서 부모와 자녀가 함께 누리는 축복이 될 것이다. 자녀는 완벽주의자이다. 검토가 중요하다. 한 번 하고 마는 것이 아니라 끝난 후에 반드시 재검이 필요하다. 그래야만 안심이 된다. 그래서 항상 의무 이상이다. 의무 자체도 버거운 부모에게 이것은 고문과 다를 바 없다. 자율성이 망가지고 즐거움이 사라진다고 느낄 것이기 때문이다. 하지만 부모는 부모이다. 이런 싸움은 부모 자신에게도 많은 도움이 된다. 부모의 편안한 일상생활이 자녀로 인해 불편할 때 자녀는 보다 더 자유로운 상상과 즐거운 인생을 만들어 갈 수 있다. 부모의 역할이 자녀를 율법의 감옥에서 해방시킬 수 있다. 통합에 대해서 이야기한다면 부모는 질서를, 자녀는 자유를 선물로 얻는다.

부모는 워낙 낙천적이고 다방면에 관심이 많다. 그리고 개인주의적 경향이 있다. 그렇지 않으면 재미있고 행복한 세상이 방해를 받을 것이다. 하지만 이런 부분이 자녀와 갈등을 겪게 한다. 자녀는 책임감이 강하고 원칙을 준수한다. 부모에게도 통제권을 행사하려고 들지 모른다. 부모는 자신만 중요하고 자녀는 중요하지 않은가를 골똘하게 생각한다. 착하고 통제에 잘 따르는 자녀가 생각할 때 부모는 부모로서의 역할이 있다고 믿는다. 하지만 그 역할이라는 것 자체가 어떤 규정이 있는 것은 아니다. 따라서 지키는 선이 오락가락한다. 자녀는 이 지점을 정확하게 짚는다. 어떤 때는 부모에게 따질 수 있다. 부모는 유쾌, 상쾌, 통쾌하다. 부모는 자녀의 원칙은 가볍게 통과하고 잽을 날린다. 이때 자녀가 상처를 받는다는 사실을 부모는 명심해야 한다. 부모는 원칙도 없고 이랬다 저랬다 하며 '약속을 안 지키는 이기주의자'라고 판단한다. 부모는 부모로서의 할 일이 있는데 너무 자신의 유익만을 취하는 부모가 못마땅하다. 자녀는 도덕적이다. 먼 훗날 자녀는 자신이 이토록 도덕적이었다는 것을 깨닫는다. 하지만 자신이 어른이 되어도 잘 알기가 힘들다. 어릴 때는 말할 것도 없다. 부모가 깨닫게 해 주어야 한다. 답답하고 꽉 막힌 이 어린 선생님을 부모는 어떻게 할 것인가?

부모 7유형 vs. 자녀 2유형

부모는 활달하고 유쾌하며 재미마저 있다. 늘 웃음을 가지고 노래하는 인생을 살아간다. 이런 매력적인 캐릭터가 또 있을까? 어디에든 소속될 수 있고, 절망 속에서도 살아날 구멍은 꼭 있다는 긍정적 마인드가 넘쳐난다. 자녀는 외향적이고 따뜻하며 늘 그런 부모를 지원해 줄 것이고 같이 행복해야 할 것이다. 자신으로 인해 부모가 행복할 수 있다면 기꺼이 함께하고 자신이 할 수 있는 모든 것을 할 것이다. 함께 웃고 사랑을 나누며 활기차게 음식을 나누고, 오락을 즐긴다. 깜짝 놀랄 이벤트도 자주 하고, 기쁨과 환상의 세계를 만들어 간다. 마치 동화 속의 주인공이 된 것 같은 동심의 세계를 즐긴다. 자녀가 부모를 이렇게 따르는 이유는 부모의 활력과 동기부여, 즉 흥미를 유발하기 때문이다. 부모는 이런 동기유발에 천재적 기질을 가지고 있다. 이때 자녀는 자신의 영역에서 부모를 도와 판타스틱한 세계를 경험한다. 부모는 직접적인 참여로 즐거움을 주도한다. 자녀는 어떤 일을 함으로써 부모가 만든 창의적 즐거움에 동참한다. '내가 이런 일을 해서 부모의 행사에 큰 공헌을 했지!'라며 자부심을 갖게 된다. 부모는 자녀가 받는 것보다 주는 것을 좋아한다는 사실을 안다. 이때 부모는 주는 것도 좋지만 받는 것도 행복하다는 법을 배우도록 돕는다. 즉, 자녀는 부모로부터 받는 행복과 즐거움을 알아 간다. 부모는 반대로 받는 것만이 아니라 주는 것의 행복을 일깨운다.

자녀는 부모의 도움을 원하고 자신의 욕구대로 부모가 움직여 주기를 바라는 열망이 강하다. 이렇게 자녀가 움직여 주기를 바라는 대로 하다 보면 부모는 벽에 갇힌 느낌을 받게 된다. 자녀는 부모의 관심과 돌봄, 그리고 부모를 돕기를 간절히 원할 것이다. 하지만 그런 것을 다 들어주는 것은 불가능하다. 그것은 모든 부모가 마찬가지이지만 7유형의 부모는 더욱 어렵다. 자녀는 부모와의 친밀한 관계를 원하고 그것을 위해서 최선을 다한다. 하지만 부모의 관심사는 다양하고 즐거움을 찾을 수 있는 대상이나 장소는 무궁무진하다. 그런데 오로지 자신만을 바라보는 자녀에게 묶이는 형태가 된다는 것이 매우 힘들다. 7유형 특유의 그 독특한 악의 없는 가짓말(사실이 아닌 것을 사실인 것처럼 꾸며서 하는 말)이나 그럴듯한 변명, 다양한 화술과 급소 피해 가기 신공 등이 펼쳐진다. 몇 번 반복하면 자녀 역시 지치면서 부모는 나에게 관심이 없다고 느끼게 된다. 이런 모습을 지켜보는 것은 부모에게는 회피하고 싶은 고통이다. 그래서 차라리 보지 않는 것이 상책이라고 생각한다면 위기이다. 자녀는 부모의 즐거움을 방해하면서 보복하려고 할 것이다. 이런 그림자라도 발견한다면 가던 길을 멈추어야 한다. 부모는 자녀의 인정받고 사랑받고 싶어 하는 욕구를 무너뜨리면 안 된다. 인생은 길고 즐거움을 만날 상황은 많다. 자녀의 옆에서 자녀를 위한 아이디어를 구상하고 자녀의 경직된 마음에 활력을 불어넣어야 한다.

부모 7유형 vs. 자녀 3유형

부모와 자녀 모두 활력이 넘치고 의욕이 넘친다. 열정의 카타르시스(catharsis)를 느낄 것이다. 쿵짝이 잘 맞고 모든 것을 이룰 수 있을 것만 같은 가능성의 깃발이 펄럭인다. 부모는 자유롭고 흥미진진하다. 자의식이 강한 자녀는 부모가 깔아 준 흥분된 운동장에서 자신의 가능성을 마음껏 뽐낸다. 무엇보다 자동차의 엔진에 해당되는 마력수가 매우 크고 높다. 이것은 자신의 욕구이다. 무엇이 되고, 무엇을 하고, 무엇을 이루려는 욕구 말이다. 서로 이런 욕구가 강하다 보니 자발성이 생기고, 먼저 하려 하고, 해도 열심히 한다. 부모는 여러 가지를 해 보고 싶다. 그리고 한다. 자녀는 그중에서 마음에 드는 것을 고른다. 그리고 목표를 세우고 집중한다. 상호 간에 자극을 주고받는다. 속도도 빨라서 언제 했나 싶을 정도로 결과물을 만들어 낸다. 서로 간에 부정적인 것은 패스한다. 긍정적이고 행복한 면을 살펴보면 그만이다. 부모는 자녀에게 어떤 교육적인 내용에 대해서 할 일이 거의 없다. 특히 즐거워 보이는 자녀를 굳이 교육할 필요를 느낄 수 없을 것이다. 부모-자녀는 모두 자발적이고 자존감이 높다고 할 수 있다. 부모는 즐겁고 자녀는 알아서 한다.

부모와 자녀는 모두에게 관심을 받고 싶어 한다. 스포트라이트(spotlight, 무대의 특정한 부분이나 한 인물만을 특히 밝게 비추는 조명)가 자신에게 오기를 바라고 무대의 중심에 서기를 바란다. 열렬하게 즐기면서 목소리를 높여서 환호하는 현장의 중심에 있고 싶고 그러려고 노력한다. 부모에게는 그것이 가장 행복한 일이고 자녀에게는 그것이 자신이 성공했다고 증명하는 기회가 된다. 하지만 반대의 장면에 직면하면 어떻게 될까? 부모는 이런 곤경에 처하는 일은 직면하지 않으려고 할 것이다. 또 다른 프로젝트를 찾아 나섬으로써 고통을 피하려고 할 것이다. 자녀 역시 이런 실패는 자신의 인생에서는 나타나지 않아야 한다고 생각한다. 역시 스스로를 변명하거나, 부모에게 그 실패의 원인을 떠넘김으로써 피하려고 할 것이다. 각각 다른 이유이지만 스포트라이트의 자리에 들지 못한 이유로 서로를 비난하게 된다. 핑계와 변명으로 모든 잘못된 것을 덮어 버리려고 한다. 이런 경우가 생긴다면 최악이다. 부모가 자녀의 실패 앞에서 모른 척한다는 것은 매우 어려운 관계의 서막이 된다. 부모는 즐거운 것을 선택하고, 자녀는 커 보이는 것을 선택한다. 다른 사람들에게 잘나간다는 인상을 주기 위한 욕망에 사로잡힌다. 그래서 서로 사물이나 일 따위의 본질보다는, 겉으로 나타나 보이는 현상에만 관계하려고 한다. 그래서 자녀에게 집중하지 못하는 경우가 있다. 이런 상황이 일어나게 되면 정직이 필수적이다. 힘든 고통을 피해서 되는 대로 말을 화려하게 하다가, 다른 즐거움을 주는 쪽으로 방향을 바꾼다면 파국을 면할 길이 없다. 피상적인 안개를 걷어 내고 직면하는 것이 부모나 자녀나 모두의 건강을 위하는 길이 될 것이다.

7 유형

부모 7유형 vs. 자녀 4유형

이 조합은 자극을 즐기고 변형이 가능하다. 안 되는 일이 없다. 가능성이 넘쳐흐른다. '시도는 아름다워라~' 호기심을 바탕으로 새로운 것에 도전하고 모험을 건다. 곧 창의적이고 창조적인 방법으로 일에 심취한다. 부모가 에너지를 방출하고 즐거움을 추구하는 동안, 자녀는 자신이 독특하다는 내면의 자기정체성이 확립되기를 원한다. 부모는 낙천적이고 긍정적이나 자녀는 부정적이고 우울하다. 이런 반대되는 기질은, 통합의 길을 어렵게 만들 수도 있다. 그러나 자유라는 만남의 지점이 있다. 즐거움을 추구하려면 자유가 없으면 안 된다. 자녀의 독특한 창조성은 자유라는 기반 위에서 만들어진다. 이렇게 자유라는 기치 아래 서로 간섭을 하지 않고 영역을 지켜 준다면 OK이다. 하지만 모든 가족관계가 그렇게 단순하지는 않다. 매일 함께 잠을 자고, 밥을 먹고 생활을 함께하는 공동체이다. 자녀는 부모의 가르침과 사랑이라는 생명수를 원한다. 그리고 신은 부모에게 자녀를 위한 무한한 사랑을 부어 주셨다. 이런 대전제가 있으나, 아무리 가까워도 성격은 다르다. 근본적으로 부모는 생각의 기능이 많고, 자녀는 감정의 깊이가 깊다. 사회적인 자극이 필요한 부모와는 달리, 자녀는 혼자 있는 시간을 즐긴다. 부모나 자녀 모두 시작은 잘하나 마무리가 안 되는 특징도 있다. 먼저, 시작을 하는 데서 공유하는 것이 필요하다. 자녀가 성장하면 특이한 취향, 즉 감정적으로 고유한 영역에서 관심을 많이 나타낸다. 이 역시 새로운 것이니 부모의 관심을 꾸준히 제공하는 것이 필요하다.

부모는 끊임없이 무엇을 찾으려고 한다. 고통이 싫어서, 아예 생각하기조차 싫어서, 새로운 것이 필요하다. 다 잊어버리고 재미있는 것에 집중한다. 하지만 자녀는 끊임없이 자신의 내부에서 좀처럼 빠져나올 수 없는 고통의 심연을 발견하려고 한다. 이런 차이는 감정의 전달이나 교류 등을 매우 어렵게 한다. 부모는 자녀의 어두운 감정을 해결해 주려고 다양한 아이디어를 제공하고 이벤트를 하는 등 노력한다. 이것은 자녀의 우울증을 예방하는 데 큰 도움이 된다. 하지만 어떻게 보면 이것은 부모 자신이 살아야 하겠다는 반응에 지나지 않는다. 자녀가 깊이 있게 고통하는 바를 공감하거나 같이하려는 시도는 아니기 때문이다. 자녀는 자신에게 감정적으로 나타나지 않은 어떤 것도 경험하기 어렵다. 부모는 고통스러운 것을 좋아하지 않지만 자녀는 가슴시리도록 고통스러워한다. '그냥 이 정도에서 끝내지', '뭘 그런 걸 가지고 그래. 웃어넘기자.', '이 세상은 원래 다 그래. 너무 힘들어하지 마!' 등 부모의 이야기가 자녀에게 어떤 효과를 가져다줄까? 이런 말 자체가 부모가 감정에 빠지고 싶지 않다는 말과 다르지 않다. 감정에 빠져드는 것이 두렵고 힘든 부모이다. 이때 자녀가 느끼는 감정은 어떨까? 감정의 깊이가 없이 천박하며, 문제를 기계적으로 다루는 편협한 사람으로 느낄 가능성이 농후하다. 항상 우울해하고 가난하다고 느끼고 이기적인 자녀를 보는 것이 7유형 부모에게는 힘들 것이다. 하지만 이런 자녀를 통해 자기 자신을 깊이 보면 어떨까? 한 번도 제대로 만나 보지 못한 자신을 말이다.

부모 7유형 vs. 자녀 5유형

부모, 자녀 모두 예리한 지성의 소유자이다. 자녀는 관찰하는 유형으로 많은 질문을 쏟아낸다. 범위도 광범위해서 여러 분야에 두루 관심이 많다. 특히 작동하는 원리를 궁금해한다. 나타난 사실보다 감추어진 원리가 타깃이 된다. 이 유형은 화살표로 연결되어 있다. 자녀로부터 집중하는 힘과 연구하는 능력에 대한 힘을 느낀다. 자녀는 상상력, 아이디어, 유연한 이미지와 활동력 등을 부모로부터 조언받을 수 있게 된다. 이것은 사회성이 개발된다는 뜻으로 자녀에게는 의미 있는 개발이라고 할 수 있다. 부모와 자녀 사이에는 모든 부모-자녀가 그렇듯이 많은 차이점이 존재한다. 부모는 아홉 가지 유형 중에서 가장 외향적이고 활동적이다. 자녀는 가장 내향적이며 활동량이 적다. 그러면서 많이 아는 지식의 힘으로 두려움을 극복하려고 한다. 반대로 부모는 두려움을 즐겁고 행복한 활동을 함으로써 외향화의 길을 걷는다. 두려움이라는 공통점을 서로 다른 에너지의 방향을 설정함으로써 극복하려고 하는 것이다. 이처럼 정반대의 에너지 흐름은 오해와 착각을 불러일으킨다. 부모는 자신이 하는 것처럼 자녀도 사회활동과 활발한 여러 가지 놀이를 하며 성장하기를 바라고 그렇게 교육시킬 것이다. 하지만 자녀가 움직이려고 하지 않고 조용하고 웅크리고 있으면 자신을 자책할 것이다. 자신이 교육을 잘못 시켜서 자녀가 저렇게 사회성 없이 집안에서만 있으려고 한다고 느끼기 때문이다.

이런 상황은 갈등의 원인을 제공할 것이다. 부모는 놀이를 계획하고 신선한 아이디어로 꿈을 꾼다. 그런데 서늘할 정도의 조용함을 추구하는 자녀를 보고 놀랄 수도 있다. 자녀는 젊고 예쁘고 에너지가 많은 가능성의 세상에 살며, 부모와는 달리 더 많은 가능성이 있다. '그런데 왜 삶을 즐기지 않는 거야! 왜 책상에만 앉아서 세상을 바라보기만 하며 열정을 가지고 참여하지 않는 거지!'라며 불평할 수 있다. 하지만 윽박지르고 억지로 참여를 강요하면 부작용만 커질 뿐이다. 마치 부모가 방해물이나 되는 것처럼 취급받는 날이 많아지면 많아질수록 자녀는 부모를 천박하게 판단한다. 그리고 본질적인 현상은 추구하지 않고 겉으로 드러나 보이는 현상에만 관계하는 것으로 판단할 것이다. 부모는 자녀의 아무것도 모른다. 자녀가 하는 연구, 관찰, 이성적인 통찰 등에 대한 평가절하는 자녀를 더욱 냉담하게만 만든다. 자녀는 부모의 불만이 불만이다. 왜? 자신의 행동이 못마땅한지를 도통 이해하기 어렵다. 이렇게 저렇게 부산하게 움직이면서 자신에게 불만을 토로하는 부모는 불가사의(不可思議)하게만 느껴진다. 아마도 부모는 웅크리고 있는 자녀가 걱정이 많이 될 것이다. 계속 움직이지 않는 자녀에게 절망감을 느끼고 자녀의 곁에서 즐거움을 찾기를 포기한다. 자녀는 원하는 바를 이루기를 원한다. 옆에서 계속 관찰과 연구를 방해할 작정이라면 차라리 멀리 거리를 두는 것을 환영한다. 이런 갈등의 내용이 깊어지면 남남처럼 냉랭하고 차가운 모습의 거리두기가 계속 진행될 것이다.

부모 7유형 vs. 자녀 6유형

인기 있는 부모는 자녀와 놀이를 즐기고 유머를 함께 사용하면서 시간을 나눌 수 있다. 부모가 재미있다는 것은 내면에 불안을 간직하고 있는 자녀에게는 신선한 청량제와도 같다. 위험을 무릅쓰고 모험을 즐기는 부모를 통해서 일정 부분 불안 증세를 누그러뜨릴 수 있기 때문이다. 잠재적 위험을 찾고 해결방법을 알아 불안을 잠재우려는 자녀의 불안감에 '그래도 괜찮아'라는 신호를 줌으로써 신뢰를 획득할 수 있는 것이다. 부모가 이런 자신감을 바탕으로 돌격하는 동안 자녀의 자존감은 높아진다. "오늘 땡땡이 치고 놀이공원에 갈까? 신나는 스펙터클한 모험이 기다리고 있을 거야! 즐거움의 함성을 질러 볼까?" 이런 행복한 즐거움은 종종 자녀에게 자발성과 자유를 향유하도록 동기부여를 한다. 자녀는 부모로부터 융통성, 재미있게 노는 법, 긴장을 해소시키고 자율성을 부여받는 등의 에너지를 받을 수 있다. 부모 역시 자녀로부터 안정감, 균형감각, 조직에 대한 충성 등을 제공받는다.

반대의 경우로 자녀는 부모의 제안에 더욱 큰 불안을 느낄 수도 있다. 낙천적이고 긍정적인 코멘트에 그래도 혹시나 하면서도 일이 순순히 진행되지 못하도록 훼방을 놓거나 어기댈 수 있다. 왜냐하면 자녀는 혹시나 했다가 역시나로 귀결되는 불안을 경험하기 때문이다. 부모의 모험심이 자신의 안전에 문제를 일으켰다면 점점 더 부모에 대한 믿음이 작아질 것이다. 안 되는 것이 많아지고 거부하는 것이 늘어난다. '이 컵에 물이 반이나 남았다'고 주장하는 부모와 '반밖에 남지 않았다'라고 주장하는 자녀의 견해는 매우 먼 것 같다. 불안해하지 말고 걱정하지 말라고 하는 다짐을 믿을 수 없다면, 부모 자녀의 사이에 틈은 이미 벌어진 것이다. 이때 부모는 신중한 모드가 되어야 한다. 썰렁한 개그로 고통을 면하려고 해서는 안 된다. 그렇게 하면 자녀는 부모에 대한 지지를 철회하고 잘 믿으려 하지 않을 것이다. 부모는 잘 변하지 않는다. 그러면서 '왜 그래? 왜 그렇게 최악의 상황만을 걱정하는가?'라고 물으면 자녀는 '왜 그렇게 잘될 것만을 말하는가?'로 반격해 올 것이다. 이런 반격은 자녀의 무의식적인 불안의 표현이라는 사실을 기억하라. 보통 전통적이고 보수적인 자녀의 모습과 혁신적이고 자유스러운 부모의 모습은 세대를 거슬러 거꾸로 된 조합 같은 느낌을 준다. 하지만 느낌은 느낌일 뿐, 팩트를 체크하고 부모의 즐거움이 자녀의 기쁨이 되는지를 깊이 있게 연구해 볼 필요가 있다.

부모 7유형 vs. 자녀 7유형

부모와 자녀는 역동적인 파트너가 된다. 결코 지루할 틈이 없고 뜻밖의 놀라운 서프라이즈가 끊이지 않는 가족이 될 것이다. 높은 활동성, 외향적인 스타일, 자존감과 자신감, 추진하는 능력, 낙천성, 끊임없이 새로운 것에 대한 열정과 도전. 이런 것이 이 가족을 'STOP'은 없고 오직 'GO'만 있는 관계로 안내할 것이다. 부모가 먼저 아이디어를 제안하고 실행하면, 자녀는 다른 아이디어로 맞장구를 칠 것이다. 아이디어는 변형되고, 또 변형되어 전혀 다르지만 새로운 창의적인 것을 만들어 낸다. 부모와 자녀는 행복하다. 해피 바이러스를 이웃에게 전달하고 퍼뜨린다. 미래를 꿈꾸며, 미래에 대한 걱정 없이 현재를 즐긴다. 파라다이스가 별도로 필요하지 않다. 자녀는 다른 곳과는 달리 자유롭게 말하고 행동할 수 있는 가정에 대한 만족도가 매우 높다. 엄격한 규칙이나 얽매이는 요소가 없으니 행복한 관계로 만사형통이다. 그러나 항상 모든 것이 가능한 것은 아니다. 가정을 둘러싸고 있는 모든 환경 중 일부가 어려움을 겪는다면 상황에 대처해야 한다. 늘 좋은 것은 어디선가 물이 새는 것이고 매일 낮만 있으면 인생은 사막이 된다.

부모와 자녀에게 있어서 실패란 무엇인가? 바로 삭제되어야 할 부산물이다. 실패는 성공의 어머니가 아닌가? 그러니 '실패 따위는 무시해도 괜찮아.', '문제는 무슨 문제야.'라고 무시하고 넘어간다. 그리고 현재에 집중하면서 또 다른 재미있는 일을 계획한다. 혹시 자녀가 너무 어리면 부모는 이 자녀가 빨리 자라서 나와 함께 놀아 주면 행복하다고 생각한다. 물론 무의식이 발동한 결과이다. '내 아들 빨리 자라거라!' 기도할지도 모른다. 육아와 설거지, 기저귀를 가는 것, 밥을 먹여 주는 것 등은 고약한 것이다. 같이 씨름을 하고 야구장에 다니고 휴가를 즐기는 것을 상상하고 실제 그렇게 되기를 원한다. 부모와 자녀는 충동적이고 즉흥성이 있다. 꽉 짜인 여행 스케줄쯤이야 간단히 무시할 수 있다. 이 조합은 내면의 깊이를 회피한다. 꼭 봐야 할 내용을 보지 않고 눈을 감음으로써 중요한 것을 놓칠 수 있다. 가능성으로 가득 찬, 바람을 빼지 않으면 '안 괜찮은' 상황을 얼마든지 만날 수 있다. 안 되는데도 불구하고 된다고 주장하는 '극단적인 긍정이 배신을 때리는 날'이 오면 이 관계를 어찌하면 좋을지 모르겠다. 진지함을 필요로 하는 영역에서 부모와 자녀가 모두 회피한다면 결과는 불 보듯 뻔하다. 서로를 원망하면서 그때 왜 바르게 하지 않았냐고 싸움을 할지 모른다.

부모 7유형 vs. 자녀 8유형

바로 실행하는 자발성, 즉각성, 독립성이 뛰어난 조합이다. 세상과 연결되기를 원하고 실용적이며 삶에 대한 사랑이 넘친다. 어느 상황 속에서도 머뭇거림이 없다. 우주의 중심은 바로 나이다. 이 자리를 빼앗기고는 살고 싶지 않다. 그만큼 매력적이고 잘 어울린다. 하지만 서로 자기주장이 거세지면 타협은 물 건너가고, 긴장과 갈등이 넘치게 된다. 부모는 신경질적이 되고 자녀는 거칠어진다. 안 된다는 것은 상상할 수 없다고 주장하면서, 된다는 확신과 가능성을 높이 평가하여 자신을 부풀린다. 부풀어진 자아는 모든 것을 자기 마음대로 성취할 수 있다고 믿는다. 시간과 돈을 사용함에도 머뭇거림이 없다. 이 조합에게서 작고 인색해지는 것은 있을 수 없는 것이다. 어떤 통제도 거부하고 싶다. 부모-자녀 모두 한계를 뛰어넘는 시도를 하고 싶고, 원하는 것을 얻고 싶다. 자녀는 부모의 아이디어, 지혜, 유연함, 미래에 대한 즐거움과 융통성을 전수받을 수 있다. 부모는 자녀에게 강한 책임감과 힘을 드러내는 배짱을 배운다. 부모는 자기 자신에게 집중한다. 자신의 행복과 즐거움이 최우선이 된다. 자녀는 약한 사람에게 끌리고 보호하고 도와주려고 한다.

그것을 통해 자신이 강한 자임을 입증하려 한다. 실제로 약자를 도와준 후 그 사람들을 중심으로 권력을 쥐는 중심의 이너서클(inner circle)을 만들고 조직을 장악하여 자신의 힘을 키워 나간다.

힘든 상황이 오거나 스트레스에 노출되면 자기중심적인 이기주의가 된다. 하지만 가정이라는 소그룹은 다른 그룹과는 다르다. 따라서 갈등이 벌어지는 것은 당연하다. 서로 주도권을 잘 놓으려 하지 않고 힘겨루기가 일어날 수 있다. 자녀는 정면 돌파를 원하고, 부모는 간접 돌파를 선호한다. 그것이 덜 고통스럽기 때문이다. 따라서 자녀가 더 직설적이고 원색적인 편이다. 거기에 비해 부모는 자녀보다는 덜 솔직하다. 표현의 문제이겠으나, 자녀는 그냥 가공하지 않은 본능적인 모습을 많이 가지고 있다. 있는 그대로 표현하는 것도 주저하지 않는다. 하지만 부모는 부모라서이기도 하고, 성격 유형의 특징상 그렇기도 하다. 덜 솔직하다는 뜻은, 합리화와 그럴듯한 말재주를 통해 넘어가려는 경향을 말한다. '은근슬쩍', '스리슬쩍' 넘어가서 자신이 주도권을 쥐는 것이다.

반면, 자녀는 직선적으로 치고 들어온다. 그러면 충돌은 불가피하다. 정면 돌파를 시도하는 자녀는 자기 통제권의 끈을 바짝 붙잡고 놓지 않는다. 어떤 타협도 불허이다. 더욱 강하게 고삐를 쥐어도 소용없다. 받은 만큼 돌려주는 자녀이다. 결국 대형 참사가 일어나거나 부모가 물러나야 한다. 최선은 처음부터 통제권을 두고 줄다리기를 하지 않는 것이다. 서로의 힘을 나타내고 과시하려는 행동은 통제받아야만 한다. 부모가 모범을 보임으로써 자녀를 다스린다면 좋은 방법이다. 하지만 쉽지는 않을 것이다. 부모의 성숙함이 필요하다. 역사는 반복된다. 시도야 마음대로 할 수 있지만 결과가 좋지 않으면 그 결과로부터 교훈을 얻어야 한다. 가정은 서로가 배려를 원하고 당연하다고 생각한다. 그래서 감사를 잘하지 못한다. 말로야 모든 것을 다하지만 실제적으로는 가족이니까 괜찮다는 의식이 '감사를 당연시'하고 '문제를 키우면서', '상처를 만들어 낸다'. 부모가 우위를 지키는 것보다는 자녀에게 진정한 용기가 무엇인지를 알게 하는 것이 먼저일 것이다.

부모 7유형 vs. 자녀 9유형

이 조합은 낙천적이고 긍정적이다. '세상은 행복으로 가득 차 있으니 날아가자'와 '무슨 일이 있겠어. 괜히 걱정하지 말자'는 근거 없는 자신감으로 가득 찬 관계가 된다. 이런저런 재미를 추구하는 부모는 자녀의 둔감한 지성을 깨울 수 있다. 이렇게도 하고, 저렇게도 할 수 있다는 사실에 자녀의 마음은 한껏 고무된다. 가만히 있는 자녀, 온순하고 착실하며 착한 자녀를 부모는 흔들어 깨운다. 시끄럽고 복잡하며 무계획적인 부모는 자녀의 한가한 방랑의 생활에 먹구름도 될 수 있고, 오아시스가 될 수도 있다. 부모는 멀리 보고 자녀는 크게 전체를 본다. 단, 서로 현재는 잘 보려고 하지 않는다. 부모는 현재의 고통을 회피하고, 자녀는 현재의 갈등을 포기한다. 그 결과로 멀리 전체를 바라보는 것이다. 부모는 그래서 많은 자유를 허용한다. "마음대로 하라고. 다 너의 것이야.", "가능성이 열려 있으니 마음껏 추구하여 너의 것을 만들어 버려!"라고 말한다. 자녀는 관대하다. 특히 부모가 놀거리에 정신이 팔려 있을 때, 자녀는 관계에 집중한다. 자신이 장악하는 것보다 순응하고, 맞추어 주고, 협상하고, 지면서, 이기는 길의 보폭을 넓혀 가는 것이다. 비슷한 것 같은 유형이나 부모가 주의할 점이 있다. 그것은 자녀는 부모만큼 활동량이 크지 않다는 점이다. 점점 지쳐 갈 수 있다. 자녀는 느릿느릿하지만 인내심이 많다.

부모와 자녀는 모두 자신의 내면을 찾는 데 어려움을 겪는다. 부모가 자신의 고통을 회피하면서 피상적인 세계에 집중한다면, 자녀는 자신의 내면을 보아 갈등을 유발할 필요성을 배제한다. 서로 불편한 감정을 피하고 즐거움과 평화에 정착하기를 원한다. 이런 것에 시간을 쓰거나 고민하지 않으려 한다. 또한 누군가의 동기유발에 대한 요청을 거절하기 일쑤이다. 이렇게 피하기만 할 때 문제는 아래 깊숙한 곳에서부터 부패되어 가기 시작할 것이다. '이것도 좋고 저것도 괜찮다'는 다다익선(多多益善)의 태도는 자녀에게 혼란만 가중시킨다. 가장 잘 나타나는 현상은 같이 회의를 하고, 대화를 통해 결정된 사항이 늘 부모의 의견 반영이었다는 것이다. 이 사실에 대한 진위 여부는 항상 오리무중이다. 자기 의견에 직접적인 부모, 자신의 의견을 타인의 주장과 동일시하는 자녀이기에 그렇다. 그렇다면 이 문제를 수면 위로 떠오르게 만들어서 문제를 미연에 방지할 수 있을까? 부모는 자녀에게 선택할 수 있는 편안함을 제공해야 한다. 자녀는 불안한 상태에서는 자신의 욕구를 드러내지 않는다. 반면, 부모는 자녀의 욕구 표현을 직접적으로 요구할 것이다. 이 요구하는 과정에서 자녀는 자신의 의견을 말할 수 없다. 압박받는 상황이 오면 머리가 하얘진다. 자신의 의견이 수면 아래로 잠복하면 겉으로는 평화롭다. 그러나 일정 시간이 지난다면 북한의 원자탄을 한 방 맞아야 하고 그 결과는 해결하기가 거의 불가능해진다.

부모 8유형과 자녀

부모 8유형 vs. 자녀 1유형

같은 장형으로서 많은 부분에 공통점을 가지고 있다. 즉, 명예를 소중히 하고, 정의와 공정, 연약한 사람의 보호 등에 의견의 일치를 보인다. 이 세상이 이렇게 되어서는 안 된다며 개선시키고자 하는 선한 마음이 있다. 마음뿐 아니라 실행도 빠른 편이다. 자녀는 부모보다 더 이상적이다. 진실하고 정직하며 원칙을 지키려고 한다. 부모는 강한 리더십을 가지고 있다. 자신이 속한 가정과 조직을 지키고 확장하려는 욕구가 있다. 욕구가 만족되지 않으면 싸우는 것도 마다하지 않을 것이다. 부모와 자녀는 목표를 세우기도 하고 규칙을 정하기도 할 것이다. 자녀는 일단 약속된 규칙을 엄청나게 지키려고 노력하는 '규칙주의자'이다. 하지만 부모는 규칙을 만드는 데는 동의하나 실제로는 잘 지키지 않는다. 부모가 너무 규칙에 매이면 자신이 지키고자 하는 다른 것들을 지킬 수 없다. 이때는 규칙쯤은 가볍게 무시할 수도 있다. 혹시 부모는 자녀에게 규칙을 가볍게 어기자고 제안할 수 있다. 고지식한 규칙주의자에게 자율적인 행동강령을 선물하는 것이다. 그러면 자녀는 자유를 만끽할지도 모른다. 부모는 강하고 단단하다. 작은 것에 집착하기 쉬운 자녀는 자유분방하고 마음대로 하는 부모에게 겁을 먹을 수도 있으며, 따라서 행동에 참여할 수도 있다. 때로는 뭣도 모르고, 때로는 좋아서, 또는 부모가 하라니까 따라 한다. 하지만 시간이 지나갈수록 부담스러워진다. 부모와 자녀는 모두 분노에 노출된다. 부모는 아무렇지도 않게 분노를 표출한다. 하지만 자녀는 분노를 최대한 억제한다. 내부에 차곡차곡 쌓인다. 부모의 '화'는 아무런 문제가 없다. 부모는 그것을 '문제 없음'으로 봉인한다. 하지만 자녀는 분노하지 말아야 할 형편과 사정이 아주 많다. 부모와 자녀 모두 의지가 강하고 실행력이 있으며 빠르다.

분노를 처리하는 방식은 다르지만 본능형이 가지고 있는 주도적인 반발력이 있다. 따라서 서로 주도권 경쟁에 돌입할 수 있다. 이때는 어쩔 수 없는 충돌이 생긴다. 부모의 너무 강함을 자녀가 이길 수는 없다. 하지만 자녀의 프리미엄이 붙게 되면 부모는 물러난다. 그러나 간혹 부모가 강한 힘으로 밀어붙이면, 자녀는 엄청난 상처를 받을 수 있다. 세월이 흘러도 그 상처가 계속 트라우마로 존재할 수 있기 때문에 빠른 시간 내에 씻어 주어야 한다. 자녀에게 이겨서 무엇을 얻을 수 있겠는가? 하지만 과도한 욕망에 사로잡혀 잔인해질 가능성도 있다. 부모는 이것을 조심해야 한다. '나는 잊었으나 상대는 잊지 않는다.' 자녀는 때로 부드럽고 생각이 많고 행동하지 않고 소심해져 있을 때도 있다. 부드럽고 섬세한 면이 있다. 부모의 거친 면과 성급하고 일방적인 행동에 거부반응을 보일 수도 있다. 자녀가 이런 부모를 감당하기 힘들어 포기하면 모든 것에 순종적이 된다. 자신이 어른이 될 때까지 아무것도 안 하고 부모를 지켜보기만 할 것이다. 부모의 강함은 부드러움으로 바뀌어 부드러운 카리스마가 되어야 한다. 단순히 강한 면으로 가는 고속도로를 선택한다면 뒤로 돌아갈 수가 없다. 이런 경우는 파멸의 길이라고 말할 수 있다.

 부모 8유형 vs. 자녀 2유형 

부모로서의 8유형은 가장 가부장적이고, 책임감을 가지고 가족을 지키고 보호하는 역할을 한다. 반면, 자녀로서의 2유형은 전형적인 어머니의 모습을 가진 꼬마 엄마이다. 가장 강한 부모 유형과 가장 부드럽고 따뜻한 자녀의 조합이다. '부모는 불'이고 '자녀는 물'이다. 불과 물이 한 가정에서 부모와 자녀로 만났다. 화살표에서 보듯이 8유형은 2유형이 성장 방향이다. 불이 물을 만나서 불을 끄는 모습이다. 부모는 무엇이 필요한지 자녀에게 묻는다. 자녀는 부모로부터 관심과 사랑을 유도하기 위하여 부탁하고 양보한다. 이런 상호 에너지 교환은 매우 바람직하게 작동하여 가정에 웃음과 건강을 가져올 수 있다. 부모는 자신의 리더십이 자녀에게 선한 영향을 미치는 것을 대단히 중요하게 생각한다. 자녀에게서 이런 것을 발견할 수 있다면 선순환의 고리를 만들 수도 있다. 자녀 역시 부모를 도우면서 부모로부터 많은 지원과 응원을 받게 된다. 자녀는 부모의 대리인 역할을 할 수도 있다. 부부관계가 냉각되어 있을 때, 자녀가 중간에서 조정을 하는 것이다. 아내의 말은 안 들어도 자녀의 말에는 움직일 수 있는 관계 설정이 되는 것이다. 반대의 경우도 마찬가지이다. 아내에게 부탁할 것이 있을 때, 자녀가 메신저의 역할을 하게 된다. 이런 상호 교환은 자녀를 사이에 두고 부부의 관계가 새로 정립되는 모습을 보일 수도 있다. 잘 진행된다면 행복한 가정의 모습이 될 것이다. 강한 도전가는 자녀의 성격적 장점을 사용할 때 부드러워진다. 모두 외향형이기에 숨겨 둔 내용을 모두 꺼낸다. 서로 '강 대 강'으로 부딪칠지라도 순간적이고 갈등으로 비화하지 않을 것이다.

부모와 자녀의 갈등 상황에서 부모는 상당히 정직하다. 있는 그대로 자신의 생각을 다 말하고 숨김이 없다. 하지만 감정의 내용을 중시하는 가슴형인 자녀는 자신이 원하는 바를 명확하게 전달하기 어렵다. 자녀는 다른 많은 사람을 도와준다는 집착이 있다. 어린 시절에는 부모와 가족을 위해서, 그리고 사회생활을 시작하고는 주변 사람들의 필요를 눈치껏 보고, 그 빈자리를 채워 주려고 한다. 그 부작용은 정작 자신의 필요를 보지 못한다는 것이다. 실제로 자신이 무엇을 가지고 싶은지, 어떤 것이 필요한지를 찾는 것이 중요하다. 부모의 필요에 집착할 때 자녀는 더욱 부모의 필요를 채워 주려고 노력한다. 중요한 것은 이 모든 노력을 그냥 착하다, 우리 자녀는 '복덩이'라고 취급해서는 안 된다. 보통 줌으로써 상대의 사랑을 얻고 상대를 '조정하려는 경향'이 있다. 따라서 어떤 것을 주는 착한 자녀의 이미지는 박살이 나야 한다. 현명한 부모라면 우리 자녀가 너무 착하다고만 할 것이 아니다. 스스로의 욕구를 찾아서 얻어야 한다. 누군가에게 무엇을 주고 인심을 얻어, 그 후에 그 사람을 조정하고 원하는 것을 획득하는 과정은 건강하지 못하다. 부모와 자녀 간에 이런 일이 벌어진다는 사실을 부모가 인식하지 못하면 건강한 자녀의 성장을 기대할 수 없다. 보통 부모가 아무렇지도 않게 자녀의 이런 행동을 받아 주기만 하면, 자녀는 더욱더 이런 행동에 매달릴 것이다. 그러다가 "이젠 안 돼!"라고 단호하게 나오면 자녀는 절망한다. 그동안 내가 주던 그 많은 것을 받아 놓고 이제 와서 '왜 이래?'라고 생각한다. 그렇다고 해서 "너는 네 할 일만 하면 돼."라고 명령하면 사랑의 연결고리는 끊어지게 된다.

부모 8유형 vs. 자녀 3유형

부모와 자녀는 많은 공통점이 있다. 목표를 세우고 그것을 달성하기 위해 힘과 열정을 다하는 것이다. 카리스마가 넘치고 리더의 기질이 뛰어나다. 어디서든지 뒤에 있지 않고 앞에 나선다. 주변에서도 "네가 하지 그래?"라고 말하면 굳이 "아니야."라고 하지 않고 "그럼 내가 하지 뭐."라고 말한다. 무대 중앙에 서서 스포트라이트를 받으며 자신의 힘과 성공을 과시하는 데 주저함이 없다. 혹시 대립하는 상황이 나타나도 쫄지 않는다. 경쟁을 통해 원하는 것을 얻을 수 있기에 즐기는 면도 있다. 부모는 "내가 책임질 테니 마음껏 해 봐!"라고 호기를 부릴 수 있고, 자녀는 "이 세상은 모두 내 거야."라며 자신의 모든 것을 쏟아붓는다. 부모와 자녀 모두 이겨야 하고 그러기 위해 경쟁은 당연하다고 생각한다. 영역을 넓히고 강해야 한다는 집착의 부모는 어디서든지 '꼬리가 되지 않고 머리'가 되어야 한다는 믿음을 가지고 있다. 부모와 자녀 모두 스피드가 뛰어나고, 자발적이고, 책임감이 있어서 어떤 도전이든 쉽게 물러나지 않는다. 자녀는 동기부여를 하지 않아도 알아서 밥 먹고, 학교

가고, 공부하고, 옷 입고, 모든 것을 다한다. 걱정할 필요가 없는 자녀이다. 자녀는 부모의 도움을 받지 않아도 된다고 생각하지만 부모는 자녀의 필요를 채우려고 할 것이다. 뒤에서 미는 부모와 앞에서 뛰는 자녀, 가족 이외의 환경에서 부작용만 없다면 가정 내에서의 모습은 사랑스럽다.

자녀에게 문제가 있다고 느낄 때는, 과도한 경쟁에 몰입하여 정신없이 행동할 때이다. 이때는 아무것도 안 보이는 과몰입의 상태이다. 그러다가 결과가 안 좋게 나오면 자녀의 반응은 대체로 변명이다. 자신이 잘못한 것이 아니다. 그렇게 인정하게 되면 자신이 실패한 것을 인정하는 꼴이 된다. 즉, 자신이 실패한 것이다. 3유형 자녀의 회피는 실패이다. 실패를 인정하는 것이 매우 힘들다. 자녀는 자신이 이룬 업적에 대해서 과도하게 부풀리기를 시도한다. 그리고 잘못된 이미지를 만들거나 실패를 은폐하거나 변명한다. 이때가 가장 중요하다. 부모는 억압을 시도하게 된다. 큰소리나 욕, 체벌 등을 가할 수 있다. 그러나 이것은 실수하기 좋은 타이밍이다. 단순하고 정직하기를 원하는 부모는 이런 자녀의 태도에 실망할 것이다. 부모에게 원망이나 변명이란 아주 나약한 사람에게 나타나는 현상이다. 그런데 그런 모습을 자녀에게서 본 순간 당황스럽고 처참함을 느낀다. 아마도 그 자리에서 즉각 처벌을 내릴 수 있다. '네가 실패한 것을 왜 남에게 미루는가?'라고 분노의 함성을 질러버린다. 이런 대결이 이루어지는 것을, 현명한 부모는 하지 않을 것이다. 부모의 분노는 자연스러운 것이어도 자녀의 실패 앞에서는 절제가 필요하다. 이런 상황이 반복되면 자녀는 부모에게 완전히 묶여 있다고 여긴다. '우리 부모는 나를 가두고, 화만 내며, 잘못을 추적하는 일본계 고등형사 같아!' 가슴형 자녀에게는 감정이 필요하다. 슬그머니 버린 감정을 회복시켜 주어야 한다. 부모가 과몰입하면 나타난 현상보다 더 크게 문제를 확대한다. 이 점에 주의해야 한다. 자녀의 성장과정에서 나타나는 점은 부모가 생각하는 것만큼 큰 문제가 아니다. 실제로 미미한 문제일 수 있다.

부모 8유형 vs. 자녀 4유형

담대하고 강렬한 힘을 내뿜는 부모와, 연약하고 부드러우며 신비한 느낌이 있는 자녀의 조합이다. 자녀는 믿음직스럽고 단단한 부모에게서 안정감을 누릴 수 있다. 부모를 바라볼 때 산처럼 높아 보이고 바위처럼 단단해서 경외심을 갖는다. 우아하고, 세련되고, 청초하며, 고상한 자녀는 부모에게는 자랑이다. 언뜻 보기에는 잘 안 어울릴 것 같은 이미지를 주기도 한다. 자녀는 환상의 세계로 빠져들어 가 숲속의 잠자는 미녀가 되어 고귀한 왕자를 기다린다. 기꺼이 부모는 그 환상의 세계로 가서 공주를 깨우고 구원한다. 부모와 자녀는 사회적 약속이나 규약을 뛰어넘음을 각오쯤은 하고 있다. 부모의 경우 자신이 규범을 장악할 힘을 얻으면 되는 것이고, 자녀는 그런 규약은 자신을 가둘 수 없다고 생각한다. 우리는 '우리 방식대로 하면 돼!' 이성보다는 행동으로 모든 것을 표현하는 부모와, 감정적인 접근으로 이 세상을 살아가기를 원하는 자녀는 서로를 자극하면서 배울 수 있다. 행동함으로써 '사랑을 실증하려는 부모', '느낌으로서 사랑의 깊이를 원하는 자녀' 모두 가족이라는 연대감으로 연결된다. 부모는 직선적이고 직관적인데, 어느 부분에서는 서로 닿아 있다. 즉, 감정적으로 깊이를 느낀 자녀는 무모할 정도로 자신의 감정을 중요시하고 몰두한다. 이때는 마치 부모와도 같은 실행력과 일을 딱 잘라 결정하는 행동을 서슴지 않을 수 있다. 이런 경향이 부모–자녀 간의 강렬한 모멘텀을 만들어 견고해진다. 늘 제자리에서 바위같이 서 있는 부모를, 바람처럼 스치고 지나가는 자녀는 믿고 의지한다.

부모는 장형이 가진 분노의 감정을 외부로 드러낸다. 하지만 자녀는 가슴형의 수치심의 에너지를 내부에 간직한다. 이런 에너지는 보통 외향형과 내향형으로 구별할 수 있다. 스트레스에 노출될 때 부모는 자신이 가진 힘을 사용함으로써 벗어나려고 시도한다. 운동, 노래, 활동 등이 그것이다. 하지만 자녀는 연약한 내부의 감정으로 들어간다. 시간이 지났는데도 나오지 않으면 우울한 경향을 띤다. 특히 스스로를 자책하거나 슬픔의 감정으로 눈앞에 벌어진 현상을 이해하려고 한다. 밖으로 자신을 노출 시키는 부모와, 내부의 자신에게 깊이 연민을 느끼는 자녀 사이에는 차이가 많다. 부모는 자신의 힘으로 밀어붙이고, 자녀는 달팽이처럼 내부로 깊게 숨는다. 말과 행동으로 문제를 해결하고 싶지만 논리적이지도 않고 부모의 바람처럼 화끈하게 털어 버리기도 어렵다. 아버지와 딸이 전형적인 모습이라고 보아도 아들 역시 조금도 다르지 않다. 흔히 이런 갈등은 강렬한 태풍과 파도를 동반한다. 처음에는 논쟁에서 시작하나, 그 논쟁은 시작도 끝도 없을 것이다. 거기에 부모의 분노가 나타나고 자녀의 눈물과 한숨, 숨어 버리는 형태가 반복된다. 잠시 휴전이 있을 수도 있으나 오래 가지는 못한다. 왈츠를 추는 것 같이 기복이 심한 자녀의 감정 놀이를 부모가 이해할 수 있을까? 부모는 자녀를 모른다. 그래서 배워야 한다.

부모 8유형 vs. 자녀 5유형

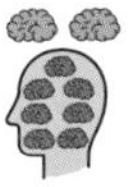

이 조합은 성격 유형이 매우 다르다. 가장 본능적이고 외향적이며 힘을 사용하는 부모와 가장 이성적이고 사고를 중시하여 행동이 더딘 자녀의 전형이다. 하지만 그렇기 때문에 많은 면에서 서로 반면교사가 되고 보고 배울 점이 많다. 내성적이고 말이 없는 자녀를 부모가 자연스럽게 보호하는 것으로 관계가 시작된다. 이 세상에서 가장 필요한 것은 외부의 세상이 자신을 건드릴 수 없는 힘을 가지는 것이다. 이런 독립성은 자녀에게도 그대로 들어 있다. 다만, 방식은 매우 다르다. 외부로 나가 싸워 이겨서 자신의 힘을 입증하는 것이 부모이다. 하지만 자녀는 내적인 사고를 바탕으로 많은 지식을 점유함으로써 세상이 주는 두려움을 물리치려 한다. 경계는 부모나 자녀나 분명하다. 부모는 자신의 영역 안으로 무례하게 들어오는 침입자를 응징해야 한다. 하지만 자녀의 방식은 매우 다르다. 이렇게 같은 면과 다른 면의 집합과 통합, 그리고 교류를 잘 사용하는 것이 중요한 관건이다. 부모는 현장형이고 참여형이다. 하지만 자녀는 고립형이고 분리형이다. 부모는 자녀가 방에만 있는 것을 못마땅해한다. "밖으로 나가서 공 차고 놀자.", "캠핑 가서 비 맞는 것이 어떻겠니?"라고 하지만 자녀는 못마땅해하면서 딴지를 걸 수도 있고 반항할 수도 있다. 그러나 서로에게서 서로를 배운다면 또 다른 미션이 생길 것이다. 끝없는 욕망을 좇아 힘을 다하는 부모와, 가장 작은 것으로 만족하는 자녀의 최대 공약수는 무엇일까?

부모와 자녀는 모두 자신이 최우선적이다. 다른 사람을 배려하고 관심을 가지고 움직이는 스타일은 아니다. 가장 독단적이고 때로는 거칠기까지 한 부모는 자녀가 두려움이 많다는 사실이 못마땅할 것이다. 머리형 자체가 겁이 많고 소심하다는 것은 자신과는 너무나도 다른 모습이기 때문이다. 그처럼 소극적이라면 이 세상의 거친 파도에 모두 휩쓸려 나갈 것이라고 자녀를 걱정한다. 하지만 왜 저렇게 소심하고, 겁이 많고, 집에서 책만 읽고, 조용한지 답답하다. 그 이유는 알고 싶기 때문이다. 알아야만 두려움을 물리치고 이 세상에서 생존할 수 있다고 믿기 때문이다. 이런 자녀의 욕구와 집착을 모른다면 훈련을 통해서 강하게 하려는 시도를 할지도 모른다. 그렇다면 많은 부작용을 감수해야 한다. 결코 바람직한 것이 아니다. '즉각 실행'과 '즉각 반응'을 원하는 부모, 그런 즉각적인 모습들을 보이기 힘든 자녀, 파열음은 당연하게 예상된다. 스트레스를 받으면 부모는 폭발하고 자녀는 위축된다. 위축된 자녀를 보는 부모는 또다시 폭발하고 폭발하는 부모를 본 자녀는 위축된다. 악순환이다. 풀어야 한다. 하지만 현실에서는 소극적이고 위축된 자녀를 윽박지르고 강제로 현장에 나오게 하여 스파르타식의 교육을 진행하려 할 것이다. 자녀는 겁쟁이이고 그렇게 성장한다면 이 세상의 밥이 될 것이라고 생각한다. 하지만 늘 그렇듯이 자녀는 부모와 다르다. 자녀는 점점 더 고립되고 부모와의 대화를 거부하며 마음의 문을 닫는다.

부모 8유형 vs. 자녀 6유형

부모는 자녀가 원하는 안전을 제공한다. 강렬한 힘으로 자녀와 따뜻한 유대감을 갖는다. 불안에 늘 노출되어 있는 자녀는 부모의 용기와 행동을 보고 들으면서 안전함을 느낀다. 자녀는 그런 부모가 든든하고 안심이 되며 그의 말을 잘 듣고 충성한다. 믿음직한 부모와 착하고 말 잘 듣는 아이의 관계가 맺어진다. 부모는 자녀의 영웅이고 믿을 만한 근거가 된다. '난 부모님의 뜻을 따르고 함께할 것이다.' 이런 뜻은 부모에게는 자신감의 요소가 된다. 위험하고 험한 세상에서 자녀가 부모를 이렇듯 믿고 따른다면 부모는 자신의 힘을 다하여 자녀를 보호할 것이다. '따로'의 관계가 아닌 '하나'의 관계로 동맹을 맺은 이 부모와 자녀는, 세상에 힘들고 어려울 것이 없다. 부모가 가장 안전하다는 인식은 자녀의 성장과정에서 매우 중요하다. 불안한 자녀가 안전한 부모 밑에서 성장한다는 것은 주도권을 모두 부모에게 맡기고 자신은 충성만 하면 된다는 공식을 만들게 된다. 스스로 결정을 하지 않아도 되기에 결정할 사항을 매번 스스로 결정하지 않는다. 문제는 부모 없이 스스로 결정을 해야 할 때이다. 평생을 부모가 대신 결정해 줄 수 없기 때문이다. 자녀는 주저하게 된다. 항상 결정을 못하고 권위자를 찾아 물어본다. 자녀가 점차 성장하여 부모의 권위에 변화가 오면 주도권은 달라진다. 자녀는 항상 권위자에게 순응하고 충성하는 것이 아니다. 믿고 충성하지만, 권위자의 능력에 변화가 있는지를 끊임없이 살핀다. 만약 그 권위를 받을 수 없다고 판단되면 지지를 철회하고 대항할 수 있다.

부모가 권위를 잃게 되면 자녀는 부모를 공격할 수 있다. 평소 소심해 보였던 자녀의 불안심리가 공포로 변하여 공격성을 띠는 것이다. 하지만 부모에게 잃어버린 지위의 내용은 별로 중요하지 않다. 권위에 도전하는 자녀를 응징해야 한다는 욕망에 사로잡힌다. 부모는 힘들어지면 복수하려 하고 뻔뻔해지며 잔인해질 수 있다. 이렇게 관계가 악화되면 서로를 공격하게 된다. 자신의 위치를 잃는 것을 결코 허용하지 않는 부모는 자녀의 공격을 용납하지 못하고 응징한다. 큰 전쟁이 일어나는 것이다. 집에서 기르는 애완견은 자신에게 공격성이 없다는 것을 보여 주기 위해서 뒤로 누워 자신의 배를 보여 준다. 이것은 공격할 의사가 없고 충성하겠다는 제스처이다. 이런 모습이 나타난다면 공격을 중단해야 한다. 자녀는 겁이 많고 두려움에 늘 노심초사하며, 늘 신중하다. 이 점을 부모가 배우면 어떨까? 약점이 곧 강점이 될 수 있다. 무모한 용기와 진정한 용기 사이에 신중함을 넣으면 어떤 결과가 일어날까? 늘 전쟁과도 같은 공포스러운 분위기를 연출하는 부모에게 자녀는 어떤 행동을 할지 몰라 너무 두렵다.

부모 8유형 vs. 자녀 7유형

부모는 독립적이고 자기주장과 자기결정권이 강하다. 자녀 역시 모험심이 있고 재미있으며 긍정적이고 매우 밝다. 부모와 자녀 모두 확장욕구가 많으며, 어떤 것으로든 자유가 제한받거나 욕구가 통제당하는 것을 어려워한다. 결과가 바로 나타나는 즉각성과 생각났을 때 바로 실행하는 능력 역시 뛰어나다. 모두 일을 수습하는 쪽이 아니라 벌이는 편이다. 뛰어난 실천력은 많은 일을 만들어 낸다. 부모는 힘의 확장 때문에, 자녀는 재미있는 일을 위해 그러하다. 자녀는 비즈니스적인 측면이 강하다. 또한 대인관계에서도 강점을 지니고 있다. 이런 점이 부모로 하여금 자녀에게 도움을 주는 보람을 느끼게 한다. 부모는 기꺼이 도와준다. 빠르고 '효과 있는 한 방'으로 그리고 '화끈'하게 밀어 줄 것이다. 시간을 끌고, 확인을 꼼꼼하게 하고, 위험을 체크하면 시작하는 것 자체가 어려울 수 있다. 자녀는 재미있고 경쾌하다. 다양한 아이디어와 재주를 가지고 미래의 비전을 제시한다. 부모는 이를 기특하게 생각하고 지지하며 도움을 준다. 부모와 자녀는 모두 외향형이고 생각하는 바로 바로 말하고 실행하며 결과 역시 바로 끌어내기를 바란다. 비슷한 면이 많으나 파워는 아무래도 부모 쪽이다. 자녀는 보다 가볍고 심각하지 않고 신중하지도 않다. 만약 부모가 자녀에게 무엇인가 지도의 필요성을 느낀다면 강압적인 분위기는 NO이다. 자녀는 겉으로만 OK하고 실제로는 NO를 할 테니까.

부모와 자녀는 5유형에서 화살표를 공유한다. 즉, 부모는 스트레스 상황에서 활동을 멈추고, 자녀는 건강한 상황에서 활동을 멈춘다. 부모와 자녀는 싸우기를 두려워하지 않는 호전성을 가지고 있다. 자녀는 고통이 오면 회피성 활동의 증가가 나타난다. 일시적으로 다른 곳에 시선을 돌림으로써 현재 직면한 고통을 피해 보자는 것이다. 한참을 돌고 돌아 피하다 보면 누군가는 그 고통을 치워 놓았다. '봐라! 이렇게 고통이 사라졌잖아!' 부모는 자신이 힘든 지경에 있다는 것에 대해 회피하지 않는다. 가장 강한 강도로 부딪친다. '죽거나 까무러치기' 이런 호전성이 서로에게 부딪칠 때는 모두가 어려운 환경에 노출되어 있을 때일 것이다. 부모는 자녀를 통제하려고 한다. '그동안 너무 그냥 놔두었어. 이런 큰 실수는 용납불가야.' 하면서 당연히 사용하던 모든 권리를 빼앗겠다고 통제를 시작하면 반항할 것이다. 힘으로는 안 되니, 여러 가지 요령을 부리거나, 은밀한 일을 꾸밀 수 있다. 스스로 자유롭고 통제받지 않을 그 무엇인가가 자녀에게는 필요하다. 차라리 그냥 놔두는 것이 효과적이다. 많은 부모가 무엇인가를 하려다가 더 큰 어려움을 겪고는 한다. 물론 적절한 개입이 필수적이기는 하다. 만약 부모의 의사소통으로서, 말이 아닌 폭력이 수반된다면 최악의 길을 피할 수 없을 것이다. 말보다 주먹이 가까운 부모는 주먹을 아끼고, 배려와 사랑을 꺼내 써야 한다. '미운 자식 떡 하나 더 줄게.' 이것이 부모에게는 진정한 용기가 된다. 거짓 용기에 속지 말라.

부모 8유형 vs. 자녀 8유형

의지가 강하고 대결을 두려워하지 않는 부모와 자녀의 조합이다. 그렇기에 불합리하거나 힘든 과정에서는 불안정한 관계가 만들어진다. 그러나 정상적인 부모와 자녀의 기능이 작동한다면 참 재미있다. 그 아버지와 자녀가 거의 닮은꼴로 데칼코마니(décalcomanie, 몸은 하나이지만 두 개의 생명을 포함하고 있는 샴쌍둥이처럼)를 연출한다. 8유형이 성장하면서 자신의 욕망을 다 채울 수는 없다. 이런저런 상황이 연출되어 그 누구도 순탄한 길을 지나기가 어렵다. 특히 8유형의 경우 더욱 그러하다. 그런데 자신과 똑같은 자녀가 여기 있다. 어떤 느낌일까? 강력한 에너지와 물러서지 않는 호기로움, 어디서 본 것 같은 자녀에게 조심스럽게 다가간다. 이 자녀는 부모에게 호기심을 불러일으키고 자극이 된다. 자녀는 부모의 강함 자체가 자연스럽다. 그런데 자녀가 자신에게 연약한 모습을 보인다면 실망할까? 순간적이거나 감상에 빠져 그런 것이 아니고, 평상시의 모습 그대로라면 자신의 방향을 찾을 것이다. 그러나 일시적인 것에 그친다면 그 순간은 부모의 연약함 때문에 실망할 수도 있다. 보통은 불과 불의 만남 그 자체이다. 그래서 부모와 자녀가 함께라면 그 어떤 어렵고 힘든 것도 다 극복 가능하다고 여긴다. 광개토대왕과 장수왕의 모습이다(그렇다고 왕들이 8유형이라는 것은 아니다). 설사 의견이 다르다고 해도 빠른 결합이 이루어지고 줄 건 주고 받을 건 받는 거래가 순식간에 이루어진다. 통 큰, 원 샷 거래에서 자잘한 것은 패스이다.

부모는 자녀의 '깡'(악착같이 버티어 나가는 오기를 속되게 이르는 말)을 자랑하고 그 '뻥'('거짓말'을 속되게 이르는 말)을 가지고 놀 수 있다. 하지만 자녀가 성장하면 생각 이상으로 자녀에게는 스트레스이다. 웃으면서 던지는 돌에 개구리는 죽는다. 자녀에게는 동맹을 무시한 처사이고, 공격의 신호탄이 올라오는 것으로 느낀다. '무시당하는 것은 죽어도 못 참지!' 부모와 자녀는 영역을 놓고 보이지 않는 긴장관계를 형성할 수 있다. 부모와 자녀는 서로 물러서려고 하지 않는다. 자신의 뜻대로 상대방이 움직여 주기를 기대한다. 하지만 그 희망과는 반대로 나를 내려놓아야만 하는 상황을 상대가 원한다. 그러나 물러서기가 힘들다. 서로 좋았던 모든 장점은 즉시 싸울 무기로 바뀐다. 부모-자녀 모두 상대방을 굴복시키려고 한다. 부모는 힘으로, 자녀는 말로 싸우기 시작한다. 과거의 잘못된 모든 것이 소환된다. 잘못하면 타협의 기회는 사라질 것이다. 부모는 자녀의 성장과 더불어 통제권의 지분을 넘기는 것이 여러모로 좋다. 하지만 자녀가 넘겨받을 자질이 아직은 아니라고 여기기 쉽다. 자녀는 더 이상 무엇을 어떻게 하여야만 믿을 수 있겠느냐고 덤빈다. 대립의 강도가 계속되면 휴전을 하라. 그리고 이 글을 읽으라. 타협이 이루어지지 않으면 서로에게 진 것이 아니라 마음속 내면의 집착에게 진 것이다.

부모 8유형 vs. 자녀 9유형

8유형은 여성이라고 할지라도 성격의 기능은 그대로 가지고 있다. 그래서 여장부라고 불리는 경우가 많다. 부모는 가정을 지키고 보호한다. 반면, 9유형은 양육하는 기능이 있다. 보호하고 기르는 역할이다. 남녀의 역할과 성격의 역할을 따지면 과거에는 남녀의 역할이, 현대에는 성격의 역할이 그 기능을 한다고 말할 수 있다. 사회는 빠르게 변화하여 거의 남녀평등을 실현하고 있다고 보인다. 부모와 자녀는 편안하다. 식구가 많다면 자녀의 역할이 커진다. 협상하고 조정하며 메신저의 역할을 잘하기 때문이다. 자녀는 말을 잘 듣는 온순하고 순종적인 아이이다. 내면의 고집이 있으나 평상시에는 잘 나타나지 않는다. 이런 모습은 부모로 하여금 이 자녀를 지켜야 한다는 의욕을 북돋게 만든다. 특유의 자신감, 책임감, 결단력, 추진력 등이 동원된다. 부모의 이런 파워는 자녀에게는 큰 위안이 된다. 평화를 간직한 자녀에게서 받을 수 있는 도움은 부드러운 면이 발휘된다는 것이다. 아무것도 원하는 것이 없고 특별한 요구를 하지 않는 자녀이기에 따뜻한 내면의 에너지가 솟구쳐 오를 수 있다. 딱딱하고 거친 면이 수면 아래로 내려가고 부드럽고 배려 있는 부모가 된다. 자녀는 착한 아이가 분명하지만 그렇게 녹록하지 않다. 내면의 고집은 부모를 당황시키기에 부족함이 없다. 특히 8유형의 날개를 가지고 있다면 직접적인 저항과 반발이나 또는 강력한 동맹도 될 수 있다.

자녀는 압박을 받으면 물러나는 양상을 띤다. 반면, 부모는 대면하고 물러서지 않는다. 오히려 공격적이 되어 문제를 파헤쳐서 낱낱이 정리하려 한다. 하지만 자녀는 덮어 두는 편이다. 그 자리에서 대면하는 것은 평화를 깨는 일이기 때문에 물러서서 관망한다. 보통 자녀는 부모의 폭발을 뒤로하고 물러선다. 대결을 하려고 하지 않으니 상대방은 없는데 허공에 주먹을 휘두르는 모습이라서 오히려 힘이 빠진다. 좌절감이 올 수도 있다. 부모는 보다 직접적이고 강제적인 방법으로 밀어붙인다. 자녀가 더 이상 물러설 곳이 없다고 느끼면 현장으로 끌려 나온다. 싸움의 현장은 자녀가 원했던 바가 아니다. 하지만 그럴 수밖에 없다면 불가능한 것만은 아니다. 만약 자녀가 그 폭탄이 떨어지는 대결의 현장을 피하지 않는다면, 그것은 그냥 폭탄이 아닌 원자폭탄이 될 것이다. 왜냐하면 모든 것을 버릴 준비가 되어 있다는 뜻이기 때문이다. '너 죽고 나 살자'가 부모라면 '너 죽고 나 죽고 같이 죽자'는 자녀이다. 이것은 파국이다. 영웅이 되고자 했던 부모의 욕망은 사라지고 승자 없이 패자만 남게 된다.

부모 9유형과 자녀

부모 9유형 vs. 자녀 1유형

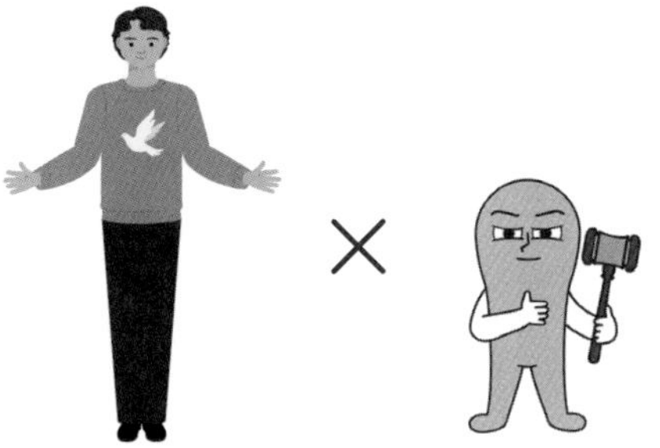

이 조합은 날개를 공유한다. 서로 우세 날개라면 많은 부분을 공유하게 된다. 부모의 경우, 계획적이고 질서 있는 생활에 도움을 받을 수 있고, 자녀는 분노의 본능적 억압으로부터 자유로울 수 있다. 부모와 자녀는 다른 사람들을 바라본다. 부모는 분노의 억압으로부터 자녀를 보호할 수 있다. 무엇이든지 한 가지만의 정답을 가지고 있다고 믿는 자녀에게, 한 가지가 아니라 여러 가지의 가능성과 길이 있다고 여유를 줄 수 있다. 이런 도움을 받은 자녀는 한결 편하게 자신의 일을 할 수 있는 여유를 갖는다. 부족한 것 같은데도 충분한 성과를 얻었다고 말하는 부모로부터 자녀의 억압은 어느 정도 해소된다. 부모와 자녀는 이상주의를 공유한다고 할 수 있다. 자녀의 완벽이라는 기준을 충족시킨다는 차원에서 그렇다. 부모의 경우 이 정도의 빈칸은 허용해도 아무 문제가 일어나지 않는다고 믿는다. 하지만 자녀는 부모가 생각하지 못했던 문제를 꺼낸다. '나는 무엇을 어떻게 하며 인생을 살까?' 라는 질문 앞에 부모는 많은 선택지가 있다. 이 선택지가 많은 것은 자칫 아무것도 하지 않고 미루는 함정일 수도 있다. 부모임에도 결정을 하지 않고 자녀에게 미룰 여지는 충분하다. 이런 태도는 자녀가 성장하면 더욱 강해져서 고착화될 경우가 있다. 부모는 미루고, 자녀는 선택한다. 이런 고착화 과정을 거친다면 훗날 자녀가 무엇이든지 다 해 버린다. 이렇게 되면 주도권은 자녀에게로 넘어가고 그 과정에서 간혹 부작용을 경험할 것이다. 자녀가 미숙할 경우 부모의 권위에 대한 예의를 버리는 실수를 할 경우가 생겨난다.

부모와 자녀는 같은 본능형이면서 같은 분노의 정서를 가지고 있다. 하지만 각각 다른 이유로 분노를 나타내는 것을 어려워한다. 부모는 분노를 흘려보낸다. 그리고 분노를 마치 없는 것처럼 여긴다. 자녀는 있는 분노를 억압하고 없는 것처럼 여기려고 한다. 부모가 분노를 없는 것처럼 하는 것이 자연스러운 데 반해, 자녀는 분노를 억압하기에 자연스럽게 얼굴과 행동에서 티가 난다. 포커페이스(poker face, 속마음을 나타내지 아니하고 무표정하게 있는 얼굴)가 안 된다. 이것은 다른 사람들과 있을 때나 의견을 전달하는 과정에서 나타난다. 평화를 유지하고 싶은 부모와 완벽해야 한다는 자녀는 이런 방식으로 분노를 처리한다. 부모는 상황에 따라 웅크리고 수동적이 된다. 자녀는 분노를 삭이면서 진정하려고 참고 노력한다. 하지만 언제까지나 있는 분노를 없는 것처럼 할 수는 없다. 상황과 때가 되면 언제든지 외부로 나타날 것이다.

가정에서 부모와 자녀가 의견의 갈등을 겪지 않고 살아갈 수는 없다. 판단을 하거나 결정을 하는 일이 부모로부터 오다가, 자녀가 점점 성장하면 결정은 자녀에게로 넘어간다. 결정을 보류하고 자신의 의견을 내지 않으며, 미루는 부모와 함께 생활한다. 그 결과는 결정의 역할이 자연스럽게 자녀에게로 넘어가는 것이다. "네가 하는 말이 맞아.", "네가 결정해."라고 하는 일이 늘어간다. 그러면서도 마음 한구석에 앙금이 쌓이고 무시를 당하면 부모는 폭발할 수 있다. 자녀가 예의를 지키고, 다정하게 행동하면 부모는 물러설 것이다. 하지만 그 반대의 경우 대폭발을 경험한다. 9유형의 대폭발은 어느 유형의 자녀와도 마찬가지로 대응이 어렵다. 부모 쪽에서 자신의 의사를 분명히 해야 할 때 물러서지 말아야 하고, 자녀 쪽에서는 세심하게 살펴야 한다. 물러서고, 양보하고, 미루는 가운데 차곡차곡 분노의 게이지는 올라간다. 자녀는 부모의 말을 잘 듣고 관찰해야 한다. 그래야 부모에게 예의를 지킬 수 있다. 그리고 부모의 마음을 헤아릴 수 있다. 어떤 유형보다 9유형에게는 더욱 필요하다.

부모 9유형 vs. 자녀 2유형

마치 가슴형의 조합 같다. 부모의 유형 이미지가 가슴형과 비슷하기 때문이다. 타인 지향적이고 타인에게 맞추는 모습이 자녀와 닮아 있다. 하지만 그것은 이미지일 뿐 확연한 차이점을 가지고 있다. 모두와 평화롭게 지내고자 하는 부모는 타인을 도와주려는 자녀와 일정 부분 공유한다. 따라서 부모는 다른 사람들과의 원활한 관계를 요구하는 자녀의 욕구를 지지하고 성원을 보낸다. 그리고 만족해하는 자녀의 모습을 보면서 자신이 부모의 역할을 다했다고 여기며 자녀의 인정을 받는다고 믿는다. 역시 존재론적 부모가 되었다는 만족감이 든다. 부모와 자녀는 모두 낙관적이다. 다 잘될 것이라고 믿는다. 문제화시키는 것보다는 문제를 없는 것으로 만들어 버린다. 이것은 진짜 문제가 사라진 것이 아니다. 다만, 잠시 피한 것뿐이다. 부모와 자녀는 사랑으로 연결된다. 그러므로 함께하고 공동체의 관계를 강화하려고 애쓴다. 도와주는 것을 좋아하는 자녀는 부모의 부엌일, 심부름, 애교를 부리는 것 등을 통해 관계를 강화하고 동맹을 맺는다. 부모 역시 거절을 하지 않는다. 있는 그대로의 자녀를 받아들일 가능성이 매우 높다. 다만, 자녀의 과다한 요구는 부모로 하여금 지치게 만드는 요소로 작용한다.

부모는 먼저 다가서지 않는 편이다. 교육으로 말하자면 간섭하지 않고 참견은 최소화하는 방목에 가깝다. 하는 일을 보고 판단하지, 처음부터 '이렇게 저렇게' 하라고 지시하고 명령하지 않는다. 이런 거리를 두는 것 같은 행동은 친밀감을 원하는 자녀에게는 다소 차갑게 느껴질 수 있다. 즉, 사랑받지 못하고 있다는 생각을 할 수 있다. 하지만 조금 다가서면 거절하지 않는 부모의 모습에서 안도감을 느낀다. 활달하고 따뜻한 자녀는 선제적으로 부모의 필요를 센스 있게 알아차린다. 적극적인 어필을 통해 많은 부분에서 자율적으로 활동한다. 가급적 관여를 하고 싶지 않은 부모를 대신하여 자녀가 주도권을 잡을 수 있다. 어떤 유형과의 관계에서도 그렇듯이 역시 마찬가지로 부모는 자신의 욕구에 대해 미루어 둔다. 관계를 지속하는 동안에는 부모의 속내를 눈치채기 어렵다. 이런 상황은 자녀로 하여금 속도를 높이고, 하고 싶은 것을 마음대로 하는 결과를 초래한다. 어느 정도 부모는 지켜본다. 속으로는 안 된다고 생각해도 그만 STOP하라는 말이 좀처럼 나오지 않는다. 자녀가 부모의 피드백을 요청하지 않는 한 계속 미루어 둘 것이다. 이 시간이 매우 두려운 시간이다. 자녀로서는 부모의 방관하는 것과 같은 태도가 자신에게 관심이 없다는 결정을 취소해야 한다. 왜냐하면 사실이 아니기 때문이다. 부모의 특성이 그런 것이다. 부모 역시 자녀가 거절당했다는 느낌이 들도록 결정을 미루는 것은 아니다. 이렇게 다른 서로의 욕구에 대해서 균형과 조화를 이루려는 노력이 필요하다.

부모 9유형 vs. 자녀 3유형

부모는 병풍처럼 자녀의 성공을 위한 배경으로 안전한 역할을 감당할 것이다. 잘될 것이라고 생각하며 굴곡 없이 변함없는 지지를 자녀에게 보낸다. 알아서 모든 것을 자동으로 진행하는 자녀에게 부모는 잘 지켜보는 것만으로도 충분하다. 학교에 다닐 때 준비물 챙기거나 숙제, 더 나아가서 프로젝트와 같은 것들도 스스로 잘한다. 이런 것을 잘하라고 감독할 필요가 없게 한다. 부모로서는 힘든 일을 하지 않아도 되므로, 한결 편한 마음으로 지켜보면 된다. 부모와 자녀는 화살표와 관련되어 있다. 즉, 효율을 추구하며 가성비를 높이는 데 능한 자녀의 모습이 부모의 성장지점이 된다. 자녀를 보면 스스로 동기부여를 받는 부모가 되기도 한다. 화살표가 보여 주는 기능은, 자녀의 성공을 원하면서 부모 자신도 성공지점을 확인하고 실행할 동기가 된다는 것이다. 자녀로서는 자신의 말을 믿어 주고, 지원하며, 따뜻한 부모에게서 많은 성원을 받고 있다고 느낀다. 부모는 의심하거나 미심쩍어하는 행동을 거의 하지 않는다. 이 점은 부모에 대한 존경의 마음을 갖도록 만든다. 그리고 자기 자신이 성공의 이미지를 만드는 데 대단한 힘이 된다. 지켜보고 지원하고 협력하고 칭찬하는 부모와 자신의 성공한 모습에 초대하는 자녀는 충분히 행복할 조건을 갖추었다.

실용적이고 융통성 있는 목표지향적 자녀는 감정을 느낄 겨를이 없다. 왜냐하면 자신의 프로젝트를 빨리 완성해야 하기 때문이다. 그에게 감정은 사치가 된다. 무엇인가 해야 한다는 생각을 가진 자녀는 열정을 가지고 있다. 하지만 신체는 강하지 못해서 종종 '병치레'를 하곤 한다. 너무 열정적으로 일과 학업에 매달리느라 휴식을 취하지 못했기 때문이다. 성장을 하면서 일에 과다하게 매달리는 '일중독 현상'을 일으키며 건강을 돌보는 일에 소홀해질 수 있다. 관심받고, 과시하고, 무대의 중앙에 서려면 이 정도 수고는 당연하다는 자녀의 '일중독'은 '일과 자신을 동일시'하는 데서도 나타난다. 부모와 자녀 모두 감정에 어려움을 겪을 수 있다. 부모는 감정적으로 멀다. 갈등을 회피해야 하고 평화를 구축하는 데 어느 한편으로 쏠리는 감정 컨트롤은 균형을 깨 버리기 때문이다. 이런 서로의 자세가 부정적으로 흐른다면 자녀는 부모에게 무관심하다는 느낌을 받을 수 있다. 왜 이런 상황에서 '같이 기뻐하지 않고 같이 슬퍼하지 않지!' 부모는 관대하지만 자녀에게서 존재론적인 관심과 사랑을 받고 있지 않고, 이용당하고 있다는 느낌을 받을 수 있다. 단순하게 헌신하며 지원해 주는 부모와 냉랭하게 자기의 필요만을 채우는 자녀에게서 차가운 기운이 감돈다. 이 정도 진도가 나갔다면 빨간불이 들어왔다고 믿어도 될 것이다. 위기를 봉합해야 한다.

부모 9유형 vs. 자녀 4유형

부모와 자녀는 모두 물러서는 것을 선호한다. 그러므로 딱 붙어 있는 것보다는 공동의 공간에서 개별 작업을 하는 것이 더 잘 어울린다고 할 수 있다. 부모로서는 예민하고 까다롭기도 한 자녀를 다루는 데 어려움을 느낄 수 있다. 하지만 모든 것을 포옹하고 수용하는 부모의 태도는 자녀에게 많은 위안과 안심을 제공한다. 특히 예민한 시기에 긁어서 부작용을 만들어 내는 많은 부모와는 달리 9유형의 부모는 보다 안정적이다. 자녀를 지켜보고, 개입을 보다 적게 하고, 경청하며 지원한다. 눈치 빠른 자녀는 부모의 모든 것에 촉을 세운다. 그리고 알 수 있다. 특히나 부모의 슬픔이나 우울과 같은 연약한 정서를 잘 파악한다. 상대적으로 부모는 자녀의 이런 보살핌을 통해서 무의식이나 내면의 큰 고통을 사전에 인지할 수 있을지도 모른다. 보통 부모는 긴 스토리를 전개하는 데 익숙하다. 짧게 결론만 말하기 힘이 든다. 통으로 설명하기를 즐긴다. 왜냐하면 작은 문장 줄기나 핵심 포인트 등으로 줄이는 것은 큰 내용을 놓칠 수 있기 때문이다. 이런 말은 자녀의 성장에 지대한 영향을 미칠 수 있다. 왜냐하면 자녀 역시 짧게 말하는 것은 섬세한 내용을 놓칠 수 있어 잘 사용하지 않기 때문이다. 이런 성향은 자녀의 성장과정에서 창조적인 토양을 만드는 길이 된다. 특별해서 오히려 인정과 지지를 받지 못할 수도 있는 자녀이다. 그런 자녀를 부모는 넓은 품으로 품고 녹여 내어 버려진 느낌에 시달리는 자녀를 안정감 있게 도닥인다.

자녀는 예민한 감성을 가지고 있다. 사람과의 연결을 중요시하는데, 그 연결점에서 수치심을 당하지 않으려고 수동적인 자세를 취한다. 자녀의 이런 자세는 독특함을 만드는 데 집중하게 한다. '내가 이렇게 독특하고 특별한데 어떻게 나에게 수치를 줄 수 있다는 말이야!' 유니크(unique)한 자신의 감성을 통해 사전에 예방하려고 한다. 이런 것 때문에 예민한 감성의 촉을 세운다. 예민해지면 필수적으로 까다로워진다. 그리고 종잡을 수 없는 태도를 보이기도 한다. 부모는 약간 감성적으로 둔감하다. 둔감하다기보다는 자신이 둔감하도록 방치한다. 촉을 세워 봐야 갈등만 많아진다고 믿는다. 그럼 반드시 평화는 사라질 것이다. 즉, 편안하고 태평한 마음의 평정을 위해 솟아나 있는 촉들을 스스로 접었다고 할 수 있다. 무수하게 많은 촉을 가지고 날카롭게 세우고 있는 부모와 스스로 촉을 무너뜨리고 접어 버린 부모와의 간극은 꽤 깊고 넓어 보인다. 이렇게 되면 자녀는 부모와 밀당을 하게 된다. 무시했다가 품에 안기면서 사랑을 고백할 수 있다. 자신의 혼란스러운 상황을 부모와 밀당을 함으로써 감정적 기복을 달래게 된다. 자녀의 이런 행동은 전 인생에서 나타난다. 부정적인 것은 사랑을 받으려 밀당을 할 때 그것에 반응하지 않는 부모의 태도이다. 안타깝고 간절하며 타오르지 않는 목마름이 자녀에게 생길 수 있다. 부모는 도대체 원인이 무엇인지 몰라 당황하고 무엇을 어떻게 해야 해결이 될 것인지를 몰라 고민한다. 어렵고 힘들어도 풀어 나가야 한다.

부모 9유형 vs. 자녀 5유형

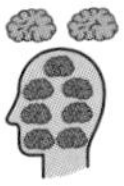

부모는 평화에 집착한다. 그렇기 때문에 갈등을 회피한다. 이런 현상은 에니어그램의 모든 유형에서 나타난다. 모든 유형은 집착과 회피의 선을 넘나들며 자신을 만들어 간다. 9유형은 모나리자의 미소가 생겨난다. 그 미소를 보면 '지그시, 표시 안 나게, 조용하게'이다. 어떤 것을 말하는지 헤아리기 어렵다. 하지만 어렵게 생각할 필요는 없다. 평화를 유지하기 위해 어느 편도 선택하지 않는다. 보통은 양 진영 중 어떤 진영도 선택하지 않는 것이다. 부모는 어느 한 편을 선택하라고 하면 어려워한다. 어느 편도 선택하고 싶지 않은 것이 본래의 마음이다. 이 세상은 굳이 어느 편을 선택하고 찍어야 하니 힘들다. 이런 부모와 달리 자녀는 혼자 연결되는 공간이 필요하다. 5유형의 자녀는 4유형과는 다른 또 다른 까칠함이 있다. 감성적인 예민함이 아니라 관찰에 필요한 주의 집중에 예민하다. 부모는 잘 들어주고 참견하지 않으려 하며 따뜻하다. 이런 모습은 자녀로 하여금 자신의 일을 하는 데 큰 도움이 된다. 관찰하여 지식을 쌓는 일 외에 자신의 장소나 마음의 문을 열고 대화하는 데 도움이 된다. 부모와 자녀 모두 관심의 대상으로 주목받는 것을 원하지 않는다. 무대의 중앙이 아닌, 주변에서 스포트라이트를 덜 받는 장소에 있고 싶어 한다. 서로 요구하지 않으며 요구해도 작은 것이다. 각자의 방식으로 살아가며, 자신의 방식대로 하라고 강요도 하지 않는다. 이 작고 조용한 것 같은 관계는 서로를 촉진시키는 영양제의 역할을 한다. 서로 다른 이유로 거리두기를 하지만, 그것이 최상의 모습을 연출하기 때문이다. 이때가 가장 서로에게 감사하며 편안함을 느끼는 시기이다.

자녀가 성장하면 편집증적인 행동을 할지도 모른다. 방에서 혼자 조용하게 있는 시간이 길어지고 밥 먹고 화장실 갈 때를 제외하고는 아예 외부 출입을 안 할지도 모른다. 어느 하나에 꽂히면 그것의 원리를 파고드는 자녀는 몇 시간씩 집중하는 경향이 있다. 긍정적인 방향이라고 하더라도 자라나는 시기에는 부모에게 부담을 준다. 그리고 자녀 스스로에게도 과도한지의 여부가 중요 관심사가 된다. 당연히 필요하고 도움이 되는 것이라면 적절한 휴식을 주면서 계속하라고 할 수 있다. 그러나 과도한 면이 있으면 곤란하다. 자녀의 이런 행동은 부모의 걱정을 유발한다. 처음에는 자녀를 지지하고 받아들이겠지만 시간이 지나며 근심이 커지면 상처를 받을 것이다.

자녀는 부모가 얼마나 자신에게 기대하고 있는지를 생각하지 않는다. 오히려 부담이 된다. 따라서 부모가 이런저런 제안을 해도 거의 소용이 없는 경우가 많다. 안타까운 마음으로 지켜보는 부모와 달리 자녀는 부모를 비판할 수 있다. 왜냐하면 자신이 집중하고 있는 일이 얼마나 중요하고 탁월한 것인지를 부모가 모른다고 믿기 때문이다. 자녀의 도전은 부모의 응전을 필요로 한다. 비타협적인 자녀와는 더 이상 진도를 나가는 것이 어렵다. 갈등을 회피하는 부모의 입장은 이런 상황에서 또 다른 갈등을 유발시킨다. 자녀의 욕구를 확실하게 파악하고 대응해야 한다. 때를 놓치면 점점 해결이 힘든 미궁 속으로 빠진다. 이런 세월이 길어지면 부모는 무감각해진다. '알아서 하겠지!'라는 체념에 사로잡힌다. 이 순간부터는 서로 각자 자신의 시간을 살아간다. 그러면 표면적으로는 아무 일도 일어나지 않는다. 막연한 기다림과 방치 그리고 비판이 어떤 결과를 가져올지는 너무나도 분명하다.

부모 9유형 vs. 자녀 6유형

불안한 자녀는 화살표의 긍정 방향으로 이동할 때 더욱 편해질 수 있다.[1)] 부모의 장점은 자녀의 성장과 맞물려 있다. 더 자연스럽고 편하고 안정감이 있다. 부모 역시 자녀의 유형인 6유형의 건강한 기능을 사용할 수 있다. 이 화살의 움직임은 부모와 자녀가 서로를 이해하는 데 많은 도움을 줄 것이다. 부모와 자녀 모두 안정적이고 일상적인 행복을 느끼고 싶어 한다. 다른 일이 생기지 않고 어제와 비슷하거나 똑같은 일상의 반복을 원한다. 예기치 않았던 일들이 생기는 것을 원치 않는다. 부모는 자녀에게 특별한 일을 시도하지 않는다. 이것이 자녀에게 감사하다. 보통 권위에 순종하는 자녀는 어린 시절 부모의 절대적인 권위를 잘 따라 하는 성실한 자녀이다. 부모의 말이 자신에게는 가장 안전한 버팀목이 되는 것이다. 자녀가 성장함에 따라서 말을 듣는 권위자는 학교의 교사로 바뀌게 된다. 많은 영역에서 또래 문화와 학교생활은 자녀의 중요 서식지이다. 그것을 컨트롤하고 지배하는 교사의 말은, 바로 따라야 할 지상명령이다. 역시 모범생으로의 길을 걸어간다. 더 성장하여 조

1) 일반적으로는 미성숙의 방향이나 때로 긍정적인 장점을 본받아 따라갈 수 있다. 여기에서 첨부하자면 화살표의 방향이 100% 기계적으로 성숙과 미성숙을 나누는 것은 아니다. 유형의 상위 레벨과 하위 레벨로 이동할 수 있다는 점도 유념해야 한다.

직의 일원이 되면 조직의 리더로 권위자가 바뀐다. 여기에서 부모의 역할은 지켜보고 경청하며 보듬어 주는 것이다. 자신도 결정을 내리는 것이 쉽지 않기 때문이다. 대부분 편안하고 안전하며 순리대로 살아간다.

자녀는 양가의 감정을 가지고 있다. 공포에 대해 순응할 것인지, 아니면 공포에 대항할 것인지를 살핀다. 양가의 감정이라고는 하나 원인은 한 가지이다. 즉, 얼마나 안전할 수 있느냐이다. 안전하다면 굳이 대항할 필요가 있겠는가? 하지만 안전하지 않다고 여기면 상황은 달라진다. 가만히 있으면 안전하지 않다. 그럼 대항할 자세를 갖고 싸우게 된다. 어떤 상황에서는 부모가 자녀에게 억압을 가할 때 자녀가 반발하기도 한다. 그것이 이유가 있다면 부모는 후퇴할 것이다. 하지만 이해할 수 없는 상황이라면 시간이 필요해진다. 긴 시간을 기다려도 해결되지 않는다면 부모의 분노는 끓어오를 것이다. 부모나 자녀는 침묵하는 데 익숙하다. 그래서 시간이 많이 걸린다. 이렇게 시간이 많이 걸리기 때문에 문제화된 환경이 오래되어서 누적되면 폭발 역시 크게 일어난다. 때때로 부모는 묵인하고 넘어간다. 그리고 자녀는 자신의 행동을 후회하면서 죄책감을 느낀다. 가능하면 평화와 안전을 깨는 행동은 하지 않으려고 한다. 하지만 참는 것만으로 해결되지 않는다면, 모았다가 폭발하는 부작용은 상대적으로 비례하여 크게 나타난다. 부모가 어떻게 하는 것이 좋은 해결책인지를 고민하고, 자녀는 무엇을 해야 하는지 확신이 서지 않으면서 폭발 단추를 누르기 직전이다. 누가 먼저 문제를 해결하기 위해 행동할 것인가?

부모 9유형 vs. 자녀 7유형

부모와 자녀 모두 낙관적이고 활동을 즐기며 모든 활동에 광범위하게 참여한다. 가족이라는 관계를 생각하면 약간 소극적일 수도 있는 부모도, 자녀와 합을 잘 맞출 수 있다. 자녀의 활력 있는 활동으로 가정으로 친구들을 끌어와도 귀찮아하지 않고 도움을 아끼지 않는다. 아마도 모든 주도는 자녀의 몫이 될 가능성이 크다. 자녀는 일을 벌이고, 시작을 하고, 도전을 하며 전진한다. 부모는 뒤쫓아 가며 도와주고 안전한 플랫폼을 제공한다. '이것 해 주세요.', '저것 해 주세요.', '이거 어때요.', '하고 싶어요.' 기꺼이 부모는 따라간다. 부모의 욕구 포기는 자연스럽다. 자신보다 자녀가 더 소중한 것은 당연하고, 뒷자리로 밀려나도 보람을 느낀다. 활력 넘치고 자신이 하고 싶은 것을 다하는 자녀로부터 부모는 자녀의 행복과 자연스럽게 결합된다. 부모와 자녀 모두 불편한 감정을 들여다보는 것을 원하지 않는다. 내면의 깊은 감정이나 연약한 감정 또는 슬픈 감정을 보는 것도 원하지 않는다. 자녀는 그런 감정을 피해 도망가고 부모는 무시하고 없는 척한다. 부모는 모든 것을 다 바보같이 희생하고도 자녀와 함께 즐거운 시간을 능히 보낼 것이다.

이런 부모에 대한 자녀의 요구가 점점 커지고 많아지면 지칠 수 있다. 느릿느릿 걷기를 원하는 코끼리가 바람처럼 왔다가 사라지는 원숭이를 만난 것 같다. 편안한 상태의 시간을 허용받기를 원하나 자녀의 요구는 끊임없이 일어난다. 평화는 깨지고 환경은 점점 좁아져 평화의 땅이 어디인지가 불분명해진다. 새로운 가능성에 대한 탐구와 호기심 그 끝은 어디일까? 처음에는 간간이 분노를 표시하기도 하나 나중에는 자신에 대한 연민으로 슬럼프에 빠진다. 곧 의욕 상실과 심각한 자존감의 하락이다. 더 이상 자녀에 대한 지원을 중단하고 싶은 충동을 강하게 받는다. 자녀를 피하는 것이다. 그것은 부정적 감정을 동반하지 않을 수 없다. 이 경우 가능하면 부드러운 방법을 택해야 한다. 부딪치는 것은 좋은 방법이라 할 수 없다. 내심 비판과 비난이 없을 수 없다. 하지만 웬만해서는 드러내지 않을 것이다. 부모의 자유와 목표는 어느덧 다 날아가 버렸다. 그것은 자신이 초래한 결과이다. 누구를 탓하기에는 너무 늦어 버렸다. 지금이라도 수정하고 고치고 싶으나, 부모는 이런 방법을 택할 가능성이 적다. 차라리 방관하거나 무시할 것이다. 자녀는 자녀대로 두려움에 직면할 수 있다. 이 두려움을 회피하기 위해 부모의 도움을 받았으나, 그 지원이 끊어질 위기에 놓여 있다. 점점 불안이 더해진다. 속도는 빨라지고 저지르는 충동을 느끼고 그렇게 한다. 점점 강도는 심해진다. 부모는 방종하고 방관한다. 어디에서부터 무엇이 잘못된 것일까? 늦기 전에 원인을 찾아야 한다. 부모가 먼저 자세를 바르게 취하는 것이 필요하다.

부모 9유형 vs. 자녀 8유형

리더십이 강한 자녀는 스스로의 욕구를 채우기 위해 움직인다. 부모는 이런 요구에 기꺼이 응하고 도와주는 일을 꾸준히 지속한다. 자녀의 용기와 강함, 높은 에너지, 책임감 등을 자랑스럽게 생각한다. 부모의 꾸준한 돌봄은 자녀에게 용기를 더하고 인생을 성공적으로 살 수 있는 능력을 기르는 데 이바지한다. 자녀는 힘이 강한 에너지로 모든 일을 적극적이고 열정적으로 해결해 나가기를 소망한다. 부모는 해 오던 그대로 꾸준하고 인내심 있는 태도를 견지한다. 장형인 부모와 자녀는 날개를 공유한다. 분노의 분출과 분노의 숨김, 즉 공격과 수동적 공격이 함께 동거한다. 자녀는 자신이 회피한 따뜻한 감성을 찾는 것이 매우 어렵고 부모는 갈등에 맞서는 것이 매우 어렵다. 만약 부모와 자녀가 부드러움을 회복하고 부모가 갈등을 감당한다면 보다 더 성공적인 만남이 될 것이다. 그것은 어찌 보면 간단하다. 서로에게서 배우는 것이다. 부모는 자녀를 통해 갈등에 겁먹지 않고 나타나지도 않을 갈등을 당겨 와서 피하지 않는다. 자녀는 부모를 통해 평화를 유지하고, 복수를 하지 않으며, 흑백논리에 빠지지 않아도 된다. 이런 상호보완적인 날개를 활용하여 하늘 높이 올라갈 것이다. 평화로운 세상은 그냥 얻어지지 않는다. 치열한 내적 전투를 해야 한다. 그 옆에 든든한 지원군인 자녀가 있다. 자녀 역시 평화를 찾고 독단적이 아니어도 충분히 자신의 영역을 지켜 나갈 수 있을 것이다.

자신이 약하다는 사실을 인정하지도 않고, 드러내고 싶지도 않은 자녀는 결과적으로 대결을 원한다. 부드럽고 연약하게 다가서는 것은 자신의 싸우자는 전투력을 약화시키기 때문에 피한 결과이다. 싸움이 일어날 때 살아 있다는 인식이 강하다. 부드러운 것은 연약한 것이고 연약한 것은 죽은 것과 별반 다르지 않다. 이런 강렬함에 끌리는 자녀는 부모로부터 이런 감정을 만나기 어렵다. 싸움 자체를 싫어하고 피하는 것이 부모의 성격이기 때문이다. 화끈한 것을 원하는 자녀는 미지근한 부모가 뭔가 확실치 않다는 느낌을 받는다. 아니면 자신을 지지하는 것이 아니라는 것으로 인식할 수 있다. 이렇게 될 때 나타나는 흔한 현상은 자녀가 부모에게 명령을 내리는 일이다. 부모가 주도권을 사용하지 않으니 이제부터는 내가 주도하여 이끌고 나가겠다는 신호를 보낸다. 결국 싸움이 일어날 텐데 부모는 이런 대결을 피하기 위해 지나치게 관대해질 수 있다. '알아서 해.'라는 말은 '네 뜻대로 해 봐.'이고 이것은 자신이 '따라가겠다는 신호'로 자녀는 받아들인다. 이런 현상을 부모는 달갑게 받아들이기 어렵다. 하지만 먼저 명령하고 지시하기에는 몸과 마음이 말을 듣지 않는다. 이렇게 해서 부모는 골머리를 앓게 된다. 어떻게 해결을 해야 하나? 시간이 흐른다. 그 사이에 자녀는 명령하고 자신이 원하는 대로 살아간다. '혹시 우리 부모는 무능하지는 않을까?'라고 생각할 수 있다. 행동이 이미 그렇게 하고 있지만 말이다. 부모의 소극적 반항과 수동적 공격이 나타날 차례이다. 서로를 원망하다가 고요해지면 드디어 터진다. 부모의 주 공격 무기 원자폭탄!

부모 9유형 vs. 자녀 9유형

하늘의 천사가 내려와 이 가정에 평화라고 소식을 전한다. 부모와 자녀 모두 평화의 전사이며 평상시 한가로움을 즐긴다. 서로를 용납하고 문제 삼지 않으며 무난함을 추구한다. 싸울 일이 아직은 없다. 인내심을 발휘하고, 천천히, 조용하게, 남들 눈치채지 않도록, 은밀하게 일을 진행시킨다. 혹시라도 주변에서 약간 모험적인 일을 제안한다면 받아들인다. 충격이 매우 큰 것만 아니라면 소소한 도전쯤은 받아들이고 행복해할 수 있다. 만약 부모와 자녀가 충돌했다면 시간이 지나 서로를 용서할 것이다. 그것도 이래저래 잘 지내보자는 약간은 거창한 용서의 장이 만들어지는 것은 아니다. 그냥 서로 '아무 말 없고' 또 '다른 불만이 없으면' 그것으로 용서를 하고 용서를 구했다는 표현이 된다. 서로를 그렇게 이해하고 그렇게 통한다. 부모로서의 9유형은 많은 장점이 있다. 자녀를 인정하고, 인내심이 많으며, 잘 들어 주고, 따뜻하고, 참견하지 않으며, 양육하는 능력이 탁월하다. 특히 잔소리하지 않으면서 스스로 할 수 있는 독립심, 자립성 등을 자라게 하는 능력이 강하다. 기대하는 바도 별반 없고 부담을 주지 않는다. 위기상황에서도 그럴 수 있다고 다독거려 줄 수 있다. 놀랐지만 잘 해결되었고 별일 아니라고 말해 줄 수 있다. 이것이 자녀에게 얼마나 훌륭한 덕목이 될 수 있겠는가?

같은 9유형의 부모-자녀라고 해도 날개, 화살 그리고 수준과 하위 유형 등의 다양한 변수에 따라서 차이가 클 것이다. 하지만 공통점은 있다. 즉, 별로 유쾌하지 않은 상황도 이해하고, 대결을 하지 않고, 적절하게 넘어가 행복할 수 있을 것이다. 온갖 종류의 갈등을 회피하기에 진정으로 자신이 원하는 것을 발견하기가 쉽지 않다. 자신을 발견하고 원하는 것이 명확한 순간 그것을 주장하고 추적해야 한다. 그러면 필연적으로 갈등이라는 적을 만난다. 그것이 너무 싫어 회피해 버리는 것이다. 그래서 자동차의 엔진 자체가 작다. 크면 '소리를 크게 내고', '빨리 달리며', '많은 기름을 소비'하고 결국은 '주변과 불편'해진다. '이건 견디기 어려워.' 그냥 통과 도장을 찍어 버린다. 그러나 이것 역시 100% 그렇게 할 수 없다. 사람 사는 세상이 그렇게 호락호락하지는 않다. 결국 자신이 원하는 욕구와 방해하는 것 사이에 갭이 생긴다. 그 갭만큼 자신이 인식하지 못했던 분노의 함정을 만들어 놓는다. 엄청나게 많은 분노를 저장할 수 있는 탱크이다. 분노가 많이 쌓였다는 것은 그동안 엄청난 고통을 참고 지냈다는 뜻이다. 서로도 몰랐고 자신도 몰랐다. 다만, 아픔이 어느 정도 있었다는 것을 나중에 깨닫는다. 이런 고통은 어디서부터 왔는가? 결정을 미루는 것이다. 부모는 자녀에게 자녀는 부모에게 서로 미룬다. 상대가 주도해 주기를 기다린다. 한없이 미루고 뒤로 물러나 있다가 문제가 발생하면 서로를 비난하고 분노를 표출하기 시작한다. 원자폭탄급 분노가 한꺼번에 분출된다.

5장
자녀의 유형별 효과적인 공부법

★

- 아이의 성격에 맞는 공부법은 따로 있다
- 1유형 착하고 최선을 다하는 아이의 규칙 공부법
- 2유형 다정하고 친구를 잘 돕는 아이의 어울림 공부법
- 3유형 목표를 향해 매진하는 아이의 목표지향 공부법
- 4유형 창의적이고 독특한 아이의 이미지 공부법
- 5유형 이성적이고 탐구적인 아이의 원리 공부법
- 6유형 성실하고 신중한 아이의 멘토 공부법
- 7유형 다재다능하고 낙천적인 아이의 계획 공부법
- 8유형 강하고 도전적인 아이의 파워 공부법
- 9유형 온화하고 평화를 좋아하는 아이의 눈덩이 공부법

아이의 성격에 맞는 공부법은 따로 있다

우리나라에서 성적 위주의 공부법은 어제오늘의 일이 아니다. 시중에는 다양한 공부법과 공부 비법이 난무하고 있다. 하지만 그 방법들이 모든 학생에게 다 맞을 수 있을까? 학생마다 성격이 다르고 환경이 다른데, 어떤 공부법이 내 아이에게 더 효과적인지를 따져 볼 필요가 있다. 흔히 공부는 엉덩이로 승부한다고 말하지만 꼭 그렇지도 않다. 7유형의 아이는 엉덩이 싸움을 하면 질 가능성이 크다. 재미있고 즐거운 놀이를 좋아하는 아이가 장시간 공부할 수 있겠는가? 차라리 짧게 끊어 싫증을 느낄 만하면 다른 내용으로 바꾸는 방법으로 공부하는 것이 훨씬 더 효과적이다. 9유형의 아이는 싫증을 잘 느끼지 않기 때문에 엉덩이로 승부하는 것이 가능하다. 하지만 그렇다고 해서 일률적으로 대입하는 실수를 범하여서는 안 된다.

이번 장에는 아이의 유형별로 효과적인 공부법을 정리해 놓았다. 아이의 유형을 잘 알고 여기에 제시된 유형별 공부법을 참고해서 실행한다면 좋은 효과를 볼 수 있을 것이다. 하지만 만능인 방법은 없다. 이 장의 내용을 기반으로 해서, 적절하고 유연하게 효과 있는 방법을 찾아야 한다. 덧붙여 이 책 마지막에 소개하는 자녀를 코칭하는 팁과 질문을 활용한다면, 당신은 자녀가 효과적으로 공부하도록 돕는 좋은 안내자가 될 것이다.

1유형
착하고 최선을 다하는 아이의 규칙 공부법

핵심 요약

① 가르치는 교사보다 공부 규칙, 습관 등이 더 중요하다

1유형의 아이는 세월이 지나면 자신을 가르쳤던 교사들에 대해 기억을 잘 못한다. 왜냐하면 학교를 다니는 동안 학생들이 지켜야 할 규칙이나 생활지침 등에 더 집착하기 때문이다. 모든 면에서 지시나 명령을 완벽하게 지키려고 노력한다. 그래서 공부에 있어서도 규칙이나 방법을 가르쳐 주는 일이 더 중요하다. 단, 규칙이 잘못되었어도 그것을 지키려고 무한히 노력하기 때문에 바른 규칙을 제대로 가르치는 것이 효과적인 공부를 하도록 만드는 비결이다. 예를 들면, 책상에 앉는 자세, 예습하는 방법, 복습하는 방법 등을 세세히 알려 주는 것이다. 또 영어 공부를 할 때 단어와 숙어를 외우고 문장을 암기하라는 식의 규칙을 정해 놓으면 좀처럼 다른 방법을 찾지 않고 그 방법에 매달리게 된다.

② 다른 방법도 있다는 것을 알도록 지도하라

학년이 올라가면서 규칙에 얽매이는 습관을 갖게 되면 1유형의 아이들은 모든 과목의 내용과 규칙을 꼭 지켜야 한다는 부담감을 갖기 시작한다. 이런 융통성 없는 태도와 습관은 열심히 노력해도 성적이 오르지 않는 주된 이유가 된다. 따라서 문제를 해결하는 방법은 다양하고 공식은 하나가 아니라 여러 가지가 있음을 가르쳐야 한다. 만약 이런 방법을 모르고 성장하면 자신의 방법을 자신의 자녀나 다른 사람들에게 강요하게 된다. 이것은 생활 전반에 걸쳐 나타나므로 융통성 없고 잔소리를 많이 하는 1유형의 부정적인 모습을 나타내게 된다.

③ 야단치는 것은 독이다

1유형의 아이는 자신이 잘못한 것을 누구보다도 더 잘 안다. 그래서 스스로 자책하고 잘못한 행동을 반성하면서 스스로를 혹독하게 비판한다. 이런 아이에게 부모나 교사가 덧붙여 야단을 치거나 책임을 추궁하면 헤어날 수 없는 벼랑 끝으로 몰리게 된다. 하지만 아이 스스로 정한 문제 풀이 방식을 들어 주고, 어떤 규칙이 무리한 것이고 어떤 방법이 자신과 맞지 않는지를 이해하도록 하면, 저절로 좋은 공부 태도를 갖게 된다. 그러면 성적이 올라가는 것은 시간문제이다.

동기부여

① 자신이 해야 하는 과제에 대한 책임감이 높다. 꼭 반드시 해야 한다는 의무감이 높고 다할 때까지 편히 쉬지 못한다. 따라서 적절한 조절이 필요하다. 과도한 공부 과제는 스트레스를 늘리고 쉬지도 못하게 하며 공부에도 효과가 적다.

② 철저한 성격 때문에 공부를 할 때에도 꼼꼼히 한다. 공부를 시작하기 전에 여러 준비물(책, 참고서, 삼색 볼펜 등)이 필요하고 환경도 정결하게 정돈되어야 공부할 맛이 난다. 하지만 준비가 덜 된 상태도 받아들이는 것

이 필요하고, 공부의 진도를 거슬러 가거나 건너뛰기를 해도 된다는 것을 알게 해 줘야 한다.

③ 공부에 대한 기대수준이 높다. 오르지 못할 나무를 쳐다보면서 절망할 수도 있다. 현재에만 초점을 맞추지 말고 미래에도 나누어 초점을 맞추자. 부모는 기대치를 낮추어 주고 서서히 한 계단씩 올라가는 즐거움을 알게 해 줘야 한다.

④ 공부에 임하면 긴장감이 있다. 진지한 성격과 적당한 긴장감은 공부에 많은 도움이 되지만, 자칫 스트레스 상황에 놓일 수 있다. 그렇게 되면 공부 자체를 포기하거나 멀리할 수 있다. 즐거움과 재미에 눈을 뜨게 하라. 성적이라는 결과보다 과정의 재미를 알게 하고, 과정 자체에 초점을 맞추어 칭찬하면서 격려하는 것이 도움이 된다.

1유형 공부법: 규칙 공부법

공부환경	정리 정돈이 잘되어 있어야 집중할 수 있다. 참고서나 필기도구를 미리 준비한다.
효과적인 공부법	보고 읽고 쓰는 모든 감각을 동원한 교육
방과 후 공부법	기초부터 철저히 하고 1:1 공부가 효과적이다.
집중시간	저녁 또는 새벽
공부시간 관리	책임감이 강하고 할 일은 해야 하므로 철저한 시간 관리를 해야 한다. 1유형은 의무감으로 하는 일이 많아서 시간을 효과적으로 쓸 수 없게 되어 비효율과 스트레스에 노출될 수 있다. 따라서 중요한 일을 먼저 하고, 긴급한 일이 발생하지 않도록 사전에 예방하는 노력을 해야 한다.

1유형의 적성에 맞는 직업

성격 특성을 보여 주는 단어	근면, 끈기, 인내심, 공정, 책임감, 청결, 법규 준수, 도덕성, 일의 완수, 정직
적성에 맞는 직업	보안 전문, 관제사, 아나운서, 신문기자, 법조인, 간호사, 재무 담당, 미디어 제작, 엔지니어, 교육계(교사, 교장), 회계, 감사, 성직자, 언어치료사, 공인회계사

2유형
다정하고 친구를 잘 돕는 아이의 어울림 공부법

핵심 요약

① 혼자보다 함께 또는 그룹이 더 효과적이다

2유형의 아이들은 친구를 대단히 중요하게 생각하므로, 다른 아이들과 함께하는 것이 스트레스를 받지 않고 공부에 열중하는 방법이 된다. 잘 맞는 아이들과 팀을 짜고, 그곳에서 아이가 친구들을 도울 수 있는 역할을 정해 주면 신나게 공부에 매달릴 수 있다. 어른들도 인간관계가 얼마나 중요한지 알 것이다. 연구에 의하면 성공할 가능성의 85%를 인간관계가 좌우하는데, 이 유형은 특히 많은 영향을 받는다.

② 혼자 공부하는 습관을 만들어 주라

모든 것을 친구들과 함께할 수는 없기에, 혼자 해결해야 하는 것은 스스로 할 수 있도록 분위기를 만들어 준다. 다른 사람과 함께 서로 도우면서 지내려는 성향은 2유형에게 평생에 걸쳐서 매우 중요한 것이다. 늘 다른 사람들과 어울리기를 바라기 때문에, 혼자 자신의 문제에 몰두하고 해결하는 습관을 들이는 것이 중요하다. 처음에는 사소한 것부터 시작해, '학교 숙제는 반드시 혼자 한다'거나 '예습은 반드시 집에서 한다' 등의 규칙을 정해 주는 것이 필요하다.

③ 칭찬과 따뜻한 미소로 대한다

2유형에게 가장 힘든 것은 다른 사람의 관심에서 멀어지는 것이다. 그래서 화난 얼굴이나 퉁명스러운 얼굴을 보면 이들은 숨이 막힌다. 다소 넘치는 칭찬이나 최대한의 미소로 대하는 것이, 이 유형 아이들의 공부의욕을 높이는 방법이다. 한 가지 조심할 것은 아이가 다른 사람에 대한 관심으로 공부를 소홀히 하는 것을 발견했을 때이다. 앞에서도 말했지만 이들에게는 다른 사람들과의 관계가 중요하기 때문에 꾸중을 하거나 화를 내면 효과가 없음을 명심해야 한다. 적절하게 조절하도록 타협하면서 공부 능률을 올리도록 하는 것이 바람직하다.

동기부여

① 혼자 하는 것보다 함께하는 것이 공부효과를 증진시킨다. 친구들을 좋아하는 스타일이기 때문에 팀으로 하는 공부에서 많은 효과가 일어날 수 있다. 다만, 과도한 접촉은 역효과를 일으킬 수 있기에 선별적으로 관계를 구축하는 것이 필요하다.

② 친구들이나 교사들과의 만남과 커뮤니케이션에서 동기부여가 된다. 관계가 좋으면 학교나 학원에 가는 것을 즐거워하고 관계가 나빠지면 가기 싫어할 수 있다. 부모는 각별히 인간관계를 관찰하고 아이의 동기부여에 필요한 사람과는 긴밀히 협력하는 것이 좋다.

③ 주변의 평가가 중요하기 때문에 잘못하면 공부의 주도성을 잃어버릴 가능성이 있다. 공부를 잘할 때는 물론 칭찬이 당연히 필요하겠지만 잘못할 때는 따끔한 훈육도 필요하다. 그러나 이때에는 칭찬할 부분을 찾아 함께하라. 꼭 사랑과 애정이 필요함을 기억해야 한다.

④ 부모나 교사 그리고 친구들에게 좋은 모습을 보이려고 애쓴다. 이런 성향은 공부에 좋은 영향을 미치기도 하지만 장애가 되기도 한다. 따라서 다른 사람에게 좋은 모습을 보이려고 노력하지 않아도 충분히 사랑받을 수 있음을 알려 주어야 한다.

2유형 공부법: 어울림 공부법

공부환경	부모의 인정과 칭찬, 배려가 중요하다. 주변 환경을 편안하게 조성한다.
효과적인 공부법	질의응답, 파트너와 상호작용이 있는 방법
방과 후 공부법	그룹 공부가 효과적. 서로 배우고 가르치면서 실력을 향상시킨다.
집중시간	저녁이나 밤 시간
공부시간 관리	다른 친구들을 도와주는 것을 즐거워하기 때문에 자신이 시간의 주인이 되지 못하고 시간을 낭비할 수 있다. 자신을 위한 시간을 먼저 배려하고 다른 사람들의 필요를 채워 주는 방식을 습관화해야 한다.

2유형의 적성에 맞는 직업

성격 특성을 보여 주는 단어	적응력, 사교적, 활동적, 적극적, 인간관계 지향, 따뜻함, 공감력, 표현력, 관대함
적성에 맞는 직업	HR 분야 컨설턴트, 사회복지사, 인적자원관리, 국선변호인, 요리사, 예술 에이전트, 커플매니저, 심리치료사, 채용전문가, 교육개발 전문가, 돌봄이, 홍보작가

3유형
목표를 향해 매진하는 아이의 목표지향 공부법

핵심 요약

① 목표를 세우고 그것을 이루기 위한 계획을 세우게 한다

이 유형에게 있어 중요한 것은 목표이다. 늘 공부 계획을 세우고 글로 쓰게 하라. 워낙 성취지향성이 강하기 때문에 이런 방법은 큰 효과를 일으킨다. 또한 아주 세세한 부분까지 계획을 세우고, 눈에 잘 띄는 표를 만들어 단계별로 공부하도록 유도하면, 효과가 배가된다. 3유형의 아이들은 목표 수립을 따로 하지 않아도 스스로 공부하는 경향이 있는데, 눈앞에 분명한 목표가 있으면 큰 동기부여가 된다.

② 당근과 채찍이 필요하다

무엇이든 잘해야 한다는 강박이 있다. 때로는 성적이 떨어지거나 경쟁에서 지면 다시 하자고 울면서 떼를 쓰기도 한다. 그만큼 경쟁심이 강하고 꼭 우승하거나 상을 타기를 바란다. 따라서 일정한 성과를 이루면 보상을 하는 것이 효과적이다. 하지만 결과에만 집착하는 것은 피해야 하므로, 미리 정해놓은 공부계획을 제대로 하지 않을 때에는 따끔하게 야단치는 것이 좋다. 물론 성적이 대상이 되어서는 안 된다. 이 유형은 자신이 실패한 것을 용납하지 못하기 때문에 성적이 나쁠 경우 이런저런 핑계를 대거나 변명을 하는데, 이것도 바로잡아야 한다. 이 경우에도 성적은 건드리지 않고, 인격이나 인간의 덕목들을 가르치는 기회로 삼는 것이 중요하다. 거짓말을 하거나 지나치게 경쟁하는 것도 천천히 그리고 꾸준히 바로잡을 필요가 있다.

③ 결과보다는 과정이 중요하다는 것을 가르치라

3유형의 아이들은 결과지상주의자로 과정은 별로 중요하게 여기지 않는다. 결과가 나쁘면 자신을 용서하지 않거나 주변의 다른 어떤 것으로 핑계를 대기도 한다. 정답을 맞히고 성적에만 집착하면서 하는 공부는 진정한 공부가 아니다. 그렇게 해서 쌓는 실력은 많은 부작용을 불러온다. 공부의 과정이 충실히 관리된다면 성적은 자연스럽게 오른다. 힘들이지 않고 빨리 많은 것을 이루려는 마음이 진정한 성공을 가로막는다는 사실은, 공부법에서도 동일하게 적용된다.

동기부여

① 공부에 대해서 도전적이고 진취적이며 성취욕구가 강하다. 따라서 자발적이며 좋은 성적을 내기 위해서 필요한 조치를 스스로 강구한다. 부모는 좋은 안내자가 되어 주고 밀착하는 맨투맨 접촉보다는 주변에서 대인 방어적 보호가 필요하다.

② 1등을 목표로 하며 이기기 위해 노력한다. 목표를 달성하기 위해 집념을 가지고 노력한다. 이런 결과지상주의가 과도한 스트레스를 유발하기에 부모는 자녀의 긴 인생을 위한 완급조절이 필요하다.

③ 친구들에게 지지 않기 위해서 노력하고, 협력보다는 경쟁한다. 결과를 위해 필연적으로 경쟁하고, 그 경쟁은 승자 없는 패자를 양산한다. 다른

친구들과 함께 이룬 성과가 진정한 승자로 만든다는 것을 알게 도와줘야 한다.

④ 어떻게 공부하는 것이 잘하는 것임을 직감적으로 알고 공부에 임하기에 효율적이다. '공부해라'보다는 '쉬면서 하거라'가 정답에 가깝다. 목표를 세우는 것을 도와주기보다는 스스로 세운 것을 칭찬하는 것으로 족하다.

3유형 공부법: 목표지향 공부법

공부환경	과목별 참고서와 문제집, 동영상 등을 활용해서 효율을 높인다.
효과적인 공부법	핵심요약이나 새로운 문제 유형 위주의 공부가 효과적이다.
방과 후 공부법	그룹과외나 학원 등에서 여러 명이 같이 목표를 세우고 경쟁하면서 하는 것이 동기유발에 도움이 된다.
집중시간	저녁 또는 밤
공부시간 관리	한정된 시간을 효율적으로 사용하기 위해 공부나 인간관계에서 시간을 나누는 것이 필요하다. 꼭 해야 하는 일이 많아지면 시간도 많이 필요하므로 효율적이면서도 비효율적인 함정에 빠진다. 이런 모순을 극복하는 것이 필요하다. 관심 분야를 좁히고 몰입하는 것이 필요하다.

3유형의 적성에 맞는 직업

성격 특성을 보여 주는 단어	적극성, 목표지향, 그룹 다이내믹스, 스피치 능력, 스피드, 긍정성, 실용적 가치, 동기부여 능력, 원기왕성, 이미지
적성에 맞는 직업	CEO, 사업개발, 홍보전문가, 모델, 연예인, 영업담당 임원, 방송앵커, 광고마케팅, 대중강연가, 음악가(지휘), 마케팅 전문가

4유형
창의적이고 독특한 아이의 이미지 공부법

핵심 요약

① 이해하고 인정하는 것이 중요하다

4유형의 가장 큰 특징은 특별함이다. 자신이 특별하다고 생각하고 그것을 고집한다. 특별히 특별할 것도 없는데 도도하거나 우아해 보이도록 노력하기도 한다. 그렇기에 그것을 인정받지 못하면 마음에 상처를 입을 수 있다. 음악과 미술 등의 예술 과목을 좋아하지만, 그 외에 남들이 별로 좋아하지 않는 과목이나 남들이 싫어하는 선생님이 가르치는 과목을 좋아하기도 한다. 이때 이해할 수 없다는 표정을 지으면 곤란한 일이 일어난다. 아이는 자신이 애써 만들어 놓은 성을 누군가가 부순다고 생각한다. 따라서 공부현장에서 일어나는 이런 특별함에 대해서 인정하는 태도를 갖는 것이 첫 번째로 중요한 일이다. 일단 인정해 주고 시간을 가지고 기다리면서 다양한 정보를 접하게 해 주면 스스로 비현실적인 것들을 정리할 것이다.

② 정결한 환경이 필요하다

이들은 예민하기에 비록 표현하지는 않더라도 조금이라도 신경 쓰이는 부분이 생기면 공부에 나쁜 영향을 미칠 수 있다. 주변의 분위기가 공부효과를 좌우할 수 있음을 기억해야 한다. 부모가 싸우는 소리가 들리게 한다든지, 많은 손님이 와서 공부를 방해한다든지, 텔레비전 소리를 크게 틀어 놓는다든지 하는 것은 금물이다. 조용한 클래식 음악이나 자연의 소리를 들려주는 것이 효과적이다. 방도 아이의 의견을 반영하고 원하는 독특함에 맞추어서 꾸며 준다면 더 좋은 효과를 볼 수 있다.

③ 규칙을 정하고 지키게 한다

천편일률적인 학교 공부가 이들에게는 편할 수 없다. 그러나 이들이 건강하게 성장하고 이 세상에 적응해 나가기 위해서는 규칙을 지키는 것이 관건이다. 지루한 학교생활과 되풀이되는 일상이 이들에게는 힘든 일이지만, 이것이 자신의 독특함을 강화하는 길임을 알게 해야 한다. 다만, 무조건적인 규칙을 강요한다면 어디로 튈지 모른다. '평범한 것은 위대하다'라는 말의 뜻을 이해시키고 현실의 중요성을 알게 하는 데 노력을 기울여야 한다. 또한 공부의 분위기는 원하는 대로 해 주되, 공부방법은 교과서와 교사의 가르침을 따르도록 한다.

4 유형

동기부여

① 이들은 정답이 있는 문제보다 정답이 없는 이미지나 상징에 더 끌린다. 따라서 공부는 무조건 '외워라'는 식보다는 이미지나 상징을 사용하는 방법이 더 효과적이다. 암기식으로 가르치는 방법보다는 스스로 공부한 것을 물어보고 칭찬하는 것으로 충분하다.

② 남들이 하는 방식에는 항상 의문을 갖는다. 자신만의 방법으로 공부를 하고자 시도하는데, 이것이 4유형 아이들이 보이는 창의적 경향이다. 그 방법이 꼭 효과적이라 말할 수 없을 때도 있지만, 그런 시도는 창의

적이라고 칭찬하고 수용하면 좋은 결과가 있다.

③ 평범한 것보다 새로운 것, 독특한 것에 관심이 많고 마음이 끌린다. 따라서 예술이나 문학 등의 창조적 능력이 필요한 과목에서 두각을 나타낼 가능성이 많다. 이런 소질을 무시하면 역효과가 나기에 가능성을 키워 주고 칭찬을 자주 하라.

④ 감정적으로 매우 민감하여, 외롭거나 쓸쓸한 감정을 가질 수 있다. 시험기간에 이런 감정에 휩쓸리면 당황스러운 상황이 된다. 예민한 특성을 오히려 효과적으로 살리는 방법을 찾아야 한다. 권위적으로 누르기보다 이해하고 사랑받고 있음을 느끼게 하면 그 즉시 시험에 집중할 수 있다.

4유형 공부법: 이미지 공부법

공부환경	환경이 중요한데, 인테리어는 다소 튀는 것이 도움이 된다.
효과적인 공부법	이미지나 실물 등을 활용하는 것이 좋다.
방과 후 공부법	평범한 방법보다는 전문학원 등의 특별한 공부법이 효과적이다.
집중시간	저녁 또는 밤
공부시간 관리	마음이 여리고 감정이 예민하기에 시간이 버려지는 경우가 많다. 소음에도 영향을 받고, 혼자만의 상상의 나래를 펴다가 나중에는 시간이 부족해서 다급해지기도 한다. 중요한 것을 중심으로 계획하고, 원칙을 정해 놓으면 시간을 관리하는 데 도움이 된다. 하지만 강압적인 규칙은 도움이 되지 않는다.

4유형의 적성에 맞는 직업

성격 특성을 보여 주는 단어	낭만과 사색, 직감력, 뜨거운 열정, 최고의 몰입성, 독특한 창조력, 풍부한 감정, 특별한 표현, 세련된 감각, 최고의 품격
적성에 맞는 직업	브랜드 개발, 예술가(시인, 소설, 음악, 미술 등), 연예계, 프로그램 개발, NGO 활동가, 디자이너, 테라피스트

5유형 이성적이고 탐구적인 아이의 원리 공부법

핵심 요약

① 시간을 주고 여유 있게 기다린다

5유형 아이들의 가장 큰 특징은 주변의 시선을 부담스러워한다는 것이다. 깊이 생각하면서 관찰하기 때문에 무슨 일을 하든 많은 시간이 걸린다. 이런 아이들에게 '빨리빨리'라고 하면서 재촉하는 것은 금물이다. 아이의 내면에 있는 왕성한 열기를 뿜어낼 수 있도록 차분하고 조용한 분위기를 만들어 주고 기다리는 것이 중요하다. 공부에 있어서도 시작하기 전에 많은 시간을 필요로 하는데, 때로는 생각하느라고 시작하지도 못하는 경우가 있다. 그러나 시작하면 꾸준히 할 수 있기 때문에 걱정할 필요는 없다. 단, 공부를 계획할 때 많은 시간을 두고 미리미리 준비하여 혼란을 방지하여야 한다.

② 무조건적인 방법보다 원리를 설명한다

무조건 시키면 시키는 대로 하라는 명령은 이들에게 독이 된다. 신중하고 꼼꼼하게 관찰하려 하기에, 시간이 많이 걸리고 조용한 환경이 필요하며 그 때문에 사람들과 어울리기 싫어하는 것뿐이다. 따라서 '왜?'라는 질문을 원천적으로 봉쇄하는 '무조건'이라는 조건은 공부 의욕을 떨어뜨리는 결과를 초래한다. 차근차근 논리적으로 설득하면 동기부여가 되고, 공부법을 제안할 때에도 원리를 설명하고 이해시키면 받아들이고 효과적으로 실천한다. 간혹 이해가 되지 않으면 따지고 덤빌 수 있다는 것을 기억하자. 이때도 서두르면 안 되고 끝까지 아이가 납득할 수 있는 방법을 찾는 것이 효과적이다. 부모가 비논리적 사고를 가지고 있으면 아이에게 신뢰를 받을 수 없다.

③ 신체활동을 통한 감성을 개발한다

혼자 있는 시간을 좋아하고 앞장서서 하는 일에 부담을 느낀다. 특히 많은 사람 앞에 나서는 일에는 관심을 두지 않는다. 그래서 회장이나 반장은 관심 밖의 일이다. 활발하게 행동하고 힘을 중요시하는 사람들에게는 마음을 주기 어렵다. 이런 특징은 사람들을 피하고 신체활동에 소극적이게 만들며 감성보다는 이성을 더 발달시킨다. 그러나 어느 한쪽만 발달시키는 것은 바람직하지 않다. 부족한 감성지수(EQ)를 발달시키려면, 일주일에 한 번 정도는 친구들과 어울려서 공부하거나 체육활동을 시키는 것이 좋다. 더 나아가 신체활동과 더불어 공부를 할 수 있는 방법을 찾아 실천하는 것도 도움이 된다.

동기부여

① 한 가지를 오랫동안 관찰하며 분석하는 능력이 뛰어나다. 따라서 주변 환경이 중요한데, 조용한 환경에서 깊이 생각하고 공부하도록 공부방을 마련해 주고, 세세한 공부계획을 세워 진도를 나가게 하는 것이 좋다.

② 현재보다는 미래가 포인트가 된다. 중학생이 되었을 때나 고등학생 또는 대학생이 되었을 때의 모습을 그리면서 공부동기를 설정하는 것이 도움이 된다. 그때 자신은 어떤 모습이며 어떤 위치에 설 것인지를 생각하게 하고 격려해 주는 것이 좋다.

③ 논리적이고 객관적이며 깊이 파고드는 편이다. 집요하게 알고 싶어 하는 분야가 있다면 그것을 인정하라. 그리고 필요로 하는 것을 도와주라. 때가 되면 스스로 포기하거나, 더 깊게 나아가 전문가가 될 것이다.

④ 어떤 때는 공부 진도를 따라가지 못할 때도 있다. 이럴 때는 스스로 '왜?'라는 질문을 하고 있는 것이다. 이것이 해결될 때까지 앞으로 나아가지 못한다. 아이가 일반적인 답에 만족하지 못하는 문제일 경우, 성장하면서 저절로 알게 되는 영역이 있음을 충분히 설명하는 것이 좋다.

5유형 공부법: 원리 공부법

공부환경	조용하고 참견받지 않는 독립된 공간, 깔끔한 분위기가 좋다.
효과적인 공부법	혼자서 깊이 파고드는 스타일이므로 원리를 찾는 방법이 효과적이다.
방과 후 공부법	참고서나 동영상 등을 활용해서 혼자 하는 방법이 좋다.
집중시간	아침 또는 새벽
공부시간 관리	생각을 하면서 보내는 시간이 많다. 관심 분야가 생기면 몰입하는 경향 때문에 시간을 물 쓰듯 한다. 전체적인 균형을 맞추어서 생각을 조절할 필요가 있다. 보다 가치 있는 일에 시간을 쓰도록 도와주되, 마감시간을 정해 두고, 몰두하는 힘의 완급 조절을 해야 한다.

5유형의 적성에 맞는 직업

성격 특성을 보여 주는 단어	이론적, 두뇌로 문제처리, 깊은 사색, 논리적, 명석함, 집중력, 학구적, 이성적, 객관성
적성에 맞는 직업	학자(물리학자, 심리학자, 화학자, 수학자 등), 검색엔진 전문가, 데이터베이스 관리, 통역가나 번역가, 정보 시스템 매니저, 상담가, 변호사(세금, 유언, 신탁 관련)

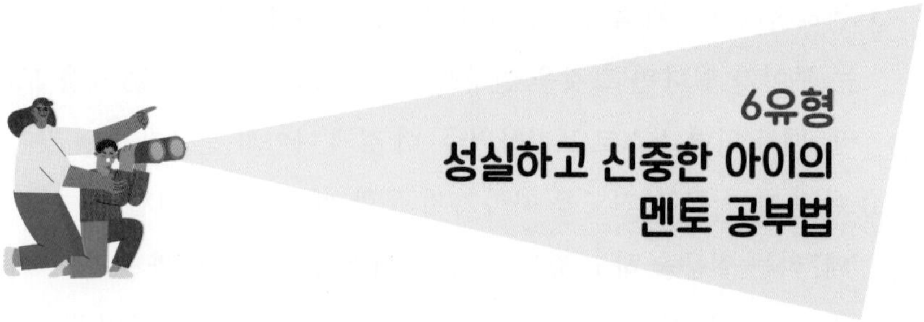

6유형
성실하고 신중한 아이의 멘토 공부법

핵심 요약

① 미리 준비하는 공부태도를 갖게 한다

두려움에 순응하거나 대항하는 유형이다. 따라서 두려움이 생기기 전에 대비하는 것이 안정감을 갖게 하는 지름길이다. 공부방법에 있어서 복습을 먼저 하고 예습을 하는 것이 효과적이다. 이미 배운 것을 계속함으로써 일관성을 가질 수 있고, 자신이 아는 것을 확인하고 공고히 하기에 마음의 안정감을 가질 수 있다. 하교 후 복습할 수 있도록 도와주는 것이 좋다. 숙제가 있다면 숙제를 먼저 하게 하고, 학원에 가야 한다면 학원에 다녀와서 다른 일을 하도록 한다. 해야 할 일을 못했다는 마음의 부담을 갖게 해서는 안 된다.

② 자신에 대한 확신을 갖게 한다

어떤 선택이 자신에게 가장 좋은지를 고민하느라 늘 머리가 복잡하다. 식당에서 메뉴를 선택하는 것도 쉽지 않고, 참고서를 사는 일도 힘이 든다. 그래서 스스로 선택하는 것이 아니라 주변의 교사나 부모와 같은 권위자 또는 주변의 믿을 만한 친구에게 의존한다. 그러나 아이 자신이 충분히 잘할 수 있다는 믿음을 갖도록 해야 한다. 6유형의 아이에게 교사나 부모는 자신감을 심어주는 음악을 듣게 하거나 책을 읽게 하는 등 활동을 하게 해야 한다. '내가 너의 모든 불안감을 책임질 테니 너는 자신감을 갖고 너의 인생을 살아라'는 식으로 안심을 시켜 준다면 더욱 효과적이다. 특히 새로운 일에 도전할 때는 자신감을 불어넣어 주는 기회로 활용하고 적극적으로 칭찬하는 것이 좋다.

③ 신뢰받을 수 있는 멘토가 되어 주라

안심하고 신뢰할 수 있는 대상이 있다는 것은 특히 6유형의 아이에게는 축복이다. 이 역할을 하는 사람으로는 부모가 적격이다. 부모를 신뢰하게 되면, 주변의 다른 사람들도 의심 없이 믿고 좋은 관계를 가질 수 있다. 또 실력 있는 공부 모델이 있다면 공부에 큰 도움이 된다. 이런 멘토는 친구나 친척, 선배 등 누구라도 될 수 있는데, 지속적으로 만날 수 있는 사람이면 좋다. 3개월에 한 번 정도의 주기적인 만남만으로도 신뢰를 주고받을 수 있다. 중요한 것은 멘토가 공부 효과뿐만 아니라 내면에 불안과 두려움을 가진 아이를 이해하고 믿음을 가지고 이끌어 주어야 한다는 것이다.

동기부여

① 모범생으로서 학교에서는 규칙을 잘 따르고 교사에게는 가르침을 잘 받고 순종적이며 친구들과는 우정이 돈독하다. 모든 것을 다 따르려다 보면 피곤해질 수 있기에, 적절한 휴식이 필요하다.

② 어떤 일에서든 안전을 우선으로 여기기 때문에 불안한 상황을 만들지 않으려 한다. 숙제도 잘하고 준비물도 미리 챙길 수 있어야 안정감을 느낀다. 때로는 걱정과 불안으로 인한 긴장감 때문에 괴로워할 수 있으므로, 곁에서 도와주는 친절한 손길이 필요하다.

③ 위험한 일이 생기거나 예측되면 급속도로 위축된다. 불안한 상황을 매우

경계하므로, 부모나 교사가 안심을 시켜 주면 공부에 집중할 수 있다.

④ 새로운 상황이 벌어지면 매우 신중해진다. 그 상황을 파악하는 데 시간이 많이 걸리고, 어떤 결정도 어려워한다. 평소 잘하던 과목도 막히는 부분이 생기면 불안해하며 걱정을 많이 한다. 이럴 때는 천천히 하나씩 하나씩 파악하도록 도와주고, 이것이 다음 과정으로 가기 위해 누구라도 겪을 수 있는 어려움일 뿐이라는 사실을 설명해서 안심시켜 줘야 한다.

6유형 공부법: 멘토 공부법

공부환경	변화보다는 오래되고 익숙한 환경이 좋다.
효과적인 공부법	세세한 항목까지 놓치지 않고 공부한다.
방과 후 공부법	복습을 먼저 하고 예습을 한다. 배우기에 앞서 아는 것을 확인하는 것이 필요하고, 부모나 교사의 인정을 바란다.
집중시간	아침과 오전 그리고 주말 등의 안전한 시간
공부시간 관리	규칙을 잘 지키고, 해야 할 일을 우선적으로 처리한다. 그렇지만 창조적인 일이나 인간관계를 위한 시간이 부족할 수 있다. 안전적인 영역과 도전적인 영역에 대한 시간 계획이 필요하며, 일정 시간을 도전적인 영역에 배분하도록 유도한다. 시간 관리에는 워낙 모범적이라서 계획만 잘 세우면 실천력이 우수해 좋은 결과를 얻을 수 있다.

6유형의 적성에 맞는 직업

성격 특성을 보여 주는 단어	충성, 순응, 성실, 조직생활, 협동, 단결, 차분, 신중, 실리적, 유비무환, 믿음직
적성에 맞는 직업	공무원, 간호사, 군인, 검사, 경찰, 법조인(판 · 검사), 보안 전문가, 통계학자, 운송조사관, 노조 활동, 컴퓨터 지원 엔지니어, 특수교사, 대체교사, 인권변호사, 소방관

7유형
다재다능하고 낙천적인 아이의 계획 공부법

핵심 요약

① 공부 태도나 방법을 제한하지 말라

7유형의 특징은 호기심이 많고 사물에 대한 다양한 관심을 보인다는 것이다. 한 가지만으로는 만족하지 않고 또 다른 것을 생각한다. 그러므로 긴 시간 집중하기 어렵고, 촘촘하게 짜인 규칙을 따르게 하거나 행동을 제한하면 매우 힘들어한다. 원래 총명하고 상상력이 풍부하기 때문에 이런 제한이 이들의 활발한 생각을 막게 된다. 그러나 막는다고 안 하는 것이 아니라 어느 틈에 또 하기 때문에 집중하기가 쉽지 않다. 따라서 긴 시간을 고통스럽게 규칙 안에 가두지 말고, 차라리 짧은 시간을 주어 자신이 하고픈 것을 하도록 돕는 것이 효과적이다. 또한 공부하는 자세나 태도에 대해서 보다 관대해질 필요가 있다. 피아노 의자 위에 배를 깔고 엎드려 의자 밑에 책을 놓고 보더라도 야단치지 말자. 이들은 이런 기상천외한 자세로 공부하는 것이 바른 자세로 공부하는 것보다 오히려 공부효과가 높다. 이런 공부법에 대해 참견하거나 잔소리를 하지 말고 수용하면 점차적으로 효과를 낼 것이다.

② 흥미 있는 공부방법을 찾는다

긴 시간 지루한 설명을 늘어놓는 수업은 고통스러워한다. 지루하게 느끼기 시작하면 자세가 바뀌지 않았다 하더라도 머릿속은 이미 상상으로 빠져든다. 따라서 재미를 더하는 도구를 이용하거나 신체를 움직이는 공부법, 만화를 이용한 공부법이 효과가 있다. 또 같이 어울려 공부할 수 있는 친구들이 있다면 함께할 수 있도록 적극적으로 지원하는 것이 좋다. 친구들과 의견을 나누거나 토론식으로 공부하는 것이 혼자 책과 씨름하는 것보다 더 잘할 수 있다. 부모나 교사는 7유형의 아이들에게 정해진 규칙만을 강요하기보다 융통성 있고 자유로운 방법을 최대한 보장하는 지혜가 필요하다. 1유형이나 5유형의 부모나 교사는 7유형 아이의 자유로운 성향에 관대할 수 없다. 하지만 인내하고 아이 중심의 사고로 공부를 돕는 것이 바람직하다.

③ 차근차근 납득시키고 계획하게 한다

자유롭고 재미있는 것만 좋아하는 것처럼 보이지만 7유형은 머리형(5, 6, 7유형)에 속한다. 힘의 중심이 머리에 있는 것이다. 머리형은 사고 중심 스타일로 결국은 머리의 지배를 받는다. 7유형의 경우 보통 때는 가슴형이나 장형처럼도 보인다. 하지만 머리형이다. 천방지축이어서 공부효과가 보이지 않는다면 차근차근 납득시키는 것이 중요하다. 설득력 있게 설명하면 빨리 이해한다. 그런 후 공부계획을 스스로 세워 보라고 하면, 놀라울 정도로 잘할 것이다. 그 계획에 따라서 실천할 수 있도록 도우면 좋은 효과를 볼 수 있다. 만약 강요하고 윽박지른다면 거짓말을 하거나 우스갯소리로 위기를 벗어나려고 할 것이다.

동기부여

① 다재다능하고 아이디어도 많다. 매사에 낙천적이고 일상적이거나 사

소한 일에 시간을 쓰고 싶어 하지 않는다. 편안한 분위기를 만들어 주고 싫증나지 않도록 배려해 준다.

② 계획을 잘 세우고 결심도 잘하지만, 실천이 잘되지 않는 경향이 있다. 마감 시한을 정하고 결과를 달성했을 때는 적절한 보상을 하고, 특히 꾸준히 실천할 때는 큰 상을 주는 것이 효과가 있다.

③ 친구들과의 관계가 원만하고 많은 친구와 편견 없이 사귄다. 친구가 많아 교우관계에 많은 시간을 쓴다. 친구들을 못 만나게 하는 것보다 친구들과 함께 공부 능력을 향상시키는 방법을 찾는 것이 좋다.

④ 자유를 속박받는 것은 고통스럽다. 일관성도 중요하지만 융통성이 더 중요하기 때문에 무리하게 일관성을 요구하거나 강제하면 반항할 수 있다. 자유롭게 스스로 절제할 수 있는 능력을 키워 주는 것이 좋다.

7유형 공부법: 계획 공부법

공부환경	보고 듣고 읽고 다양한 방법으로 상황을 즐기면서 공부한다. 중간에 흐름이 끊겨도 지장을 받지 않는다.
효과적인 공부법	과목별로 세 번 정도 반복하면 도움이 되고, 공부 시간을 길게 끌지 않아도 된다.
방과 후 공부법	팀을 이루어 자유로운 토론식의 공부를 하는 것이 도움이 된다.
집중시간	저녁 또는 중간중간 자투리 시간 이용
공부시간 관리	계획을 세우고 생각하는 힘이 뛰어나다. 시간도 짧게 쓰기 때문에 낭비요소가 없다. 다만, 재미있고 흥미로운 일에는 시간을 과도하게 사용한다. 이런 습관은 계획을 무용지물로 만들기 때문에 계획의 실천 여부를 늘 체크해야 한다. 미래를 생각하면서 즐거움을 찾기 때문에 계획 세우기와 비전을 설정해 놓으면 실행력이 배가된다.

7유형의 적성에 맞는 직업

성격 특성을 보여 주는 단어	낙천적, 말보다 행동, 현실적 감각, 정열적, 최고의 긍정성, 에너지가 넘침, 창의력, 호기심, 사교적, 새로운 활동을 시도
적성에 맞는 직업	창업 경영 컨설턴트, 마케팅 매니저, 교육 및 개발업무, 조직심리 컨설턴트, 토크쇼 진행, 자기계발 세미나 리더, 비행사, 개그맨, 영업, 작가, 부동산중개인, 여행 전문가, (개발사업) 발명가, 아나운서(연예 담당), pd

8유형
강하고 도전적인 아이의 파워 공부법

핵심 요약

① 좋은 공부 습관을 갖게 한다

강한 것을 좋아하고 약한 면을 드러내 보이기를 싫어하는 8유형은 마음 내키는 대로의 공부습관을 갖기 쉽다. 친구들은 물론이고 부모나 교사도 별로 어려워하지 않는다. 통이 크고 시원시원하며, 자질구레한 일은 자기 일이 아니라고 생각한다. 때문에 어려서부터 공부습관을 잘 길러 주어야 한다. 먼저, 자신이 해야 하는 공부량을 분명히 인지하게 하고 확인하는 절차를 밟는 것이 필요하다. 이런 확인은 일관성 있는 공부습관을 가질 때까지 꾸준히 해야 한다. 공부습관을 잘 들이면 나중에는 태산 같은 성과를 내기 시작한다. 또 조금은 고통스러운 과정을 밟았지만 지도해 준 교사나 부모에게 평생 은인 대하듯 한다.

② 기대사항을 명료하게 한다

교사나 부모가 무엇을 원하는지 아이에게 선명하고 명료하게 설명해야 한다. 정확한 핵심에서 벗어난 애매모호한 지시는 이들에게는 스쳐 지나가는 바람이다. 예컨대, 이번 학기에 평균 88점을 목표로 하고 특히 과학 점수는 최소 80점 이상, 수학은 95점 이상을 받아야 한다고 설명하는 것이다. 그리고 그 이유도 명확하게 설명한다. 가장 약한 과목이 과학이고 가장 잘하는 과목이 수학이니까, 과학 점수는 올리고 잘하는 수학 점수는 유지해야 하기 때문이라고 말하는 것이다. 그러면 아이는 이 정도의 기대를 충족시켜야 강한 사람이 된다는 무언의 메시지를 받게 되고, 그 메시지는 강한 사람이 되기를 꿈꾸는 자신의 이상에 맞는 다는 생각을 하게 된다.

③ 성과가 기대에 미치지 못해 좌절할 때 어루만져 준다

강함을 추구한다고 해도 이들은 연약한 아이들이다. 간혹 자신이 해 놓은 성과가 초라해서 슬픔에 빠지거나 울 수도 있다. 이럴 때 그들에게 가까이 다가갈 수 있는 절호의 기회가 된다. 좀처럼 이런 모습을 보이지 않는데, 이런 모습을 들키는 것 자체가 이들에게는 굉장한 괴로움이 된다. 따라서 그 어느 때보다 위로가 필요하다. 다정하게 다가가서 다친 마음을 어루만져 주고 위로한다면, 그들은 새로운 힘을 얻게 될 것이다. 그 후에 새로운 공부방법이나 정보를 전해 주면 고맙게 받아들일 수 있고 새롭게 일어나서 뛸 수 있는 전기를 마련하게 된다.

동기부여

① 도전을 좋아하고 독립적이다. 의존적이거나 시키는 대로 따라 하기보다 스스로 하기를 원한다. 그렇지만 친구들과 협의하고 의논하면서 좋은 결과를 얻을 수 있으면 그것이 진정한 강자의 모습임을 이해하게 해야 한다.

② 때에 따라서 분노를 폭발시킬 수도 있다. 누구에게나 자신에게도 유순함과 부드러움이 있음을 알려 주라. 그럼으로써 주변과 어울리고 나아가

도와주는 다정다감한 친구가 될 수 있다.

③ 힘에 대한 에너지가 강하다. 싸움을 거는 듯한 행동으로 친구들을 사귀기도 한다. 그러므로 힘을 사용할 수 있는 분출구가 있는 것이 좋다. 취미도 좋고 특히 스포츠는 좋은 대안이 될 수 있다.

④ 공부의 속도가 빠르고, 공부의 양이 많아도 잘 따라간다. 뜻을 세우면 이루려는 열정도 대단하다. 자신의 유능함을 일깨워 주고, 의미 있는 일에 그 유능함을 쓸 수 있도록 동기를 부여하는 것이 바람직하다.

8유형 공부법: 파워 공부법

공부환경	넓고 확 트인 곳이 좋다. 방해받는 것을 치우고 신체적 움직임이 가능하면 더욱 좋다.
효과적인 공부법	끝장을 보는 올인형으로 과목별 격파를 목표로 실천한다.
방과 후 공부법	혼자서도 할 수 있고 같이도 할 수 있지만, 주도성 확보 여부가 중요하다.
집중시간	낮 또는 저녁
공부시간 관리	용감하고 대범한 시간계획을 세운다. 하지만 원하는 것을 하려는 데 시간 소비가 많은 편이다. 큰 덩어리로 시간계획을 세우며 방해요소가 나타나면 물러서지 않으려 한다. 성취하려는 욕구가 강하고 성취했을 때 만족감을 느끼기 때문에 큰 목표 위주의 시간 사용이 필요하다. 중요한 것을 먼저 하고 남는 시간을 다른 것에 사용하는 지혜가 있다.

8유형의 적성에 맞는 직업

성격 특성을 보여 주는 단어	강한 의지, 타인의 간섭 불가, 신념이나 행동력, 독자적 판단, 강한 자기주장, 자신감, 영향력 있는 리더, 타인 보호
적성에 맞는 직업	기업경영, 농장경영, 탐험가, 선장, 헤드헌터, 금융 투자자, 정치가, 직업군인, 의사(응급, 외과), 운동 관련, 종교지도자, 노사 관련, 항공교통관제

9유형
온화하고 평화를 좋아하는
아이의 눈덩이 공부법

핵심 요약

① 한번 정한 방법을 계속해서 하게 한다

9유형은 아홉 유형 가운데 변화를 가장 싫어한다. 눈에 익은 방식, 늘 하던 방식이 편하고 자유스럽고 효과도 좋다. 다른 좋은 공부방법이나 획기적인 공부법을 알려 주어도 이 아이들은 고집스럽게 자신만의 방법대로 공부를 할 것이다. 새로운 공부법이 싫어도 싫다는 표현을 잘하지 않기에 겉으로 드러나는 갈등은 없지만, 수동적으로 반항을 하기 때문에 관계는 나빠진다. 꼭 고쳐야 할 필요가 있는 것은 진지한 대화와 자세한 설명을 한 후 조심스럽게 접근해야 한다. 이들은 한번 시작하면 별다른 고민 없이 계속하는 특징을 가지고 있다. 싫증도 잘 내지 않는다. 그래서 반짝하는 재기나 총명함이 없는 것처럼 보일 수도 있다. 하지만 계속해서 하기 때문에 시간이 지날수록 큰 힘을 발휘한다.

② 환경에 대한 투자보다 질적 공부에 투자한다

9유형의 아이들은 환경의 영향을 그다지 받지 않는다. 다른 사람의 분위기에 잘 휩쓸리지 않고 어디서나 공부할 준비가 되어 있다. 주변에 사람이 많아서 시끄럽거나 부모가 텔러비전을 보고 있어도, 심지어 자신이 텔레비전 앞에 있어도 별로 구애를 받지 않는 편이다. 그렇기 때문에 환경에 대한 투자보다는 교육의 질적인 면에 투자하는 것이 더 효과적이다. 다소 어수선하고 어질러져 있어도 책망보다는 따뜻한 마음으로 다가서는 자세가 필요하다. 불편한 상황을 잘 참고 계속할 수 있는 지구력을 가진 아이로 '대기만성형'이다.

③ 효율적으로 공부할 수 있는 방법을 찾는다

이 유형의 아이들은 좀처럼 싫증을 내지 않는다. 이것은 분명히 큰 장점이지만 단점도 가지고 있다. 바로 효율성이다. 싫증 내지 않고 계속하지만 그것이 얼마나 효율적인가는 다른 문제이다. 이 유형의 아이가 효율성까지 갖춘다면 그것은 호랑이가 날개를 단 형국이다. 따라서 부모나 교사는 어떤 공부를 시작하기 전에 효율적인 공부방법에 대해서 토론하고 의견을 나누어 가장 효율적인 방법에 대한 합의를 이루어야 한다. 일단 합의가 이루어지면 이들을 지도하는 일은 어떤 아이들보다도 쉽다. 천성이 온순하고 편안하게 살려는 성품이기에 지도자의 말에 잘 순응하고, 탄력을 받으면 큰 발전을 한다.

동기부여

① 느긋하고 서두르지 않고 침착하다. 자신이 해야 할 일은 포기하지 않고 꾸준하게 매진한다. 가정에서 활력 있고 밝은 분위기를 연출해 주면, 끈기에 속도까지 배가되어 효과가 더 크다.
② 무엇인가를 정하지 않고 눈에 보이는 대로 편안한 환경을 선호한다. 생활 면에서든 공부 면에서든 목표를 세우게 하고 동기부여를 잘해 주면 큰 에너지를 발산할 수 있다.
③ 갈등을 싫어하고 편안한 관계를 만들 줄 안다. 다른 친구들 사이의 불

편한 관계도 잘 중재한다. 갈등을 유발하는 언어나 행동을 삼가고 우호적인 분위기를 만들어 주면 이것 자체가 큰 동기부여가 된다.

④ 한번 시작한 일을 중간에 그만두지 않는다. 꾸준함이 대명사인 이들은 시간이 걸려도 끝까지 가는 경향을 보인다. 인정하고 믿고 기대감을 표현해 주는 것만으로도 향기 나는 모습으로 자랄 것이다.

9유형 공부법: 눈덩이 공부법

공부환경	환경에 영향을 받지 않는 편이다. 시간 관리가 필요하다.
효과적인 공부법	통째로 외우는 방법보다 요약 · 정리하는 것이 필요하다.
방과 후 공부법	여러 명이 함께하는 것보다는 혼자 하는 것이 진도를 잘 나갈 수 있다.
집중시간	저녁 식사 후
공부시간 관리	짧은 시간이지만 계속하는 힘이 강하다. 화끈하지는 않지만 꾸준하기 때문에 시간이 지나면 성과가 나타난다. 하지만 비효율적으로 시간이 지나간다면 결과가 좋을 수는 없다. 따라서 목표가 중요하고 시간을 사용했으면 어떻게 사용했는지에 대한 피드백이 필요하다. 세밀하지 않고 느슨하지도 않지만 계획은 필요하다.

9유형의 적성에 맞는 직업

성격 특성을 보여 주는 단어	공정한 중재, 이해, 편안함, 끈기와 인내, 잘 다름, 평화, 감정이입, 어울림, 원만함, 편안함
적성에 맞는 직업	인적자원 관리, 외교관, 공무원, 교사, 협상가, 농장 경영인, 낙농가, 원예가, 관계 매니저, 편집자(원고, 서적, 신문), 소프트웨어 지원 엔지니어, 컴퓨터 업무지원센터

6장
유형별 차이에서 오는 갈등 사례

★

갈등,
차이를 알아야 해결된다

인간은 모두 다르다. 부모와 자녀라고 해서, 부부로 20년을 살았다고 해서 같을 수는 없다. 부모들이 가장 흔히 하는 착각이 자녀는 부모의 뜻을 알고 순종할 것이라고 믿는 것이다. 하지만 그것은 불가능하다. 성격적 차이는 동쪽과 서쪽이 다른 것처럼 만날 수 없는 지점이 있다. 더 나아가 요즘 세대의 자녀와 과거 세대의 부모들이 같기를 바랄 수는 없다. 그러나 우리는 우리의 부모가 그랬듯이 같은 착각을 하면서 자녀를 양육하고 있다. 그러니 갈등은 끝이 없이 펼쳐진 광야와 같다고 하겠다. 갈등의 요소는 수없이 많으며 양상 역시 다양하게 나타난다. 그래서 이번 장에서는 부모와 자녀, 교사와 아이 사이에서 일어날 수 있는 갈등 사례와 해결 방법을 아이디어 차원에서 제공하고자 한다. 시작하기 전에 아무리 효과적인 방법이 있더라도 기본적인 차이를 알아야 하고 적용할 수 있다는 사실을 기억하자.

갈등 사례 1 완벽한 아버지와 즉흥적인 아들

K 씨는 오늘도 화가 잔뜩 나 있다. 중학교 2학년인 자녀가 학원을 가기로 한 시간에 PC방에 간 사실을 알게 되었기 때문이다. 항상 약속을 하고 다짐을 받지만 좀처럼 아이의 공부태도는 나아지지 않는다. 우리나라에서 대학 입시가 얼마나 중요한지 사회생활을 할수록 절절히 느끼는 K 씨로서는 이런 자녀가 한심하기만 하다. 또다시 자녀와 함께 마주한 K 씨는 한국 사회에서 학연이 얼마나 중요한지, 사회생활이 얼마나 힘든지를 역설한다. 아이는 묵묵히 듣다가 아버지의 마음을 다 아는 듯이 잘하겠다고 약속한다. 약속을 받은 K 씨는 은근히 기대하면서도 불안감은 여전하다. 어려서는 총명하고 IQ도 높았던 아들이 지금은 왜 그러는지 이해가 되지 않는다. 좋은 대학에 가기 위해서는 지금부터가 중요한 시점이라고 생각하고 가정 형편에 버거울 정도로 학원비를 지출하는데, 아들은 요령만 피우는 것 같다. 학원을 빠지기도 하고 노트 필기나 시험지 관리 요령도 엉망이다. 도무지 진득하게 앉아 공부하는 모습을 볼 수 없다. 조용한 환경을 만들어 주고 책상에 앉아서 계속 공부해 주기를 바라는데, 아들은 이런 부모의 기대와는 달리 성적이 점점 떨어지고 있다. 중학교에 입학할 때만 해도 전교 6등이었는데, 지금은 반에서 10등도 위태로운 상태이다. 더구나 거짓말을 간혹 하는데 미칠 지경이다. 왜 거짓말을 하는지 알 수 없다. 사실대로 말하면 얼마나 좋겠는가? 아이는 부모의 말을 이해도 잘하고 대답도 시원시원하게 한다. 하지만 그뿐이다. 바뀌는 것

은 없고, 결과는 늘 그 모양이다. 도대체 무엇이 어떻게 잘못된 것일까?

참고할 조언

아버지 K 씨는 완벽함을 추구하는 1유형의 부모이다. 험한 세상을 살아갈 아들에게 분명한 지침을 내리고 확실한 요구를 하고 있다. 그러나 아들은 철저함보다는 즉흥적으로 즐거움을 추구하는 7유형이었다. 무엇이든지 분명하고 확실하게 요구하는 아버지의 요구는 자유스럽고 융통성 있는 아들에게는 견디기 힘든 고통이다. 결국 감당하기 어렵게 되자 그때그때 고통을 회피하는 수단으로 거짓말을 하게 되는 것이다. 이런 상황이 계속된다면 갈등은 끝나지 않을 것이며, 아들은 우울한 학창시절을 보내게 될 것이다. 자신을 있는 그대로 표현하도록 허락하고 부모의 기대 수준을 낮추어서, 아이의 빈틈이나 부족함을 허용해 주어야 한다.

갈등 사례 2
성적이 오르지 않는 학생과 의아해하는 교사

최근 P 교사는 C 군에게 관심을 기울이고 있다. 정직하고 성실하며 공부를 열심히 하는데도 성적이 전혀 오르지 않기 때문이다. 왜 그럴까? 장난을 치거나 불량한 친구와 어울리지도 않는다. P 교사는 불가사의한 일이라고 생각했다. 부모도 마찬가지였다. C 군은 집에서도 부모에게 걱정을 끼치지 않는 모범적인 자녀라고 한다. 부모님의 심부름도 잘하고 얌전해서 신망을 받고 있다. C 군의 어머니도 '공부를 조금만 더 잘하면 아무 걱정이 없을 텐데……' 하며 아쉬워한다.

C 군은 어떤 일이든지 스스로 알아서 하는 스타일은 아니다. 그렇지만 교사가 지시한 내용만은 철저히 공부하려고 노력한다. 그런데 그 노력에 비해 결과가 잘 나오지 않는 것이다. 아이는 힘들게 공부를 했는데 결과가 나오지 않자 자신을 책망한다. 더 노력하지 않아서 이런 결과가 일어났다고 생각한다. 얼마 전부터 아이는 부족한 과목의 학원 수강을 결정했다. C 군은 학교를 잘 다니는 것처럼 결석은 물론 지각조차 하지 않고 학원도 잘 다녔다. 그러나 학원 수업을 잘 따라가지 못했다. 이해가 되지 않은 것이 있으면 다음 진도를 나가지 못했다. 그러고 보니 평소에도 시작은 늘 잘하는데 몇 장을 못 넘기고 고비를 맞았다. 처음부터 완벽하게 알아야 하는 성격 때문에 시간이 많이 걸리고 노력한 만큼 성적이 안 나오니, 스스로 자신은 안 된다는 좌절감을 갖는 듯했다. 결국 P 교사는 C 군의 부모와 상담을 하기로 했다.

참고할 조언

C 군은 매사에 철저함을 기하는 1유형의 학생이다. 열심히 하지만 항상 완벽하게 하려고 하기 때문에 처음 문제를 이해하지 못하면 그다음 단계로 넘어가지 못한다. 하지만 수업 중에는 교사가 가르치는 내용은 확실하게 몰라도 아는 척하고 흘려버린다. 잘 아는 것도 중요하지만 배우는 자세를 인정받는 것도 중요하기 때문이다. 선생님에게 인정받는 것을 더 완벽한 것이라고 받아들이기도 한다. 이런 까닭에 1유형의 경우 충분한 여유를 가지고 기초부터 다시 시작하는 것이 올바른 방법이다. 그리고 수업 중에는 질문을 많이 하도록 유도하고 설명한 후에는 이해했는지 확인을 해야 한다. 고비를 넘기고 탄력을 받으면 열심히 하기 때문에 지속적인 성장을 거둘 수 있다. 질책하는 것은 피해야 한다. 스스로 자신에 대해서 혹독하게 채찍질을 하기 때문이다.

갈등 사례 3
겁 없는 아들과 걱정을 놓지 못하는 어머니

L 씨는 답답해서 미칠 것 같은 심정이다. 남편 없이 아들 하나 잘되기만을 바라며 살았는데, 그 아들이 도무지 공부를 하려고 들지 않기 때문이다. 학교에서는 씩씩하고 리더십이 강한 아이라고 칭찬을 하는데, 그 말이 칭찬으로 들리지 않는다. 가끔 싸움도 하는 것 같고 친구들과 어울리면서 오토바이를 타고 다니는 것 같다. 가끔 공부에 대해 이야기를 하면 웃으면서 걱정하지 말라는 말만 되풀이한다. 수학에 남다른 재능이 있어서 대학생에게 과외를 부탁했는데, 한 달도 안 되어서 과외 선생이 포기를 하고 만다. 공부를 하다가 벌떡 드러눕고 만화책을 보거나 엉뚱한 질문을 하고 예습과 복습은 아예 할 생각조차 안 하기 때문이란다. 화를 내면서 야단을 치면 능글맞게 웃으면서 걱정하지 말라고 오히려 엄마를 타이른다. 집에 오면 하나씩 하나씩 착실하게 공부하기를 바라지만, 게임을 하거나 만화책을 먼저 본다. 그런데 시험 때면 생각보다는 좋은 성적을 받는다. 그 정도의 성적을 받는 것이 신기하게 생각되지만, 조금만 더 하면 전교 1등도 할 것 같아 아쉽다. 하나밖에 없는 아들이 이 힘든 세상을 어떻게 살아갈 것인지를 생각하면 걱정이 앞선다. 아들에게 어떤 처방을 해야 책상에 제대로 앉아서 공부하는 것을 볼 수 있을까?

참고할 조언

L 씨의 아들은 겁이 없고 힘을 사용하는 8유형의 성격을 가지고 있다. 그에 반해 L 씨는 안전함을 확보하고 충성스럽게 일하는 6유형의 부모이다. 어머니 L 씨는 홀로 키운 아들이 불안한 이 세상을 살아가는 데 보험과도 같은 공부만큼은 잘 시키고 싶다. 그래서 자꾸 아들을 닦달하게 된다. 그러나 아들은 엄마의 요구에 건성으로 대답한다. 아들은 자립심이 강하고 누구의 이야기도 잘 듣지 않는다. 주도적인 위치를 확보하고 강한 인생을 살기를 꿈꾼다. 따라서 부모는 자녀가 가려는 방향을 알고 그것을 인정하는 것이 중요하다. 든든한 가장과도 같은 아들이 스스로 자신의 길을 찾아갈 수 있도록 인정하고, 조바심을 버려야 한다. 무엇보다 자녀를 믿어 주는 자세를 견지하는 것이 필요하다.

갈등 사례 4
자신감 넘치는 아버지와 조용하고 내성적인 아들

G 군은 내성적이고 어디에서든 눈에 띄지 않을 만큼 조용한 아이이다. 학교에서 선생님이 반 아이들 가운데 가장 늦게 G 군의 이름을 외울 정도이다. G 군은 나서기를 좋아하지 않고 부끄러움을 많이 탄다. 그러나 고집이 세고 무엇인가를 골똘히 생각하는 경우가 많다. 이런 아들이 아버지 D 씨는 못마땅하다. 친구들과 사귀지 않는 것도 고민이다. 밖에 나가 놀라고 해도 거의 나가지 않고 책과 씨름을 하면서 지낸다. 성적은 나쁘지 않지만 학교공부보다는 책을 읽는 데 더 많은 시간을 쓴다. D 씨는 이런 아들의 성격을 바꾸기 위해 주말에는 조기 축구회에 데려가거나 등산을 함께하곤 한다. 하지만 축구를 해도 열심히 뛰지 않고, 등산을 가도 함께 걷지 않고 혼자 서둘러서 올라간다. 외식을 하거나 가족 동반 모임도 별로 내켜하지 않는다. 게다가 아들은 아버지 앞에만 오면 말도 잘하지 못하고 어려워한다. 어떤 때에는 자신을 무서워하는 것 같다는 생각이 든다. 매사에 강하고 화끈해야 한다고 생각하는 아버지는 이런 아들을 어떻게 해야 할지 알 수 없다. 리더십도 없고 추진력도 없는 아들이 이 험한 세상에서 궁상맞게 살지 않을까 걱정된다. 아버지는 퇴근한 후 방에 박혀 있는 아들을 보면서 거실로 나오라고 큰 소리를 쳐 본다. 자식은 겉을 낳는 것이지 속을 낳은 게 아니라는 말을 실감하고 있다.

참고할 조언

모든 것을 자기 뜻대로 하고 싶어 하는 8유형 아버지와 자신의 내적 상태를 다른 사람에게 보이고 싶어 하지 않는 5유형 아들이다. 이런 경우 아버지의 계속적인 강요는 많은 부작용을 야기한다. 그러나 내면으로만 향하는 아들에게는 함께하는 환경이 필요한 것은 맞다. 사람들을 밀어내는 것이 5유형의 특징임을 이해하고 일정 부분 혼자 있는 것을 방해하지 말아야 한다. 하지만 다른 사람과의 교류가 필요한 아들을 그대로 두어도 된다는 뜻은 아니다. 우선, 아들의 성향을 받아들이는 것이 중요하다. 그리고 적절한 교류 역시 필요하다는 것을 솔직하게 말해서 아들의 동의를 얻고, 관계를 지속적으로 갖는 것이 필요하다.

갈등 사례 5
공평하려는 교사와
무엇이든 잘하려는 학생

S 양은 공부를 잘하는 모범생이다. 학기 초에는 수업에 흥미가 없어 보여 몇 번 야단을 맞았는데, 그 후로 S 양은 P 교사의 시선에서 벗어나게 되었다. 그러던 중 S 양의 부모가 학교에 찾아와서 대화를 하게 되었는데, S 양은 선행 공부로 이미 교과내용을 많이 알고 있었다. 다 아는 것을 배우니 자연히 흥미가 없을 수밖에 없었다. P 교사는 이런 상황을 모르고 야단을 치고 문제아로 낙인찍은 자신의 실수를 알게 되었다. P 교사는 수업에 흥미를 잃은 S 양에게 새로운 임무를 맡기기로 했다. 성적이 좋지 않은 친구들을 가르치는 보조 교사의 역할을 맡기는 것이었는데, 이 방법은 즉시 효과를 거두었다. S 양은 물 만난 물고기처럼 학교생활에 활력을 띠기 시작했다. 자신을 인정해 주는 선생님과 친구들 틈에서 눈부신 활약을 거듭하였다. 모든 면에서 앞서갔고 선생님을 찾아와서 자기 집 이야기며 친구들 이야기를 자연스럽게 하게 되었다.

시간이 지나면서 자주 찾아오는 S 양에게 P 교사는 점점 부담을 느끼기 시작했다. S 양만 편애한다는 이야기가 나오기 시작하였다. P 교사는 이러면 안 되겠다고 생각했다. P 교사는 평소 모든 아이에게 공평해야 한다는 생각을 가지고 있다. 아이들은 모두 사랑과 관심을 받아야 하는 존재이기 때문이다. 결국 P 교사는 S 양과 거리를 두기로 마음먹었다. 그런데 이번에는 S 양과 서먹한 사이가 되고 말았다. 지금 P 교사는 S 양을 어떻게 지도해야 하는지 곰

곰이 생각하고 있다.

참 고 할 조 언

모든 것을 공평하게 해서 갈등을 없게 하려는 9유형의 교사와 활력 있고 모든 것을 효율적으로 잘하려는 3유형 아이의 갈등이다. 3유형 아이는 아는 것을 또 하는 것은 시간낭비라고 생각하고, 그 시간에 다른 것을 해야 직성이 풀린다. 한편, 교사와의 친밀한 관계 역시 성공의 일부로 생각한다. 그래서 교사의 사랑을 받기 위해 노력하는 것이다. 그러나 교사는 다른 아이들과의 관계를 생각하느라 S 양과의 관계에서 부담을 느끼고, S 양을 밀치는 방법을 사용하였다. 교사에게서 버림받은 감정을 느낀 S 양은 곧 실망을 하게 되었고 교사와의 관계가 사실상 멀어졌다. 함께 이야기하고 들어주는 것은 3유형에게는 보약과도 같다. 다른 학생들과의 관계를 유지하면서, S 양과 적절한 거리를 갖는 방법을 찾는 것이 좋다.

갈등 사례 6
최선을 다하는 엄마와 감수성이 남다른 딸

A 씨는 초등학교 1학년인 딸이 받아 온 성적표 때문에 큰 고민에 빠졌다. 문제는 성적이 아니었다. 아이에 대한 담임 선생님의 평가가 도저히 납득할 수 없었다. A 씨의 생각과 선생님의 생각에는 큰 차이가 있었다. 딸은 어렸을 때부터 영특하기로 소문이 난 아이였다. 그런데 선생님은 친구들과 어울리지 못하며 별난 행동을 한다고 평가했다. A 씨는 딸이 이런 평가를 받을 만큼 배려심이 부족하다고는 생각지 않았다. 그런데 이런 평가를 받으니 당황스럽다. 물론 남다른 센스가 있고 감수성이 풍부하다는 평가도 있었지만, 그 부분은 눈에 들어오지 않았다. A 씨는 어릴 때 다른 아이들에 비해 말을 빨리 배웠고 감수성이 남다른 딸에게 많은 것을 가르치려고 노력했다. 다양한 체험을 하게 하고 어느 것 하나 부족함이 없도록 세심한 주의를 기울이며 키웠다. 그렇게 정성을 들여 키운 아이가 친구들과 어울리지 못한다는 말이 도저히 납득이 되지 않았다. 게다가 별난 행동을 한다고 하니 믿어지지가 않는다. 그래서 담임 선생님과 상담을 요청해야 하는지를 놓고 고민하고 있다.

참고할 조언

매사에 자신이 나서서 도와주기를 갈망하는 2유형의 엄마와 독특함을 추구하는 예술가형인 4유형의 딸이다. 2유형 엄마는 사소한 것까지도 도와주는 것을 사랑이라고 굳게 믿기에 자녀를 위해서 못할 일이 없다. 반면, 4유형 딸은 새로운 것과 특별한 것을 추구하기 때문에 학교에서 충분히 별난 짓을 할 수 있다. 친구들이 잘 느끼지 못하는 것도 느끼기에 친구들과의 관계가 원만하지 않을 가능성도 있다. 그래도 본인은 별로 신경 쓰지 않는다. 이 사례에서 교사는 이 아이의 예민한 정서를 이해하지 못하는 것으로 보이고, 부모는 자녀에게 너무 밀착되어 객관적인 시각을 잃어버린 듯하다.

4유형 아이에게 원리원칙을 따지는 것은 무의미하다. 다만, 많은 사람이 지키는 보편적인 규칙에 대해서는 자세히 가르치는 것이 중요하다. 이 규칙을 잘 지킬 수만 있다면 타고난 감성과 고유함으로 자신의 인생을 훌륭하게 살아갈 수 있다. 즉, 인간의 보편성과 개별성에 대한 이해와 조화가 필요한 것이다. A 씨는 보다 냉정하게 자녀를 양육해야 한다.

갈등 사례 7 효율적인 엄마와 느긋하기만 한 딸

마음도 착하고 엄마의 뜻을 잘 따르는 C 양은 효녀이다. 부모의 뜻에 따라 과외도 잘 받고 학원에도 성실하게 출석하고 있다. 친구들과도 잘 어울리고 관계도 원만하다. 교사가 보는 눈도 다르지 않아, 착하고 부지런해서 기특하게 생각한다고 한다. 그런데 어머니 J 씨는 마땅치 않다. 일단, 꾸물거리는 것이 가장 큰 불만이다. 또 먼저 할 일이 무엇인지 구분하지 못하고 쩔쩔매는 것을 보고 있으면 한숨이 나온다. 체계적이지 못하고 행동이 느려 밤늦게까지 숙제를 하거나 정리를 했다. 그리고 종종 잘 잊어버려서 엄마의 마음을 애타게 하기도 한다. 게다가 모든 것이 경쟁인 세상을 살면서 딸은 경쟁을 피하려고만 한다. 경쟁에서 이기고 승자가 되는 즐거움을 알게 해 주고 싶은데, 아이는 이기기 위한 노력을 하지 않는 것 같다. 엄마의 마음은 급하기만 하다.

시간표를 짜 주고 목표도 세워 주고 공부하고 난 후의 일정까지도 계획해 주지만, 그것을 실천하는 데는 너무 많은 시간이 소요된다. 딸은 내색은 하지 않지만 이렇게 챙겨 주는 엄마를 버거워하는 것 같다. 얼마 전에는 소화불량이 계속되어 병원에 가서 진찰을 받았는데, 의사는 스트레스 때문이라고 했다. 평소 건강하고 잔병치레가 거의 없었던 터라 어머니 J 씨는 걱정이 깊어졌다. 의사는 며칠 집에서 쉬게 하라고 했지만, J 씨는 마냥 쉬게 둘 수가 없다. 큰 병이 난 것도 아닌데, 결석을 하게 하는 것이 영 내키지 않는다. 결석하면 그만큼 진도가 늦어질 테고 그러면 따라가기 더 힘들어질 것이 뻔하기 때문이다. 생각 끝에 J 씨는 아이의 친구들에게 노트를 빌려 틈틈이 공부하게 했다.

참고할 조언

모든 일을 성공적으로 하기를 원하는 적극적인 3유형의 효율적인 엄마와 갈등을 피하면서 편안하고 자연스럽게 공부하려는 9유형의 딸이다. 이 모녀의 갈등은 딸에게는 엄청난 스트레스였지만, 딸은 신체적인 증상이 나타날 때까지 불만을 표현하지 않았다. 사랑하는 딸과 엄마이지만, 서로의 성격적인 갈등 구조를 이해하지 못한 탓에 사랑하면서도 서로에게 괴로움을 주고 있다. 에니어그램의 이론으로 볼 때 C 양이 엄마가 가진 효율성과 건강한 성공 마인드를 익힌다면, 두 사람의 관계는 물론이고 C 양의 건강한 성장에도 도움이 될 것이다. 그러나 어머니 J 씨는 C 양이 아직 청소년 시절을 보내고 있는 9유형의 아이라는 사실을 이해하지 못하고 있다. C 양은 마음이 편한 쪽을 선택하고 있다. 그러나 속마음까지 편한 것은 아니다. 만성 소화불량을 일으킬 정도로 스트레스를 받고 있는 것이다. 실제로 9유형은 참고 참다가 신체적인 증상으로 스트레스가 드러나는 경우가 많다. 말을 하기는 해야겠는데 할 수 없으니 몸으로 대신 말하는 것이다.

이럴 때 엄마는 딸이 아직 미숙하고 부족하더라도 참고 기다려 주어야 한다. 지금은 딸이 따라갈 수 없을 만큼 엄마가 너무 앞서가고 있다. 너무 빠른 엄마와 너무 느린 딸, 이것이 이들 모녀의 사슬인 것이다. 따라서 엄마는 계획적으로 공부를 하게 하면서, 행동이 느린 딸을 기다려 주어야 한다. 특히 밀어붙이기식의 방법은 도움보다 방해가 된다. 엄마의 요구가 지나치다고 해도 C 양은 거절을 못한다. 그저 수동적으로 움직이되 자신의 주장을 꺾지 않는다. 또 엄마 스스로가 모범이 되어 잘할 수 있는 것을 보여 준다면, C 양은 건강하게 엄마의 장점을 배울 수 있다. 일단 탄력이 붙으면 절대로 중간에서 포기하지 않는 C 양이다. 효율성은 C 양이 배워야 할 평생의 과제이다. 엄마는 아이의 이런 점을 파악하고 시동은 천천히 걸리지만 평생 꺼지지 않은 불꽃이 되도록 부드럽게 불을 붙여 주어야 한다.

갈등 사례 8
맞벌이 부모와 친구에게만 신경 쓰는 아들

부부는 아들을 보면서 상념에 젖는다. 무엇이 잘못되었을까? 아들이 어렸을 때를 돌이켜보면, 아들은 다른 또래의 아이들과는 좀 달랐다. 맞벌이 부부였기에 주말이면 한꺼번에 장을 봐서 반찬거리와 간식거리를 냉장고에 넣어 놓으면, 유치원에 다니던 아들은 친구들을 집으로 데리고 와 한 줄로 세워 간식을 나누어 주고는 했다. 또 컴퓨터에 일찍부터 재능을 보였는데, 초등학교에 진학해서는 컴퓨터와 관련된 친구들의 질문을 받느라고 밤늦게까지 전화를 붙들고 있었다. 중학생이 되면서 문제가 심각해졌다. 아이는 친구들 때문에 자기 일을 하지 못했다. 친구들이 도와달라는 일은 거절하지 않고 무조건 들어주었다. 심지어 시험기간에 교과서와 노트를 빌려주어 시험공부를 하지 못하는 일도 종종 있었다. IQ가 높아서 공부는 어느 정도 하지만, 자기 일에 집중하지 못하고 친구들에게만 집중하니 어떻게 성적이 오를 수 있겠는가? 오늘도 컴퓨터를 한다고 해서 왜 그러느냐고 했더니, 영어단어를 검색할 것이라고 한다. 전자사전은 어떻게 했느냐고 물으니 친구에게 빌려주었다고 한다. 학교 성적이 점점 떨어지는 이유가 이런 성격 때문인 것 같아, 부부의 마음은 착잡하기만 하다.

참고할 조언

이 아이는 다른 사람들을 도움으로써 자신의 정체성을 찾는 2유형이다. 다른 사람을 도와주는 것이 무슨 문제가 되겠는가? 오히려 인간의 인격과 존엄성을 드높이는 것이어서 장려해야 할 덕목이다. 그런데 문제는 자신을 살피지 않는다는 것이다. 한창 공부에 전념해 공부의 기초를 닦아야 할 때이니 부모는 걱정이 많다. 아이들은 때때로 어른들이 이해할 수 없는 행동을 할 때가 많다. 그럴 때 가장 많이 사용하는 말이 '넌 왜 그러니?'라는 질타 섞인 질문이다. 그러나 이런 말이나 태도는 자녀를 이해하는 데 전혀 도움이 되지 않는다. 이 아이처럼 2유형의 아이들은 특히 이해와 인정을 필요로 한다. 이들이 다른 사람을 돕는 것은 사랑과 관심받기를 원하는 마음의 표현이기 때문이다. 사랑받기를 원하는데 윽박지르거나 캐묻는 것은 부작용을 불러오는 게 당연하다. 따라서 부모는 아들이 사랑을 베푸는 행위에 대해 과민반응하지 말고 감정적인 대응을 일절 하지 말아야 한다. 그리고 공부가 아닌, 생활에서 그의 장점을 읽어 주고 칭찬해 주면 자연스럽게 사랑과 관심을 받기 위해 다른 일을 하지 않아도 된다는 사실을 깨닫는다. 시간이 지나면 주변이 정리되고, 부모에게 사랑을 받을 수 있는 일이 공부라는 것을 알게 된다. 덧붙여, 아이를 바라볼 때마다 웃어 주는 것이 좋다. 2유형의 아이들은 부모가 웃어 주는 것만으로도 엄청난 변화를 보일 것이다.

갈등 사례 9
자유로운 아버지와 걱정 많은 아들

M 씨는 어느 날 아들과 큰 싸움을 벌였다. 아들인 D 군은 어릴 때는 착하기만 했는데 언제부터인가 아주 반항적인 아이가 되었다. 스스로 숙제도 잘하고 결석은 물론 지각도 하지 않던 아이가, 갑자기 모든 것을 포기한 사람처럼 결석을 하기도 하고 불량한 아이와 어울리기도 하는 것 같았다. 공부도 안 하고 성적도 떨어지는 중이다. 평소 모든 것을 괜찮다고 생각하는 낙천적인 M 씨도 더는 그대로 둘 수 없다고 생각하고 몇 마디를 했을 뿐인데, 아들은 오히려 아빠에게 왜 이렇게 유난스럽게 구냐며 덤비는 것이다. 어릴 때는 씨름도 같이하고 자주 함께 놀러 가기도 했는데, 관계가 이렇게 나빠지면서 고민이 이만저만이 아니다. 공부하는 방법을 두고도 한판 전쟁이 벌어졌다. 정답만을 찾아서 달달달 외우기만 하는 아들이 영 못 미더워서 이런저런 충고를 해 주었더니, 아들은 그렇게 하면 빵점을 맞을 것이라면서 신경질을 냈다. 학교 과제물을 미리 준비하고도 두 번, 세 번 확인하던 아들에게 이런 면이 있다는 게 놀랍고 당황스럽다. 자녀교육에서 자립심을 키워 주는 것이 제일이라고 믿어 가능하면 충고나 잔소리를 자제해 왔는데, 그것이 후회된다.

참고할 조언

자유로움을 추구하는 7유형 아빠와 안전을 추구하는 6유형 아들 사이의 갈등이다. 아들은 모든 것이 분명해야 어떤 일이든 할 수 있는 성격이다. 그런데 아빠는 아들의 자유를 한껏 보장해 주기 원하기 때문에 될 수 있는 대로 참견하지 않으려고 한다. 그리고 가끔 이야기를 할 때는 활기차고 자유롭게 도전해 보라고 충고한다. 그러나 6유형 아들에게 이런 요구는 불확실함을 확대하라는 소리로 들릴 수 있다. 평소에는 차분하고 조용하며 순종적이다가도, 자신의 자리가 안전하지 않다고 생각하면 스프링처럼 폭발할 수 있는 성격이 6유형이다. 따라서 7유형 아빠가 아들을 위해서 별 생각 없이 던지는 이런저런 충고가, 6유형 아들에게는 감당할 수 없는 커다란 짐이 될 수 있다. 이럴 때 강하게 반발할 수 있는 것이다.

사례의 내용으로 보아, 아이는 집과 학교 모두에서 자신이 할 수 없는 어떤 일에 시달리고 있는 것으로 보인다. 질서를 잘 지키고 부모나 교사의 권위를 따르는 이유는 자신의 안전을 지키기 위해서이다. 그러나 그 권위가 믿을 수 없게 되거나 자신이 권위를 따라갈 수 없다고 느끼면, 반항하고 떠날 수 있다. 여기에서는 먼저 그 원인을 찾아보아야 한다. 아들 D 군이 느끼는 부담이 무엇인지 찾아서 그것을 덜어 주어야 한다. 또 그 어려운 일을 아빠와 함께하면 해결된다는 믿음을 갖게 한다면 아이가 다시 안정을 되찾는 데 성공하게 될 것이다. 무엇보다 아이가 믿을 수 있는 상태가 되도록 하는 것이 중요하다.

7장
스스로 해결책을 찾게 하는 코칭

★

- 코칭이란
- 유형별 부모 코칭: 코칭 팁과 코칭 질문
- 유형별 자녀 코칭: 코칭 팁과 코칭 질문

코칭이란

코칭이란 문제를 해결하는 데 스스로 자신만의 방법을 찾아갈 수 있도록 도움을 주고 또한 실행력을 높여 주는, 코치(coach)와 코치이(coachee) 간의 대화 프로세스이다. 코치는 여러 커뮤니케이션 스킬(경청과, 공감, 질문)을 통해 해결책을 제시하는 것이 아닌 코치이 스스로 해결책을 얻을 수 있도록 돕는다. 코치는 무엇보다 먼저 코치이를 믿어야 한다. 자녀를 코칭한다면, 자녀의 가능성과 잠재력을 믿어야 자녀 스스로 발견하고 찾아가도록 도울 수 있다. 지시하고 지시받고 명령하고 명령받는 데 익숙해 있다면, 그것을 버리는 것에서 코칭은 시작된다. 당장의 결과를 기대하기보다는 지금부터 서서히 발전하고 성숙해져서 스스로의 힘으로 일어서도록 힘을 북돋아 주어야 한다.

지금까지의 교육은 대부분 지시와 명령으로 이루어졌다. 수많은 지적에도 불구하고 아직도 교육현장에서 이 방법으로 교육이 이루어지고 있다. 효과적이지 않기에 고쳐야 한다는 문제 제기가 끊이지 않지만, 그동안의 관습과 시스템 등 해결해야 할 문제가 매우 광범위하다. 이런 어려움을 뚫고 올바른 자녀교육을 하고 싶다면 코칭이 가장 효과적인 방법이 될 수 있다.

더욱이 이 책에서는 성격을 기본으로 하는 코칭을 권장한다. 아무리 좋은 코칭이라 하더라도 자신의 성격과 맞지 않는다면 효과적이라고 할 수 없다. 코칭을 받는 코치이인 자녀 역시 마찬가지이다. 자신의 성격과 맞지 않는 코칭을 진행한다면 받아들이기 쉽지 않다. 부모가 힘으로 또는 부모라는 지위를 활용해서 성격을 무시한 코칭을 진행한다면 부작용은 생각보다 크게 나타난다. 코칭이 잠재력을 이끌어 내는 효과적인 방법이지만 성격을 고려하지 않는 코칭은 내용이 없는 결과를 가져올 수 있다. 코칭이 진행되고 질문에 대답이 쉽게 나왔으며 그래서 멋진 결과를 얻었다고 하자. 실행이 되겠는가? 물론 실제로는 코칭 자체가 힘이 들 수밖에 없고 효과를 보기는 더욱 어렵다. 자녀와 약속을 했다고 잘된 코칭이라고 말하기 어렵다. 진정한 코칭은 성격을 기반으로 자녀에게 맞는 것이어야 한다. 그래야 코칭이 끝나고 나서 실행하는 데 문제가 없다. 부모들이 흔히 하는 실수는 부모와 자녀가 합의해서 무엇인가를 결정하면 다 잘될 것이라고 기대하는 것이다. 그러나 아무리 약속을 하고 같이 의논하고 합의를 했다 하더라도 실행이 안 되는 것을 경험한다. 몇 번 이런 경험을 하면 부모는 자녀에 대해서 서서히 지쳐 가게 된다.

이 장에서 소개하는 자녀 코칭은 각 유형의 성격을 기반으로 하는 효과적인 질문들로 이루어져 있다. 똑같은 문제라고 하더라도 자녀의 성격 유형에 따라 접근하는 방법이 다르다. 자녀가 힘들어하는 문제에 대해 감성적으로 다가서야 할지, 아니면 이성적이고 논리적으로 접근해야 할지, 본능적인 접근으로 가야 할지 등을 판단하고 거기에 맞는 질문을 해야 한다. 부모는 가슴으로 다가가는데 자녀는 냉정한 머리로 받아들이면 어떤 결과를 초래할지는 불 보듯 뻔하다. 자녀에게 맞는 성격으로 다가서자. 이럴 때 이 장에서 소개하는 코칭 팁과 질문은 빛을 발할 수 있다.

코칭을 실행할 때는 기본적인 대화법을 아는 것이 필요하다. 잘 듣고(경청) 설득하라는 스티븐 코비(Stephen Covey)의 '성공하는 사람의 7가지 습관' 중에서 제4습관을 익히면 더 좋다. 설득을 코칭에 적용해, 코칭을 받는 자녀가 자신이 직면한 문제의 답을 스스로 찾을 수 있도록 하는 것이다. 코칭은 자녀에게 정답이나 해결책을 제시하지 않는다. 어떻게 하면 원하는 것을 이루게 될지를 묻고, 스스로 원하는 대답을 찾을 수 있도록 인내하면서 대화를 이어

간다. 그러면 어느 순간 자녀 스스로가 자신의 문제를 해결할 단서를 발견하게 된다. 그렇게 찾은 해답은 스스로 발견한 것이기 때문에 실행에 대한 강한 의지를 만들고, 그만큼 성과도 크다. 지금까지 부모의 유형과 특징 그리고 자녀의 성격과 공부방법에 대한 이해를 하였으니, 이제 코칭을 통해 자녀를 아름답게 양육하여 보자.

코칭 팁이란

부모를 위한 코칭 팁은 자녀를 위해 최선을 다한 부모를 위로하는 것이다. 부부간에 또는 같은 부모끼리 서로 적용할 수 있는 팁이다. 자녀양육을 위해 최선을 다하지 않는 부모가 있겠는가? 최선을 다했음에도 잘되지 않아 가슴 아픈 부모의 마음을 이해하고 격려하자. 자녀를 위한 코칭 팁은 부모가 자녀를 코칭하는 데 유용한 팁이다. 각 유형의 성격을 충분히 숙지하고 그것을 기반으로 한 코칭을 진행해야 한다. 기본적인 커뮤니케이션의 내용도 적용해야 한다. 상담자가 갖추어야 할 기본 사항은 코칭에 많은 도움이 된다. 특별히 코칭 팁을 마음에 깊이 새기고 코칭을 진행하면 효과가 클 것이다.

코칭 질문이란

코칭 질문은 각 유형별로 공통된 부분만 엄선해 만든 질문이다. 부모 코칭 질문은 특별히 코칭을 하는 것이 아닐지라도 각 유형에 맞는 질문만으로도 효과를 볼 수 있다. 비단 자녀양육뿐만 아니라 인생 전반에 걸친 문제들도 코칭할 수 있다. 전문적인 코칭 교육을 받지 않았더라도 크게 상관은 없다. 성격적 유형의 가장 중요한 부분을 질문으로 요약한 내용임을 염두에 두고 코칭을 시작하라. 단, 성급하게 결론을 내리는 것은 코칭에 있어서는 독약이 된다는 사실만 기억하자.

유형별 부모 코칭: 코칭 팁과 코칭 질문

1유형 부모 코칭 맞는 말만 하지만 따라 하기 힘든 부모

코칭 팁

1. 자녀를 위해 누구보다도 헌신하고 책임감 있게 최선을 다했음을 인정하고 위로한다.
2. 주변에 도와주는 사람이 적거나 없는데도, 혼자 자녀양육을 하느라 힘든 점을 인정한다.
3. 긴장감이 있고 여유가 없을 수 있으므로 편안한 감정을 느낄 수 있도록 도와준다.

코칭 질문

1. 부모가 자녀에게 즐겁고 명랑한 모습과 자연스러운 분위기로 다가선다면 자녀는 부모를 어떻게 대할까요?
2. 자녀에게 규칙과 원칙을 강조했다가 힘들었던 경험이 있었나요? 그렇다면 규칙이나 원칙을 강조하는 대신 어떤 방법이 더 좋을 수 있다고 생

각하십니까?

3. 자녀에게 기대하던 것을 내려놓는다면 어떤 긍정적인 변화가 예상되는지요?
4. 자녀에게 기쁘고 아름다운 추억을 만들어 준다면 어떤 것이 좋을까요?
5. 자신의 일과 자녀의 일에서 균형을 맞춘다는 것의 의미는 무엇일까요? 또 그렇게 하기 위해서는 어떤 변화가 필요할까요?

2유형 부모 코칭
좋으면서도 떨어져 있고 싶은 부모

코칭 팁

1. 자녀를 위해 헌신한 것에 대해서 따뜻하게 격려하고 위로하며 칭찬의 말을 던진다.
2. 자녀를 돌보는 것도 중요하지만 자신을 보살피는 것도 중요하다는 것을 꼭 알려 준다.
3. 자녀와의 관계도 중요하지만 자녀의 능률, 교육 효과 등도 중요하다. 수치나 통계 자료 등을 활용하여 부드럽게 안내한다.

코칭 질문

1. 자녀를 위해 쓰는 시간은 줄이고, 본인을 위해 시간을 쓴다면 무엇을 하고 싶으신가요?
2. 자녀가 원할 때마다 그 필요를 채워 준다면 자녀의 장래는 어떻게 될까요?

3. 부모가 도와주지 않으면 자녀가 잘할 수 있을까 하는 걱정이 되나요? 또는 도와주지 않았다가 잘못될 경우 자책감이나 죄의식이 드나요?
4. 자녀가 부모의 도움을 매몰차게 거절해서 상처를 받은 사례가 있나요?
5. 평소 자녀에게 도움을 주는 것 중에서 자녀가 스스로 할 수 있다고 생각하는 것은 어떤 것들이 있나요?

3유형 부모 코칭
1등을 바라는 부담스러운 부모

코칭 팁

1. 자녀를 위한 노력과 성과에 대해 긍정적이고 적극적인 평가를 한다.
2. 겉으로 보이는 성과나 결과도 중요하지만, 과정도 평가의 대상이 된다는 사실을 말한다.
3. 긍정적이고 적극적이며 진취적인 태도의 부모이기에 가능성을 말해 준다. 또한 과거보다는 미래에 초점을 맞추고 완곡하지만 정확하게 표현한다.

코칭 질문

1. 자녀교육을 하면서 혹시 잘못했다고 생각하는 점이 있다면, 어떤 것인가요? 또 그것을 통해 얻은 교훈은 무엇인가요?
2. 자녀가 성장하면서 부모의 기대치를 충족시켰을 때 자녀에게 어떤 격려와 위로를 전하셨나요? 또는 기대치를 충족시키지 못했을 때 어떤 반응

을 보이셨나요? 거기에 대한 자녀의 반응은 어떠하였습니까?
3. 자녀교육을 잘했다는 것은 구체적으로 어떤 것을 말한다고 생각하나요?
4. 자녀에게 믿음과 신뢰를 주는 부모가 되기 위해서는 어떤 점들을 보완하고 더 노력해야 한다고 느끼나요?
5. 자녀교육에 있어서 지금까지 확신을 가지고 진행한 것 중에서 시간이 지난 다음 꼭 필요하지는 않았다고 생각하신 것이 있나요? 있다면 어떤 것인가요?

4유형 부모 코칭
매력 있고 고상하지만 이해하기 어려운 부모

코칭 팁

1. 감정적인 상태에 있을 때는 부드럽고 침착하게 잠시 기다려 준다. 감정의 폭풍이 지나가면 서서히 다가간다.
2. 활기를 잃거나 소극적인 태도를 보인다면 직접적인 언급을 하지 않는다. 코치가 염려하고 있다는 것을 간접적으로 자연스럽게 알린다.
3. 독특한 모습을 보이거나 대화가 진행이 안 되어도 먼저 인정하라. 그리고 실제적이고 구체적인 이야기로 접근하라.

코칭 질문

1. 일반적인 자녀교육이 아닌 특별한 방법으로 자녀교육을 하신 경험이 있나요? 그 결과는 어떠하였나요?

2. 자녀 문제에 관심을 가지지 않는다는 평가를 받거나 스스로 그렇게 느끼신 적이 있나요? 그럴 때는 어떤 감정을 느끼게 되나요?
3. 내 자녀가 다른 자녀에 비해 부족하다고 느낀 적이 있나요? 그때는 어떤 마음이 들었나요? 그리고 그 마음을 컨트롤하기 위해 어떤 방법을 사용하나요?
4. 다른 집 자녀에게서 정말 부러운 점을 발견한 적이 있나요? 그때 자녀에게 어떻게 하였나요?
5. 자녀에게 고맙다고 느끼는 부분이 있다면, 어떤 것인가요? 자녀에게 고마운 마음을 표현한다면 어떻게 하시겠습니까?

5유형 부모 코칭
간섭하지 않고 지켜보는 부모

코칭 팁

1. 프라이버시를 최대한 존중하고 혼자서 처리하도록 시간을 허용한다.
2. 코칭에 있어서 필요한 정보의 양에 대해 구체적이고 자세히 안내한다.
3. 감정적인 전달이 어려울 수 있음을 이해하라. 최대한 객관적이고 이성적으로 전달한다.
4. 어떤 문제에 대해 깊이 파고들어도 편안한 마음 상태를 유지하고 충실히 안내한다.

코칭 질문

1. 자녀들과 친밀하게 지내시나요? 더욱 친밀하게 지내기 위해서는 어떤 방법이 가장 효율적일까요?
2. 자녀의 말을 경청하는 편인가요? 그렇다면 말을 듣는 것만큼 말을 많이 해 보면 어떤 변화가 일어날 것이라고 생각하나요?
3. 자녀와 지내는 시간이 충분하다고 생각하시나요? 자녀와의 시간을 두 배로 늘린다면 어떤 변화가 일어날까요? 그 가운데 긍정적인 것은 어떤 것일까요?
4. 자녀와의 관계에 대해 먼저 계획하고 대화한다면 자녀의 반응은 어떨까요? 자녀가 무엇인가 요구해 올 때 응하지 않으신 일이 있다면 그 이유는 무엇인가요? 그때 자녀는 어떤 마음이었을 것이라고 느끼시나요?

6유형 부모 코칭
통금시간 엄격하고, 안 되는 것이 많은 부모

코칭 팁

1. 대화 중 걱정하거나 염려하는 부분에 대해 귀를 기울이고 들어 준다.
2. 믿고 맡길 수 있다는 신뢰감을 갖도록 최대한 돕는다.
3. 의무와 책임을 다하고 있으며 코칭이 진행되는 동안 어떤 책임도 지지 않아도 된다는 사인을 자주 보낸다.
4. 새로운 방향으로 진행할 때는 충분히 설명하고 생각할 시간을 준다.

코칭 질문

1. 자녀의 양육이나 교육에 있어서 간섭이 지나쳤다고 느낀 적이 있었나요? 있다면 어떤 것이었나요?
2. 자녀가 뭔가를 잘하지 못한다면, 그것은 부모의 간섭이 적었기 때문이라고 느끼시나요? 간섭을 줄이고 편안함을 가진다면 자녀교육은 어떻게 될 것이라고 생각하시나요?
3. 자녀와의 관계를 평화롭고 따뜻하게 하기 위해 노력해야 할 것이 있다면 어떤 것이 있을까요? 자녀에게 간섭을 줄이신다면 자녀는 어떻게 될 것이라고 생각하시나요?
4. 자녀가 잘못되면 어떻게 하나와 같은 걱정을 자주 하시나요? 이런 걱정을 떨쳐 버리기 위해 어떤 노력이 필요하다고 생각하시나요?

7유형 부모 코칭
활발하고 재미있지만 불규칙한 부모

코칭 팁

1. 목표를 확실하게 주지시키는 것이 가장 중요하다. 그리고 적절한 자유를 보장한다.
2. 코칭을 진행하는 가운데 개인적이고 사사로운 상황으로 빠지지 않도록 항상 경계한다. 공사 구분도 확실히 필요하다.
3. 모든 것을 객관적이고 타당하며 이성적인 방법으로 접근하라. 단, 너무 길면 안 된다. 짧고 강력한 것이 좋다.

4. 새로운 방법을 제시하면 귀를 기울이고 받아들일 수 있는 부분은 수용한다.

코칭 질문

1. 자녀가 진지한 대화를 나누기를 원한다면 어떤 태도와 자세로 임해야 할까요?
2. 자녀와 약속을 하고 그 약속을 지키다가 중간에 지키지 못한 적이 있나요? 그때 자녀는 어떤 마음이었을까요?
3. 자녀와의 신뢰관계를 지켜 나가기 위해서 최우선적으로 해야 할 사항은 어떤 것일까요? 만약 그 신뢰관계를 지키지 못했을 때에는 어떻게 해결하시겠습니까?
4. 진지하고 조용한 마음의 상태를 유지한다면 자신 또는 자녀와의 관계에서 어떤 변화를 이룰 수 있을까요?
5. 자녀와의 관계에서 고통스러운 일이 발생한다면 어떻게 하시겠습니까?

8유형 부모 코칭
자신감이 넘치지만 무서운 부모

코칭 팁

1. 충분히 믿고 맡길 만한 코치임을 설명하고 솔직 담백한 자세로 다가간다.
2. 기대 사항을 명료히 전달하고 책임과 권한에 대한 경계를 확실히 한다.
3. 내면에 자녀를 도와주고 싶은 강렬한 욕구가 있음을 알게 해 준다. 그러

나 상처 또한 받고 있음을 객관적인 내용으로 설명한다.

4. 상대가 믿고 신뢰할 만한 분이라는 사실을 믿음으로 표현한다. 부드러움 또한 큰 장점이고, 이 장점을 다른 사람들에게 알릴 수 있음을 깨닫게 한다.

코칭 질문

1. 자녀와 생활하면서 '다시 한번 생각해 보고 했으면 좋았을 텐데'라고 후회한 적이 있나요? 있다면 어떤 것이 어떤 점에서 후회되었나요?
2. 자녀에게 말 때문에 상처를 입힌 적이 있나요? 그땐 어떤 상황이었나요? 자녀의 입장에서 생각한다면 어떤 표현을 사용하면 효과적일까요?
3. 가정을 행복하고 평화롭게 만들기 위해 해야 할 일은 무엇이라고 생각하나요?
4. 자녀에게 가장 부드럽게 대했다고 생각하는 때는 언제인가요? 그때 어떤 감정을 느꼈나요?
5. 자녀가 무엇인가를 잘못하면 어떻게 하시나요? 야단쳤을 때와 도와주었을 때의 경험을 떠올려 보세요. 양쪽의 경험이 어떻게 비슷하고 어떻게 다른가요?

9유형 부모 코칭
너그럽고 온화하지만 통제가 없는 부모

코칭 팁

1. 우선순위와 마감시간을 확실하게 알려 주고 중간중간에 진행 여부를 체

크해 본다.

2. 자신의 입장을 신속하게 밝히거나 확실하게 말하도록 유도한다. 또한 이 때문에 어떤 문제나 갈등도 생기지 않는다는 것도 알게 해 준다.
3. 본인 스스로 의사결정을 할 때까지 충분한 시간을 주고, 인내를 가지고 기다린다.
4. 경청하고 기다리고 끝까지 기회를 준 다음에 일을 진행하고 완곡한 격려나 지시를 한다.

코칭 질문

1. 자녀가 무엇인가를 부탁했을 때 결정을 미루었던 경험이 있나요? 그것은 어떤 경험이었나요? 자녀 입장에서 부모가 해결해 주지 않는다면 어떤 마음이 들까요?
2. 자녀와 갈등이 생겼을 때 해결을 미룬 적이 있나요? 그 결과는 어떠하였나요?
3. 자녀와의 행복한 관계와 미래를 위해 지금 힘이 들어도 선택해야 하는 문제는 무엇입니까? 선택을 실행한다면 자녀는 어떤 반응을 보일까요?
4. 자녀와 자신의 행복과 성공은 어떤 의미를 가지고 있다고 생각하나요? 그리고 그 일을 위해 지금 당장 할 일은 어떤 것일까요?

유형별 자녀 코칭:
코칭 팁과 코칭 질문

1유형 자녀 코칭
착하고 최선을 다하는 아이

코칭 팁

1. 스스로를 채찍질하면서 올바른 삶을 살기를 노력하고 있다. 스스로 기준이 높기 때문에 무엇을 해도 부족한 것이 자꾸 보인다. 너그러운 마음으로 받아 주고 다독여 주는 것이 필요하다. – 편안함
2. 한 가지 방법에만 몰두하고 다양성은 좀처럼 허용하려 하지 않는다. 다양한 방법으로 다른 길에도 답이 있다는 사실을 일깨워 준다. – 다양성
3. 책임감이 있고 매사에 노력하는 스타일이다. 자신뿐 아니라 타인에게도 엄격하다. 어떤 때는 자신도 모르지만 나중에 알고 나서 절망하기도 한다. – 받아들임
4. 공평과 공정한 모습을 좋아한다. '대충'이나 '대강' 같은 개념은 좋아하지 않는다. 하지만 이 세상에 완전한 공정과 완벽이란 존재하지 않는다. 완벽함에서 벗어나야 행복해질 수 있다. – 멀리 보는 안목

코칭 질문

1. 처음에는 틀렸다고 생각했지만 나중에 보니 틀린 게 아니라는 것을 알게 된 일이 있습니까? 그때 어떤 기분이 들었나요? 틀렸다고 느끼면서도 다른 사람들의 의견을 따라간다면 장기적으로 어떤 결과가 있을까요?
2. 옳다고 생각하는 것과 틀리다고 생각하는 것이 있을 때 어떤 기분이 듭니까? 내가 틀린 결과를 얻었는데 용서받았다면 어떤 느낌일까요?
3. 시작할 일이 있는데 시작을 못하고 있다면 무엇 때문일까요? 잘못할 것 같아 시작하지 못한다면 결국에는 어떤 결과가 일어나겠습니까?
4. 유일한 방법이라고 생각했는데 아니었거나, 다른 방법으로 해도 되었다고 후회한 적이 있습니까? 유일한 방법이라고 생각한 것은 어떤 것이었나요? 다른 방법도 있다면 다음에는 그 다른 방법을 어떻게 찾을 수 있을까요?
5. 긍정적인 마음을 갖기 위해 어떤 점을 노력할 수 있을까요?
6. 재치 있는 유머를 사용하는 방법은 어떤 것일까요? 그 방법을 사용하면 다른 사람들은 자신을 어떤 사람이라고 생각할까요?

2유형 자녀 코칭
다정하고 친구를 잘 돕는 아이

코칭 팁

1. 주변 사람들이 행복해지기를 바란다. 상냥하고 친절하게 대하는 편이기 때문에 어려운 사람들을 잘 돌보아 준다. 내 것을 우선 챙기는 것이 아

니라 다른 사람의 것을 챙기고 나서 내 것을 챙긴다. – 자기 필요

2. 사랑 나누기를 좋아하고 호감이 간다면 정서적 교류와 함께 더 많은 것도 나누기를 원한다. 작은 것을 주고 점점 더 큰 것을 주려고 한다. 이것을 통해 가까워지고 인정받으려는 욕구가 있다. – 홀로서기
3. 부모, 교사, 친구들과 넓게 교류하기를 원한다. 많은 사람과 폭넓게 사귀고 사랑의 감성으로 공유하기를 원한다. 그렇기 때문에 이런 인간관계에서 거절당하는 느낌을 받으면 마음이 굉장히 힘들어진다. – 객관적 시각
4. 다른 사람들에게 맞추기 때문에 자신이 필요로 하는 것을 하지 못한다. 다른 유형의 자녀보다 더 많은 정서적 지원이 필요한 이유이다. 더 나아가서 스스로 해결할 수 있는 방법을 찾아보는 것이 중요하다. 스스로 충분히 능력이 있고 혼자서도 할 수 있다. – 주도성

코칭 질문

1. 다른 사람들과 어울리다가 자신의 일을 하지 못한 적이 있습니까? 그때는 언제인가요? 친구들에게 무엇인가를 빌려주고 돌려받지 못해서, 또는 돌려 달라고 말하지 못해서 힘들었던 적이 있습니까? 그때 느낌은 어땠나요?
2. 혼자서 무엇인가를 해 본 경험이 있습니까? 그 경험은 어떤 것이었나요? 그때 기분은 어땠나요? 그것이 성공적이었다면 그때의 감정 상태를 말해 주시겠습니까?
3. 다른 사람들이 말할 때 자신의 의견을 확실하게 말할 수 있습니까? 그럴 수 없다면 무엇 때문에 못한다고 생각하나요? 또 자신의 의견을 확실하게 말할 수 있으려면 어떻게 해야 할까요?

4. 다른 사람의 부탁을 거절한 적이 있습니까? 있다면 어떤 경우였나요? 아니면 무슨 이유 때문에 거절하지 못했습니까? 누가 보아도 거절해도 된다는 객관적 기준을 만든다면 어떤 변화가 일어날까요?
5. 다른 사람을 도와주었다가 나중에 오히려 힘들었던 적은 없습니까? 거기에서 어떤 교훈을 얻었다고 생각하나요? 도와줄 것과 도움을 주지 않아야 할 것의 차이를 어떻게 정할 수 있을까요?

3유형 자녀 코칭
목표를 향해 매진하는 아이

코칭 팁

1. 활기차고 바쁘고 멋있다. 친구나 부모 교사의 인정과 칭찬을 받기 원한다. 따라서 열심히 공부하고 인기관리를 잘한다. 동기가 자신이 아니라 주변 사람들에게서 비롯된다. 그러므로 스스로를 위해 행동하게 하는 것이 좋다. – 충성
2. 다른 사람들이 자기를 좋아할 것이라고 생각한다. 그래서 자신이 이해받지 못하면 쩔쩔매면서 혼란을 경험한다. 앞서 나가는 경향 때문에 다른 사람들이 자신을 싫어할 수도 있음을 알아야 한다. 또한 꾸미거나 인기를 끌기 위한 작전이었음을 들킬 수 있다. 그래서 조심해야 하는 것이 아니라, 스스로에게 정직해야 한다. – 성찰
3. 보통은 친구들의 리더가 되기를 원한다. 또래 친구들을 거느리고 활기찬 분위기를 이끈다. 프로젝트를 성공시키기 위해 지름길을 선택할 수 있다. 이들의 효율성을 격려하는 것도 중요하지만 빠른 길보다 진실된 행동을

하도록 격려한다. – 정직

4. 이기기 위해서 집착하고 노력한다. 이기는 것도 중요하지만 아름답게 이기는 것이 더 중요하다. 또한 진 사람들에게 아량도 베푸는 것이 진정한 승자임을 기억시켜야 한다. – 윈/윈

코칭 질문

1. 사귀고 있는 친구들 가운데 진실한 친구를 꼽으라면 몇 명이나 있습니까? 진실한 친구를 얻으려면 자신은 어떠해야 한다고 생각합니까? 진실된 우정을 쌓으려면 적절한 친구의 수는 몇 명쯤이면 좋을까요?
2. 시험을 치를 때 몇 등을 목표로 해서 공부해야 가장 열심히 할 수 있을까요? 시험 결과가 생각만큼 나오지 않았을 때에는 어떤 마음이 드나요? 생각지도 않았던 친구가 1등을 했을 때 어떤 생각이 드나요?
3. 원하던 일이 마음대로 되지 않아서 속상했던 적이 있었다면 어느 때인가요? 그때 마음은 어땠나요? 다음에는 어떻게 해야겠다고 결심했나요? 다른 친구들과 같이 성공할 수 있는 길은 어떤 것일까요?
4. 빨리 가려다가 오히려 더 늦게 간 경험이 있나요? 그때의 마음은 어땠나요? 빨리 가고자 했던 길에 어떤 문제가 있어서 늦게 된 것인가요? 진실로 가장 빠른 길은 어떤 길이라고 생각합니까?

4유형 자녀 코칭
창의적이고 독특한 아이

코칭 팁

1. 감수성이 예민하고 마음이 여리다. 상상력 또한 풍부해서 가상의 놀이 상대를 만들어서 놀기도 한다. 때로는 영문도 모르게 슬퍼하기도 하고 외로움에 젖어들기도 한다. 독특한 이 아이를 이해하고 사려 깊게 바라보며 따뜻하게 안아 주는 느낌으로 대한다. – 현실성
2. 자신만의 세계가 있으므로 그것이 침범당하면 슬퍼할 수 있다. 다른 사람을 질투할 때도 있는데, 그것은 자신만의 우아한 세계가 다른 사람에게서 발견될 경우이다. 그 사람도 우아하고 나도 다른 면에서 우아할 수 있음을 알려 주고 감사하도록 지도한다. – 가치공유
3. 예술적인 감각이 뛰어나므로 비교적 진로지도를 하기가 수월하다. 예민하고 민감한 문제를 잘 다루기 때문에 역할모델을 알려 주고 많은 경험을 하게 해 준다면 큰 도움이 된다. – 평범
4. 감정은 때에 따라서 움직이기도 하고 어제와 오늘이 다를 수도 있다. 변화를 질책하거나 다르다는 것 때문에 지적하는 것은 의기소침하게 만들고 용기를 꺾어 버린다. 다만, 받아 주고 긍정해 주는 것이 올바른 방향으로 나가도록 돕는 길이다. – 감정분리

코칭 질문

1. 자신에게 특별한 점이 있다면 그것은 무엇입니까? 그 독특함 때문에 힘

들었던 점과 행복했던 점이 있었다면 각각 무엇인가요? 앞으로 이 독특함을 어떤 방법으로 아름답게 만들 계획이신가요?

2. 평소 생활에서 감사한 점을 찾아본다면 어떤 것들이 있을까요? 이 감사한 점과 자신이 가진 독특한 점을 비교하면 어떤 차이가 있나요? 늘 독특한 점만 강조하고 산다면 어떤 결과를 불러올까요?
3. 자신에게도 단점이 있다고 생각한다면 그것은 무엇입니까? 그것을 단점이라고 생각하는 이유와 고치기 위해서는 어떤 노력이 필요하다고 생각하십니까? 단점이 극복되고 난 후에 부모님은 어떤 표정으로 어떤 말씀을 하실 것이라고 생각하나요? 그 이유는 무엇인가요?
4. 기분이 안 좋아서 하던 일을 중단한 경험이 있습니까? 그때 기분은 어땠나요? 감정을 통제하기 위해 노력해야 할 부분은 어떤 것이 있을까요? 감정을 잘 정리하게 되면, 어떤 유익한 점이 있을까요?

5유형 자녀 코칭
이성적이고 탐구적인 아이

코칭 팁

1. 혼자 책을 읽는 시간이 많고 조용하며 말이 많지 않다. '받지도 말고 주지도 말자'는 생각을 가진 것처럼 타인이 자신의 공부 노트나 기록을 교류하기를 바라면 몹시 힘들어할 수 있다. 어느 정도 나누어 주고 필요한 정보를 나누는 것은 인간관계의 폭을 훨씬 넓게 해 준다. – **나눔**
2. 주변 사람들에게 간섭받는 것을 싫어하고 자신의 공간을 갖는 것을 좋아한다. 누군가의 시선이 느껴지면 불편하고 불안감을 느껴, 하던 일에 지

장을 받는다. 이런 특성이 사람들과의 교류를 방해하고 자신의 성장을 막을 수 있다. 왜냐하면 모든 능력은 사람에게서 나오기 때문이다. – **교류**

3. 연구하고 관찰하기 위해 적절한 거리를 두는 것을 좋아한다. 하지만 먼저 다가서게 되면 그 멋은 몇 배나 높아진다. 스스로 방에서 나와 바깥 세상에 모습을 많이 보일수록 그 가치는 올라간다는 것을 알게 해 주자. – **다가섬**
4. 주로 머리로 분석하고 따지고 계산하고 이치를 아는 것에 초점이 있다. 때문에 자신의 마음이나 감정을 표현하는 것은 잘하지 못한다. 느낌, 감정, 아름다움 등 감정적인 자각이 들 수 있도록 안내하면 지정의(知情意)를 갖춘 인재로 성장할 수 있다. – **감정표출**

코칭 질문

1. 자신이 가진 정보나 공부법 등을 주변 친구들에게 알려 주면 어떤 평가를 받게 될까요? 그때 어떤 느낌일까요?
2. 혼자 조용히 생각하고 관찰하는 데 몰두하면 집중이 잘되나요? 그렇게 혼자만 있으면 주변 인간관계는 어떻게 될까요? 다른 사람과 어울리고 대화를 잘하려면 어떻게 해야 할까요? 또한 더 많이 만나서 친해지고 싶은 사람은 어떤 사람들인가요?
3. 반장이나 리더의 자리에 서게 되면 자신에게는 어떤 유익한 점이 있을까요? 그 모습을 상상하면서 기분이 어떨지 상상해 봅시다. 어떤 기분인가요?
4. 마음과 감정을 전달하는 방법은 어떤 것이 있을까요? 그리고 그중에서 가장 효과적인 방법은 어떤 것일까요? 또한 다른 사람의 따뜻한 마음을 전달받았을 때 나는 어떤 감정이 들까요?

6유형 자녀 코칭
성실하고 신중한 아이

코칭 팁

1. 순종적이고 착하다는 인상을 받는다. 하지만 다정다감하고 호감이 가며 믿을 수 있는 순응적 모습과 겁나면 대항하는 반항적 모습을 함께 가지고 있다. 조급함을 버리고 느긋하고 여유로운 마음을 가질 수 있도록 환경정리를 잘해 준다. – 평화
2. 한번 사귄 사람들과는 끝까지 믿음을 주는 충실한 사람이 되기를 원한다. 문제를 해결하거나 단합을 시도하기 위해 편을 만들기도 한다. 이렇게 하면 친구들에게 자신이 무척 중요한 존재가 되기 때문이다. – 충성
3. 근심과 걱정이 많아 주변을 경계하고 위기에 빠지는 것에 대해 민감하다. 의심이 드는 것에 대해서는 안전한 답을 원하기 때문에 분명한 한계와 보호선을 알려 주는 것이 좋다. – 용기
4. 예측 가능한 질서를 원한다. 여러 가능성을 따져 보고 자신의 마음을 정한다. 그러고도 만일을 대비한 경우의 수를 생각할 수 있다. 이런 두려움에는 실체가 없다는 것을 알게 해 줘야 한다. 아무것도 아닌데 염려의 나무가 자라나면 두고두고 걱정거리가 될 수 있기 때문이다. – 믿음

코칭 질문

1. 힘들고 어렵게 느껴지는 일이 있습니까? 그 일이 어려운 이유는 무엇일까요? 정신을 통일시키고 집중하는 데 필요한 일은 어떤 것이 있을까

요? 또한 태도는 어떻게 하는 것이 좋을까요?

2. 하다가 중지한 일이 있습니까? 만일 그 일을 계속했다면 지금은 어떻게 되었을까요?(긍정적인 일이든 부정적인 일이든) 중지하지 않고 계속하려면 필요한 마음의 조건은 어떤 것들이 있을까요?
3. 꼭 해 보고 싶은 일들이 있는데 못해 본 것이 있나요? 못한 이유는 무엇이었습니까? 앞으로 꼭 해 보고 싶은 일을 하려면 어떤 마음 상태가 되어야 한다고 생각하시나요?
4. 마음이 편안해지기 위해서 해야 할 일은 무엇인가요? 나로 인하여 주변이 평화로웠던 경험이 있다면 어떤 것인가요? 주변 사람들과 평화롭게 지내기 위한 내 마음 상태는 어떠하여야 할까요?

7유형 자녀 코칭
다재다능하고 낙천적인 아이

코칭 팁

1. 행복하고 재미있고 즐거운 인생을 꿈꾸는 성격이다. 노는 것을 좋아하고 친구들을 많이 만나고 더 많은 행복의 요인들을 찾는 것을 마다하지 않는다. 구속받는 것을 싫어하고 자유를 향유한다. – 절제
2. 낙천적으로 생각한다. 한 가지가 좋으면 나머지 안 좋은 아홉 가지를 잊어버릴 수도 있다. 긍정적인 것은 좋으나 정도가 과하면 삶의 균형을 잃어버리고 공상적인 삶을 살아갈 수도 있다. – 현실 인식
3. 여러 가지 상상을 한다. 경우의 수는 다 즐겁고 재미있는 모험으로 가득 차 있다. 판타지의 세계와 탐험의 세계로 무장한다. 융통성과 다양한 시

도는 중요하다. 그것을 통해 균형을 잡아 중요한 것을 발견할 수 있다.
– 직면

4. 자신이 인정받지 못한다고 해서 의기소침해지지 않는다. 언젠가는 알아줄 것이라는 긍정적인 생각이 필요하다. 비판받는 것은 견디기 힘들어서 도망갈 수 있다. 창의성, 모험심, 도전정신 등을 칭찬하고 논리적으로 자신감을 심어 주어야 한다. – 논리적

코칭 질문

1. 어떤 일(공부)을 하다가 중간에 그만두고 새로운 일(공부)을 했던 경험이 있습니까? 그것은 어떤 일이었나요? 그때 그런 이유는 무엇인가요? 지금 판단한다면 어떻게 평가할 수 있습니까? 다시 그때로 돌아간다면 어떻게 하고 싶은가요?
2. 여러 사정으로 집중하지 못했던 적이 있나요? 집중력을 높이기 위해서는 어떤 방법이 필요한가요? 혼자 조용한 성찰의 시간을 보낸다면 어떤 점이 유익할까요?
3. 인간관계에서 다른 사람들의 말을 잘 경청한다면 어떤 점이 유익할까요? 내가 말을 줄일 수 있는 방법이 있다면 어떤 것일까요?
4. 나만이 할 수 있는 전문적인 분야가 있다면 어떤 것이 있을까요? 그 전문 분야를 더욱더 넓혀 갈 수 있는 방법은 어떤 것이 있을까요?

8유형 자녀 코칭
강하고 도전적인 아이

코칭 팁

1. 의리 있고 통이 크며 약자를 괴롭히는 사람들을 응징하려 한다. 힘도 세고 당당하며 에너지가 넘친다. – 의리
2. 자기주장이 강하기 때문에 잘 물러서려고 하지 않는다. 상대가 부모나 교사라도 제재하기 힘이 든다. 상대가 틀렸고 정의롭지 못하면 고쳐야 한다고 생각한다. – 정의
3. 주변이 자신에게 복종하기를 꿈꾼다. 다른 세력에게 자신이 통제당하기 전에 먼저 상대를 통제하여 해를 당하지 않으려 한다. 하지만 내면은 부드럽고 따뜻하다. 연약함을 인정하면 편하고 안정감을 갖게 된다. – 부드러움
4. 자신의 힘을 가치 있게 쓰도록 한다. 상대를 높이고 작은 조연에 열심히 충성한다면 틀림없이 주인공의 자리로 다른 사람들이 초대하게 될 것이다. 그때까지 기다리며 준비하는 '기다림의 미학'이 필요하다. – 양보

코칭 질문

1. 부드럽게 말하고 행동한다면 내게 어떤 변화가 있을까요? 그리고 부드럽게 말하고 행동하려면 어떤 방법을 사용하면 좋을까요?
2. 자신이 직접 하는 것과 도와주는 것 중에서 어떤 것을 좋아하십니까? 리더의 역할보다 참모의 역할을 하면 유익한 점은 무엇이 있을까요? 리더

를 돕고 공동체를 유익하게 하기 위해 어떤 일을 해야 한다고 생각하십니까?

3. 주변 사람들에게 도움을 준다면 어떤 것을 할 수 있을까요? 그 결과, 도움을 받은 사람이 고맙다고 했을 때 속마음이 어떨지 상상해 보고, 그 감정 상태를 말해 봅시다.
4. 지금까지 화를 내거나 직설적으로 행동해서 다른 사람들에게 불편함을 준 적이 있었나요? 그때 속마음은 어땠나요? 불편했던 그들에게 미안함을 전한다면 어떻게 전할 것인가요?

9유형 자녀 코칭
온화하고 평화를 좋아하는 아이

코칭 팁

1. 자기주장을 하지 않으려 한다. 필요 없는 논쟁이나 불편함을 겪는 것이 싫어서이다. 주변과 별 걱정 없이 편하게 어울리고 싶어 한다. **– 결단력**
2. 자신을 싫어하는 태도를 보여도 특별히 반발하지 않는다. 속마음은 그렇지 않아도 어지간하면 티를 안 낸다. 그렇지만 오랜 시간 쌓이면 폭발하는 경우도 있는데 그 강도가 약하지 않다. 주로 상대를 안 하거나 단절을 하는 형태로 나타난다. **– 감정 표현하기**
3. 친구관계에서도 학교생활에서도 모나지 않고 둥글둥글하다. 굳이 무엇을 하기보다 지금 상태를 유지하려고 한다. 그래서 목표를 세울 필요를 못 느낀다. 하지만 목표와 비전을 갖는 것은 매우 중요하다. 경쟁을 피하기보다는 경험하고 선용해야 하기 때문이다. **– 효율성 추구**

4. 높아지려고 하거나 앞장서려고 하지 않는다. 자신에게 주어진 일들을 한눈 팔지 않고 꾸준하게 진행한다. 대기만성형의 성격이다. 그렇기에 조기에 자신의 일을 정하면 시간이 흐른 후 많은 성과를 낼 수 있다. 많이 사랑해 주고 칭찬해 주는 것이 필요하다. 중요한 사람이라는 인정을 요란스럽지 않게 해 주면 효과적이다. – 자존감

코칭 질문

1. 이렇게 할까, 저렇게 할까 망설였던 경험이 있습니까? 그 결과, 자신에게는 어떤 피해가 있었나요? 그때 느낌과 감정을 말해 봅시다. 결단력을 얻기 위해 좋은 선택을 한다면 어떤 방법이 있을까요?
2. 점점 더 좋아지기 위해서는 선택이 필요한데 어떤 선택을 하고 싶나요? 그 선택은 자신에게 필요한 것인가요? 그렇다면 그것을 위해 어떤 일들이 필요하다고 생각하나요?
3. 힘들고 어려웠는데 다른 사람들은 내가 힘들어하는 것을 모르고 있을 때가 있었습니까? 왜 사람들은 내가 힘든 것을 모르고 있었다고 생각하나요? 힘들다고 정직하게 말하려면 어떻게 해야 할까요?
4. 장래희망과 관련해서 존경하는 사람이 있다면 누구인가요? 그 모델에게서 배울 수 있는 훌륭한 점은 무엇인가요? 그 모델과 비교하여 내가 지금 고쳐야 할 부분이 있다면 어떤 것입니까?

참고문헌

Baron, R., & Wagele, E. (1995). *Are you my type, am I your?* New York: Harpercollins Publishers.

Blake, A. G. (1996). *The intelligent Enneagram*. Boston & London: Shambhala.

Keyes, M. F. (1992). *Emotions and the Enneagram*. Berkely, CA: Wingbow.

Rogacion, M. L. (1990). **에니어그램**(*The Enneagram way knowing yourself and others*). 이정순 역. 서울: 성서와함께. (원저는 1988년에 출간).

Rohr, R., & Ebert, A. (1993). **내 안에 접혀진 날개**(*Discovering the Enneagram: An ancient tool for a new spiritual journey*). 이화숙 역. 서울: 열린사. (원저는 1989년에 출간).

Wagner, J. P., & Walker, R. E. (1983). Reliability and validity study of a Sufi personality typology: The Enneagram. *Journal of Clinical Psychology, 39*(5), 712-717.

저자 소개

김태흥(Kim, tae heung)

한국에니어그램협의회 회장이며, 에니어그램 교육으로 유명하다. 기업, 사회단체, 상담, 코칭 등의 영역에서 에니어그램을 활용하고 있다. 저술 활동을 왕성하게 진행하여 『에니어그램 강의 노트』(학지사, 2022) 외 수십 권의 저서를 출간하였다. 최근에는 카페 에니어의 대표로서 부모-자녀와 커플의 코칭 상담에도 성과를 내며 활동하고 있다. 대표 저서로는 『이제는 실행하라』(파라북스, 2011), 『커플 에니어그램』(학지사, 2018) 등이 있으며, 에니어그램 진단 코칭 카드, 보드게임 에니어시티 등 에니어그램 상담과 교육에 활용할 수 있는 교육도구를 개발하는 데 역량을 집중하고 있다.

김인숙(Kim, in suk)

서서울생명의전화 원장이자 (사)한국인성교육문화센터, 인성교육범국민실천연합, 서울인실련 대표이며 한국생명의전화연맹 감사이다. 20년이 넘는 기간 동안 청소년 상담을 이끌었고, 에니어그램을 활용하여 청소년 특강, 가족상담, 동아리 모임 등을 지도하였다. 특히 에니어그램 청소년 진단지와 프로파일을 직접 개발하기도 하였다. 법무부 서울남부지방검찰청 청소년 범죄 예방위원회 위원장을 맡으면서 생명존중 및 자살예방 프로그램을 운영 중이기도 하다. 생명존중 · 자살예방 · 청소년 범죄예방 활동으로 그 공로를 인정받아 교육부장관상, 법무부장관상을 연이어 수상하기도 하였다.

김의천(Kim, eui cheon)

에니어그램을 지속적으로 연구하여 임상 연구와 전문 강의 및 상담을 병행하고 있다. 현재 한국에니어그램협의회 연구원과 카페 에니어 상담실장을 맡고 있고, 저작에도 열정을 쏟고 있다. 특히 온라인 진단지와 프로파일을 제작하였고, 업그레이드에도 상당한 공을 들이고 있다. 보드게임으로 에니어그램을 학습할 수 있는 교육용 도구인 '에니어시티'와 카드로 상담 강의를 진행할 수 있는 '비주얼 에니어그램 카드'를 개발하였다. 저서로는 『에니어그램 강의 노트』(학지사, 2022), 번역서로는 『섹스와 에니어그램』(학지사, 2023) 등이 있다.

한국에니어그램협의회

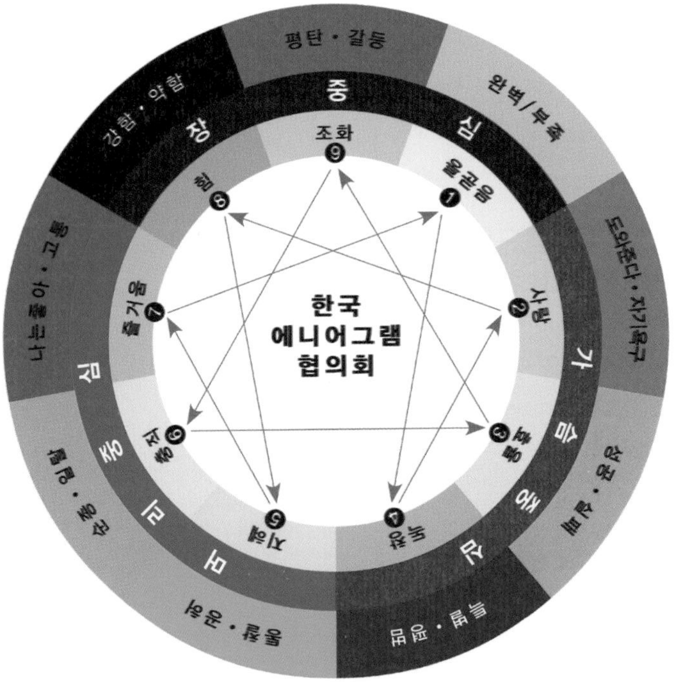

1. 에니어그램 기반 개인, 진로, 부모, 자녀 상담 및 진단
2. 에니어그램 기초, 심화 강사과정, 드라마, 영화, 인물, 노래, 시 등을 통한 에니어그램 코칭과정
3. 개인/기업 리더십 교육 및 코칭
4. http://enneacafe.co.kr/ (한국에니어그램협의회)
5. 상담카페 운영(Coffee & 코칭, 상담) / 02-3662-4939(예약 후 상담운영)
6. 서울 강서구 마곡중앙로 161-8 두산더랜드파크 A동 217호

에니어그램으로 보는
부모-자녀 의사소통의 비밀
The Enneagram Guide in Parenting:
Secrets of Effective Communication for Kids

2023년 1월 20일 1판 1쇄 인쇄
2023년 1월 30일 1판 1쇄 발행

지은이 • 김태홍 · 김인숙 · 김의천
펴낸이 • 김진환
펴낸곳 • (주)학지사
04031 서울특별시 마포구 양화로 15길 20 마인드윌드빌딩
대표전화 • 02-330-5114 팩스 • 02-324-2345
등록번호 • 제313-2006-000265호

홈페이지 • http://www.hakjisa.co.kr
페이스북 • https://www.facebook.com/hakjisabook

ISBN 978-89-997-2819-8 03180

정가 24,000원

저자와의 협약으로 인지는 생략합니다.
파본은 구입처에서 교환해 드립니다.